高等学校经济统计专业系列教材及配套资源

U0771915

统计学

主　编　郭国峰　左宇晓　王彦彭

副主编　李春花

高等教育出版社·北京

内容简介

统计学作为一门收集、分析数据的方法论科学，在经济管理领域有着广泛的应用，是经济管理类专业的重要基础课程之一。本书涵盖前期统计数据的收集、整理和综合性度量，以抽样作为获取统计数据的方式，中期样本量的确定、抽样方式的选择、参数估计、假设检验，后期相关和回归分析，统计指数的编制，国民经济核算的基本框架等内容，这些内容串联起了整个经济统计学的内容结构。

本书是编者经过 30 余年的教学积累，不断总结教学经验，围绕统计学教学中出现的特点和难点变化而精心编写的，也是为了适应经济管理类专业学生的教学需求而编写的。在统计理论和方法的阐述上，为适应经济管理类学生学习统计学的目的，本书尽量减少烦琐的理论公式推导，强调方法的应用。在案例引入和举例中，尽可能列举跟实际学习生活密切相关的问题，便于学生接受和理解。此外，为了方便学生进一步的学习，本书还加入即测即评二维码。

本书可作为普通高等学校财经类、管理类等专业的统计学课程教材，也可作为统计学专业的入门教材，还可以作为经济管理工作者和企业管理人员的自学参考读物。

图书在版编目（CIP）数据

统计学/郭国峰，左宇晓，王彦彭主编. --北京：
高等教育出版社，2019.10（2021.7重印）
ISBN 978-7-04-052217-4

Ⅰ.①统⋯　Ⅱ.①郭⋯　②左⋯　③王⋯　Ⅲ.①统计学
-高等学校-教材　Ⅳ.①C8

中国版本图书馆 CIP 数据核字（2019）第 140782 号

Tongjixue

策划编辑　吴淑丽	责任编辑　吴淑丽	封面设计　于文燕		版式设计　马　云
插图绘制　于　博	责任校对　陈　杨	责任印制　刁　毅		

出版发行	高等教育出版社	网　　址	http://www.hep.edu.cn
社　　址	北京市西城区德外大街 4 号		http://www.hep.com.cn
邮政编码	100120	网上订购	http://www.hepmall.com.cn
印　　刷	肥城新华印刷有限公司		http://www.hepmall.com
开　　本	787mm×1092mm　1/16		http://www.hepmall.cn
印　　张	21.25		
字　　数	480 千字	版　　次	2019 年 10 月第 1 版
购书热线	010-58581118	印　　次	2021 年 7 月第 2 次印刷
咨询电话	400-810-0598	定　　价	46.00 元

本书如有缺页、倒页、脱页等质量问题，请到所购图书销售部门联系调换

作者简介

郭国峰

男,1963 年生,河南南阳人,博士,郑州大学商学院教授,郑州大学 MBA 教育中心主任,统计学科带头人。担任中国商业统计学会、中国统计教育学会等多个协会的常务理事。主要从事宏观经济核算与分析、市场调查技术等领域研究。主讲课程有"统计学""国民经济核算""市场调查技术"等。在《中国工业经济》《数量经济技术经济研究》《统计研究》《人口研究》等学术期刊上发表论文 70 余篇;著有《统计学》《市场调查与分析》《金融统计分析》等十余部著作,承担十余项省部级以上项目。多次荣获河南省社会科学优秀成果二、三等奖,河南省实用社会科学成果二、三等奖。多次被评为河南省优秀教师、河南省中青年骨干教师。

左宇晓

女,1983 年生,河南新郑人,经济学博士,2012 年毕业于西南财经大学。郑州大学商学院讲师,主要从事社会资本、反贫困等方面的研究。主讲课程有"统计学""时间序列分析""抽样技术"等。参编著作两部,在《人民日报》(理论版)、《投资研究》等期刊发表论文多篇,主持参与国家级、省部级项目多项。2016 年参与的河南省哲学社会科学规划重大项目《文明河南建设内涵、途径和制度保障研究》,荣获省哲学社会科学"优秀奖"。2012 年专著《中国金融安全状态:监测与预警》,荣获西南财经大学刘诗白奖励基金优秀科研成果二等奖。

王彦彭

男,郑州西亚斯学院商学院副院长、副教授,河南省教育厅学术技术带头人,研究方向为生态文明建设、新型城镇化建设。主要承担"统计学""预测与决策""SPSS 统计分析软件""计量经济学"等课程,公开出版两部著作,在《中国工业经济》《统计与决策》等刊物上发表多篇论文。主持省级项目多项,曾荣获 2013 年度河南省社会科学优秀成果奖二等奖(排名第二)。

李春花

女,河南信息统计职业学院讲师,武汉大学硕士,曾参编《统计学原理》《统计实务教程》等多门教材。主要讲授"统计学原理""数据分析""调查技能"等课程。

 前言

　　大数据时代的到来,作为经济管理类的专业基础课程,统计学越来越重要。统计学教学团队深感教材与时俱进的必要性和迫切性。2017 年我们就开始着手进行统计学教材的编写,2018 年学校对统计学教材建设和统计学精品课程申报给予的大力支持促进了本书的出版。

　　本书的编写特点是:第一,每一章用一句名言名句揭示本章的统计主题。第二,通过引例吸引学生对本章主题的关注,带着问题学习,激发学生学习的积极性;通过章后的案例分析,让学生在认知的基础上提高解决实际问题的能力。第三,编写的过程中尽量减少公式的推导,尽可能多地运用 Excel 软件进行数据分析,引入的例子大都来自生活实践,形象生动。第四,每章课后都有小结,便于学生对本章的内容进行快速的回顾。第五,2019 年年底,与本书配套的慕课课程将在多个平台上线运行,供老师和同学们使用。

　　本书的编写和出版是集体智慧的结晶,是团队研究的成果。本书由郑州大学商学院郭国峰、左宇晓和郑州西亚斯学院王彦彭、河南信息统计职业学院的李春花合作编写完成。郭国峰负责全书的内容和结构,左宇晓负责全书的统稿和修订工作。具体章节分工情况如下:郭国峰负责第一章,左宇晓负责第四章、第五章和第八章的编写,王彦彭负责第三章、第六章和第七章的编写,李春花负责第二章和第九章的编写。

　　本书在编写过程中参阅了许多同行专家、学者的著作,同时也得到郑州大学商学院统计系的郭敬、庞玉萍、肖占峰等老师的大力支持和帮助,在此表示诚挚的感谢。此外,还要感谢历界学生在课堂中给予我们的编写动力,在撰稿过程中家人的鼎力支持,吴淑丽编辑的诚恳建议和大力支持。由于水平有限,书中难免存在错误和不足,恳请广大读者批评指正。

目录

 第一章 总论

> 在终极的分析中,一切知识都是历史;在抽象的意义下,一切科学都是数学;在理性的基础上,所有的判断都是统计学。
>
> ——C.R.劳《统计与真理》

引例:统计无处不在

在日常生活中我们经常碰到各种统计数据。

下面是统计研究得出的一些结论:

吸烟有害健康;

吸烟患肺癌的比例大于不吸烟患肺癌的比例;

生孩子的女性衰老得更快;

如果每天摄取 500 毫升维 C,生命可延长 6 年;

红楼梦的前八十回是曹雪芹所写,后四十回为高鹗所续;

…………

这些结论是正确的吗? 你相信这些结论吗?

理解这些统计数据,你需要具备一些统计学知识。比如,外出旅游时需要关心未来的天气;在投资股票时需要了解股票市场价格的信息;在观看世界杯足球赛时,需要了解各支球队的技术统计,等等。

第一节 统计的产生和发展

作为一种社会实践活动,统计已有四五千年的历史。但作为一门学科的统计学历史却没有那么长。一般认为,统计学产生于 17 世纪中叶的欧洲,到现在已有三百多年。

一、统计实践的产生和发展

统计活动是随着社会经济发展和国家管理的需要而产生和发展的。统计起源可以追溯到原始社会末期。最早的统计活动是人们简单计量狩猎品和采集野果的数量。我国《周易·系辞》中写道:"上古结绳而治,后世圣人易之以书契。"这说明上古时代人们已有分类记数的概念了。在奴隶社会,由于课税、征兵、徭役的需要,出现了人口和土地统计活动。据史料记载,我国夏禹时代(约公元前 21 世纪)分中国为九州,人口 1 355 万人,土地 2 438 万顷。在国外,古希腊和罗马时代就已经开始了人口和居民财产的统计。到了中世纪,西欧各国便有了人口、军队、领地、职业、财产等方面的统计。封建社会由于经济十分落后,统计发展缓慢。当时的统计工作还只是一些原始的调查、登记和简单的计算。待至封建社会解体,由资本主义取而代之以后,经济文化有了很大的发

展,社会分工日益发达,引起了对统计的新需求,统计工作逐渐扩展到社会经济活动的许多领域。许多国家建立了工业、商业、农业、贸易、银行、保险、交通、邮电和海关等专业统计,并开展了大量统计活动。统计实践的发展不仅提出了创立统计学的要求,而且也为统计学的创立准备了社会条件。

20世纪初,大工业的发展对产品质量检验问题提出了新的要求,即只抽取少量产品作为样本对全部产品的质量好坏作出推断。因为对大批量产品做全面的检验既费时又费力,加之有些产品质量的检验具有破坏性,全部检验已不可能,抽取代表性的样本成为必要。20世纪50年代以来,统计应用进入一个全面发展的阶段,特别是近20年来,海量数据的存储、互联网与云计算等科技的发展,大数据时代的到来,对统计实践的发展既是机遇,也是挑战。与此同时,统计应用领域不断扩展,生物、医学、工业、农业等领域都离不开统计实践活动。

二、统计学的产生和发展

在统计活动发展到一定阶段时,人们开始总结统计实践的经验,逐渐形成了比较系统的统计理论知识,这就是统计学的起源。由于统计学者们所处的历史环境不同,对统计实践的理解不同,从而所总结出来的经验和概括出来的理论也就有所区别,这就产生了不同的统计学派。

(一)政治算术学派

这个学派的创始人是英国的威廉·配第(William Petty,1623—1687年),其代表作是《政治算术》(1671年写作,1690年出版)。这里的"政治"是指政治经济学,"算术"是指统计方法。该书首次运用大量数字对英、法、荷三国的"财富和力量"从整体上进行分析,并最后概括出政治结论:英国的国际地位并不悲观。他利用数字、重量和尺度来说话的方法,为统计学的创立奠定了方法论基础。对此,马克思称之为"政治经济学之父,在某种程度上也可以说是统计学的创始人"。恩格斯在《反杜林论》中也指出:"配弟创造'政治算术'即一般所说的统计。"

政治算术学派的另一创始人是英国的约翰·格朗特(John Graunt,1620—1674年)。他的代表著作是《对死亡表的自然观察和政治观察》(1662年出版)。当时,英国首都伦敦人口集中,疫病流行,死亡情况严重,社会对较高的死亡率甚为关心。格朗特收集、整理了1603年以来的死亡表,对伦敦人口的出生率、死亡率、性别比例和人口发展趋势,作了分类计算和预测,证明没有悲观的必要。这本书所用的具体数量对比分析方法,对统计学的创立与《政治算术》起了同等重要的作用。这个学派以后还有许多统计学家和统计著作,但一直没有采用"统计学"这一科学命名,因此,该学派被认为是有统计学之实,而无统计学之名。

(二)国势学派

国势学派亦称记述学派或国情学派。该学派的创始人是海门尔·康令(Hermamn Conring,1606—1681年),继承者主要有G·阿亨瓦尔(Gottfried Achenwall,1719—1772年)和路德维格·施廖采尔(Ludwing von Schlozer,1735—1809年)等。他们在大学中开设了一门课程,最初叫"国势学",因为在外文中"国势"与"统计"词义相通,以后正式命名为"统计学"。他们认为统计学是就国家重要事项的记述,如人口、土地、政治、军事、经济、艺术、宗教等。这个学派的特点是以文字记述为主,他们始终没有把数量对比分析作为这门科学的基本特征。但在统计学说发展史上,"统计学"这个学科名称是由这个学派定名的。

这两个学派的共同点,均以社会经济作为研究对象,均认为自己这门科学是具体阐明国情、国力的社会科学。不同点在于是否把数量方面的研究作为这门科学的基本特征。这两个学派共存了两百年,互相影响,互相争论,总的来讲政治算术学派的影响要大些。

(三) 数理统计学派

该学派产生于 19 世纪中叶,创始人是比利时的阿道夫·凯特勒(Lambert Adolphe Jacques Quetelet,1796—1874 年),他的代表作是《社会物理学》。凯特勒在统计学的发展中最重要的贡献是把法国的古典概率引入统计学,开始把作为社会科学的统计学转变为一门研究自然与社会现象规律的通用科学。后经过高尔顿(F. Galton,1822—1921 年),皮尔逊(K. Pearson,1857—1936 年),鲍莱(A. L. Bowley,1869—1957 年)和费歇尔(R. A. Fisher,1880—1962 年)等统计学家的不断丰富和发展,数理统计逐渐成为一个完整的学科体系。

数理统计学的名称创始于德国的韦特斯坦(T·Wittstein)。他在 1867 年发表了一篇论文《关于数理统计学及其在政治经济学和保险学中的应用》。1872 年,英国的斯波拉吉(T·B·Sprague)将其译为英文,发表在保险统计师学会会刊第ⅩⅦ期上。从此,这个名词被广泛应用。当时数理统计学的名词虽已产生,但作为一门独立学科的数理统计学尚未形成。从数理统计学的发展史来考察,它的发展顺序是:数理统计学名词→数理统计科学→数理统计学派。自从凯特勒把概率论引进统计学以后,数理统计学便在通用统计学的母胎中孕育成长起来。

自 19 世纪中叶到 20 世纪 20 年代以后,描述统计学和推断统计学相继产生,数理统计学才开始分化为一门独立的学科,并在英、美形成了数理统计学派,把统计学由通用科学逐渐演变为通用的方法论科学。目前,数理统计学已成为欧、美统计学的主流,并在世界各国统计学界产生了极其广泛的影响。

在学术观点上,数理统计学派认为:统计学就是数理统计学,是通用于研究自然现象和社会现象的方法论体系,是现代应用数学的一个重要分支。

(四) 社会统计学派

社会统计学派产生于 19 世纪后半叶的德国,其代表人物有乔治·逢·梅尔(Georg Von Mayr,1841—1925 年)和厄恩斯特·恩格尔(Christian Lonrenz Ernst Engel,1821—1896 年)等。梅尔是社会统计学派的创始人,他的统计学代表著作主要有《统计学与社会学》和《社会生活中的规律性》。恩格尔的统计学代表著作主要有《关于统计学是独立科学或方法问题之我见》和《比利时工人的家庭的生活费》。

在学术观点上,社会统计学派认为:统计学的研究对象是社会现象,目的在于明确社会现象内部的联系和相互关系,研究方法限定于大量观察法,主张统计学是一门独立的实质性社会科学,数理统计则是一门应用数学。

三、统计学的发展趋势

从全世界范围看,自 20 世纪 60 年代以后,统计学无论在理论上还是在应用上均获得了迅速的发展。特别是近 20 年来海量数据的存储、互联网与云计算科技的发展,大数据时代的到来,统计学受计算机科学、信息论、人工智能等现代科学技术的影响,新的研究领域层出不穷,如多元统计分析、现代时间序列分析、贝叶斯统计、数据挖掘、探索性数据分析、非结构化数据分析等。因此,准确把握统计学的发展方向与发展形势,意义重大。总的来说,统计学的发展有三个明显的趋势:

1. 统计学与数学的结合更加密切

统计学是处理数据的方法论科学,由于数学具有简明、严谨、抽象的优势,因此研究者常常采用数学模型来刻画统计学的数量规律。随着数学的发展,统计学依赖和吸收数学营养的程度越来越迅速。数学是统计理论形成的理论工具和方法工具,现代统计学运用了大量的数学方法,如概率论、模糊数学、线性代数和微积分等。概率论中的大数定律、正态分布理论、中心极限定理等是理论工具,而线性代数和微积分等则被称为方法工具。模糊数学与统计学相结合,产生了模糊统计,模糊数学与多元统计方法相结合,产生了模糊多元统计。

2. 统计学与实质性学科结合的趋势

随着统计学向其他学科领域的渗透,以统计学为基础的边缘学科不断形成。统计学作为一门方法论科学,只有与实质性学科相结合,才能够发挥其数量分析的能力,否则统计方法就成为无源之水、无本之木、无用之器。例如,高斯(C. F. Gauss)的最小平方法与正态分布理论均源于天文观察中的误差分析,皮尔逊(K. Pearson)的相关与回归源于生物学的研究,抽样调查方法源于政府统计调查资料的收集。一些著名的统计学家同时也是实质性科学领域的专家,如皮尔逊、费歇尔(R. Fisher)等既是统计学家,又是生物学家。从学科体系来看,统计学与实质性学科之间的关系不是并列的,而是相交的。例如,经济统计学、计量经济学不仅属于统计学,同时属于经济学。

3. 统计学与计算机科学结合的趋势

随着统计学与计算机结合程度的加深,统计学的数据挖掘和分析功能也日益增强。随着互联网技术的发展和支付手段的电子化,海量数据产生,大数据时代统计学更离不开计算机编程技术。因而,作为统计学的学生来说,需要充分利用现代计算机技术,一方面要学好统计方法,一方面要学好计算机基本程序设计,从而能够将具体单位的统计模型通过编程来实现。

第二节　统计的含义及其研究对象

一、统计的含义

何为统计?实际上统计已经渗透到人们工作生活的方方面面。人们经常从报纸杂志、电视新闻中获取统计数据,例如我国 GDP 的年度增长速度、居民消费价格指数等,进而根据数据信息来认识客观现象。在不同的场合,人们赋予统计不同的含义。

一般认为统计有三种含义:统计实践活动、统计数据和统计学。

统计实践活动是收集、整理、分析和运用统计资料的实际工作过程。"统计"作为一种社会实践活动有着悠久的历史,是由英文"Statistics"翻译过来的,与"国家"同一词根,可以说自从有了国家就有了统计实践活动。

统计数据是人们通过统计实践活动所得的各项数字资料及有关情况,统计实践活动与统计数据的关系是工作过程与工作成果的关系。

统计学是一门关于数据的收集、整理、分析、解释的方法论科学。数据收集就是取得统计数据,数据整理是将数据用图表等形式展示出来,数据分析则是选择适当的统计方法研究数据,并从数据中挖掘有价值的信息进而得出结论。

二、统计学的研究对象及其特点

统计学的研究对象应是所研究现象数量方面的统计方法论。这是由统计工作的实践要求决定的。统计工作要反映和研究社会经济或自然现象的数量方面,并探讨其发展规律在具体时间、地点、条件下的数量表现,那就必然要求统计学在理论上阐述如何收集、整理和分析研究社会经济或自然现象数量方面的原理、原则和方式、方法。统计科学作为一门研究方法论的科学,既可以为统计工作提供理论和方法论,又可以在不断总结统计工作实践经验基础上得到发展。所以,统计学的研究对象是统计实践活动的规律,即收集、整理和分析统计数据的方法,是一门方法论科学。

统计是对社会经济或自然现象的一种调查研究活动。和其他调查研究活动相比,它具有以下特点:

1. 数量性

从数量方面认识客观事物,是统计最突出的特点。统计的对象在研究现象的数量方面包括:数量的多少、现象间的数量关系、现象的质量互变的界限。统计的目的,就是要反映这些数量方面的现状和它们的发展变化过程。

唯物辩证法告诉人们,任何现象都具有质和量两个方面的问题。统计是对现象数量方面的研究,属于对现象的定量认识。但必须指出,这种定量认识要以定性认识为基础,因为只有对现象的性质、特点、运动过程有一定的认识,才有可能进行定量认识。例如,要了解和研究固定资产投资额的数量、构成及其变化,首先必须明确固定资产投资的质的规定性,然后才能根据这种认识去确定固定资产投资额的计算范围和方法。

2. 总体性

统计是以现象总体的数量方面作为自己的研究对象的。例如,人口统计不是要了解和研究个别的人,而是要反映一个国家或一个地区的人口总数、自然构成、社会构成、经济构成、地域构成、自然变动、机构变动等。

但是,统计对现象总体数量方面的认识,是以对个体数量方面的认识为基础的。例如,人口统计必须从了解每个人的情况开始,然后经过分组、汇总、计算等工作,才能过渡到说明总体数量方面的情况。

3. 具体性

统计的认识对象是具体事物的数量方面,不是抽象的量。这是统计和数学的一个重要区别。数学所研究的量是脱离了具体对象的抽象的数量关系,统计所研究的量是具体事物在一定时间、地点条件下的数量表现,它总是和现象的质密切结合在一起的。但是,统计毕竟是反映和研究社会经济现象量与量的关系的,因此,它还要遵守数学原则,在许多方面使用数学方法。

4. 变异性

统计上把总体各单位由于随机因素引起的个体特征的差异称为变异。统计研究的是同质总体的数量特征,但是总体各单位的特征并非完全相同,而是存在着差异性。例如,要了解一个城市居民的消费水平,其收入水平、消费结构、储蓄习惯、从业情况存在着一定的差异,因此要从整体上了解居民的消费水平、收入水平等的平均水平及其变动趋势,以及各层次的结构变异等状况,如果居民消费水平和收入水平不存在差异,也就不需要统计了。

三、统计学的主要研究方法

统计学在分析研究现象的数量关系时利用各种各样的统计方法,其中主要的统计方法有:

1. 大量观察法

大量观察法是统计学所特有的方法,是指对总体中全部或足够多的单位进行调查并进行分析的方法。统计研究社会经济或自然现象和过程,要从总体上加以考察。现象总量是复杂的,是在诸多因素的综合作用下形成的,各单位的特征及其数量表现有很大差异,不能任意抽取个别或少数单位进行观察。必须观察全部或足够的调查单位,借以从中认识客观现象的规律性。统计调查中的许多方法,如统计报表、普查、抽样调查等,都是通过观察研究对象的大量单位,来了解客观事物及其发展规律的。

2. 统计分组法

统计分组法是在对所研究的现象进行定性分析的基础上,选择反映现象本质特征的标志,把研究现象划分为若干部分或若干组的一种统计方法。通过统计分组可以区分现象的类型,研究现象的内部结构,分析现象间的依存关系。统计分组法是在统计调查、统计整理和统计分析中常用的一种方法。

3. 综合指标法

综合指标法是运用各种综合指标对大量社会经济或自然现象的数量方面进行分析研究的方法。综合指标法主要包括总量指标分析法、相对指标分析法、平均指标分析法、变异指标分析法等。第三章将进行综合指标的详细介绍。

4. 归纳推断法

统计是一个归纳思维的过程。归纳是指由个别到一般,由事实到概括的推理方法。例如综合指标概括反映总体的一般数量特征,它不同于总体各单位的标志值,但又必须从各单位的标志值中归纳而来。归纳法可以使我们从具体事实得出一般知识,所以是统计研究中常用的方法。

以一定的把握程度,根据样本指标来推断总体数量特征的归纳推理方法,称为统计推断法。例如,以 100 名职工的平均工资推断全部职工的工资水平;以 100 件产品的合格率,推断全部产品的合格率等。

四、统计学的分科

(一) 描述统计学和推断统计学

根据统计方法的构成,可将统计学分为描述统计学和推断统计学。

1. 描述统计学(descriptive statistics)是研究如何取得反映宏观现象的数据,并通过图表形式对所收集的数据进行加工处理和显示,进而通过综合、概括与分析得出反映宏观现象的规律性数量特征。其内容包括统计数据的收集方法、数据的加工处理方法、数据的显示方法、数据分布特征的概括与分析方法等,本书将在第二章和第三章对此进行详细介绍。

2. 推断统计学(inferential statistics)是研究如何根据样本数据去推断总体数量特征的方法,它是在对样本数据进行描述的基础上,对统计总体的未知数量特征做出以概率形式表述的推断。例如,要了解大学生的考研情况,不可能对所有的大学生进行调查,这时需要抽取一部分大学生即样本进行调查,获取调查数据,进而根据样本的数量特征对大学生群体的考研情况即总体进行推断。

描述统计学是整个统计学的基础,推断统计学则是现代统计学的主要内容。它们反映了统计方法发展的前后两个阶段。

（二）理论统计学和应用统计学

根据统计方法的研究和应用,可将统计学分为理论统计学和应用统计学。

1. 理论统计学(theoretical statistics)是把研究对象一般化、抽象化,以概率论为基础,从纯理论的角度,对统计方法加以推导论证,中心的内容是统计推断问题,实质是以归纳方法研究随机变量的一般规律。例如,统计分布理论、统计估计与假设检验理论、相关与回归分析、方差分析、时间序列分析等。

2. 应用统计学(applied statistics)是从研究的领域或专门问题出发,视研究对象的性质采用适当的指标体系和统计方法,以解决所需研究的问题。例如,人口统计学、社会统计学、经济统计学、管理统计学等。

五、统计学与其他学科的关系

（一）统计学与会计学的关系

统计学和会计学各自都是一门独立的、完整的学科,它们各有自己的理论体系,自己的研究对象、研究方法。统计学与会计学这两门学科不能互相替代,但两门学科又互相联系,互相渗透。

统计学和会计学都是随着社会的发展和管理的需要而产生并不断完善起来的方法论科学,两者都是用数据为语言,对其研究对象的特征进行揭示,以达到对研究对象的认识,并实行有效的监控或管理。

从两门学科的理论体系分析,由于两门学科的目标、职能不尽相同,两门学科围绕各自的目标建立自己的理论体系。会计学的理论体系是以会计目标为起点,围绕这一目标,确定会计核算范围、核算内容,收集会计信息的途径、会计信息处理与加工的程序和方法,即它是在会计原则的指导下对某一经济业务或会计事项进行确认、计量与报告的会计技术方法。统计学的理论体系是在明确统计学研究对象的基础上,建立收集统计数据的调查体系,通过数据整理、显示和推断的理论与方法,阐明统计分析的理论与方法。

从两门学科的研究对象分析,两者虽然都是研究事物的数量特征,但两者的具体研究对象并不一致。会计学具体研究对象是会计主体资本运动的数量方面,会计对象具体化为会计主体的资产、负债、所有者权益、收入、费用和利润六大会计要素。统计学具体研究对象是社会现象的数量特征和数量关系。会计核算在企业核算体系中占据比较重要的位置。而统计核算在宏观核算中占据比较重要的位置。

从会计与统计的活动过程看,两者都经过数据的收集、处理和分析诸阶段。会计核算的依据是各类原始凭证,其核算的最终成果是以表格(会计报表)形式呈现的。实质上,企业会计核算收集的资料是该会计主体的全面资料,对每一笔业务的处理必须以原始记录或凭证为依据,一般不能采用推算或估计的方法,而以表格的形式描述企业生产经营、投资理财等活动状况。从这一活动过程看,会计的处理技术与统计描述有着非常相似之处。

从会计与统计的研究方法看,会计的研究方法中对核算对象的分类是按会计要素来划分的,采用复式记账法,以会计等式为基础研究会计主体数量的平衡关系。在统计的研究方法中对研究对象的分类是依据研究目的而定的,主要研究方法包括实验设计、大量观察、统计描述和统计推断等。随着社会的发展,会计与统计两种计算方法互相渗透,在财务分析中大量地运用了统计的分析方法,而在国民经济核算体系中也运用了会计复式记账原理和账户体系进行核算。

会计与统计两者之间相互利用对方的信息,统计是会计信息的主要使用者。传统的会计是不涉及宏观领域的,随着社会的不断发展,会计服务领域的不断拓宽,会计作为一个信息系统,也逐步为国民经济管理提供财务信息。

(二) 统计学与计量经济学的关系

计量经济学既是经济学、数学和统计学的综合,又是独立于这三门学科的一门学科。计量经济学大量地运用统计方法研究经济及其相关领域的问题。

统计学和计量经济学是相互独立的两门学科。统计学侧重数据的收集、整理、归纳和分析,而计量经济学则侧重于经济理论的验证、经济政策的评议和经济未来发展的预测。

从研究过程看,统计学的研究过程经历了统计设计、统计调查、统计整理、统计分析和统计资料的积累等阶段。计量经济学的研究过程包括对经济对象的定性分析、确定测量经济现象的模型、求出模型的参数估计值、对估计值进行评价、对模型预测的有效性进行评价。

关于统计学的研究方法,前面已做了详细的说明,在此不再赘述。对于计量经济学的研究方法,正如诺贝尔经济奖得主克来因所说的,“计量经济学的百分之九十是回归”。

从研究目的看,统计学对变量的描述,其目的是从统计数据中认识所要研究的现象,解释现象,寻找现象的规律,并在不同的事物间、不同的时间上、不同的空间中进行评判、比较、推算。计量经济学利用联立方程“回归”模型,目的是研究多个经济变量之间的相互作用关系或递推关系。

(三) 统计学与数学的关系

统计学与数学都是研究数量的关系和数量的规律,都要与大量的数字打交道。现代统计学运用了大量的数学方法,如概率论、数理统计、模糊数学、线性代数和微积分等。有人认为统计学是数学的一个分支,这是一个误解。统计学与数学有密切的联系,但两者存在本质的区别,这两个学科各有独立的研究领域和研究特点。

统计学和数学都利用各种数学公式进行数字演算,但两者研究的数是存在差别的。统计学的数据总是与所研究的客观对象联系在一起的,统计的过程就是从客观对象中抽取出其数量,得到有关的数据。统计数据是有具体的实际含义的,它反映着某一现象的质。数学所研究的数字,是抽象的数字,它并不反映现象的质。

统计学和数学都是研究数量规律的,统计学研究的是具体的实际现象的规律,它从客观实际中收集数据,进行统计处理后又将这些处理结果返回到实际中,并解释这些结果的意义。而数学研究的是抽象的数量规律,它撇开具体的对象,以最一般的研究探索数量的联系和空间的形式。

从研究方法看,统计学和数学的研究方法不尽相同,统计学根据实验或调查,观察大量的个别现象,对所观察的个别现象加以归纳,并判断总体的情况,实质上,统计学的研究方法是归纳与演绎相结合,其中归纳占主要地位。数学的研究方法主要是逻辑推理和演绎论证。

数学与统计学各自成体系,两门学科各有自己的研究对象、研究方法,但两者关系密切,数学为统计学提供了数量分析方法论基础,尤其是数学中的概率论,研究的是随机现象的数量关系和变化规律,它从数量方面揭示了偶然与必然、个别与一般、局部与总体之间的辩证关系,为现代统计学奠定了基础。

第三节 统 计 数 据

一、统计数据的种类

统计数据(data)是对现象进行测量的结果。例如,对某个地区经济活动总量进行测量可以得到地区生产总值数据,对物价变动水平的测量可以得到居民消费价格指数的数据,对男女人数进行测量可以得到男女性别比的数据。下面从三个角度说明统计数据的分类:

1. 按计量尺度不同,统计数据分为分类数据、顺序数据和数值型数据

分类数据(categorical data)是对事物类别进行记录的结果,数据表现为类别,用文字来描述。例如性别、民族、政治面貌等。为便于统计处理,一般用数字代码来表示各个类别。

顺序数据(rank data)是对某种类别进行排序记录的结果。比如考试成绩分为优、良、中、差,受教育程度分为小学、初中、高中、大学及以上,对产品的满意度分为很满意、一般、不满意,等。

数值型数据(numetric data)是用数字尺度测量出来的观测值,其结果表现为具体的数值。例如某个运动明星的身高、体重、奖金、获奖次数等。数值型数据又可以称为定量数据或数量数据(quantitative data)。分类数据和顺序数据是说明事物品质特征的,其结果表现为类别,统称为定性数据或品质数据(qualitative data)。

2. 按收集方法不同,统计数据分为观测数据和实验数据

观测数据(observational data)是通过调查或观测事物收集的数据,有关社会经济现象的统计数据几乎都是观测数据。

实验数据(experimental data)是在实验中通过控制实验对象收集得到的数据。比如对某种抗病毒药物的疗效进行实验的数据,新的农作物品种产量的实验数据等。自然科学领域大多数数据是实验数据。

3. 按现象与时空的关系,统计数据分为截面数据、时间序列数据和面板数据

截面数据(cross-sectional data)是在相同或近似相同的时间点上、不同的空间点上收集的数据,用于描述事物在某个时刻的空间变化情况。例如,2017 年我国各地区房价数据就是截面数据。

时间序列数据(time series data)是在相同的空间点上、不同的时间点上收集的数据,能够反映现象随着时间变化的情况。例如,改革开放以来(1978—2017 年)我国历年房价的数据就是时间序列数据。

面板数据(panal data)是在不同的时间点上和不同的空间点上收集的联合数据,能够反映现象随着时间和空间的变化情况。例如,改革开放以来我国各地区(31 个地区)历年(1978—2017 年)房价的数据,就是面板数据。

二、数据的来源

所有的统计数据都来自调查或实验,从使用者的角度看,统计数据的收集主要有两种:一种是对原始资料的收集,即直接获取数据;一种是对次级资料的收集,即间接获取数据。

1. 直接获取的数据(一手数据)

直接获取的数据就是直接采集原始资料,即直接向调查单位收集的,尚待进一步汇总整理,需要从个体过渡到总体的统计资料。对于社会经济管理和决策而言,主要是通过统计调查的方式获取数据,如客户满意度调查、居民收支状况调查、电视收视率调查、居民休闲时间利用调查等。统计调查的根本目的就是收集丰富的,能够反映社会经济总体现象及其各部分相互联系的原始统计资料,主要方式有抽样调查、普查、网络获取、科学实验等。统计调查将在第二章第一节进行详细的阐述。

2. 间接获取的数据(二手数据)

二手数据是对次级资料收集得来的。所谓次级资料,是指已经经过加工整理,由个体过渡到总体,能在一定程度上说明整体现象的统计资料。次级资料都是通过对原始资料的加工,从原始资料过渡而来的,因而这些统计资料都来源于原始资料。

在科学研究和管理决策中,要善于利用各种现成的二手数据。这种数据既可以从图书、杂志、统计年鉴、网络报纸等渠道获得,也可以从专门的市场调查公司或数据库公司等地方购买。近些年随着互联网的发展,互联网成为获取数据来源的重要渠道,几乎所有的政府机构和大公司都有自己的网站,访问者可以从中获得需要的数据。表 1-1 列出了一些权威的数据来源网站。

表 1-1　提供统计数据的部分政府网站

	相关网站	数据内容
国内的部分权威网站	国家统计局网站	统计年鉴、统计月报、普查数据等
	国务院发展研究中心信息网	宏观经济、财经、货币金融等
	中国经济信息网	经济信息及相关的数据信息
	中国人民银行网站	金融相关的统计年鉴数据
	三农数据网	三农信息、论坛及相关网站
	华通数据中心	专门提供数据咨询服务的网站
	中证网	提供证券、股票、基金、期货、保险等信息
国外权威的数据网站	https://www.imf.org	国际货币基金组织数据公布标准(GDDS)
	http://www.census.gov	提供美国人口和家庭等人口普查数据
	http://www.fedstats.gov	美国政府 100 多个部门数据
	http://data.un.org	联合国各国际组织数据

*三、统计数据的质量

统计工作是加工生产统计信息的过程,统计数据是统计工作活动的核心产品。因此,统计数据质量可以看作是统计工作的生命线。1980 年以来,我国学术界对统计数据质量问题开展了广泛的理论研究。与此同时,政府统计部门从统计法制建设、统计体制改革、统计工作方法等多个环节开展了推进统计数据质量的实践工作,有力地促进了我国政府统计数据质量的稳步提高。

(一)统计数据质量

统计数据作为统计工作的产品,从统计工作过程来看,统计数据质量是"符合标准",要准确反映客观现实;从统计数据的使用来看,统计数据质量要"满足需求",即满足服务对象的需求。因此,统计数据质量首先表现为与真实情况接近程度的误差,即准确性;其次,表现为统计工作所要满足的需求,即适用性。准确性是统计数据质量的核心,适用性是统计数据发挥信息功能的必要条件。经济性和保密性是统计数据质量的外在约束机制,可比性是统计数据质量的内在本质要求,而可得性和适用性则是针对统计数据的最终使用提出的特性。这些要素共同构成了统计数据质量的完整内涵,充分体现了统计的科学性。

从统计数据的形成过程看,统计数据质量取决于其收集数据、加工整理、存储保管、分析等环节的质量。统计数据(原始统计资料)的收集质量是基础和前提。高质量的原始统计资料经过高质量的加工整理才能形成高质量的统计数据。在提供给需求者使用之前,还需要高质量地存储和保管。统计数据质量将不仅直接影响到政府宏观调控政策的制定和决策,而且影响企业、科研机构以及个人对投资、消费环境形势的判断。因此,分析数据的质量对使用者来说关系重大。

(二)政府统计数据质量的实践历程

统计数据质量的实践历程体现了我国政府统计体制改革研究的重要方向,接下来就政府统计数据质量的实践历程进行回顾。

1. 统计调查体系的逐步完善。20世纪80年代初开始恢复普查与抽样调查,1984年组建农调队和城调队,1996年组建企调队,2000年成立普查中心。1983年颁布《统计法》,并先后于1996年和2009年进行了修订和修正。1993年我国组织实施新的具有较强组合功能的国家统计报表制度和统计调查体系。1994年7月国家提出以周期性普查为基础、经常性抽样调查为主体、辅之以综合分析、重点调查和科学估算为补充的多种方法综合应用的国家统计调查方法体系。2003年周期性普查制度调整后发布了《全国经济普查条例》(2004)、《全国农业普查条例》(2006)、《全国人口普查条例》(2009),系统规范了我国普查的组织管理和质量控制工作,有助于国家准确收集有关经济社会发展的数据信息。

2. 统计数据的发布和对公众的服务更加开放。随着统计发挥宏观经济决策职能重要性的提升,中国政府于2002年加入了IMF的数据公布通用系统(GDDS),进一步提高了宏观经济统计数据的透明度和国际可比性。随着信息技术的发展,国家统计局逐步建立了月度、季度数据的定期发布制度,提高了我国统计数据的及时性。近些年来,针对国家和省级年度统计数据以及各种普查、专项调查数据,国家及各地统计局发布了统计公报,出版了相应的国家、地方、专业统计年鉴,提高了数据的完整性和可比性。另外,国家及各地统计局建立了国家及地方统计信息网站,出版了电子版统计年鉴,进一步提高了我国统计数据的及时性、可得性和适用性。

2012年国家统计局"一套表"联网直报平台开通。大数据时代,政府统计工作在和大数据融合的过程中,如何对大数据源进行质量评估,并且保持数据的客观独立性,是各国政府统计机构面临的难题。

第四节　统计学的基本概念

统计学中的概念比较多,准确地理解这些概念的含义,将有利于本书以后各章节的学习。下面介绍几个最基本的概念。

一、总体与样本

（一）总体和总体单位

总体（population）是根据一定的研究目的确定的所要研究事物的全体，它是由客观存在的、在同一性质基础上结合起来的许多个别事物的整体，总体规模用 N 表示。例如，当研究商业经营情况时，全部商业企业是一个总体，因为商业企业是客观存在的，每个商业企业的经济职能都是相同的，即都是从事商业经营活动的基层单位。

总体单位是指构成统计总体的个别事物，如上例中的每个商业企业就是总体单位。再如，要对全国的人口进行普查，则全国人口构成总体，而每一个人则是总体单位。根据统计研究目的的不同，作为总体单位，可以是一个地区、一个部门、一个单位，也可以是一个人或一个物。

总体按其单位数是否有限，分为有限总体和无限总体。如果总体包含的总体单位为有限个，称为有限总体；如果总体中的单位是无限的或无法计数的，称为无限总体。例如，人口总数、企业总数、商店总数、土地数、各种设备数等，都是有限总体；在连续大量生产的某种小件产品中，总产量是无限总体。

在统计调查中，对有限总体既可进行全面调查，又可进行非全面调查；对无限总体则不能进行全面调查，只能进行非全面调查。在社会经济现象中，统计总体大多是有限总体。

总体和总体单位的指向不是固定不变的，随着研究目的的不同，二者是可以相互转化的。例如，要了解工业企业的生产经营情况，全部工业企业构成一个总体，每个工业企业是这个总体中的一个单位。但是，如果我们要研究某个典型企业的生产经营情况，则上述总体中的某一个单位（该典型企业），就又变成总体了。

（二）样本和样本单位

样本（sample）是从总体中抽取一部分总体单位构成的集合，是由样本单位构成的。一个样本单位也一定是一个总体的单位。构成样本个体的数目称为样本容量，用 n 表示。

样本具有一定的随机性，总体是唯一的，样本有很多个。总体规模 N 很大时，要了解总体的数量特征，就需要从总体中随机抽取一部分个体作为样本，进而根据样本单位提供的有关信息去推断总体。例如，要了解所有中小学生的近视率，每一个中小学生是总体单位，所有的中小学生是总体，从中抽取一部分中小学生，通过样本单位的信息，可以推算全国中小学生的近视率。但是样本毕竟只是总体的一部分，由于抽取样本具有随机性，因此用样本去推断总体的特征时也就存在一定的误差，误差包括抽样误差和非抽样误差。如何科学地抽取样本，怎样控制总体的抽样误差，这是推断统计学研究的重要问题，有关抽样误差和非抽样误差的概念将在后面介绍。

二、标志与变量

（一）标志和标志表现

标志是说明总体单位特征的名称，有品质标志与数量标志之别。品质标志表示事物的质的特性，一般是用文字表示的，如人的性别、民族、文化程度、健康状况，企业的经济类型、隶属关系等；数量标志表示事物的量的特性，是可以用数值表示的，如人的年龄、身高、体重，企业的产值、利润等。

标志表现是标志名称之后所表明的属性或数值，如某个工人的性别是女，民族是汉族，文化程度是高中,健康状况是良好。这里"女""汉族""高中"和"良好"是品质标志名称"性别""民族""文化程度"和"健康状况"的属性,是品质标志的具体表现。又如,该工人的年龄是 28 岁,身高是 160 厘米,体重是 55 公斤,则"年龄""身高"和"体重"是数量标志的名称,而"28 岁""160厘米"和"55 公斤"是数量标志的数值表现。

(二) 变异和变量

在一个总体中,各单位的品质标志或数量标志的标志表现具有差异性。如性别标志表现为男、女,婚姻状况标志表现为未婚、已婚、丧偶、离异,年龄标志表现为 18 岁、20 岁、25 岁等。这种差别都称为变异。变异又分为属性变异和数值变异。属性变异只限于品质标志,数值变异则限于数量标志。变异是统计的前提条件,有变异才有统计,没有变异也就没有统计的必要了。

变量(variable)是说明现象某种特征的概念,会呈现一定的差异性。在统计中,可变的数量标志和指标均称为变量,变量的数值表现称为变量值。

变量可以分为分类变量、顺序变量和数值型变量。分类变量(categorical variable)是说明事物类别的一个名称,例如性别、行业。顺序变量(rank variable)是说明现象类别顺序的一个名称,例如产品的等级、受教育程度等。数值型变量是说明事物数字特征的一个名称,例如国内生产总值、人口出生率、年龄等。数值型变量(numetric variable)按变量值是否连续,又可以分为离散型变量和连续型变量。离散型变量(discrate variable)的各变量值之间都是以整位数断开的,如人口数、企业数、设备台数等,都只能按整数计数,不可能有小数;连续型变量(continuous variable)的数值是连续不断的,相邻值之间可作无限分割,例如,身高、体重、年龄等都是连续性变量。年龄从理论上讲应按出生时间起算,实际上是以整数计数的。

三、统计指标与指标体系

(一) 统计指标

1. 统计指标的概念及其构成要素

对统计指标的含义,从不同的角度有以下两种理解方法。

(1) 统计指标是反映客观存在的社会总体现象数量特征的概念。例如国内原煤产量、人口自然增长率、劳动生产率等。按照这种理解,统计指标包括三个构成要素:指标名称、计量单位和计算方法。这种含义一般用以统计理论研究。这时的统计指标只涉及名称、单位和计算方法等方面,一般不涉及具体数值。

(2) 统计指标是反映客观存在的社会总体现象数量特征的概念和具体数值。例如,2016 年我国国内生产总值 743 585 亿元,按不变价格计算,比上年增长 6.7% ;2017 年年末,我国大陆总人口数为 139 008 万人,这些都是统计指标。与前者不同的是,这种指标含义中包括了指标数值。按照这种理解,统计指标除包括上述三个要素外,还包括时间限制、空间限制和指标数值。这种含义的统计指标一般是在统计实际工作中使用的。在实际工作中,仅仅知道指标名称、计量单位和计算方法是不够的,没有具体的指标数值就无法准确全面地反映社会经济现象的数量特征,也就无法达到统计研究的目的。

以上两种理解方法都是成立的,合理的。它们分别在不同的场合中使用。我们认为,第二种理解方法更全面,更适合于应用。

这里所讲的指标和前面学过的标志是密切相关的两个概念,它们之间既有联系,又有区别。

其联系主要表现在:① 许多指标的数值是根据标志的标志值汇总得到的;② 随着研究目的的改变二者是可以互相转化的。其区别主要表现在:① 标志是反映总体单位特征的,而指标是反映总体特征的;② 标志有能用数值表示的数量标志和不能用数值表示的品质标志之分,而所有的指标都是可以用数值表示的。

2. 统计指标的作用

每一个具体的统计指标都有它不同的作用,概括地讲,统计指标有两方面的作用:

(1) 从认识角度讲,统计指标就像机器设备上反映机器运转情况的仪表,它能用数字表明社会经济活动中的各种实事的现状及发展过程,起到一种社会"指示器"的作用。

(2) 从管理和科学研究的角度讲,统计指标是进行国民经济管理和科学研究的基本根据之一。无论是进行宏观决策、微观决策还是进行科学研究,都要从客观的现实状况出发。统计指标提供的就是用数字表现的事实。

3. 统计指标的种类

统计指标从不同的研究目的,不同的角度出发可以分为不同的种类:

(1) 数量指标和质量指标

按统计指标说明的总体现象的内容不同,统计指标可以分为数量指标和质量指标。数量指标是说明现象总体绝对数量多少的指标,它反映的是总体外延的规模及其发展成果的总和。它用绝对数来表示,并有计量单位。例如我们前面提到的国内总产出、人口数、国内生产总值等都是数量指标。数量指标受总体范围的影响。它的数值随总体范围的大小而增减,是认识总体现象的出发点。质量指标是说明总体内部数量关系和总体单位水平的指标,用来说明总体的质的属性。例如劳动生产率、人口的性别和年龄构成、资金利税率等都属于质量指标。质量指标的数值不随总体范围的大小而增减。

在实际工作中,要把数量指标和质量指标结合起来应用。在研究总体现象时,不仅要用数量指标了解总体的绝对数量及其发展变化,而且还要用质量指标了解总体内部的数量关系及其发展变化,二者不可偏废。

(2) 总量指标、相对指标和平均指标

按统计指标的作用和表现形式不同,统计指标可以分为总量指标、相对指标和平均指标。总量指标是反映总体现象规模的统计指标,是说明总体现象广度的。它表明总体现象发展的结果。总量指标的数值随总体范围的大小而增减,并具有可加性。总量指标可以反映一个国家和地区国情国力的基本情况,是制订政策、编制计划的基本依据,如人口总数、土地面积、国民生产总值等。相对指标是两个有联系的总量指标相比较的结果,反映总体之间或总体内部各组成部分之间的数量关系,如产品产量的计划完成程度、人口密度、人口的年龄构成等。相对指标在数值上与总体范围的大小无直接的关系,不具有可加性。平均指标是按某个数量标志表明同类社会经济现象在一定时间、地点条件下所达到的一般水平,例如平均工资、人均土地面积、平均计划完成程度等。同相对指标一样,平均指标在数值上与总体范围大小无直接的关系,不具有可加性。

由于事物的内容决定其形式,因此,我们所说的总量指标是数量指标的表现形式,相对指标和平均指标是质量指标的表现形式。

（二）统计指标体系

统计指标体系是由若干个相互联系、相互作用的统计指标组成的整体，用以说明所研究社会经济现象各方面相互依存和相互制约的关系。

统计指标体系通常表现为两种情况：

（1）可以通过数学公式形式表现出来的统计指标体系。

例如，工业总产值＝工业产品产量×产品价格

商品销售额＝商品销售量×商品价格

农作物收获量＝播种面积×单位面积产量

（2）指标之间不是数学公式形式的关系，而是一种相互联系、相互补充的关系。

例如，反映国内商品流转情况的指标（购进量、销售量、调拨量、库存量）所形成的指标体系，考核商业企业经济效益的指标（劳动生产率、人均利税率、资金利税率、费用利税率、流动资金周转次数）所组成的指标体系都属于这种情况。

由于统计指标体系反映了指标之间的相互联系，因此，它比统计指标更重要，应用更广泛。其作用主要表现在：

（1）可以认识现象的全貌和发展的全过程。社会经济现象的数量方面虽然是通过统计指标来反映的，然而单一的统计指标只能说明总体的某一个侧面，要想对总体现象进行全面的了解和研究，依靠某一个统计指标是不行的，还需要建立一套相互联系的指标，从不同的角度对总体进行反映。只有这样，才能达到正确、全面地认识客观总体的目的。

（2）可以反映总体的内部联系，分析各个因素对现象总体的影响。任何社会经济总体都是一个相互联系的有机整体。一个企业是由许多有机联系的部分组成的整体，一个部门是由许多有机联系的企业或单位组成的整体。生产、分配、流通、消费是连续不断的有机联系的复杂过程。人类所进行的各种社会活动也是相互联系的。社会经济现象这种互相联系的性质，运用个别统计指标是反映不出来的，必须运用统计指标体系来描述。

☰ 本章小结

1. 统计有三种含义：统计实践活动、统计数据和统计科学。统计学是对统计实践活动规律性的科学总结，是数据的收集、整理、分析和解释客观现象的一门方法论科学。统计实践活动是统计工作的过程，统计学与统计实践活动是理论与实践的关系。统计数据是统计实践活动的成果。

2. 统计学的研究对象是客观事物的数量规律。统计学的研究对象具有数量性、总体性、具体性和变异性四个特征。统计学的主要研究方法有大量观察法、统计分组法、综合指标法、归纳推断法等。

3. 统计数据是对现象进行测量的结果。按计量尺度不同，统计数据分为分类数据、顺序数据和数值型数据。按收集方法不同，统计数据分为观测数据和实验数据。按现象与时空的关系，统计数据分为截面数据、时间序列数据和面板数据。

4. 在统计研究中，总体是根据一定的研究目的确定的所要研究事物的全体，它是由客观存在的、在同一性质基础上结合起来的许多个别事物的整体。构成总体的基本单位称为总体单位。

统计总体可分为有限总体和无限总体。从总体中抽取一部分单位所组成的集合称为样本,样本具有随机性,一个样本所包含的样本单位的个数称为样本容量。

5. 标志是反映个体数量特征的,可分为品质标志和数量标志。标志表现是标志名称之后所表明的属性或数值。变量是说明现象某种特征的概念,会呈现一定的差异性。变量可以分为分类变量、顺序变量和数值型变量。数值型变量按变量值是否连续,又可以分为离散型变量和连续型变量。

6. 对统计指标的含义,一般有两种理解方法。即统计指标是反映客观存在的社会总体现象数量特征的概念以及统计指标是反映客观存在的社会总体现象数量特征的概念和具体数值。统计指标体系是由若干个相互联系、相互作用的统计指标组成的整体,用以说明所研究社会经济现象各方面相互依存和相互制约的关系。

▤ 思考与练习

1. 什么是统计学? 怎样理解统计学和数据的关系?

2. 什么是统计总体? 它的特点是什么?

3. 试举出日常生活或工作中统计数据及其规律性的例子。

4. 标志和指标有何区别与联系?

5. 一个公司正致力于测试一种新的电视广告的效果。作为测试的一部分,广告 18∶30 在某市的当地新闻节目中播出。两天以后,一市场调查公司进行电话采访以获取记忆率信息(观众记得看过广告的百分比)和对广告的印象。这一研究的总体是什么? 个体是什么? 样本是什么? 在这种情况下为什么使用样本? 简要解释原因。

6. "可乐站"是描述市场上"可口可乐"与"百事可乐"激烈竞争的一个流行术语。这场战役因影视明星、运动员的参与以及消费者对品尝试验优先权的抱怨而颇具特色。假定作为百事可乐营销战役的一部分,选择了 1 000 名消费者进行匿名性质的品尝试验(即在品尝实验中,两个品牌不做外观标记),请每一名测试者说出百事可乐和可口可乐哪个口味更好。要求:

(1) 描述总体;(2) 描述研究变量;

(3) 描述样本;(4) 描述推断。

▤ 即测即评

▤ 案例分析:费歇尔《女士品茶》(摘选)

那是 20 世纪 20 年代后期,在英国剑桥一个夏日的午后,一群大学的绅士和他们的夫人们,还有来访者,正围坐在户外的桌旁,享用着下午茶。在品茶过程中,一位女士坚称:把茶加进奶里,或把奶加进茶里,不同的做法,会使茶的味道品起来不同。在场的一帮科学精英们,对这位女士的"胡言乱语"嗤之以鼻。这怎么可能呢? 他们不能想象,仅仅因为加茶加奶的先后顺序不同,茶就会发生不同的化学反应。然而,在座的一个身材矮小、戴着厚眼镜、下巴上蓄着的短尖髯开始变灰的先生,却不这么看,他对这个问题很感兴趣。他兴奋地说道:"让我们来检验这个命题吧!"并开始策划一个实验。在实验中,坚持茶有不同味道的那位女士被奉上一连串的已经调制好的茶,其中,有的是先加茶后加奶制成的,有的则是先加奶后加茶制成的。

接下来,在场的许多人都热心地加入实验中来。几分钟内,他们在那位女士看不见的地方调制出不同类型的茶来。最后,在决战来临的气氛中,蓄短胡须的先生为那位女士奉上第一杯茶,女士品了一小会儿,然后断言这一杯是先倒的茶后加的奶。这位先生不加评论地记下了女士的说法,然后,又奉上了第二杯……

那个留着短胡须的先生就是罗纳德·艾尔默·费歇尔(Ronald Aylmer Fisher),当时他只有三四十岁。后来,他被授予爵士头衔。1935 年,他写了一本叫《实验设计》(The Design of Experiments)的书,书的第二章就描述了他的"女士品茶"实验。在书中,他把女士的断言视为假设问题,他考虑了各种可能的实验方法,以确定那位女士是否能做出区分。设计实验时的问题是,如果只给那位女士一杯茶,那么即使她没有区分能力,她也有 50% 的机会猜对。如果给两杯茶,她仍可能猜对。事实上,如果她知道两杯茶分别以不同的方式调制,她可能一下子全部猜对(或全部猜错)。

同样,即便这位女士能做出区分,她仍然有猜错的可能。或者是其中的一杯与奶没有充分地混合,或者是泡制时茶水不够热。即便这位女士能做出区分,也很有可能是奉上了 10 杯茶,她却只是猜对了其中的 9 杯。

在这本书中,费歇尔讨论了这个实验的各种可能结果,他叙述了如何确定这样一些问题:应该为那位女士奉上多少杯茶? 这些茶应该按什么样的顺序奉上? 对所奉各杯茶的顺序应该告诉那位女士多少信息? 依据那位女士判断的对错与否,费歇尔得出了各种不同结果的概率。但在讨论中,他并没有指明这种实验是否真的发生过,也没有叙述这次实验的结果。

结果是什么呢?

第二章 统计调查与统计整理

"调查研究是谋事之基、成事之道。没有调查,就没有发言权,更没有决策权。"

——习近平

引例:第三次全国农业普查

为摸清"三农"基本国情,查清"三农"新发展新变化,国务院组织开展了第三次全国农业普查。这次普查的标准时点为 2016 年 12 月 31 日,时期资料为 2016 年度。普查对象包括农业经营户,居住在农村有确权(承包)土地或拥有农业生产资料的户,农业经营单位,村民委员会,乡镇人民政府。普查主要内容是农业生产能力及其产出、农村基础设施及其基本社会服务和农民生活条件等。农业普查采用全面调查的方法,由普查员对所有普查对象进行逐个查点和填报。全国共组织动员了普查员、普查指导员和各级普查机构的工作人员近 400 万人,登记了 2.3 亿农户、60 万个村级单位、4 万个乡级单位、200 多万个农业经营单位;组织 5 万多名工作人员对粮食、棉花等大宗农作物播种面积进行卫星遥感测量,完成了 10 多万卫星遥感数据处理,实地调查了 11 万个样方和 2 万多个抽中普查区,实施了 2 700 多架次整村无人机飞行测量,掌握了全国主要农作物种植空间分布,取得了全国各省(区、市)及种植大县主要农作物种植面积数据。

按照国际通行做法,国务院农普办组织了数据质量抽查,评估了普查数据质量。综合抽查结果显示,农业普查登记户的漏报率为 0.19%,普查指标数据差异率为 0.40%。数据质量达到设计标准。

统计数据是统计分析的基础,采集统计数据就需要进行统计调查。从哪里获取数据?采用什么样的调查方式获取数据?采集数据之后,统计数据需要整理,并通过图和表的方式呈现出来。

第一节 统 计 调 查

一、统计调查的概念和分类

(一)统计调查的概念

统计调查就是按照预先规定的要求和科学的方法,有计划、有组织、科学地、系统地对被研究现象收集统计数据的工作过程。

统计调查是统计工作的重要环节,是整个统计工作的基础。在整个统计工作过程中,它担负着提供基础资料的作用。只有准确及时地收集到内容丰富,合乎客观实际的统计数据,才能经过统计整理、统计分析等一系列统计处理,使统计研究得出正确的结论,从而为经济管理和经济决策部门提供可靠的信息,更好地发挥统计信息、统计咨询和统计监督的职能。

（二）统计调查的分类

社会经济现象是一个错综复杂的有机整体,要对其进行全面细致的了解,必须从不同的侧面,用不同的方法调查。统计调查可以选择不同的标志分类。

1. 按调查对象包括的范围不同,可以分为全面调查和非全面调查

（1）全面调查是指对构成调查对象总体的所有个体,逐一进行登记的调查方式方法。例如,要了解全国卷烟生产量,就要对全国所有卷烟厂的生产量都进行详细调查。普查和全面统计报表都是全面调查。

（2）非全面调查是指对构成调查对象总体的部分个体进行调查登记的调查方式方法。例如,对农产品的调查就不需要对每块农田都做调查,只要选出一部分地块进行调查就可以了。重点调查、抽样调查、典型调查以及非全面统计报表均属于非全面调查。

2. 按调查登记的时间是否连续,分为经常性调查和一次性调查

（1）经常性调查是指随着客观现象的不断变化,随时将变化了的情况进行连续不断的登记。其主要目的是获得现象全部发展过程及其结果的统计资料。例如,产品产量的统计,商品销售额统计等。

（2）一次性调查是指对现象进行不连续的调查登记。其主要目的是获得现象在某一时点上的水平、状况的资料。例如人口普查,生产设备数量调查等。这类现象短时期内变化不大,不必连续登记,只需每经过一段时间登记其某一时刻的数量。

3. 按调查的周期不同可分为定期调查和不定期调查

（1）定期调查是指按相对固定的时期进行的调查,如企业产品产量日报、季报、年报,定期反映农业生产情况的农产量抽样调查等。

（2）不定期调查是指相邻两次调查的时间间隔不等的调查。如大学生在校人数的调查,我国过去进行的六次人口普查等。

4. 按调查的组织方式不同,分为统计报表和专门调查

（1）统计报表是指在原始记录的基础上,按照一定的表式和要求,自上而下统一布置,进而提供统计资料的一种调查方式方法。例如,农业统计报表、工业统计报表等。

（2）专门调查是指为了某些特定的目的而专门组织的调查。例如,普查、抽样调查、重点调查、典型调查等。

5. 按收集资料的方法不同,可以分为直接观察法、采访法、报告法、通信法、网络调查法

（1）直接观察法是指统计人员亲自到现场对调查对象直接观察和计量以取得资料的一种调查方法。如商品库存盘点,工业企业期末制品调查,对农作物收获量的实割实测等。

（2）采访法是指调查人员向被调查者提问,根据被访问者的答复来取得资料的一种调查方法。如个别询问法、被调查者自填法、开调查会法等。

（3）报告法是指调查单位按隶属系统通过填写各种调查表逐级上报以取得资料的一种统计调查方法。

（4）通信法是由调查者把调查问卷或调查表寄给被调查者,由被调查者答复以取得调查资料的一种方法。

（5）网络调查法是20世纪80年代末出现的基于互联网的普及,利用网页问卷,电子邮件问卷,网上聊天室等网络多媒体通信手段来收集数据和访谈资料的一种新型便捷的调查方法。

应该说明,以上各种分类不是相互排斥的而是相互交叉进行的,只是从不同的角度对同一调查对象进行的不同分类。这就使调查方法更显得多种多样,统计人员可以根据不同的需要,选择自己所需要的调查方法,以使调查出的资料达到最佳效果。

(三)统计调查的要求

为了更好地完成统计工作的任务,发挥它的作用,统计调查必须达到如下基本要求:

1. 准确性

所谓准确性是指收集的资料要符合客观实际,既不修饰也不渲染。统计调查所取得的资料的准确与否是衡量统计调查工作质量的重要标志。统计调查必须准确地反映实际情况,保证调查资料真实可靠。

影响调查资料准确性的,有调查者原因,也有被调查者原因;有主观原因,也有客观原因。这就要求各地区、各部门、各单位及个体劳动者都要依照《中华人民共和国统计法》的规定,准确地提供统计资料,不允许虚报、瞒报,更不允许伪造篡改。统计工作者要把维护统计数字的准确性作为自己神圣的职责,在提高自身素质业务水平的同时,要敢于同各种不良倾向和错误行为进行坚决的斗争,为维护调查资料的准确性而努力奋斗。

2. 及时性

所谓及时性是指及时上报各项统计调查资料,以满足宏观决策和市场管理的需要。及时性关系到统计资料使用价值的大小,如果统计调查资料提供得不及时,即使统计资料准确可靠,也会失去它应有的效用。同时,及时性还关系到统计工作的全局,一项统计任务的完成,往往是许多单位协同工作的结果,其中任何一个调查单位统计资料上报不及时,都会影响整个统计工作的过程,贻误良机。因此,要求统计工作者必须树立严格的时间观念,统计调查单位要有全局观念,按时完成任务。但是,必须强调统计调查的准确性和及时性是辩证统一的,不能顾此失彼。

3. 全面性

所谓全面性是指统计调查提供的资料要全面,即在规定的时间内对调查的单位和项目资料毫无遗漏地收集起来。统计调查资料的全面性是反映大量社会经济现象总体数量特征的基础。统计研究的目的,就在于从事实的全部总和中去掌握其内部联系的事实,从而认识社会经济现象的规律性。如果资料不全面或不系统,就会给统计整理和统计分析带来困难,达不到统计认识事物的目的。

综上所述,统计调查资料的准确性、及时性和全面性,是对统计工作的基本要求,它们之间存在着有机的联系,准确性是统计调查工作的基础,要在准中求快,准中求全。

二、统计调查方案设计

统计调查是一项复杂而又细致的工作,一个规模较大的统计调查项目往往需要动员成千上万人协同工作才能完成。为了在统计调查过程中统一认识,统一内容,统一方法,统一步调,顺利完成任务,在调查前必须有一个统一的统计调查方案(统计调查手册)。切实可行的统计调查方案是保证统计调查有计划、有组织地进行的首要步骤,是统计设计在调查阶段的具体化。一个完整的调查方案,应包括以下几个方面的内容:

(一)确定统计调查的目的和任务

明确统计调查的目的和任务是制订统计调查方案的首要问题。对任何社会经济现象的研究,可以根据不同的目的、不同的任务从不同的角度去收集资料。如对工业经济情况的研究可以从工业生产方面去研究,也可以从农工商的关系去研究,还可从工业产品成本、工业内部的结构等方面去研究。调查的目的和任务不同,调查的内容和范围也就不同。目的不明、任务不清,就无法确定向谁调查,调查什么,以及用什么方式方法进行调查。这就会给调查工作带来很大的盲目性,调查到的资料可能是不需要的,需要了解的情况而又得不到充分的反映,这样不仅会造成人力、物力、财力的大量浪费,而且还会延误工作。

要明确确定统计调查的目的和任务,必须根据党的方针政策从当前形势出发,立足于统计工作的整体需要,抓住实践中最重要最急迫的问题,并要认真分析制订的计划和调查对象的实际情况,把需要与可能结合起来。

例如,随着经济的发展和生活水平的提高,中小学生接触电子产品机会增多的同时,近视的人数也在急剧增加,甚至更加低龄化。为此,对某市中小学生视力情况进行调查,其调查目的就是了解中小学生近视的原因,为视力保护和提升提供建议。

(二)确定调查对象和调查单位

确定调查对象和调查单位是回答向谁调查和由谁来具体提供统计资料的问题。调查的任务和目的明确以后,就要确定调查对象和调查单位。调查对象就是需要调查的社会现象的总体,它是由性质上相同的许多调查单位所组成。调查单位就是构成社会现象总体的个体,是调查项目的具体承担者,也就是在调查对象中所要调查的具体单位。

例如,我们的调查目的是收集全市中小学生视力情况的资料,那么可以将该市所有中小学生作为调查对象,而全市的每一所中小学就是调查单位。

在统计调查阶段除了要规定调查单位外,还要规定填报单位。调查单位是调查项目的承担者,而填报单位则是负责向上报告调查内容的单位。调查单位和填报单位在多数调查中是一致的,偶尔也会不一致。例如,在全市中小学视力调查中,全市的每一所小学是调查单位,每个班级是填报单位。确定调查对象使我们知道所要了解的总体界限,确定调查单位使我们知道从哪里去取得有关标志的具体资料,确定填报单位使我们知道由谁提供具体资料。

(三)确定调查内容

调查内容是指所要调查的具体项目,在进行调查之前,必须根据调查的目的,明确规定统计的调查项目。一般说来,确定调查项目应注意以下几点:

第一,确定调查项目,要有取得资料的可能性。凡是列入调查表,确定为调查内容的项目,必须能够取得确切的资料。否则,即使需要,但没有条件取得确切资料的项目,也不该列入。同时,对每一个调查项目都应该有确切的含义和统一的解释,以免因为调查人员理解不同而致使调查结果不一致。

第二,被确定为调查内容的每个项目间应该彼此衔接,以便从整体上了解现象的相互联系,也便于有关项目相互核对,提高调查资料的质量。

第三,调查项目之间在时间上要有可比性,即本次调查项目和过去同类调查项目之间要互相衔接,以便进行动态对比。

第四,确定的调查项目必须与调查目的有关。只登记与问题有关的标志,不应包括可有可无、备而不用的标志。

（四）设计调查表或调查问卷

调查的内容明确以后，就要根据一定的目的，把拟确定的调查项目按照一定的顺序排列成表格的形式，这就是调查表。它包括需要向调查单位了解的有关品质标志，数量标志和其他情况。它是回答向有关单位调查什么的问题。调查表是调查方案的核心部分。必须紧紧围绕调查目的，从现象间的相互联系，从现象的过去、现在和发展趋势等方面出发，提出所要调查的项目，拟定调查表。

调查表的内容一般有表头、表体和表脚三部分组成。① 表头用来表明调查表的名称以及填写单位（填报单位）的名称、性质、隶属关系等。这些资料是核实和复查各调查单位时必不可少的内容。② 表体是调查表的主要部分，包括统计调查所要说明的社会现象的项目和这些项目的具体表现；便于在整理调查资料和编写填表说明时引用的栏号、计量单位等。③ 表脚包括调查者（填报人）的签名和调查日期等，以便明确责任。如果发现问题，也便于查询。调查表确定以后，需要编写填表说明和指标解释，这是为了保证调查资料的科学性和统一性所必备的调查文件。

调查表一般有单一表和一览表两种形式。每份单一表上只登记一个调查单位，它可以容纳较多的调查项目，在整理和汇总时便于按各种标志分组计算。如工业企业的产品产量，产品成本等定期报表都采用单一表形式。一览表是在一张调查表上登记若干个调查单位，它所容纳的调查项目要少一些，我国人口普查表一般是这种形式。一览表的好处是每个调查单位的共同事项只需登记一次，节省人力和时间，表中有关单位和资料可以相互核对检查。在统计调查中采用哪种表格形式，一般可考虑以下两方面情况：第一，看调查项目的多少。当调查项目较多时，可采用单一表；调查项目不多时，可采用一览表。第二，看调查单位和报告单位是否一致，如果是一致时采用单一表；否则，可采用一览表。

调查问卷是收集资料的又一种形式和载体。调查问卷是调查者根据调查目的和要求所设计的，由一系列问题、备选答案、说明以及码表组成的一种调查形式。不同的调查问卷在具体结构、题型、措辞、版式等设计上会有所不同，但在结构上一般都由以下几个部分组成：① 开头部分。它一般包括问候语、填表说明和问卷编号等内容；② 甄别部分。甄别也称为过滤，它是先对被调查者进行过滤，筛选掉不需要的部分，然后针对特定的被调查者进行调查；③ 主体部分。该部分是调查问卷的核心内容，它包括了所要调查的全部问题，主要由问题和备选答案组成；④ 背景部分。它通常放在问题的最后，主要是有关被调查者的一些背景资料。

在设计调查问卷时应注意：① 对每个问题和答案的设计，应充分考虑到问题需要使用的统计方法；② 问卷用语要准确、规范，注意被调查者的身份和思维习惯；③ 问卷格式要整齐，编码要规范；④ 问题应当短小，便于做明确的答复；⑤ 问题的排列应当具有逻辑性；⑥ 对敏感性问题设计问卷时应遵守保密的原则。

（五）确定调查的组织实施计划

调查的组织实施计划是调查工作顺利开展的重要保证，一个完整的组织实施计划应包括以下几方面的内容：

1. 确定调查时间

调查时间是指调查资料所属的时间。如果所要调查的是时期现象，就要明确该现象是从何年何月何日起，到何年何月何日止。例如调查我国工业企业 2017 年的利润额是从 2017 年 1 月 1 日到 2017 年 12 月 31 日。如果所调查的是时点现象，就要明确规定统一的标准调查时点，例如调查 2017 年年末我国的人口数，标准调查时点是 2017 年 11 月 1 日零时。

为了保证统计资料的及时性还必须规定调查期限。调查期限是指进行调查工作的时限,包括收集资料和报送资料的整个工作所需的时间。规定调查期限要考虑调查项目的复杂性和调查资料的时效性。一般调查期限不宜过长。例如,2017年的人口抽样调查,调查期限是11月1日到11月15日。

2. 确定调查地点

调查地点是指登记调查资料的地点。通常,调查地点和调查单位所在地是一致的。但是在二者不一致的情况下必须明确规定调查的地点。如进行人口普查时,如果按"常住人口"登记,不论被调查者是否暂时外出居住,都应在每个居民的常住地点进行登记。

3. 做好严密细致的组织工作

这是统计调查顺利实施的保证。调查工作的组织主要应包括以下内容:调查工作的组织领导机构和调查人员的组织;调查的方式方法;调查前的准备工作,包括宣传教育、干部培训、文件印刷等;调查资料的报送办法;调查经费的来源,开支办法;提供或者公布调查成果的时间,等等。

制定合理的统计调查方案后,还需要进行试点调查。通过试点,检验调查方案是否合适,积累组织实施的经验。

三、统计调查的组织形式

在我国,统计调查的组织形式有统计报表、普查、抽样调查、重点调查、典型调查等。1992年,为适应社会主义市场经济的要求,《中华人民共和国统计法》规定,我国统计调查"以必要的周期性的普查为基础,经常性的抽样调查为主体,以必要的统计报表、重点调查、综合分析等为补充,收集、整理基本统计资料。"

(一) 统计报表

统计报表是按照国家统一规定的表格形式,统一规定的指标内容,统一的报送程序和报送时间,自上而下统一布置,自下而上地逐级提供基本统计资料的一种报表制度。国家利用它定期地取得全社会经济和社会发展的基本统计资料。执行统计报表制度,是各地区、各部门、各基层单位必须向国家履行的一种义务。

1. 统计报表的特点和种类

(1) 统计报表的特点

① 统计报表的指标内容、口径范围、计算方法、报送程序和报送时间都是由国家统一规定的,这就保证了收集资料的统一性和有效性。

② 各级领导部门可以通过统计报表,经常全面了解经济和社会发展变化情况。我国应用的大多数统计报表是全面统计报表,具有全面性。

③ 在调查前把报表布置到基层填报单位,以便他们根据报表的要求,及时建立健全各种原始记录,使统计报表的资料来源建立在可靠的基础上,做到资料准确,报送及时。

④ 统计报表是定期地连续登记的,便于完整地积累资料,系统地分析经济和社会发展变化的规律性。

(2) 统计报表的种类

① 按调查范围不同,统计报表分为全面统计报表和非全面统计报表。全面统计报表要求调查对象中每一个单位都填报。目前,我国采用的统计报表绝大多数都是全面统计报表。非全面

统计报表只要求调查单位中的一部分单位填报。它要结合重点调查、典型调查和抽样调查来应用,如工业主要技术经济指标就采用重点调查方式,农村经济调查采用抽样调查或典型调查选出调查单位的办法,将统计报表布置给基层填报。

② 按报送周期长短不同,统计报表分为日报、旬报、月报、季报、半年报和年报等。报送周期越短花费的人力、物力、财力越多,因此,报送周期短的,指标项目应该少一些,粗一些,时效性要强一些。报送周期长的,指标项目可以多一些,细一些,内容也要更详尽些。在一般情况下,日报和旬报只能限于填报生产中最主要指标,凡是年报、半年报能满足需要的,就不要用季报、月报;季报、月报能满足需要的,就不要用旬报、日报。

③ 按报送的单位不同,统计报表分为基层报表和综合报表两种。基层报表是指由基层企事业单位填制的报表,综合报表是由主管部门或统计部门根据基层报表逐级汇总填制的报表。

④ 按报表内容和实施范围不同,统计报表分为国家统计报表、部门统计报表和地方统计报表。国家统计报表是由国家统计部门统一制发,用来收集工业、农业、交通运输、基本建设、商业、劳动、物资、科研等方面最基本的统计资料。部门统计报表是根据有关的部门统计调查项目和统计调查计划相应制订的统计报表,一般用来收集各级主管部门所需的专业技术资料,在各级主管部门系统内施行。地方统计报表是根据有关的地方统计调查项目和统计调查计划相应制订的统计报表,用来满足地方的专门需要。部门和地方统计报表都是国家统计报表的补充。

2. 统计报表制度的内容

① 表式。表式是国家统计部门根据研究的任务与目的专门设计制定的统计报表表格,它是统计报表制度的主体,统计调查资料是通过这些表式的填报而取得的。表式的主要内容是:主栏项目、宾栏指标以及补充资料项目等。此外,每张报表还列出表名、表号、填报单位、报送日期以及报送单位负责人和填报人的签署等。

② 填表说明。它是对统计表的统计范围、指标等做出的规定。

主要包括:填报范围、指标解释、分类目录、其他事项、填表说明等。

一是填报范围。即实施范围,它要求明确每种统计报表由谁填报,即填报单位或称报告单位;各级主管部门和统计部门的综合范围,即汇总时应包括哪些单位。明确规定填报范围,可以避免填报单位遗漏,同时在填报范围发生变动时,便于调整统计资料,保证统计资料的可比性。

二是指标解释。即对列入表式的统计指标的概念、计算方法、计算范围以及其他有关问题的具体说明。有了统一的指标解释,填报单位才能正确填报,才能保证统计数字的准确性和统计资料的可比性。

三是分类目录。即统计报表主栏项目一览表,它是填报单位进行填报的主要依据。

四是其他事项。如报送日期,受表机关和报送份数等。

五是填表说明。填表说明是基层单位能否正确填报,统计部门能否正确取得统计数字的关键之一。如果对有关问题交代不清,就会使填报单位理解不一,难于统一,影响统计数字质量。

3. 制定统计报表制度的原则

制定统计报表制度一般应遵循以下原则:

一是适用与精简。在满足宏观管理和监督需要这一前提下,表式和指标要力求精简,避免烦琐重复。

二是根据实际需要合理确定各种统计报表的报告期,分情况按月、按季、按年进行统计观察,不可任意增加或压缩报告次数。

三是基层报表应逐步做到统一配套。应由统计部门牵头,会同有关主管部门共同制订出一套基层企业统一使用的统计表式;可分不同报表,由统计部门和主管部门分别制订,并最终配成一套基层企业统一使用的统计表式。这种表式要力求若干年内不变。

四是地方综合报表在满足上级部门需要的前提下,可以结合地区的特点增加地方需要的指标和分组。

五是国家、部门和地区的统计报表制度必须适当分工,互相配合。凡在国家统计报表的基层表中能取得的资料,部门和地方统计报表不应再要求基层单位重复填报。

4. 统计报表的资料来源

统计报表资料来源于基层单位的原始记录。从原始记录到统计报表,中间还要经过统计台账和企业内部报表。因此,建立健全原始记录制度、统计台账和企业内部的统计报表制度,是保证统计报表质量的基础。

(1) 原始记录。原始记录是基层单位通过一定的表格形式,对生产经营活动的过程和成果所作的第一手的数字或文字记载,是未经任何加工整理的初级资料。

原始记录的内容,要视各个基层单位的情况而定,不求千篇一律。但总的来说,一套完整的原始记录,应包括以下内容:① 记录项目和记录表格。将需要记录的具体内容表格化,使记录的各项内容体现在表格上。② 负责记录的人员。对每个原始记录表格,要明确规定负责记录的人员。③ 各种原始记录表格每次记录的份数,传递的路线和报送的时间。

(2) 统计台账。统计台账是基层单位根据填报统计报表和本单位经营管理的需要而设置的一种系统积累统计资料的表册。统计台账的基本形式,大体上有以下两种:① 多指标的综合台账,这种台账是在一个表册上,按时间顺序,同时登记若干有关指标数值的发展变化情况。如企业或车间为检查各项主要指标完成情况而设置的主要指标完成情况台账。② 单指标分组台账。这种台账是在一个表册上,按时间顺序,同时登记各个下属单位某一指标数值的发展变化情况。

(3) 内部报表。基层单位的内部报表,大致有两类:一类是为向单位领导提供资料而编制的;一类是为填报上级规定的统计报表而布置的。这两类报表的内容有相同的地方,也有不同的地方。但都要求本单位内的各个有关科室、班组、车间或有关人员填报,按一定的传递程序,最后集中到主管统计工作的科室。由原始记录到统计台账到统计报表的程序如下:

原始记录
↓
班组台账→班组报表
↓
车间台账→车间报表
↓
科室台账→企业内部报表
↓————→国家统计报表

(二) 普查

1. 普查的意义

普查是一种专门组织的、一次性的全面调查。它主要用来收集某些不能够或不适宜于用定期的全面统计报表收集的统计资料,以搞清重要的国情、国力,一般用来调查属于某一时点上的社会经济现象的总量,但也可以用来反映时期现象。

普查是一种很重要的调查方式。通过统计报表,虽然可以收集全面的基本统计资料,但它不能代替普查。因为有些社会经济现象,如人口增长及其构成变化、耕地面积、工业设备等情况不可能也不需要组织经常性的全面调查,而国家又必须掌握它们比较全面详细的资料,这就需要通过普查来解决。为了搞清某些有关国情、国力的重要数字,要分期分批地进行专项普查。我国的普查项目包括人口普查、农业普查、经济普查等,此类普查每 10 年进行一次。如我国于 2010 年进行了第六次全国人口普查、2017 年进行了第三次农业普查等。

普查得到的资料,与经常性的全面调查相比,指标更细,单位更多,准确性更高。这对于编制长期的经济和社会发展计划,制定重大决策具有重要意义。

2. 普查的组织

普查的组织方式按收集资料的具体方法不同一般分为两种:一是组织专门的普查机构并配备一定的普查人员,对调查单位进行直接登记,如全国第一、第二、第三、第四、第五、第六次人口普查和全国的第一、第二、第三次工业普查都采用这种方式。二是利用调查单位的原始记录和核算资料,颁发一定的调查表格,由填报单位进行填报,或在这些资料的基础上结合实际盘点的情况进行登记。如历次物资库存普查就是这种形式。

普查按其资料汇总特点的不同,又可分为一般普查和快速普查两种组织形式。一般普查就是采取逐级布置和逐级汇总上报的办法,它需要花费较长的时间,不能适应紧急任务的需要。快速普查就是从布置任务到报送资料,都要越过中间环节,由普查的最高组织把任务直接布置到基层,并由基层单位直接把资料报送给普查的最高组织机构,进行超级上报,集中汇总。但快速普查有其局限性,即普查内容一般要简单,否则不宜采用快速普查方法。

3. 普查应遵循的原则

普查是一次性全面调查,要求统一领导和统一行动,因此,组织普查工作要遵循以下原则:

一是规定统一的标准时点(也称调查时点)。所谓标准时点是指对被调查对象登记时所依据的统一时点,这个标准时点一经确定所有调查资料都要反映这一时点上的状况。如我国第六次人口普查反映的就是 2010 年 11 月 1 日零时我国人口的实际状况。规定标准时间是为了避免收集资料时由于自然变动或机械变动而产生的重复或遗漏。

二是尽可能在短期内完成。在普查范围内各调查单位或调查点尽可能同时进行调查,并尽可能在最短期限内完成,以便在方法上、步调上取得一致,保证资料的准确性和时效性。

三是尽可能按一定周期进行。同类普查要尽可能按一定周期进行,以便对历次普查资料进行动态对比分析,认识客观发展规律。

四是统一规定调查项目。调查项目一经统一规定,不能任意修改或增减,以免影响资料的汇总综合。

各种组织形式的普查工作,由于调查规模大,涉及面广,必须通盘考虑进行普查的全过程,充分做好普查的组织和准备工作:① 建立健全统一的普查领导机构,并对群众进行广泛的宣传和动员。② 设计普查方案,应根据具体目的确定普查对象和单位、普查项目、普查时间、汇总方案等。③ 训练普查人员。④ 组织试点,总结经验,借以修订普查办法和工作细则,有时还应制订阶段工作进程图,编制从登记、复查、编码、数据录入直到分析的各个环节工作流程图。试点的过程也是修改和完善普查方案并从中培训干部的过程,为由点到面开展普查工作奠定可靠的基础。⑤ 物质准备,主要包括汇总工具、印发普查文件和经费预算等。

准备工作为普查的全面展开提供了条件。接着进行正式调查登记,将调查资料及时报送受报机关;汇总分析普查资料报送有关部门;公布资料,总结普查工作。

(三) 重点调查

1. 重点调查的意义

重点调查是指在调查对象范围内,只选择一部分重点单位进行调查,借以了解总体基本情况的一种非全面调查。所谓重点单位,是指在总体中举足轻重的那些单位。这些单位虽可能数目不多,但就调查的标志值来说,它们在总体中却占有很大的比重,能反映出总体的基本情况。例如,要了解全国钢铁生产的基本情况,只要调查占全国钢产量比重很大的鞍钢、上钢、包钢、太钢、宝钢、首钢、武钢等几个钢铁企业就可以了。重点调查较之全面调查省时省力,而且能更加及时了解总体的基本情况。在调查对象中确实存在着重点单位,而且调查的任务只要求了解总体的基本情况而不是总体的准确数值时,进行重点调查是比较适宜的。它将是我国今后统计调查方法体系中一种重要的辅助方法。

2. 重点调查方法

重点调查可以是经常性调查,也可以是一次性调查。组织重点调查的首要问题是确定重点单位。

对重点单位的选择应满足以下要求:

(1) 重点单位选多选少,要根据调查任务确定。一般说来,选出的单位应尽可能少些,而其标志值在总体中所占比重应尽可能大些。

(2) 选中的单位,管理应比较健全,统计力量应比较扎实,这样才能准确,及时地取得资料。

(四) 典型调查

1. 典型调查的意义和作用

典型调查就是根据调查的目的和要求,在对研究对象进行全面分析的基础上,有意识地选择部分有代表性的单位进行调查,以认识事物发展变化的规律性的一种非全面调查。这种调查具有两个特征:第一,它是深入细致的调查。它的调查范围小、调查单位少,因而指标可以多一些,用来研究某些比较复杂的专门问题。第二,调查单位是根据调查的目的和任务,在对调查总体进行全面分析的基础上,有意识地选择出来的。

典型调查是一种比较灵活的统计调查方法,它既可以注重对现象的量的方向和数量关系的分析,也可以从质的方面分析数量和数量关系形成的原因;可以是对某一问题纵向方面进行研究,深入少数单位了解问题的历史和现状,也可以是就某一问题从横向方面进行探讨,了解问题在不同条件下的不同表现。

典型调查有以下几方面的作用:

(1) 补充全面调查的不足。这可以从两方面来理解,一是对于不需要或不可能通过全面调查和其他非全面调查取得的统计资料,可以用典型调查来弥补。例如,为了研究粮、棉比价是否合理,不需要进行全面调查,只要运用典型调查方法,取得若干有代表性的国有农场和村民委员会的统计数字就可以解决问题;二是对全面调查中发现的问题,可深入有关单位进行典型调查,弄清问题背后的实质原因。

（2）在一定条件下，验证全面调查资料数字的真实性。例如，从全部基层单位填报的数字中抽出一部分基层单位的数字进行检查，看其是否有弄虚作假现象，从中发现一些规律性的东西。

（3）可以研究新生事物，了解新情况，新问题。新生事物在开始时往往是少数，无法进行全面调查，只有运用典型调查方法，抓住典型把握事物发展方向，才能为正确处理问题提供依据。

2. 典型调查方法

（1）典型调查的首要问题是正确选择典型。选择典型应根据调查的目的和任务，但最基本的要求是选中的单位对总体具有充分的代表性。

如果是为了近似地估算总体的数值，可以按"划类选典"方法选择典型单位进行调查。如果是为了了解总体的一般数量表现，则可以选择中等的典型作为调查单位。如果是为了总结成功的经验和失败的教训，则可以选择先进的典型和后进的典型作为调查单位。选择典型应该从全局着眼，分析、掌握调查对象的全面情况和平均水平，然后对比各个可供选择的调查单位的具体情况和具体水平，从中选出几个代表性较大的单位。

（2）典型调查要制定调查方案。调查方案可详可略，但最起码要有收集数字资料的表式和了解具体情况的提纲，免得在实际工作中有些问题被忽视，而致使几个调查组调查结果对不上口，无法进行比较分析。

（3）要取准取全表式所要求的统计数字。凡是有原始记录可以利用的，一定要充分利用。无原始记录利用的，可采用调查询问的方法取得。

（五）抽样调查

抽样调查是按随机原则从调查对象中抽取部分单位作为样本，并根据样本资料对总体的数量特征做出科学的估计或推断的一种非全面调查方法。抽样调查并非全面调查，但它的目的却在于取得反映全面情况的统计资料，在一定意义上可以起到全面调查的作用。抽样调查是非全面调查中最完善、最有科学根据的方式方法。关于抽样调查的具体内容本书将在第六章中加以论述。

第二节　统 计 整 理

一、统计整理的概念与程序

（一）统计整理的概念

统计整理是根据统计研究的任务与要求，对统计调查所取得的各种原始数据进行科学的汇总和加工，使之系统化、条理化，从而得到反映总体特征的综合资料的工作过程。这项工作也包括系统地积累资料和为研究特定问题对资料再加工。

统计调查所取得的原始数据都是零星的、分散的、不系统的，仅能表明各个调查单位的具体情况，反映事物表象的一个侧面，不能说明被研究总体的全貌。因此，只有对这些资料进行科学地加工整理才能认识事物的本质，暴露事物的内部矛盾，得出正确的合乎事物发展规律与趋势的分析结果。

统计整理是统计工作的第三阶段，是统计调查的继续和统计分析的前提条件。它在整个统计工作中具有重要作用。统计资料整理得好，会使综合的资料十分完备和丰富；而不适当的加工整理,会使调查得来的大量原始资料失去价值和效用。所以,统计整理具有三个过渡作用,即由说明个体的材料过渡到说明总体的材料;由说明局部情况的材料过渡到说明全局的材料;由反映现象不系统不完备的材料过渡到反映现象系统的完备材料。

（二）统计整理的内容

（1）根据研究目的设计整理汇总方案。统计汇总方案的设计包括两方面:一是对于总体的处理方法;二是确定用哪些统计指标来说明总体。对总体的处理常用的方法是对总体进行分组,从而更深入了解总体。

（2）根据汇总方案,利用相应的统计软件进行数据处理,对各个调查项目的资料进行汇总并计算出各项主要指标。统计分组和统计指标是统计整理的中心。

（3）通过统计表或统计图的形式,对整理的结果进行直观的统计描述。

（三）统计整理的程序

统计资料整理加工的一般程序是:

1. 审核

是资料整理加工中的首要环节,是对资料进行"深加工"的第一道工序。审核的内容主要包括以下几个方面:① 准确性审核。内容包括两个方面:一是检查数据资料是否真实地反映了调查单位的客观实际情况,内容是否符合实际;二是检查数据是否有错误,计算是否正确。审核资料准确性的方法主要有逻辑检查和技术检查。逻辑检查一般用来检查调查表中的内容是否合理、各调查项目所填数据或结果是否矛盾等;技术检查主要用于检查各类调查表及统计报表中的一些差错和问题,如调查表的栏目有无错填、有无重复填报和缺填、数值的计量单位有无差错等。② 及时性审核。主要是检查调查表或统计报表是否在规定的时间内报送,若没有按时报送,应催促其及时上交,并找出迟报的原因并商讨解决的办法。③ 完整性审核。主要是审核应调查的单位是否有遗漏,所有的调查项目或指标是否填写齐全。

2. 分类

就是对资料按照某一标志或某几个标志进行分组,划分为若干部分。分类标志和分类方法的选择取决于分析研究的目的。

3. 编码

就是对需要整理加工的标志,按分类的先后顺序对每一种分类进行编码,根据这种编码,在每一份调查采集表格的有关项目上标明所属分类的号码。这一方面可以对保证整理加工的质量起到重要作用,另一方面便于进行汇总、核对和查找。

4. 汇总

根据汇总要求和工作条件选择适当的汇总组织形式和汇总的具体方法;按分组要求进行分组汇总,计算各组的单位数和合计总数,计算各组指标和综合指标。

5. 用统计表和统计图来表现统计整理的结果

将汇总的结果编制成统计表或绘成统计图,简要表达社会经济现象在数量方面的有关联系。

二、统计分组

在统计资料的整理过程中,一项重要的工作是将资料进行科学的分组。如何进行统计分组?我们需要掌握基本的统计分组原则和方法。

（一）统计分组的概念和作用

1. 统计分组的概念

它是根据统计研究的任务和对象特点，将统计总体的各个单位按照一定的标志区分为若干个组成部分的一种统计方法。虽然社会现象复杂多样，但现象之间常常既有某种共同的性质，又在质与量方面存在着种种差异。因此，只有通过科学而合理的统计分组，才能区分现象内部各部分之间存在的客观差异，揭示事物的本质和规律。

统计分组具有两方面的含义：从总体角度看，它是"分"的过程，是把总体中的大量个体分成一个个性质不同的、范围更小的总体；从个体角度看，它又是"合"的过程，是把总体中有共同特征的单位集合起来成为一组。

2. 统计分组的作用

统计分组在统计分析研究中具有重要作用，主要表现在以下几个方面：

（1）区分事物的性质，划分现象的类型。统计工作中应用最广泛、最主要的分组是将复杂的社会经济现象按一定的标志划分为性质不同的若干类型，其中社会经济类型的划分尤为重要。划分社会经济类型，指的是对直接反映社会生产关系的各种类型的划分。它可以直接反映一定社会经济结构的特点。

【例2-1】 2016年我国按经济类型划分的固定资产投资总额如表2-1所示。

表2-1 2016年全社会固定资产投资额

按经济类型	固定资产投资额/亿元	各类型投资额占总投资额的比重/%
国有经济	129 038.5	74.88
集体经济	8 928.5	5.18
个体经济	12 110.5	7.02
其他经济	22 254.7	12.91
合计	172 332.2	100.00

（2）反映总体的内部结构及整个结构的类型。将总体按一定标志分组后，计算总体内部各组成部分占总体的比重，通过比重来揭示总体内部的结构，表明部分与总体、部分与部分之间的关系。这种分组在实际工作中应用很广泛。

【例2-2】 我国2015年、2016年国内生产总值中，三次产业的构成变化情况，可以通过表2-2的统计分组资料反映出来：

表2-2 国内生产总值中三次产业构成　　　　　　　　单位：%

按三次产业分组	2015 年	2016 年
第一产业	8.8	8.6
第二产业	40.9	39.8
第三产业	50.2	51.6
合计	100	100

在有些情况下，通过各组数量在总体总量中所占的比重，还可以表明总体结构所属的类型。

【例2-3】 人口的年龄构成,就可以表明人口发展的类型。据联合国人口学专家建议,可将总人口按比重分为三种人口类型,如表2-3所示。

表2-3 人口类型表

老年人口占总人口比重	少年儿童占总人口比重	人口类型
5%以下	40%以上	年轻人口型
5%~10%	30%~40%	壮年人口型
10%以上	30%以下	老年人口型

(3)表明现象之间的数量依存关系。一切社会现象都处在相互联系、相互依存、相互制约之中,通过科学分组可以揭示这种关系及其在数量上的表现。

【例2-4】 在商业企业中,商品销售额与流通费存在依存关系。下面是销售额与流通费的分组资料:

由表2-4的分组可知,商品销售额与流通费是有明显的依存关系的,即销售额越大,每百元商品销售额中支付的商品流通费用越少,这种依存关系只有通过分组才能揭示出来。

表2-4 某地100个副食品商店的年销售额与流通费情况

按销售额分组/万元	商店数/个	每百元商品销售额中支付的流通费/元
50以下	10	21.2
50~100	20	20.1
100~200	30	19.2
200~300	25	18.5
300以上	15	16.0
合计	100	—

(二)统计分组的原则和种类

统计分组的关键问题是选择分组标志与划分各组的界限,它不仅直接影响分组的科学性与统计资料整理的准确性,而且最终影响统计分析结果的真实性与可靠性。

1. 统计分组的原则

统计分组必须遵循三个原则:

一是科学性原则。统计分组要从统计研究的目的出发,选择最能说明现象本质特征的标志进行分组,使得组与组之间有显著性差异,而组内各单位具有一定的同质性。

二是完备性原则。完备性原则,又称为穷尽原则,是指总体中的每个单位都有组可归。例如,居民的文化程度如分为小学、中学和大学三组,则文盲和大学以上的居民无组可归,可将其调整为小学及以下、中学、大学及以上。

三是互斥性原则。就是在特定的分组标志下,总体中的任何一个单位只能归属于某一组,而不能同归到几个组。例如,某商场把服装分为男装、女装和老年装三类,这不符合互斥原则,因为老年装也有男装和女装。商场服装分为童装、中年装和老年装,然后每个类别再分为男女两组,这就符合互斥原则。

2. 选择统计分组标志的基本原则

统计分组需要事先对研究对象的本质进行全面深刻的分析,研究现象的属性和差别,确定正确的分组标志。正确地选择分组标志,是统计分组的核心问题。正确选择分组标志应遵循以下基本原则:

(1) 要根据统计研究的目的与任务选择分组标志。由于统计研究的任何一个总体,都有许多标志。所以正确合理选择分组标志,就显得特别重要。例如,工业企业这个总体就有职工人数、产量、固定资金、流动资金、利税额等多种标志。在研究工业企业问题时,究竟选用哪个标志作分组的依据呢? 一要看研究的是什么问题,二是在许多标志中,要抓住具有本质性的或主要的标志作为分组的依据。例如,在研究工业企业的经济效益时,一般要选择利税额标志分组,而不宜选择产量标志分组,因为产量高低不能说明经济效益的好坏。总之,在选择分组标志时,要注意避免选用一些形式的、不触及问题实质的标志。

(2) 要根据现象所处的历史条件及经济条件选择分组标志。人类在不断进步,社会在不断发展,标志的选择随历史条件和经济条件的变化而变化。例如,在研究工业企业规模时,职工人数、产值、固定资产价值等都可以作为分组的标志。究竟选用哪一种标志呢? 这就要看具体条件。在技术不发达的条件下,用职工人数的多少来表示企业规模的大小就比较恰当;而在技术进步的条件下,采用固定资产价值标志就会更切合实际。即使在同一历史条件下,在不同的经济部门或生产部门中,由于它们的经济条件不同,也必须分别对待。例如,在当今时代条件下,对劳动密集型、技术密集型、资金密集型的企业,就不能选用同一个标志来表示其规模的大小。显然,对劳动密集型企业,选用职工人数表示其规模就会合适些,对资金密集型选用固定资产价值标志更合适些。

3. 统计分组方法

统计分组标志确定后,还要明确统计分组标志的种类。如前所述,总体单位的标志有品质标志和数量标志两种,统计可按这两种标志分组。

(1) 按品质标志分组,即选用反映事物的属性、性质差异的标志进行分组,进而在其变异范围内划定各组界限,将总体分为若干个性质不同的组成部分。例如职工按性别、民族、文化程度、技术等级分组;企业按所有制形式、隶属关系、地区分布分组等。

(2) 按数量标志分组,就是选用反映事物数量差异的标志分组,进而在其变异范围内划定各组界限,将总体划分为若干个性质不同的组成部分。数量标志可以是绝对数,如职工人数、固定资金、流动资金等;也可以是相对数,如完成计划的百分比、发展速度、资金利税率等。

按照数量标志分组,应注意两个问题:首先,分组时各组数量界限的确定必须能反映质的差别;其次,应根据被研究现象的数量特征,采用适当的分组形式,确定合适的组距和组限。分组的形式有单项式和组距式两种,但组距式应用更广泛些,关于这方面的具体划分方法,我们将在下面的一节中再做介绍。

(三) 统计分组体系

任何总体都是由多个方面构成的有机整体,要全面认识总体的特征,就需要运用多个标志进行多次分组。将一系列相互联系的统计分组有机地结合在一起而形成的分组整体,就是统计分组体系。统计分组体系有两种不同的形式。

1. 平行分组体系

如果总体按照一个标志进行分组就是简单分组。对同一总体选择两个或两个以上的标志分别进行简单分组就是平行分组体系。例如,人口总体按性别或文化程度等标志进行的分组,就是一个平行分组体系。

2. 复合分组体系

对同一总体选择两个或两个以上标志层叠（或交叉）起来分组,称为复合分组,复合分组本身构成复合分组体系。如对高等学校在校生可先按年级分组,然后对第一层次所分的各个组,再按性别分组,即按复合分组体系分组。

在进行复合分组时,应先根据研究目的,确定主辅分组标志,先按主要标志对总体进行第一层次分组,然后再按辅助标志对第一层次所分的各组进行第二层次的划分。

三、分布数列

（一）分布数列的概念与种类

1. 分布数列的概念

分布数列是将统计总体按某一标志分组后,用来反映总体单位在各组中分布状况的统计数列。分布数列主要用来研究总体各单位的分布状况和总体的构成,并据以研究总体某一标志的平均水平及其变动的规律性。它是统计资料整理的一种重要形式。分布数列有两个构成要素,一个是总体按某个标志所分的组,另一个是各组所出现的单位数,即频数。

2. 分布数列的种类

根据分组标志种类的不同,分布数列可以分为品质数列（也称属性分布数列）与变量数列（也称数量数列）两种。

（1）品质数列。按品质标志分组形成的分布数列称为品质数列。

【例 2-5】　2016 年年底我国的从业人员人数按三次产业标志分组,如表 2-5 所示。

表 2-5　2016 年年底我国从业人员人数的构成情况

按三次产业分组	人数/万人	比重/%
第一产业	21 496	27.7
第二产业	22 350	28.8
第三产业	33 757	43.5
合计	77 603	100.0
各组名称	次数	频率

这个品质数列可以说明 2016 年年底我国从业人员的构成情况及特点。所有的品质数列,都是由两个基本要素构成:组的名称和各组的单位数（又称次数或频数）。如将各组单位数计算成比重则称频率。

（2）变量数列。按数量标志分组形成的分布数列,称作变量数列。

【例 2-6】　如将某班学生"统计学"课程考试情况按考分这个数量标志分组,即得到变量数

列,如表2-6所示:

表2-6 某班学生"统计学"课程考试成绩资料

按考分分组	学生人数/人	比重/%
60 以下	2	5.0
60 ~ 70	5	12.5
70 ~ 80	7	17.5
80 ~ 90	18	45.0
90 以上	8	20.0
合计	40	100.0

各组变量值   次数   频率

这个变量数列可以反映出该班学生"统计学"考试成绩的构成情况。从表2-6可以看到,变量数列也有两个密不可分的要素组成,即各组变量值和各组单位数。

(二)变量数列的编制

变量数列有两种形式:单项式数列和组距数列。

1. 单项式数列

单项式数列是以每一个变量值作为一个组而形成的分布数列。它一般是在分组的数量标志为离散性变量且变量的变异幅度较小的情况下编制的。

【例2-7】 某车间工人每日生产的产品件数如表2-7所示。

表2-7 某车间工人每日生产产品件数

按日产量件数分组/件	工人人数/人	各组工人占总数百分比/%
7	5	10
8	15	30
9	25	50
10	5	10
合计	50	100

从表2-7可以看到,工人生产的产品少者是7件,多者是10件,变量的变异幅度不大,组数也不太多,只有四组,这种变量数列,就是单项式变量数列。

2. 组距数列

组距数列是由表示变量变动的一定范围或一定距离的两个变量值作为一个组而形成的分布数列。组距数列适用于按连续性变量分组或变量的变动范围较大的离散性变量分组的情况。

【例2-8】 100名工人某月工资情况,如表2-8所示。

表 2-8 100名工人某月工资情况表

按工资分组/元	工人人数/人
450~500	9
500~550	19
550~600	32
600~650	19
650~700	17
700~750	4
合计	100

在组距数列中:每个组两端的数值称为组限,它分为上限和下限两种。每组的起点标志值叫作下限,如表2-8中的450、500、550、600、650、700分别为第一组至第六组的下限;每组的终点标志值叫作上限,如表2-8中的500、550、600、650、700、750分别为第一组至第六组的上限。

上限与下限之差叫作组距。组距数列按组距是否相等,可以分为等距数列和异距数列。

数列中每组的组距都相等叫作等距数列。表2-8就是等距数列。数列中每组的组距并不都相等叫作异距数列。如人的年龄按照不同的阶段划分为婴儿、幼儿、少年、青年、中年、老年等不同的组,此时各组的组距就不相等。

【例2-9】 某地区按照年龄分组的异距数列如表2-9所示:

表 2-9 某地区按照年龄分组的异距数列

按年龄分组/岁	人口数/万人
不满1岁	200
1~6岁	300
7~15岁	400
15~64岁	200
64岁以上	100
合计	1 200

在实际工作中,是采取等距数列还是异距数列,要取决于现象的特点和统计研究的目的,一般当客观现象性质差异的变动比较均衡时,宜采用等距数列。而当客观现象性质差异的标志变动不均衡、标志值相等的量具有不同意义、标志值按照一定比例发展变化等场合,则宜采用异距数列。异距分组没有固定的模式可循,关键是要对所研究现象内在联系十分熟悉才能灵活运用,进而揭示事物的本质。下面结合具体的例子描述分组方法和频数分布表的编制过程。

【例2-10】 为了确定灯泡的使用寿命,在一批灯泡中随机抽取100个进行测试,所得结果如表2-10所示。

表 2-10 100 个灯泡使用寿命的测试结果

700	716	728	719	685	709	691	684	705	718
706	715	712	722	691	708	690	692	707	701
708	729	694	681	695	685	706	661	735	665
668	710	693	697	674	658	698	666	696	698
706	692	691	747	699	682	698	700	710	722
694	690	736	689	696	651	673	749	708	727
688	689	683	685	702	741	698	713	676	702
701	671	718	707	683	717	733	712	683	692
693	697	664	681	721	720	677	679	695	691
713	699	725	726	704	729	703	696	717	688

采用手工分组时,可先对上面的数据排序(使用计算机时不必排序)。分组和编制频数分布表的具体步骤如下:

(1)确定变量的类型。一般地说,如果离散性变量的变异幅度较小,应把每个变量值列为一组,编制单项式变量数列;如果变量的变异幅度大,就应编制组距数列;对于连续性变量不能编制单项式的变量数列,只能编制组距数列。本例中,变量属于连续性变量。

(2)确定组距与组数。在编制变量数列时,对全体变量值划分的部分数,就是组数,组数的多少和组距的大小互相制约,互相影响,二者成反比关系。一般情况下,一组数据所分的组数不应少于 5 组且不多于 15 组。确定组距与组数的基本原则是,要符合现象的实际情况,能够把总体次数分布的特点充分显示出来,对于是先确定组距还是先确定组数的问题应具体问题具体分析,灵活处理,一般来讲应先确定组距,组距确定以后,组数也就出来了。在等距数列情况下,组数等于全距除以组距。本例中,假定分为 10 个组,组距 =(最大值−最小值)/组数 =(749−651)/10 ≈ 10。

(3)确定组限和组中值。在统计工作中,正确地划定组限,需要根据统计认识的目的和遵守组限能反映事物性质或特征的数量界限原则。组限的确定,还要考虑作为分组标志的变量的类型,通常用连续型变量进行分组时,相邻两组交界处的组限应该重。

综上所述,不论是利用连续性变量或是离散性变量分组,所编制的组距数列,都会出现组限重合的问题,在这种情况下对那些与分组标志值重合的总体单位数,应分到哪一组呢?一般应遵循"上限不在内"的原则,例如,在表 2-11 中灯泡使用寿命为 690 小时的应统计到第五组中去。

表 2-11 100 个灯泡使用寿命的频数分布表

按灯泡使用寿命分组/小时	频数/个
660 以下	2
660 ~ 670	5
670 ~ 680	6
680 ~ 690	14
690 ~ 700	26

续表

按灯泡使用寿命分组/小时	频数/个
700~710	18
710~720	13
720~730	10
730~740	3
740 以上	3
合计	100

在编制组距数列时,还应明确开口组、闭口组和组中值。开口组是只有上限缺下限,或只有下限缺上限的组;闭口组指下限与上限都齐全的组;组中值是上限与下限之间的中点数值,在统计实践中,需用组中值来代表组的一般水平。其计算公式如下:

$$组中值 = \frac{上限 + 下限}{2}$$

开口组的组中值确定,一般是以其邻组组距为准:

$$缺上限的开口组组中值 = 下限 + \frac{邻组组距}{2}$$

$$缺下限的开口组组中值 = 上限 - \frac{邻组组距}{2}$$

(三) 频数分布的特征

频数是分布在各组中的总体单位数。如果用相对数形式表示,便是比重(或称频率)。不同的频数或比重,意味着相应的变量值在决定总体数量表现中所起的作用不同。次数或比重大的组,其变量值在决定总体数量表现中的作用就大,反之就小。由于社会经济现象性质不同,各种统计总体的频数分布也不同,从而形成各种不同类型的分布特征。通过频数的分布特征,可以研究大量社会经济现象的统计规律。

1. 频数分布表

它是用统计表格形式表述变量数列内容的方法。例如,根据表 2-10 中的资料可编成统计表 2-12。

表 2-12 100 个灯泡使用寿命的频数分布表(向上和向下累计)

按灯泡使用寿命分组/小时	频数/个	向上累积频数	向下累计频数
660 以下	2	2	100
660~670	5	7	98
670~680	6	13	93
680~690	14	27	87
690~700	26	53	73
700~710	18	71	47
710~720	13	84	29

续表

按灯泡使用寿命分组/小时	频数/个	向上累积频数	向下累计频数
720～730	10	94	16
730～740	3	97	6
740 以上	3	100	3
合计	100	—	—

表中向上累计频数,是将各组次数由变量值低的组向变量值高的组累计,各累计数的意义是各组上限以下的累计次数或累计比重;向下累计频数,是将各组次数和比重由变量值高的组向变量值低的组累计,各累计数的意义是各组下限以上的累计次数或累计比重。

2. 几种主要的次数分布类型

各种不同性质的社会经济现象都有着特殊的次数分布。概括起来,主要有钟形分布,U 形分布,J 形分布等。

(1)钟形分布。当次数分布出现两端次数较少,靠近中间次数较多的状态时,所绘制的曲线图,就像一口古钟,所以叫钟形分布。

钟形分布有对称分布和非对称分布两种。对称分布的特征是中间变量值分布的次数最多,两侧变量值分布次数则随着与中间变量值距离的增大而渐次减少,并且围绕中心变量值两侧呈对称分布,如图 2-1①。许多客观现象总体的分布都趋于对称分布。例如,农作物的亩产量的分布,学生考试成绩的分布,人体的身长分布等。在非对称分布中,又有左偏分布(图 2-1②)和右偏分布(图 2-1③)两种。

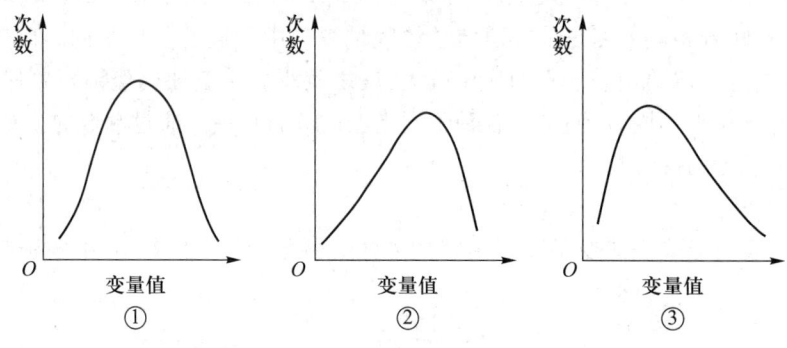

图 2-1　对称分布、左偏分布和右偏分布

(2)U 形分布。当次数分布出现两端次数较多,靠近中间次数较少的状态时,所绘制的曲线同英文字母 U 相似,所以叫 U 形分布。如图 2-2 所示。有些社会经济现象的分布表现为 U 形分布,例如,人口死亡率分布。

(3)J 形分布。J 形分布有两种:正 J 形分布和反 J 形分布。当次数随着变量的增大而增多,绘制成曲线图,就像英文字母"J"(如图 2-3①所示),所以叫正 J 形分布;当次数随着变量值的增大而减少,绘成曲线图,如反写的英文字母"J"(如图 2-3②所示),所以叫反 J 形分布。在社会经济现象中,有一些统计整体的分布呈 J 形分布。例如,投资额按利润率大小的分布,老年人口死亡率按年龄的分布,一般均呈正 J 形分布;而儿童死亡率按年龄的分布,则一般呈反 J 形分布。

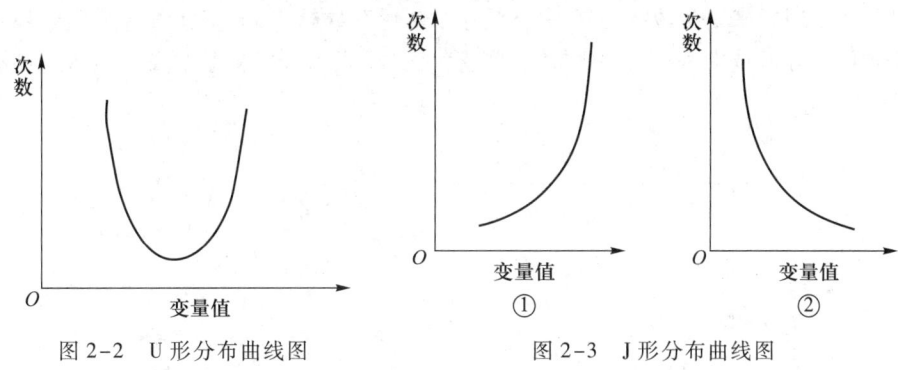

图 2-2　U 形分布曲线图　　　　　图 2-3　J 形分布曲线图

3. 洛伦兹曲线

在统计分析中,累积次数或累计频数用的最直接的就是洛伦兹曲线。洛伦兹曲线是 20 世纪初美国经济学家和统计学家洛伦兹(M. E. Lorentz)根据意大利经济学家帕累托(V. Pareto)提出的"二八原理"和收入分配公式绘制成的描述收入和财富分配性质的曲线。接下来介绍洛伦兹曲线的简单绘制方法:

(1) 将分配的对象和接受分配者的数量化成结构相对数并进行向下累计百分比的计算。

(2) 纵轴和横轴均为百分比尺度,纵轴自下而上,用以测定分配的对象(一国或地区的财富、土地、收入等的分配状况),横轴由左向右用以测定接受分配者(如一个国家或地区的人口)。

(3) 根据计算所得的分配对象和接受分配者的累计百分比绘制曲线,所得的曲线即为所要求的洛伦兹曲线。

【例 2-11】 某地区某年居民家庭收入资料如表 2-13 所示,根据表中的数据资料绘制洛伦兹曲线图。

表 2-13　某地区某年居民收入所得的分配情况

按收入所得水平分组	人口			收入			累计收入的百分比	
	人口数/万人	结构/%	累计的百分比/%	月收入额/亿元	结构/%	实际收入累计的百分比/%	绝对平等/%	绝对不平等/%
	(1)	(2)	(3)	(4)	(5)	(6)	(7)	(8)
最低	128.5	12.85	12.85	1.57	5	5	12.85	5
中下等	348.0	34.80	47.65	4.08	13	18	47.65	18
中等	466.9	46.69	94.34	16.33	52	70	94.34	70
较高	45.6	4.56	98.9	7.54	24	94	98.9	94
最高	11.0	1.10	100.0	1.88	6	100	100.0	100
合计	1 000	100	—	31.4	100	—	—	—

解:先将人口和收入的数量第(1)栏和第(4)栏计算成为结构相对数第(2)栏和第(5)栏,再求出累计百分比第(3)栏和第(6)栏,然后在制好的比率曲线图上按照累计百分比标出绘示点,连接各绘示点形成分配曲线。

从图 2-4 可以看出,用实际收入分配曲线与绝对平等线所包围的面积对比总面积,可以计算基尼系数,可以用它来衡量收入分配是否平等。基尼系数越小,即实际收入分配曲线越靠近绝对平等线,则收入分配越平等;反之,基尼系数越大,实际收入分配曲线越靠近绝对不平等线,则收入分配越不平等。

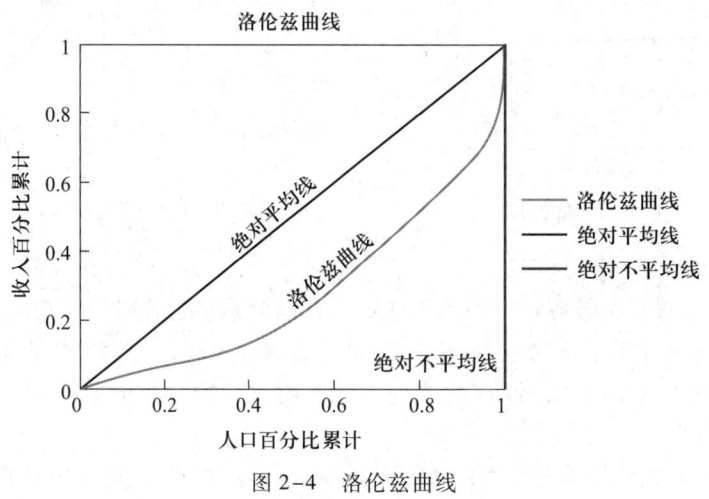

图 2-4 洛伦兹曲线

第三节 统计数据的显示

统计调查获取的数据,经过统计整理对数据进行分组编制频数分布表。接下来需要通过统计图和统计表的方式进行统计数据的显示。统计图的绘制需要根据数据的计量尺度来分别讨论。

一、统计图

不同类型的数据,所采用的处理方法不同,编制的统计图也不同。因此这里分别对分类数据、顺序数据和数值型数据进行图示的说明。

(一)分类数据和顺序数据的图示

分类数据本身是对事物的一种分类,在整理时除了列出其类别和频数、频率之外,还可以通过适当的图形展示,进而对数据及其特征有一个更为直观的认识。图形的制作均由计算机来完成,可以采用 Excel 软件或者 SPSS 软件绘制图形,对于分类数据的图示方法有条形图、饼图等。如果有两个以上的总体或样本的分类数据,还可以绘制环形图。

1. 条形图

条形图(bar chart)是用宽度相同的条形的高度或长短来表示数据多少的图形。条形图可以横置或纵置,纵置时也称为柱形图(column chart)。此外,应用 SPSS 软件还可以绘制简单条形图、复式条形图等。

【例 2-12】 《2018 年国民经济公报》全年研究生教育招生 85.8 万人,在学研究生 273.1 万人,毕业生 60.4 万人。普通本专科招生 791.0 万人,在校生 2 831.0 万人,毕业生 753.3 万人。中等职业教育招生 557.0 万人,在校生 1 555.2 万人,毕业生 487.3 万人。普通高中招生 792.7

万人,在校生 2 375.4 万人,毕业生 779.2 万人。初中招生 1 602.6 万人,在校生 4 652.6 万人,毕业生 1 367.8 万人。普通小学招生 1 867.3 万人,在校生 10 339.3 万人,毕业生 1 616.5 万人。特殊教育招生 12.4 万人,在校生 66.6 万人,毕业生 8.1 万人。图 2-5 是 2018 年小学到研究生阶段招生人数、在校生和毕业生人数条形图。

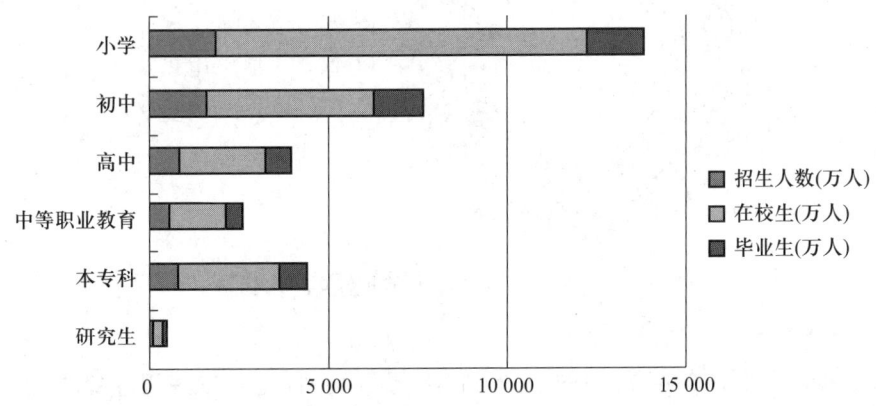

图 2-5　2018 年小学到研究生阶段招生人数、在校生和毕业生人数条形图

2. 饼图

饼图(pie chart)是用圆形及圆内扇形的角度来表示数值大小的图形,它用来表示一个总体或样本中各组成部分的数据占全部数据的比例。

【例 2-13】 现利用河南省 2016 年国内生产总值三次产业构成资料,绘成圆形图,如图 2-6 所示。

从三次产业构成来看,第三产业产值比重最大,占比过半;第一产业产值最低,仅占 8.6% 。

3. 环形图

饼图只能显示一个样本各部分所占的比例,如果要比较多个样本或总体,需要绘制多个饼图,不经济也不方便。此时可考虑把饼图叠加在一起,挖去中间的部分就可以了,这就构成了环形图(doughnut chart)。环形图用来显示多个样本各部分所占的比例,从而有利于进行比较研究。

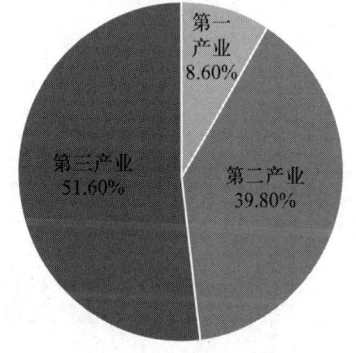

图 2-6　河南省 2016 年国内生产总值三次产业构成

【例 2-14】 河南省、山东省、陕西省和四川省 2018 年的国内生产总值三次产业构成,数据如表 2-14 所示。

表 2-14　河南省、山东省、陕西省和四川省三次产业构成

三大产业增加值比重	河南省	山东省	陕西省	四川省
第一产业增加值比重/%	9.29	6.65	7.95	11.53
第二产业增加值比重/%	47.37	45.35	49.70	38.75
第三产业增加值比重/%	43.34	47.99	42.35	49.73

将四个省的国内生产总值三次产业构成绘制在一张环形图上,如图 2-7 所示。四川省第一

产业和第三产业比重最高;陕西省第二产业产值比重最高,河南省稍低一点,位居第二。

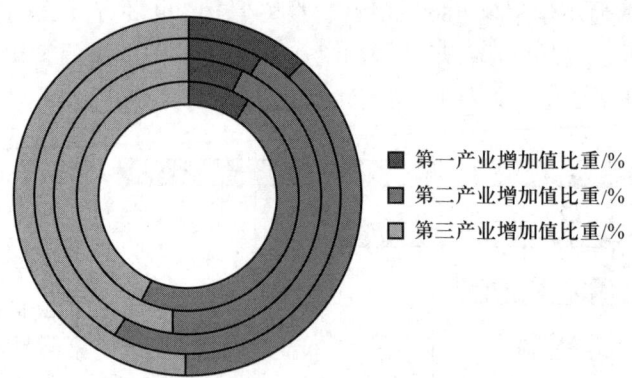

图 2-7 河南省、山东省、陕西省和四川省的三次产业构成(由内而外)

(二) 数值型数据的图示

数值型数据除了利用条形图、饼图、环形图等来显示之外,还可以采用直方图、折线图、茎叶图、箱线图等表示。

1. 分组数据:直方图

在直角坐标系中,直方图(histogram)用横轴表示数据的分组,纵轴表示频数或频率,这样各组与相应的频数形成了一个矩形,即用矩形的宽度和高度来表示频数分布的图形。

【例 2-15】(续例 2-10) 将 100 个灯泡使用寿命的分组数据绘成直方图,如图 2-8 所示。

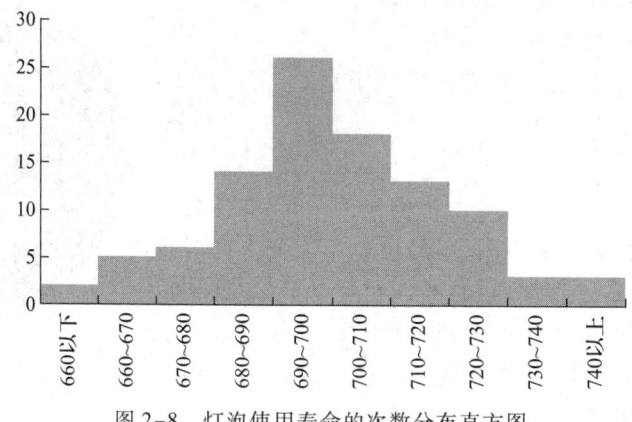

图 2-8 灯泡使用寿命的次数分布直方图

对于不等组距式变量数列,则通常按照次数密度(频数密度)绘制直方图以表示其分布。

2. 未分组数据:茎叶图和箱线图

(1) 茎叶图

茎叶图(stem-and-leaf display)是反映原始数据分布的图形。它由茎和叶两部分组成,其图形由数字组成。通过茎叶图可以看出数据的分布形状以及数据的离散情况,比如分布是否对称,数据是否集中,是否有离群点等。

绘制茎叶图的关键是设计好树茎。茎叶图类似于横置的直方图,但与直方图相比,茎叶图既能给出数据的分布状况,又能给出每一个原始数值。而直方图虽然能显示数据的分布,但不能保留原始数据信息。在应用方面,直方图通常适用于大批量数据,茎叶图则适用于小批量数据。

这里采用 SPSS 软件制作茎叶图。第一步,打开 SPSS 软件,先录入变量名称"灯泡的使用寿命",然后录入数据。第二步,单击【分析】→【描述统计-探索】进入主对话框。第三步,在主对话框中将变量选入【因变量列表】,点击【绘制】按钮,在对话框中选择【茎叶图】(同时,也可以根据需要选择【直方图】),点击【继续】回到主对话框,最后点击【确定】按钮,出现如图 2-9 所示的灯泡使用寿命的茎叶图。

（2）箱线图

箱线图(box plot)是由一组数据的最大值、最小值、中位数、上四分位数和下四分位数 5 个特征值组成的,反映原始数据分布的图形。

箱线图不仅可以反映单组数据的数据分布特征,也可以对多组数据的分布特征进行比较。箱线图由一个箱子和两条线段组成。其绘制方法是:首先找到一组数据的 5 个特征值,即最小值、下四分位数、中位数、上四分位数、最大值。然后,连接两个四分位数画出箱子;最后,将两个极值点与箱子相连接。通过箱线图的形状可以看出数据分布的特征。图 2-10 是灯泡使用寿命箱线图。

```
□□□□□□ Stem-and-Leaf Plot

Frequency     Stem &  Leaf

   1.00 Extremes    (=<651)
   1.00       65 .  8
   2.00       66 .  14
   3.00       66 .  568
   3.00       67 .  134
   3.00       67 .  679
   7.00       68 .  1123334
   7.00       68 .  5558899
  13.00       69 .  0011112223344
  13.00       69 .  5566677888899
   8.00       70 .  00112234
  10.00       70 .  5666778889
   6.00       71 .  002233
   7.00       71 .  5677889
   4.00       72 .  0122
   6.00       72 .  567899
   1.00       73 .  3
   2.00       73 .  56
   1.00       74 .  1
   1.00       74 .  7
   1.00 Extremes    (>=749)

Stem width:       10
Each leaf:     1 case(s)
```

图 2-9 灯泡使用寿命分布的茎叶图

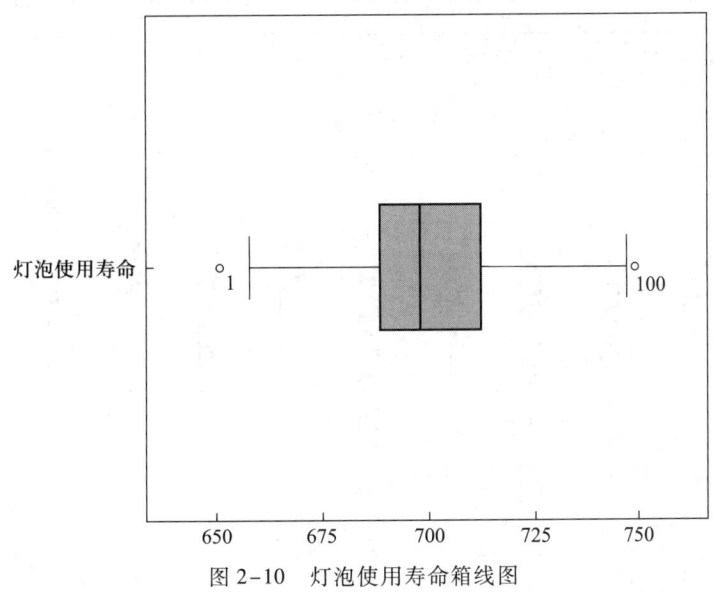

图 2-10 灯泡使用寿命箱线图

【例 2-16】 从某大学经济管理专业二年级学生中随机抽取 11 人,对 8 门课程的考试成绩进行调查,所得结果如表 2-15 所示。试绘制各科考试成绩的比较箱线图,并分析各科考试成绩的特征。

表 2-15   11 名学生各科的考试成绩数据

项目	学生编号										
课程名称	1	2	3	4	5	6	7	8	9	10	11
英语	76	90	97	71	70	93	86	83	78	85	81
经济数学	65	95	51	74	78	63	91	82	75	71	55
西方经济学	93	81	76	88	66	79	83	92	78	86	78
市场营销学	74	87	85	69	90	80	77	84	91	74	70
财务管理	68	75	70	84	73	60	76	81	88	68	75
基础会计学	70	73	92	65	78	87	90	70	66	79	68
统计学	55	91	68	73	84	81	70	69	94	62	71
计算机应用基础	85	78	81	95	70	67	82	72	80	81	77

　　用 SPSS 软件绘制多批数据箱线图的步骤:第一步,定义变量,学生编号、课程名称和成绩三个变量。第二步,录入数据,将学生编号 1~11,课程名和成绩逐个录入。第三步,选择【图形】菜单,并选择【箱图】。第四步,点击【箱图】→【简单】→【定义】,将变量"考试成绩"选入【变量】,将变量"课程名称"选入【类别轴】,点击【确定】得到如下的箱线图。

　　由图 2-11 可知,在 8 门课程中,平均考试成绩较高的是英语和西方经济学(中位数较高),较低的是经济数学和统计学;从考试成绩的离散程度来看,英语、西方经济学、财务管理和计算机

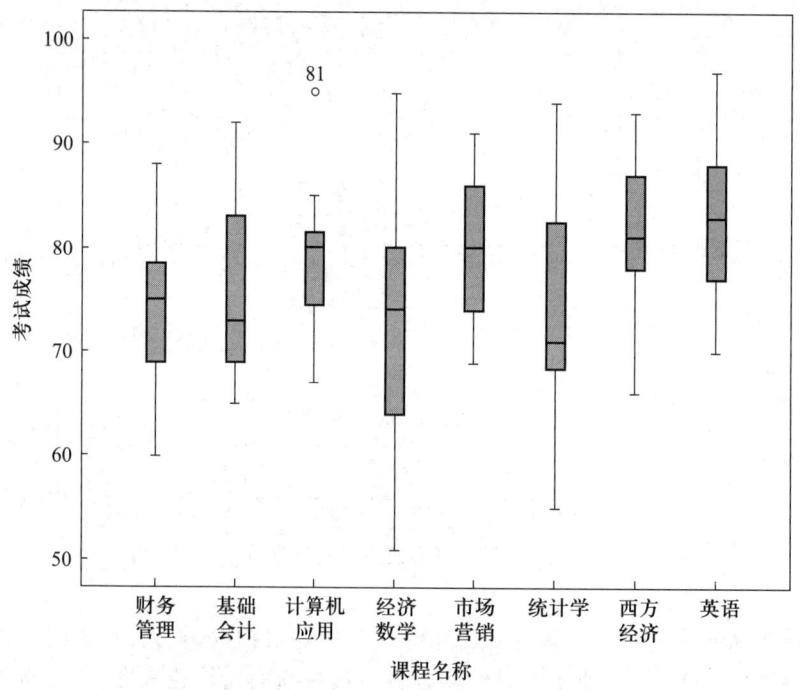

图 2-11   8 门课程考试成绩的箱线图

应用基础的考试成绩比较集中(箱体较短),而经济数学、基础会计学和统计学的考试成绩比较分散;从分布形状来看,英语、市场营销学的成绩分布大体上为对称分布(中位数在箱子的中间位置)。图中用"○"标出的是 4 号学生在计算机应用基础课程中的最高分,被视为所有计算机成绩中的离群点。

如果关心每个学生考试成绩的分布,可以把每个学生作为关心的类别变量来绘制箱线图,如图 2-12 所示。

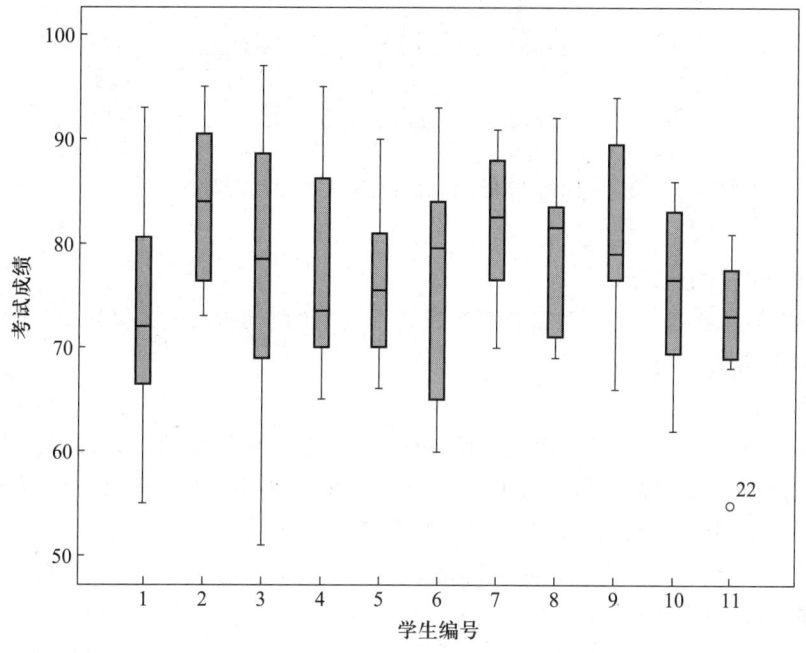

图 2-12　11 名学生考试成绩的箱线图

在 11 名学生中,2 号学生各科的平均考试成绩最高,而且各科成绩之间的离散程度较小,分布较对称,说明该学生没有偏科;而 1 号学生平均考试成绩最低,而且各科考试成绩的离散程度较大;各科考试成绩之间离散程度最大的是 3 号学生;分布不对称的有 4 号学生、6 号学生、8 号学生和 9 号学生,表明这些学生有偏科倾向。图中用"○"标出的经济数学点是 11 号学生 8 门课程中考试成绩最低分,被视为 11 号学生考试成绩的离群点。

3. 时间序列数据:线图

如果数值型数据是在不同时间上取得的,即是时间序列数据,则可以绘制线图。线图主要用于反映现象随时间变化的特征。

【例 2-17】　根据《2018 年国民经济和社会发展统计公报》,我国脱贫攻坚成效显著。2018 年年末农村贫困人口 1 660 万人,比上年末减少 1 386 万人;贫困发生率 1.7%,比上年下降 1.4 个百分点。再结合 2014 年年末—2017 年年末的农村贫困人口和贫困发生率,绘制出 2014 年年末—2018 年年末农村贫困人口和贫困发生率的时间序列图。

从图 2-13 可以看出,随着脱贫攻坚进入最后的决战阶段,贫困人口大幅减少,从 2014 年的 7 017 万人减少到 2018 年的 1 660 万人,贫困发生率从 7.2% 下降到 1.7%,脱贫成效显著。

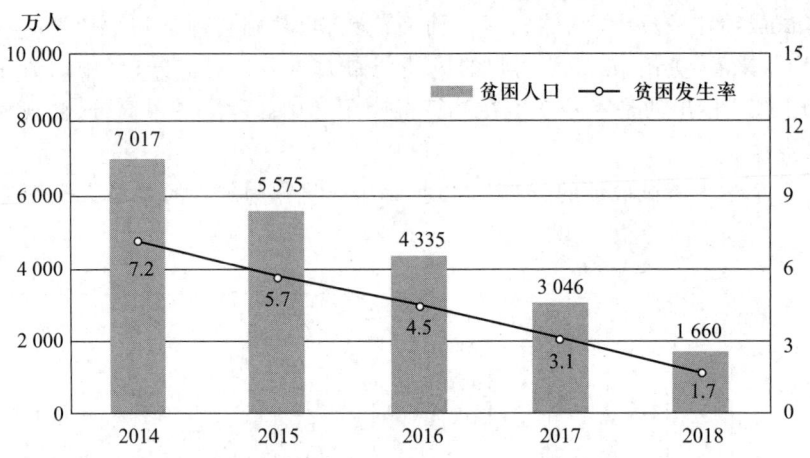

图 2-13　2014—2018 年末全国农村贫困人口和贫困发生率的时序图

*（三）多变量数据的图示

上面介绍的都是单变量数据。当有两个或两个以上的变量时，可以采用多变量的图示方法，常见的有散点图、气泡图、雷达图等。

1. 散点图

散点图（scatter diagram）是用二维坐标展示两个变量之间关系的一种图形。它是用坐标横轴代表变量 x，纵轴代表变量 y，每组数据 (x_i, y_i) 在坐标系中用一个点表示，n 组样本数据在坐标系中形成 n 个散点，由坐标及其散点形成的二维数据图称为散点图。

【例 2-18】　小麦的单位面积产量与降雨量和温度等有一定关系。为了解它们之间的关系形态，收集到数据如表 2-16 所示。

表 2-16　小麦产量与降雨量、温度的数据

温度/℃	降雨量/mm	产量/（kg/hm²）
6	25	2 250
8	40	3 450
10	58	4 500
13	68	5 750
14	110	5 800
16	98	7 500
21	120	8 250

试绘制小麦产量与降雨量的散点图，并分析二者之间的关系。

根据表中的数据绘制小麦产量和降雨量之间关系的散点图。从图 2-14 可以看出，随着降雨量的增多，小麦产量也随之增加，二者具有明显的线性关系。

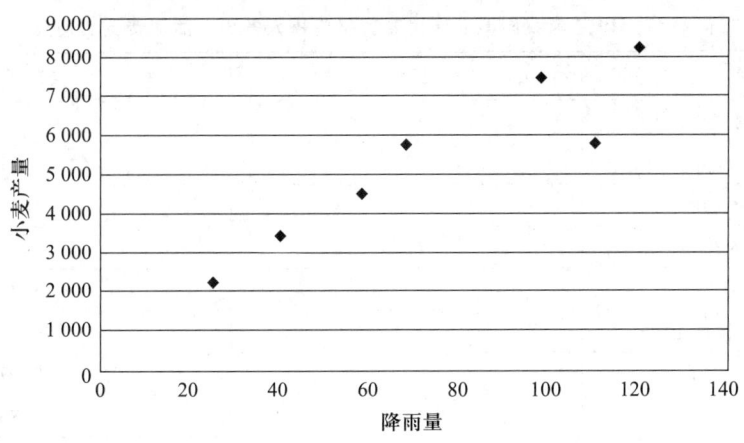

图 2-14 小麦产量与降雨量的散点图

2. 气泡图

气泡图(bubble chart)可以用来展示三个变量之间的关系。它与散点图相似,在绘制时将一个变量放在横轴上,一个变量放在纵轴上,第三个变量则用气泡大小来表示。

从图 2-15 可以看出,随着气温的升高,降雨量在增加;随着气温和降雨量的增加,小麦的产量也在提高(气泡在变大)。

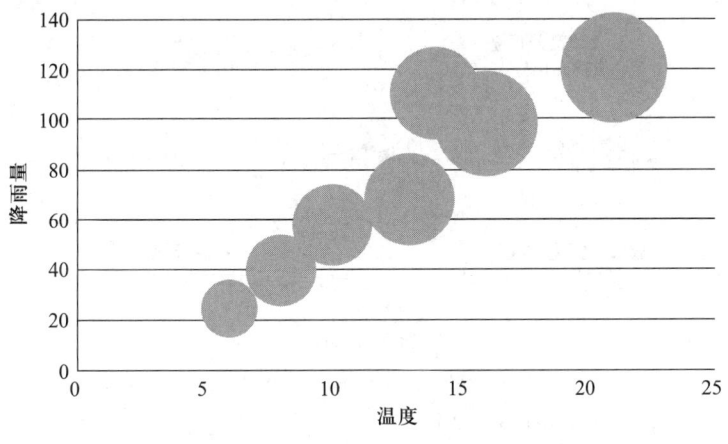

图 2-15 小麦产量与降雨量和温度的气泡图

3. 雷达图

雷达图(rader chart)是显示多个变量的常用图示方法,也称为蜘蛛图。设有 n 个样本,每个样本测得 p 个变量 $x_1, x_2, \cdots, x_p$。要绘制这 p 个变量的雷达图,具体做法如下:首先画一个圆,然后将圆 p 等分,得到 p 个点,令这 p 个点分别对应 p 个变量,再将这 p 个点与圆心连线,得到 p 个辐射状半径,这 p 个半径分别作为 p 个变量的坐标轴,每个变量值的大小由半径上的点到圆心的距离表示,再将同一个样本的值在 p 个坐标上的点连线。这样,n 个样本形成的 n 个多边形就是一张雷达图。

【例 2-19】 2017 年我国城乡居民家庭平均每人各项生活消费支出构成数据如表 2-17 所示。试绘制雷达图。

表 2-17　　**2017 年我国城乡居民家庭平均每人各项生活消费支出构成**　　　单位:%

项目	城镇居民	农村居民
食品烟酒消费支出	28.64	31.17
衣着消费支出	7.19	5.59
居住消费支出	22.76	21.49
生活用品及服务	6.24	5.79
交通和通信消费支出	13.59	13.77
教育、文化和娱乐	11.65	10.69
人均医疗保健	7.27	9.67
其他用品及服务	2.67	1.83
合计	100	100

从图 2-16 可以看出,无论是城镇居民还是农村居民,家庭消费支出中食品烟酒支出的比重都最大,其他用品及服务占比最小。农村居民在食品烟酒消费支出、交通和通信消费支出、人均医疗保健方面高于城镇居民。城镇居民的衣着消费支出,居住消费支出,生活用品及服务,教育、文化和娱乐支出高于农村居民。总的来说,城镇居民和农村居民的支出结构有很大的相似性。

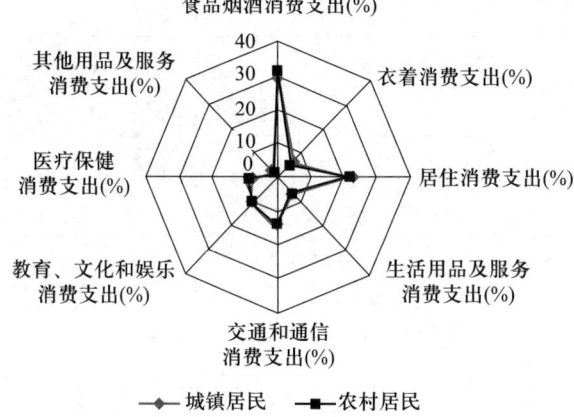

图 2-16　2017 年城乡居民家庭人均消费支出构成的雷达图

二、统计表

(一)统计表的概念和结构

1. 统计表的概念

统计表是用纵横交叉的线条绘制的表格来表现统计资料的一种形式。

统计资料的表现形式有三种:统计表、统计图和统计报告,其中统计表是表现统计资料最常用的形式。

用统计表来表现统计资料有以下优点:

(1)能使统计资料系统化,条理化,从而更清晰地表述统计资料的内容;

(2)能合理地、科学地组织统计资料,大大节省篇幅,使人在阅读时一目了然;

（3）便于计算、比较表内的各项统计指标，并易于检查数字的完整性和正确性。

2. 统计表的结构

统计表的构成如表 2-18 所示：

表 2-18 2016 年年底某地社会劳动者分布状况

按三次产业分组	社会劳动者		纵栏标题
	绝对数/万人	比重/%	
第一产业	500	41.7	数字资料
第二产业	400	33.3	
第三产业	300	25.0	
总计	1 200	100.0	

横行标题｜主词｜宾词

（1）从形式上看，统计表由总标题、横行标题、纵栏标题和数字资料四部分构成。

总标题。是统计表的名称，用来概括统计表中全部统计资料的内容。一般写在统计表的上端中央。

横行标题。是统计表各横行的名称，在统计表中通常用来表示各个单位或各组的名称。一般写在统计表的左方。

纵栏标题。是统计表各纵栏的名称，在统计表中通常用来表示统计指标的名称。一般写在统计表的右上方。

数字资料。是统计表各横行标题与各纵栏标题交叉处所填写的数字。

（2）从内容来看，统计表由主词和宾词两部分构成。

主词。是统计表说明的对象，也就是列在表中的总体及其分组，通常列于横行左端。

宾词。是统计表中说明总体的统计指标，包括指标名称和指标数值。宾词也就是统计表的纵栏标题和数字资料。

（二）统计表的种类

（1）按统计表的作用不同，可分为调查表、汇总表和分析表。

调查表，是在统计调查中用于登记，收集原始统计资料的表格。

汇总表（整理表），是在统计整理中用来记载统计整理过程和表现统计整理结果的表格。

分析表，是统计分析中用来记载计算过程和表现计算结果的表格。

（2）按统计表表示的统计数列的性质不同，可分为空间数列表、时间数列表和时空数列结合表。

空间数列表。是反映在同一时间条件下不同空间范围内的统计数列的表格。用它可以说明社会经济现象在不同空间内的数量分布，又称静态表。

时间数列表。是反映在同一空间条件下不同时间上的统计数列的表格。它可以说明在空间范围不变条件下社会经济现象在不同时间上的变动，又称动态表。

时空数列结合表。是把时间数列表和空间数列表结合起来，同时反映时间和空间两方面内容的统计表。

（3）按统计表所反映的总体的分组情况不同,可分为简单表、简单分组表和复合分组表。

简单表。是指统计表所反映的总体未经任何分组,仅罗列出各单位的名称或按时间顺序排列的表格。

简单分组表。是指总体仅按一个标志进行分组所形成的表格。

复合分组表。是指总体按两个或两个以上的标志进行层叠(或交叉)分组所形成的表格。

（三）统计表的设计

为使统计表的设计合理、科学、实用、简明、美观,应注意以下问题:

（1）在设计表之前,要对列入表中的资料进行全面分析:如何分组? 设置哪些指标? 哪些放在主词栏? 哪些放在宾词栏? 要全面考虑,统筹安排,务必使表的设计主次分明,简明醒目、科学合理。

（2）统计表的形式应长宽比例适中,一般为长方形,但不能为正方形;上下两端线应当用粗线绘制,表中其他线条一律用细线绘制。表的左右两端习惯上均不划线,采用开口式。

（3）表中的横行"合计",一般列在最后一行或最前一行,表中纵栏的"合计"一般列在最前一行。

（4）表的纵栏较多时,为便于阅读与核对指标之间关系,可按栏的顺序编号,习惯上对非填写统计数字的各栏分别用(甲)、(乙)、(丙)……的顺序编号;而对指标数字的各栏分别用(1)、(2)、(3)……的顺序编号。各栏之间若有计算关系,可用数学符号表示。如(3)=(2)÷(1),表示第三栏等于第二栏除以第一栏。

（5）表中的总标题要简明扼要,并能确切说明表中的内容。标题内或标题下应说明资料所属的时间、空间。

（6）表中的指标数字应有计算单位。如果全表的计量单位都相同,若用"万元"为单位,应在表的右上方注明:"单位:××万元"等字样;如果表中同栏的指标数字计量单位相同而各栏之间不同时,应在各栏标题中注明计量单位。如果表中同行的分组指标数字计量单位相同而行与行之间不同时,应在各栏的前面增加一栏"计量单位"用于标明各行的计量单位。

（7）表内上下各栏数字的位数要对整齐,同类数字要保持有效的统一位数。例如统一规定整数后面保留两位小数等,如果小数点后面是"0"时,应当填上"00",以表示没有小数。表内若有相同的数字时,应全部重写一遍,不能用"同上""同左"等字样表示。没有数字的空格,应用短横线"—"填满,以免被人误为漏填;若有数字很小,达不到规定的小数点时,用虚线"……"填满,如果某项资料规定免于填报,应当用符号"×"填满。总之,表内各行各栏不应有空格。

（8）表内各主词之间、各宾词之间的排列顺序,应按时间的先后,数量的大小,空间的位置自然合理编排。一般是按从小到大,从过去到现在的顺序排列。对某些资料必须进行说明时,应在表的下面注明。

☰ 本章小结

1. 统计调查就是按照预先规定的要求和科学的方法,有计划、有组织、科学地、系统地向被研究现象收集统计数据的工作过程。

2. 统计调查的分类。① 按调查对象包括的范围不同,可以分为全面调查和非全面调查。

全面调查包括普查和全面统计报表制度。非全面调查包括重点调查、典型调查和抽样调查。② 按调查登记的时间是否连续,分为经常性调查和一次性调查。③ 按调查的周期不同可分为定期调查和不定期调查。④ 按调查的组织方式不同,分为统计报表和专门调查。⑤ 按收集资料的方法不同,可以分为直接观察法、采访法、报告法和通信法。

3. 一个完整的调查方案,应包括以下几个方面的内容:① 明确统计调查的目的和任务;② 确定调查对象和调查单位;③ 确定调查内容;④ 设计调查表或调查问卷;⑤ 确定调查的组织实施计划。

4. 统计调查的组织形式有统计报表、普查、重点调查、典型调查和抽样调查。① 统计报表。按照国家统一规定的表格形式,统一规定的指标内容,统一的报送程序和报送时间,自上而下统一布置,自下而上地逐级提供基本统计资料的一种报表制度。② 普查。普查是一种专门组织的、一次性的全面调查。③ 重点调查。是指在调查对象范围内,只选择一部分重点单位进行调查,借以了解总体基本情况的一种非全面调查。④ 典型调查。根据调查的目的和要求,在对研究对象进行全面分析的基础上,有意识地选择部分有代表性的单位进行调查。⑤ 抽样调查。按随机原则从调查对象中抽取部分单位作为样本,并根据样本资料对总体的数量特征做出科学的估计或推断。

5. 统计整理是根据统计研究的任务与要求,对统计调查所取得的各种原始数据进行科学的汇总和加工,使之系统化、条理化,从而得到反映总体特征的综合资料的工作过程。

6. 统计分组是根据统计研究的任务和对象特点,将统计总体的各个单位按照一定的标志区分为若干个组成部分的一种统计方法。统计分组必须遵循三个原则:科学性原则、完备性原则和互斥性原则。统计分组根据分组标志分为品质标志分组和数量标志分组。数量标志分组又分为单项式和组距式分组。组距式分组又分为等距与异距分组。对于组距式分组需要计算组中值。

7. 分布数列是将统计总体按某一标志分组后,用来反映总体单位在各组中分布状况的统计数列。根据分组标志种类的不同,分布数列可以分为品质数列与变量数列两种。分布数列有两个构成要素,一个是总体按某个标志所分的组,另一个是各组所出现的单位数,即频数。

8. 次数分布的表示方法:频数分布表和频数分布图。频数分布表是用统计表格形式表述变量数列内容的方法,可以用累计频数来表示。频数分布图即用图形来表示次数分布的方法,常用的有直方图、折线图、曲线图、茎叶图和圆形图等。常见的次数分布类型有钟形分布、U 形分布和J 形分布。

9. 统计表是用纵横交叉的线条所绘制的表格来表现统计资料的一种形式。① 从形式上看,统计表由总标题、横行标题、纵栏标题和数字资料四部分构成。② 从内容来看,统计表由主词和宾词两部分构成。③ 按统计表所反映的总体的分组情况不同,可分为简单表、简单分组表和复合分组表。

三 思考与练习

思考题

1. 什么是原始资料?什么是次级资料?两者关系如何?

2. 一个完整的统计调查方案包括哪些内容?

3. 简述重点调查、典型调查、抽样调查的异同。

4. 什么是统计分组，统计分组的作用有哪些？

5. 什么是分组标志？正确选择分组标志的原则是什么？

6. 什么是单项变量数列？什么是组距数列？二者的应用条件是什么？

7. 何谓等距分组和异距分组？说明各自的应用场合。

8. 什么是频数分布表？并以实例说明频数分布数列的两个要素的含义。

9. 一项民意测验询问 3 000 个成年人，"你对今天的生活状况满意吗？"回答分类为满意、不满意、一般。

（1）这一调查的样本规模有多大？

（2）回答的答案属于品质型数据还是数量型数据？

（3）使用平均数或百分比作为对这一问题的数据的汇总，哪一个更有意义？

练习题

1. 根据所学知识，补充下表空缺的数据。

产品合格率/%	组距	组中值
80 以下		
80～90		
90～100		
100～110		
110 以上		

2. 48 种行业板块的市盈率数据如下（单位:%）：

| 12.9 | 24.90 | 33.97 | 30.61 | 33.98 | 28.61 | 45.63 | 30.64 | 30.44 | 18.06 | 37.38 |

20.26　24.85　44.56　47.31　26.48　38.90　38.91　49.25　38.03　52.56

49.35　30.12　43.78　51.05　11.68　29.11　24.05　28.53　24.53　69.83

20.94　129.61　27.57　27.59　24.05　26.86　19.42　20.61　7.09　14.88

20.05　15.93　62.07　14.48　39.19　8.07　21.62

要求:（1）对数据建立频数分布和相对频数分布；

（2）对数据建立累计频数和累计相对频数分布；

（3）绘制直方图；

（4）根据汇总，对 48 个行业板块的市盈率进行简要说明。

3. 某地有 A 公司和 B 公司。A 公司有 330 人，其中男员工占 230 人，女员工占 100 人。

在总人数中，销售部门 110 人，男员工 80 人，女员工 30 人。

生产部门 90 人，男员工 70 人，女员工 20 人。

制造部门 130 人，男员工 80 人，女员工 50 人。

B 公司有 240 人，其中男员工 150 人，女员工 90 人。

在总人数中，销售部门 120 人，男员工 60 人，女员工 60 人。

生产部门 70 人，男员工 50 人，女员工 20 人。

制造部门 50 人，男员工 40 人，女员工 10 人。

要求:根据以上资料，设计一张复合分组的统计表。

≡ 即测即评

≡ 案例分析①：第二次全国时间利用调查

一、调查背景介绍

2018 年,国家统计局组织开展了第二次全国时间利用调查,该调查覆盖 11 个省(市),采用国家统一的住户收支与生活状况调查样本框,共抽样调查 20 226 户 48 580 人。调查采用分层多阶段随机抽样方式,选取北京、河北、黑龙江、上海、浙江、安徽、河南、广东、四川、云南和甘肃等 11 个省(市)。调查对象为抽中调查户中 15 周岁及以上常住成员,调查户采用国家统一的住户收支与生活状况调查样本框,共调查 20 226 户 48 580 人。其中,城镇 29 557 人,农村 19 023 人;男性 23 577 人,女性 25 003 人。

调查时间为 2018 年 5 月一个选定的工作日(周一至周五中的一天)和一个选定的休息日(周六、周日中的一天)。调查采用日志表的方式,调查对象按每 15 分钟一个时间段,在日志表中记录一天 24 小时的活动,以及活动时是否使用互联网、活动时与谁在一起。活动内容涵盖个人生理必需活动(睡觉休息、个人卫生护理、用餐或其他饮食活动)、有酬劳动(就业工作、家庭生产经营活动)、无酬劳动(家务劳动、陪伴照料孩子生活、护送辅导孩子学习、陪伴照料成年家人、购买商品或服务、看病就医、公益活动)、个人自由支配活动(健身锻炼、听广播或音乐、看电视、阅读书报期刊、休闲娱乐、社会交往)、学习培训、交通活动。

调查结果显示,居民在一天的活动中,个人生理必需活动平均用时 11 小时 53 分钟,占全天的 49.5%;有酬劳动平均用时 4 小时 24 分钟,占 18.3%;无酬劳动平均用时 2 小时 42 分钟,占 11.3%;个人自由支配活动平均用时 3 小时 56 分钟,占 16.4%;学习培训平均用时 27 分钟,占 1.9%;交通活动平均用时 38 分钟,占 2.7%(见图 2-17)。

二、个人自由支配活动时间

个人自由支配活动,包括健身锻炼、听广播或音乐、看电视、阅读书报期刊、休闲娱乐、社会交往。居民一天中自由支配活动平均用时 3 小时 56 分钟。其中,男性 4 小时 13 分钟,女性 3 小时 40 分钟;城镇居民 4 小时 10 分钟,农村居民 3 小时 33 分钟;工作日 3 小时 40 分钟,休息日 4 小时 34 分钟。居民自由支配活动的参与率为 90.8%。

健身锻炼时间。居民健身锻炼的平均时间为 31 分钟,其中城镇居民 41 分钟,农村居民 16 分钟。按 10 岁为组距分组,75～84 岁居民健身锻炼的平均时间最长,为 64 分钟;25～34 岁居民时间最短,为 14 分钟。居民健身锻炼的参与率为 30.9%,其中城镇居民 38.7%,农村居民 18.7%。

---

① http://www.stats.gov.cn/tjsj/zxfb/201901/t20190125_1646796.html.

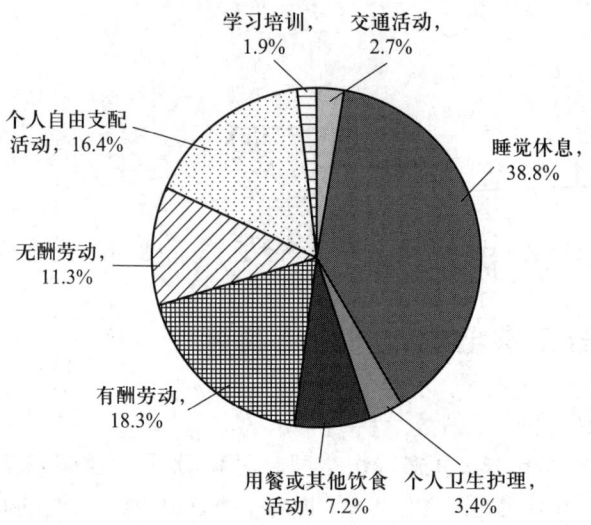

图 2-17　居民一天活动的时间构成

听广播或音乐时间。居民听广播或音乐的平均时间为 6 分钟,其中 85 岁以上居民时间最长,为 23 分钟。居民听广播或音乐的参与率为 6.8%,其中城镇居民 7.6%,农村居民 5.6%。

看电视时间。居民看电视的平均时间为 1 小时 40 分钟。其中,男性 1 小时 44 分钟,女性 1 小时 37 分钟;城镇居民 1 小时 38 分钟,农村居民 1 小时 44 分钟。按 10 岁为组距分组,75 ~ 84 岁居民看电视的平均时间最长,为 3 小时 16 分钟;15 ~ 24 岁居民时间最短,为 42 分钟。居民看电视的参与率为 66.5%,其中城镇居民 63.8%,农村居民 70.8%。

阅读书报期刊时间。居民阅读书报期刊的平均时间为 9 分钟。其中,男性 11 分钟,女性 8 分钟;城镇居民 12 分钟,农村居民 5 分钟。居民阅读书报期刊的参与率为 10.1%,其中城镇居民 13.4%,农村居民 5%。

休闲娱乐时间。居民休闲娱乐的平均时间为 1 小时 5 分钟。其中,男性 1 小时 13 分钟,女性 58 分钟;城镇居民 1 小时 9 分钟,农村居民 58 分钟;工作日 58 分钟,休息日 1 小时 23 分钟。居民休闲娱乐的参与率为 40.7%,其中城镇居民 43.5%,农村居民 36.2%。

社会交往时间。居民社会交往的平均时间为 24 分钟。其中,男性 27 分钟,女性 22 分钟;工作日 21 分钟,休息日 32 分钟。居民社会交往的参与率为 17.6%。

问题:

(1)第二次全国性的闲暇时间调查采用的是哪种调查方式?

(2)从支配闲暇时间来看,哪种活动占的时间最多?

(3)根据第二部分个人自由支配时间的调查结果,绘制图形。

(4)对于此次调查的方案,你有什么好的建议吗?

(5)如果要你调查大学生的闲暇时间,你会如何实施这次调查?

第三章 综合指标：数据的概括性度量

"统计具有非凡的能力处理各种复杂的问题，它需要非常精细的方法和小心翼翼的解释。当人类科学探索者在问题的丛林中遇到难以逾越的障碍时，唯有统计工具可为其开辟一条前进的通道。"

——英国著名生物学家、统计学家高尔顿（Francis Galton）

引例：我国人口平均预期寿命达到 74.83 岁

根据 2010 年第六次全国人口普查详细汇总资料计算，我国人口平均预期寿命达到 74.83 岁（表 3-1）。比 2000 年的 71.40 岁提高 3.43 岁。分性别看，男性为 72.38 岁，比 2000 年提高 2.75 岁；女性为 77.37 岁，比 2000 年提高 4.04 岁。男女平均预期寿命之差与十年前相比，由 3.70 岁扩大到 4.99 岁。这表明，在我国人口平均预期寿命不断提高的过程中，女性提高速度快于男性，并且两者之差也进一步扩大。这与世界其他国家平均预期寿命的变化规律是一致的。

表 3-1 平均预期寿命变化 单位：岁

年份	合计	男	女	男女之差
1981	67.77	66.28	69.27	-2.99
1990	68.55	66.84	70.47	-3.63
2000	71.40	69.63	73.33	-3.70
2010	74.83	72.38	77.37	-4.99

将统计数据整理成分布数列，可以对研究对象有一个直观的了解。但如果要进一步挖掘信息，就需要更深入的分析。需要寻找一些统计指标（总量指标、相对指标、平均指标等），对现象进行分析研究。引例中，我国人口平均预期寿命属于总量指标、相对指标还是平均指标？随着时间的变化，不同的指标会呈现出不同的发展趋势。通过本章的学习，我们将探寻学习各种类型的指标以对研究对象做更深入的分析。

第一节 总量指标

一、总量指标的概念和作用

（一）总量指标的概念

总量指标是反映社会经济现象在一定时间、地点和条件下的总规模、总水平、总成果的统计指标。它反映被研究对象实在的、绝对的数量，故又称为绝对指标或绝对数。例如，一个国家或地区的人口数、土地面积、粮食产量、国内生产总值、进出口贸易额、社会商品零售额、固定资产投资额等,都是总量指标。

(二)总量指标的特点

(1)总量指标的表现形式为绝对数,并且要有计量单位。例如,2016 年我国国内生产总值为 743 585 亿元。

(2)总量指标的数值随着研究范围的大小而增减。如一个县的人口数一定小于所属的某一个省的人口数;一个乡的粮食产量一定小于所属的某一个县的粮食产量。

(3)只有对有限总体才能计算总量指标。对于无限总体只能采取近似值。

(三)总量指标的作用

(1)总量指标是认识客观现象总体的起点。人们要想全面了解一个客观现象总体的情况,首要问题就是准确地掌握其在一定时间、地点条件下的数量和大小。例如,为了科学地指导我国国民经济的协调发展,就必须了解我国国内生产总值、人口和劳动力资源、国民收入、国民财富、耕地面积、固定资产投资、外汇储备、进出口贸易额以及粮食、钢铁、煤炭、石油的产量等。如果对这些基本的数量都胸中无数,那将不能很好地指导经济的发展。

(2)总量指标是进行科学管理的依据。制订政策和编制计划,首先是按总量指标形式加以规定的。同样,实行社会经济管理,也必须首先从社会经济过程的总量上进行控制。例如2017 年我国的国民总收入 825 016 亿元,比上年增长 7.0%。

(3)总量指标是计算相对指标和平均指标的基础。相对指标和平均指标一般是由两个互相联系的总量指标对比计算出来的,它们是总量指标的派生指标。所以总量指标的计算是否科学、合理,会直接影响相对指标和平均指标的准确性。

二、总量指标的种类

(一)总体单位重量和总体标志重量

总量指标按其反映的内容不同,可分为总体单位总量和总体标志总量。

(1)总体单位总量。是用来反映总体中总体单位数的多少,是说明总体本身规模大小的指标。如以企业为单位时的企业总数、以职工为单位时的职工总人数等。

(2)总体标志总量。是用来反映总体单位某一数量标志所有标志值的总和,表示其数量规模的指标。如某一总体范围内各企业的增加值之和、各户粮食产量之和等。

一个总量指标是属于总体单位总量还是总体标志总量不是固定不变的,随着研究目的和研究对象变化,它是可以转化的。如果研究对象是企业,则全部企业就是一个总体,它包括的企业个数就是总体单位总量,而企业中的职工人数、产值等指标就是总体标志总量。如果统计的目的在于了解整个职工队伍的收入状况,那么职工总人数就是总体单位总量,而工资总额则是总体标志总量。

(二)时期指标和时点指标

总量指标按其反映的时间状况不同,可分为时期指标和时点指标。

1. 时期指标

时期指标是反映现象在一定时期内发展过程的总量。如产品产量、产值、商品流转额、人口出生数等。时期指标具有以下特点:

（1）时期指标各时期的数值可以直接相加,其和说明较长时间内社会经济现象发生的总量;

（2）时期指标的数值大小与时期的长短有直接关系,如一年的商品销售额一定大于一个月的商品销售额;

（3）时期指标的数值是通过连续登记取得的。

2. 时点指标

时点指标是反映现象在某一时刻(瞬间)状况的总量。如人口数、企业数、生猪存栏头数、固定资产净值、机器台数,商品库存额等。时点指标具有以下特点:

（1）不同时点上的时点指标数值不具可加性。不同时点上的时点数值直接相加,除在有关指标的计算过程中需要外,没有实际意义;

（2）时点指标数值大小与时点间隔没有直接关系。如年末的商品库存额不一定比某月月末的库存额大;

（3）时点指标的数值一般是通过间断登记取得的。

（三）实物量指标、价值量指标和劳动量指标

总量指标按其采用的计量单位不同,可以分为实物量指标、价值量指标和劳动量指标。

1. 实物量指标

实物量指标是以实物单位计量的总量指标,如人口总数、职工人数、粮食产量、钢铁产量、煤炭产量、设备台数等。实物量指标的优点是能直接反映产品使用价值的大小,其缺点是指标的综合性能较差。

2. 价值量指标

价值量指标是以货币单位计量的总量指标,如国民生产总值、国民收入、固定资产投资额、社会商品零售额等。价值量指标的优点是具有广泛的综合性能和概括能力,其缺点是指标比较抽象、脱离物质内容。所以分析问题时总是实物量指标与价值量指标结合应用。

3. 劳动量指标

劳动量指标是以劳动单位计量的总量指标,如出勤工时、缺勤工时、生产实用工时等。

三、总量指标的计算

（一）总量指标的计算方法

总量指标的计算方法主要有两种:直接法和推算法。

1. 直接法

直接法是对所有的总体单位直接进行调查登记,然后逐步汇总得到总量指标。如月末商品库存量的盘点。

2. 推算法

推算法是根据各种关系推算总量指标或根据非全面调查资料推算总量指标的方法。常用的推算方法有:平衡关系推算法、因素关系推算法、比例关系推算法、插值估算法和抽样推算法等,这些推算方法将在有关章节中讲述。

（二）计算总量指标应注意的问题

（1）必须明确总量指标的计算范围。如计算农业增加值,必须明确农业与其他部门的区别,才能得到真实增加值数值。

（2）在对实物指标进行汇总时,要注意现象的同质性,不同质的现象水平不能简单相加汇总。比如,要计算某地区拥有的机动车辆数,必须要先分类(汽车、拖拉机、摩托车等),而后才能统计各类机动车的数量。

（3）计量单位与计算口径要一致,对一些重要的总量指标,应按照全国统一规定的单位计量。

第二节 相 对 指 标

一、相对指标的概念和作用

（一）相对指标的概念

相对指标又称相对数,是社会经济现象中两个有联系的指标数值之比。其中作为比较基础的量称为基数,作为比较的量称为对比数,即

$$相对数 = \frac{对比数}{基数}$$

相对指标有以下两个特点:第一,它是一种抽象化了的数值,反映现象之间差别的相对程度;第二,其数值大小不随总体范围的大小而变化。

（二）相对指标的作用

（1）相对指标可以说明事物之间相互联系的程度和事物发展的程度。因而有助于人们深入认识事物。例如,2016 年我国的粗钢产量达 8.1 亿吨,这是一个总量指标。如果仅用这个数值很难对我国的钢铁产量有一个全面认识。那么,怎么办呢? 我们可以通过比较来解决这个问题。1990 年的粗钢产量为 6 603.8 万吨,产量的增长率达到 10.1%,说明我国 2016 年钢产量比 1990 年有了显著增长。另外,与其他国家同期的钢产量对比,可以反映我国钢铁产量全球占比,2016 年我国的粗钢产量对全球产量占比达 50.5%,而 1990 年,我国粗钢产量的全球占比仅为 9%。与计划数对比,还可以反映计划完成的情况如何,等等。

（2）相对指标能使一些不宜或不能直接比较的量具备对比的基础,弥补了总量指标的不足。例如,甲厂生产汽车,计划产量 50 万辆,实际产量 60 万辆,乙厂生产冰箱,计划产量 30 万台,实际产量 38 万台。两个企业生产的产品不同,无法用总产量直接进行比较。通过计算相对数得知,甲企业计划完成程度为 120%,乙企业计划完成程度为 126.67%。可见,乙企业计划完成情况好于甲企业。

（三）相对指标的表现形式

相对指标的表现形式有两种:一是无名数,二是有名数。

1. 无名数

无名数是一种抽象化的数值,具体表现形式有:

（1）系数或倍数。系数或倍数是将对比基数定为 1 而计算出来的相对数。两个数字对比,分子数值和分母数值差别不大时常用系数。如工资等级系数、固定资产磨损系数和固定资产有用系数等。两个数字对比,分子数值大于分母数值很多时,常用倍数。

（2）成数。成数是将对比的基数定为 10 而计算出来的相对数。如今年粮食产量比去年增

加一成,即增产十分之一。

（3）百分数和千分数。百分数和千分数是分别将对比基数定为 100 和 1 000 而计算出来的相对数,分别用 % 和 ‰ 表示。其中百分数是计算相对指标数值时最常用的一种形式,如计划完成程度、发展速度、增长速度都是用百分数表示的。当对比的分子数值比分母数值小很多时,宜用千分数表示,如人口出生率、人口死亡率、人口自然增长率等。

2. 有名数

一般用来表现强度相对指标的数值。它在相对指标中的分子与分母指标数值的计量单位同时使用,以表现事物的密度、强度及普遍程度等。如人口密度用"人/平方公里",人均国民生产总值用"元/人"表示等。

二、相对指标的种类

统计中的相对指标根据研究目的和任务的不同,大体上可以分为以下六种:

（一）结构相对指标

结构相对指标是反映同一时期总体内部组成状况的相对数。它是利用分组法将总体区分为若干部分,以部分数值与总体数值对比计算各部分所占比重的一种相对数,常用百分数的形式表示。其计算公式为:

$$结构相对数 = \frac{总体部分数值}{总体全部数值} \times 100\% \tag{3-1}$$

【例 3-1】　根据我国六次人口普查资料,总人口性别结构如下:

由表 3-2 可见,新中国成立以来,我国人口性别结构基本是稳定的,男性人口在总人口中所占比重略大于女性。

结构相对指标有两个特点:（1）结构相对指标具有可加性,各部分比重之和等于 1 或百分之百;（2）结构相对数的分子分母不能互换。

表 3-2　人口普查性别结构　　　　　　　　　　　　单位:%

性别	第一次	第二次	第三次	第四次	第五次	第六次
男性	51.82	51.33	51.50	51.60	51.63	51.27
女性	48.18	48.67	48.50	48.40	48.37	48.73
合计	100.00	100.00	100.00	100.00	100.00	100.00

（二）比例相对指标

比例相对指标是反映总体中各部分之间数量联系程度和比例关系的相对数。其计算公式为:

$$比例相对数 = \frac{总体中某一部分的数值}{总体中另一部分的数值} \tag{3-2}$$

在实际中,常见的比例相对指标主要有男女性别比例、投资消费比例等。

【例 3-2】　2017 年全年社会消费品零售总额 366 262 亿元,按经营地统计,城镇消费品零售额 314 290 亿元,乡村消费品零售额 51 972 亿元,那么可以计算出城乡消费品零售额比重为 314 290 : 51 972 = 6.05 : 1。

比例相对指标所反映的比例关系,属于一种结构性的比例。其作用同结构相对指标相同,只是对比的方法不同,侧重点有所差别。其特点是:(1)反映的是总体内部各部分之间的比例关系;(2)分子分母可以互换,其分子和分母既可以是总体单位总量,也可以是总体标志总量;(3)不具有可加性。

（三）比较相对指标

比较相对指标是反映同一现象在同一时间不同总体的数量对比关系的相对数。其计算公式为:

$$比较相对数 = \frac{某一总体的某类指标数值}{另一总体的同类指标数值} \tag{3-3}$$

这一指标用来说明某类现象在同一时期内不同国家、地区、单位之间的差异程度。如把企业的各项技术经济指标与同类企业的先进水平对比,或与国家规定的标准对比,可以找出差距,从而为提高企业的生产技术水平提供重要依据。又如在表明国家经济实力方面,将反映国家经济力量的主要指标与世界各国的同类指标对比,可以表明国与国之间经济发展水平的差异程度。

【例 3-3】　现将 2015 年一些国家的人口密度资料排列如表 3-3。

表 3-3　一些国家的人口密度

国别	人口密度/(人/平方公里)	与中国相比
新加坡	8 226.74	56.33
孟加拉国	1 113.98	7.63
韩国	499.81	3.42
日本	335.61	2.30
印度	390.11	2.67
英国	269.21	1.84
德国	234.11	1.60
意大利	206.47	1.41
中国	146.05	1.00
法国	121.52	0.83
美国	35.14	0.24
加拿大	3.94	0.03

通过比较,可以发现各国人口密度的差异程度。

比较相对指标的特点是:

(1)在一般情况下,分子分母数值可以互换,从不同的角度来说明同一问题。

(2)比较相对数既可以是绝对数对比,也可以是相对数或平均数对比。由于总量指标易受总体范围和生产条件的影响,不能确切地反映要说明的问题,所以计算比较相对数,更多地采用相对数或平均数进行对比。

(3)比较相对指标不具有可加性。

（四）动态相对指标

动态相对指标是反映同一现象在不同时间变动程度的相对数。其计算公式如下:

$$动态相对数 = \frac{报告期水平}{基期水平} \times 100\% \tag{3-4}$$

所谓基期,就是用来作为比较标准(基础)的时期;所谓报告期,就是同基期对比的时期,或者说是所研究的时期。

【例 3-4】 随着经济水平和全民阅读意识的提高,我国儿童读物出版种数 1998 年为 6 293 种,2016 年为 43 639 种。2016 年我国儿童读物出版种数相对 1998 年的百分比是:

$$动态相对数 = \frac{43\ 639\ 种}{6\ 293\ 种} \times 100\% = 693.5\%$$

计算结果表明,2016 年我国儿童读物出版种数比 1998 年增长 593.5%。

动态相对指标的特点是:(1)先发生的作为基期数值,后发生的作为报告期数值;

(2)分子分母不能相互对换。

(五)强度相对指标

强度相对指标是两个性质不同,但有一定联系的总体的指标相对比而得到的相对数。它反映现象的强度、密度和普遍程度。

其计算公式如下:

$$强度相对数 = \frac{某一总体的指标数值}{另一有联系而性质不同的总体的指标数值} \qquad (3-5)$$

强度相对指标在实际中应用非常广泛,常见的强度相对指标主要有:

(1)反映现象的发展程度、经济实力的强度相对指标。如人均国内生产总值、人均粮食产量、人均能源消耗量等。

(2)反映现象的密度和普遍程度的强度相对指标。如商业网密度、人口密度、铁路或公路网密度等。

(3)反映企业经济效益和经济管理好坏的强度相对指标。如流通费用率、资金利税率、成本利税率、资金产值率、百元产值耗电量等。

(4)反映社会生产条件或成果的相对指标。如每一个职工平均拥有的固定资产额、每万亩耕地拥有的拖拉机台数、每万元产值创造的利润等。

(5)反映社会经济现象变化情况的强度相对指标。如人口出生率、人口死亡率、人口自然增长率等。

强度相对指标的特点是:

(1)强度相对指标在多数情况下是用复名数来表示的,例如,人口密度用人/平方公里,人均国内生产总值用元/人来表示等。但有时也用千分数或百分数来表示。如人口出生率、死亡率、自然增长率通常用千分数表示,流通费用率用百分数表示;

(2)这一指标带有平均的含义,但又区别于平均指标,因为平均指标是将总体标志总量与总体单位总量相比,不涉及两个总体,而强度相对指标则是不同总体间的指标数值之比;

(3)某些强度相对指标的分子分母可以互换,使这一指标有正逆之分。强度相对指标的数值大小与现象的发展程度或密度成正比的叫正指标,与现象的发现程度或密度成反比的叫逆指标。

如城市商业网点密度,正指标表示每千人拥有的商业网点数,逆指标表示每个商业网点服务的人数。

【例 3-5】 某城市人口为 100 万人,有零售商店 5 000 个,则该城市零售商业网密度为:

$$零售商业网点密度 = \frac{5\ 000\ 个}{1\ 000\ 000\ 人} = 5(个/千人) \quad (正指标)$$

$$零售商业网点密度 = \frac{1\ 000\ 000\ 人}{5\ 000\ 个} = 200(人/个)\quad（逆指标）$$

（六）计划完成情况相对指标

计划完成情况相对指标,是以现象在某一时间内的实际完成数与计划数对比而得到的相对数。用来检查、监督计划的完成情况,通常叫计划完成百分比。其基本计算公式如下:

$$计划完成情况相对数 = \frac{实际完成数}{计划数} \times 100\% \tag{3-6}$$

公式中的分母是计划指标数值,分子则是反映计划执行结果的实际值。因此,要求分子分母在指标含义、计算口径、计算方法、计量单位、时间长度和空间范围等方面完全一致。

该指标反映了计划的执行情况。其特点是:

（1）由于计划数总是衡量计划完成情况的标准,故分子分母不得互换;

（2）判断计划完成程度的好坏,要视指标的类型而定。对于正指标,如产量、产值、劳动生产率等,计划完成情况相对数大于 100% 才算超额;对于逆指标,如单位产品成本、流通费用率等,计划完成情况相对数小于 100% 才算超额;对于少数指标,如职工人数、工资总额、固定资产投资额等,是不允许突破计划的,这些指标的计划完成情况相对数以 100% 为好。

在实际中,计划数不仅可以表现为绝对数,而且可以表现为相对数和平均数,所以,计划完成情况相对指标可以用绝对数计算,也可以用相对数或平均数计算。

1. 计划数为绝对数时的计算方法

计划数为绝对数时,可以有两种计算方法:

一种是实际完成数和计划数都是同一时期的。它可以用来说明某段时间内计划执行情况的总结果。这种情况可以直接利用基本公式计算。

【例 3-6】 2015 年某企业总产值计划任务数为 4 000 万元,实际完成 4 200 万元,其计划完成情况为:

$$计划完成情况相对数 = \frac{4\ 200}{4\ 000} \times 100\% = 105\%$$

计算结果表明,2015 年该企业超额 5% 完成总产值计划。

另一种是自计划期初至某时间的实际累计完成数对计划期全期计划数之比。它可用来分析整个计划期间计划的执行进度。其计算公式为:

$$计划执行进度相对数 = \frac{自计划期初至某时间的实际累计完成数}{全期计划数} \times 100\% \tag{3-7}$$

【例 3-7】 某工业企业 2015 年销售产值计划完成情况如表 3-4 所示。

表 3-4　某工业企业 2015 年销售产值计划完成情况

时期	计划/万元	实际/万元	实际累计产值/万元	计划执行进度/%
第一季度	2 000	1 800	1 800	17.1
第二季度	2 500	2 700	4 500	42.9
第三季度	3 000	3 300	7 800	74.3
第四季度	3 000	—	—	—
全年	10 500	—	—	—

计算结果表明,该企业 2015 年销售产值计划执行进度情况是:第一季度只完成全年计划的 17.1%;截至第二季度完成了全年计划的 42.9%;截至第三季度,已完成了全年计划进度的 74.3%,因此,该企业应在第四季度采取适当措施,才能完成全年的销售产值计划。

2. 计划数为相对数的计算方法

计划数为相对数时,计算计划完成情况相对指标的计算公式为:

$$计划完成情况相对数 = \frac{实际完成百分比}{计划规定百分比} \times 100\% \tag{3-8}$$

它适用于考核社会经济现象的降低率、增长率的计划完成情况。如考核某种产品的成本降低率、流通费用降低率、人口自然增长率等计划完成情况。

(1) 计划数为增长率时,计划完成情况相对数的计算公式为:

$$计划完成情况相对数 = \frac{1+实际增长率}{1+计划增长率} \times 100\% \tag{3-9}$$

【例 3-8】 某企业计划规定劳动生产率比上年提高 15%,实际提高了 18%。则:

$$计划完成情况相对数 = \frac{1+18\%}{1+15\%} \times 100\% = \frac{118\%}{115\%} \times 100\% = 102.6\%$$

计算结果表明,劳动生产率超额 2.6% 完成计划。

(2) 计划数为降低率时,计划完成情况相对数的计算公式为:

$$计划完成情况相对数 = \frac{1-实际降低率}{1-计划降低率} \times 100\% \tag{3-10}$$

【例 3-9】 某工厂甲产品上年度实际成本为 500 元,本年度计划比上年降低 4%,实际降低了 5%,则:

$$计划完成情况相对数 = \frac{1-5\%}{1-4\%} \times 100\% = 98.96\%$$

计算结果表明,实际成本比计划任务降低了 1.04%。

3. 计划数为平均数时,计算计划完成情况相对指标的公式为:

$$计划完成情况相对数 = \frac{实际平均水平}{计划平均水平} \times 100\% \tag{3-11}$$

它适用于考核以平均水平表示的经济指标的计划完成情况,如劳动生产率、平均成本、平均价格等。

【例 3-10】 某工厂某年某种产品单位成本水平计划为 40 元,实际为 45 元,则:

$$计划完成情况相对数 = \frac{45}{40} \times 100\% = 113.33\%$$

计算结果表明,产品单位成本差 13.33% 没有完成计划。

4. 中长期计划完成相对数的计算方法

计划完成情况的检查,可分为长期计划与短期计划执行情况的检查。上述计划完成相对数的期限一般是一年内的计划,或称为短期计划。中长期计划执行情况的检查,是指国民经济五年计划或十年计划完成程度的考核,其中,主要是五年计划执行情况的考核。由于我国制定的中长期计划有两种情况:一是规定计划期末年应达到的水平,二是规定计划期累计应达到的水平。因而在进行中长期计划执行情况检查时有两种方法:

（1）水平法

在下达计划时,如果只规定计划期末应达到的水平,如商品零售额、产品产量等,就可采用水平法检查计划。

所谓水平法,就是用计划期最后一年的实际完成数与计划中规定同期应达到的水平进行对比,以检查计划的完成情况。

$$计划完成情况相对数 = \frac{计划期末年实际达到的水平}{计划规定的末年水平} \times 100\% \qquad (3-12)$$

$$提前完成计划时间 = 计划期月数 - 实际完成月数$$

用水平法检查计划完成情况,计算提前完成计划的时间,应以计划期内连续一年(12 个月,不论是否在一个日历年度)的完成数达到计划规定的最后一年的完成数后剩余的时间。

【例 3-11】　某企业计划规定五年计划最后一年的产量要达到 60 万吨,实际执行情况如表 3-5 所示:

表 3-5　某企业计划规定五年计划　　　　　　　　单位:万吨

第一年	第二年	第三年		第四年				第五年			
		上半年	下半年	一季度	二季度	三季度	四季度	一季度	二季度	三季度	四季度
47	49	24	26	12	11	14	15	15	16	16	17

试由上表资料计算计划完成程度和提前或推迟完成计划的时间。

$$
\begin{aligned}
计划完成程度相对指标 &= \frac{实际最末一年水平}{计划最末一年水平} \times 100\% \\
&= \frac{计划期末年实际达到的水平}{计划规定的末年水平} \times 100\% \\
&= \frac{15+16+16+17}{60} = 106.7\%
\end{aligned}
$$

从第四年第三个季度到第五年第二个季度产量之和为:

$$14+15+15+16 = 60(万吨)$$

正好达到计划末年 60 万吨的水平,则:

$$提前完成计划时间 = 60 - 54 = 6(个月)。$$

由此可见,该企业超额 6.7% 完成计划,提前了六个月即两个季度。

（2）累计法

在下达计划时,如果是规定各年累计应完成的工作量或累计应达到的水平,如新增固定资产、新增生产能力、造林面积等,就应采用累计法检查计划。

所谓累计法,就是用整个计划期间实际完成的累计数和计划数对比,以检查计划的完成情况。

$$计划完成情况相对数 = \frac{计划期间实际累计完成量}{计划规定累计完成量} \times 100\% \qquad (3-13)$$

$$提前完成计划时间 = 计划期全部时间 - 实际完成计划数的时间$$

其中,实际完成计划数的时间为自计划执行之日起至实际数累计达到计划数的时间。

【例 3-12】　某五年计划中规定的固定资产投资额为 2 200 亿元,五年内累计实际完成 2 240 亿元,试检查计划完成情况。

又假定至最后一年的七月底为止累计投资额已达到 2 200 亿元,问提前完成计划的时间为多少?

$$计划完成情况相对数 = \frac{2\ 240\ 亿元}{2\ 200\ 亿元} \times 100\% = 101.82\%$$

$$提前完成计划时间 = 60 - 55 = 5(个月)$$

计算结果表明,该五年计划超额完成 1.82%,提前 5 个月完成了计划。

三、应用相对指标应注意的问题

在计算和应用相对指标时,应注意以下几个问题:

(一) 要注意对比指标的可比性

相对指标既然是两个有联系的指标之比,就必须具有可比性,这是计算相对指标的前提。对比指标的可比性所涉及的问题较多,可概括为两个方面:一是对比的两个指标必须是有联系的,二是对比的两个指标所包括的范围、内容和计算方法等必须一致。只有这样,所算出的相对数才有意义,才能正确反映社会经济现象的实质。例如,计算人口密度,要求人口与土地面积必须都是同一地区的数值,否则是不可比的。又如,在检查计划执行情况时,必须审核实际完成数与计划任务数所包含的指标内容是否一致。在将我国的统计资料与世界其他国家的统计资料对比时,更应该注意指标的内容、范围和计算方法的可比性。

(二) 要正确选择对比基数

对比基数选择的恰当与否,直接影响分析结论的准确性。在进行不同时间的动态对比时,应选择社会经济发展比较稳定或能代表一个历史阶段特点的具有典型意义的年份数值作为基数。在进行不同空间的静态对比时,应选择能代表平均水平或先进水平的地区或单位作为对比的基数。例如,在分析新中国成立以来我国经济发展状况时,就不能以"大跃进"和三年困难时期的统计资料为基数。

(三) 相对指标要与总量指标结合起来运用

相对指标是一个抽象化的数值,它只能反映所对比的事物的差别程度,而不能反映这种差别的实际意义,只有将相对指标与总量指标结合运用,才能对所研究的现象有一个比较完整而具体的认识。例如,1949 年我国钢产量为 15.8 万吨,1950 年为 60.6 万吨,1950 年为 1949 年的 384%。2016 年我国钢产量为 808.4 百万吨,2017 年钢产量为 831.73 百万吨,2017 年为 2016 年的 102.9%。从这两个相对数看,后者要比前者小的多,但从绝对数看,1950 年比 1949 年仅增加 44.8 万吨,而 2017 年比 2016 年增加 2 333 万吨。

由此可见,在统计分析中,不能只根据相对数的大小来判断事物的好坏,因为较大的相对数背后的绝对数可能很小,而较小的相对数背后可能隐藏着较大的绝对数。这说明,高速度并不一定代表高水平。相反,低速度代表的水平不一定低。只有把相对指标和总量指标结合起来加以对比才能使我们的认识更全面、更正确。

(四) 要把有关的相对指标结合运用

一种相对指标只能说明该现象某一方面的问题,如果把有关的相对指标结合起来应用,就能比较全面地观察事物的特征及其发展变化的规律性。例如,要反映一个国家人口总体的再生产情况,仅仅计算人口出生率是不够的,必须把人口出生率、死亡率、自然增长率等相对指标结合起来运用。只有这样才能比较全面地、准确地反映人口增减的变化情况。

（五）要和经济内容结合运用

进行对比分析时,不但要多项相对指标综合运用,而且不能只根据数量的大小、多少而对对比事物的好坏或正常与否做出判断,还要结合社会经济现象的实际内容来考察。例如,统计工作应用计划完成情况相对指标分析计划执行情况时,实际完成数量是超过计划数好,还是低于计划数好,这就要根据指标的性质而定。对于越高越好的指标,计划完成情况相对数大于 100% 为超额完成计划,对于越低越好的指标,计划完成情况相对数不足 100% 为超额完成计划。

第三节 平均指标

一、平均指标的意义和作用

（一）平均指标的意义

在社会经济现象的同质总体中,每个单位都有区别于其他单位的特征,表现在数量上就是大小不等、高低有别。如近几年我国国民经济是稳定发展的,但各个行业、企业具体的发展速度则是快慢不一的;再如每个人的年龄大小也是不等的。如果我们要对总体的数量有个概括的、一般的认识,显然不能用某一单位的数量来说明,而需找到一个抽象的量,即平均指标。

平均指标又称统计平均数,是表明同类社会经济现象在一定时间、地点、条件下所达到的一般水平的代表性指标。例如,用平均工资代表职工工资的一般水平;用平均亩产量代表粮食生产的一般水平等。

平均指标的特点是将总体各单位标志值的具体差异抽象化,用一个代表性数值来说明总体的一般水平。平均指标是社会经济统计中最常用的综合指标之一。

（二）平均指标的作用

平均指标在国民经济活动中具有广泛的应用。其作用主要表现在:

（1）比较同类现象在不同单位发展的一般水平,反映工作成绩和质量。例如评价不同的工业企业或乡村的生产情况,不能用工业总产值或总收获量等总量指标进行对比,因为总量指标受生产规模大小的影响,如果用平均指标,如劳动生产率或平均单产来比较,就可以较好地评价不同单位的生产情况,反映工作成绩或存在的问题。

【例 3-13】 某县 2015 年甲乙两个乡镇的粮食产量,如表 3-6 所示。

表 3-6 2015 年某县甲乙两乡粮食产量

乡别	播种面积/平方米	粮食产量/万千克	平均每亩粮食产量/千克
甲	5 000	400	800
乙	3 800	380	1 000
合计	8 800	780	—

由表 3-6 的资料可以看出,如果单看粮食总产量这一总量指标,乙乡的产量低于甲乡,但是

乙乡的播种面积少,而从平均每亩粮食产量看,乙乡的生产水平并不低于甲乡,反而高于甲乡。

(2)用作同一单位不同时期的比较,反映社会经济现象的发展规律和趋势。随着时间的推演,现象会发生变化,用总量指标来反映容易受到总体规模的影响,用个别单位或少量单位的水平变动不能反映现象的总变动趋势,此时就需要用平均指标来反映现象的变动趋势。

【例3-14】　2010—2016年我国城镇单位就业人员平均工资的变动情况,如表3-7所示。

表3-7　我国城镇单位就业人员平均工资(2010—2016年)　　　　单位:元

年份	2010	2011	2012	2013	2014	2015	2016
就业人员平均工资	36 539	41 799	46 769	51 483	56 360	62 029	67 569

通过资料可以看出我国城镇单位就业人员平均工资水平在不断提高。

(3)平均指标可以反映分布数列中各变量值分布的集中趋势。社会经济现象总体中各单位某一标志的数量表现不同,但一般成正态分布,即很小或很大的数值出现次数较少,而靠近平均数的次数较多,围绕平均数两边的标志值出现次数最多,这说明总体分布是从两边向中间集中,中心是平均数,因此平均数可以说明总体分布的集中趋势。

(4)分析现象间的依存关系。现象之间是相互依存的,为了研究现象之间的数量依存关系,也需要应用平均指标。例如劳动生产率与产量之间,广告费与销售额之间,收入与消费之间都存在一种相互依存的关系。

【例3-15】　我国建筑业劳动生产率与职工平均工资资料如表3-8所示。

表3-8　劳动生产率与职工平均工资的关系

年份	2011	2012	2013	2014	2015	2016
建筑业劳动生产率/(元/人)	233 104	296 424	324 842	317 633	324 026	336 991
建筑业职工平均工资/元	32 103	36 483	42 072	45 804	48 886	52 082

通过上表资料可以看出,职工工资水平随着劳动生产率的提高而增长。

二、平均指标的种类及计算方法

平均指标由于计算方法和适用条件不同而分为算术平均数、调和平均数、几何平均数、中位数和众数五种。其中算术平均数、调和平均数和几何平均数都是根据分布数列中各单位标志值计算得来的,称它们为数值平均数;中位数和众数是根据分布数列中某些标志值所处的位置来确定的,所以称为位置平均数。下面分别阐述各种平均指标的概念、计算方法及特点。

(一)算术平均数

算术平均数(mean)是计算平均指标最常用的方法和最基本的形式。这是由于社会经济生活中存在的大量情况是:社会经济现象总体的标志总量为总体各个单位标志值的总和。如,企业职工的工资总额是每个职工工资加总而得到的;某校学生总人数是全校各班人数的总和。在这种情况下,平均指标最适合采用算术平均数的形式,基本公式如下:

$$算术平均数 = \frac{总体标志总量}{总体单位总量} \qquad (3-14)$$

如某企业某月的工资总额为 140 000 元,职工总人数为 100 人,则该企业职工月平均工资为 1 400 元。即

$$平均工资 = \frac{工资总额}{职工总人数} = \frac{140\,000}{100} = 1\,400(元)$$

由上例可见,计算算术平均数时,总体标志总量依附于总体单位数。这就告诉我们,使用此公式时,必须保证分子与分母所包含口径的严格一致,即各标志值与各单位之间是一一对应的,否则,计算平均指标就失去了意义。这也是平均指标与强度相对指标的不同点。

在实际工作中,由于掌握资料不同,算术平均数可分为简单算术平均数和加权算术平均数两种。

1. 简单算术平均数

简单算术平均数(simple mean)就是将总体各单位的标志值简单加总后,除以总体单位数而求得的平均数。它适用于未分组资料。

设一总体单位为 $X_1, X_2, \cdots, X_N$,总体单位的个数为 N,则总体的简单算术平均数的计算公式为:

$$\mu = \frac{X_1 + X_2 + \cdots + X_N}{N} = \frac{\sum\limits_{i=1}^{N} X_i}{N} \tag{3-15}$$

设一组样本单位为 $x_1, x_2, \cdots, x_n$,样本量(样本单位的个数)为 n,则样本的简单算术平均数用 $\bar{x}$ 表示,计算公式为:

$$\bar{x} = \frac{x_1 + x_2 + \cdots + x_n}{n} = \frac{\sum\limits_{i=1}^{n} x_i}{n} = \frac{\sum x}{n} \tag{3-16}$$

如果不做特别说明,以后遇到的计算公式都是对样本资料来说的,用小写字母表示。

【例 3-16】 某工厂某生产小组有 5 名工人,各人日产量为:14、15、16、17、18 件,则这 5 名工人的平均日产量为:

$$平均日产量 = \frac{14 + 15 + 16 + 17 + 18}{5} = 16(件)$$

2. 加权算术平均数

当掌握的资料是分组资料,并已编成了变量数列,且各组次数不相等时,就需要采用加权算术平均数(weighted mean)的方法计算平均数。加权算术平均数可以根据不同形式的变量数列来计算:

(1) 由单项数列计算算术平均数。

【例 3-17】 某厂 20 个工人的日产量资料如表 3-9 所示:

表 3-9　某厂 20 个工人的日产量资料

日产量/件	工人数/人	总产量/件
14	2	28
15	4	60
16	8	128
17	5	85
18	1	18
合计	20	319

计算工人的平均日产量,应先将各组工人的日产量与工人数相乘求出各组工人的产量,然后加总求得全部工人的总产量,并与工人数相比。具体计算方法如下:

$$平均日产量 = \frac{14\times2+15\times4+16\times8+17\times5+18\times1}{2+4+8+5+1} = \frac{319}{20} = 15.95(件)$$

若以 x_i 代表第 i 组标志值, f_i 代表第 i 组单位数(第 i 组标志值出现的次数), $\bar{x}$ 代表算术平均数,则加权算术平均数的公式为:

$$\bar{x} = \frac{x_1 f_1 + x_2 f_2 + \cdots + x_n f_n}{f_1 + f_2 + \cdots + f_n} = \frac{\sum\limits_{i=1}^{n} x_i f_i}{\sum\limits_{i=1}^{n} f_i} \tag{3-17}$$

可见,加权算术平均数的大小,不仅受各组标志值大小的影响,而且还受各组次数多少的影响。次数多的标志值对平均数的影响大,次数少的标志值对平均数的影响小。各组标志值次数的多少对平均数具有权衡轻重的作用。因此,将各组单位数(次数)称为权数,将以上平均数的计算形式称为加权算术平均数。

当各个标志值的权数都完全相同时,权数就失去了权衡轻重的作用,这里,加权平均数就等于简单算术平均数。即

当 $f_1 = f_2 = \cdots = f_n = f$ 时,

$$\bar{x} = \frac{\sum\limits_{i=1}^{n} x_i f_i}{\sum\limits_{i=1}^{n} f_i} = \frac{f \cdot \sum\limits_{i=1}^{n} x_i}{f \cdot n} = \frac{\sum\limits_{i=1}^{n} x_i}{n}$$

权数除了用总体各组单位数即频数形式表示外,还可以用比重即频率形式表示。因此,便有第二种加权算术平均数,即以标志值乘以相应的频率。其公式如下:

$$\bar{x} = x_1 \frac{f_1}{\sum f} + x_2 \frac{f_2}{\sum f} + \cdots + x_n \frac{f_n}{\sum f} = \sum x_i \frac{f_i}{\sum f_i}$$

现仍以表3-9的资料为例,用比重权数计算加权算术平均数,见表3-10。

表3-10 某厂20个工人的日产量资料

日产量 x/件	工人数 f/人	各组工人数所占比重 $\frac{f_i}{\sum f_i}$	日产量×权数 $x_i \cdot \frac{f_i}{\sum f_i}$
14	2	0.10	1.4
15	4	0.20	3.0
16	8	0.40	6.4
17	5	0.25	4.25
18	1	0.05	0.9
合计	20	1.00	15.95

$$平均产量 \ \bar{x} = \sum x_i \frac{f_i}{\sum f_i} = 14\times0.1 + 15\times0.2 + \cdots + 18\times0.05 = 15.95(件)$$

则每个工人的平均日产量为15.95件,与利用绝对权数计算的加权算术平均数完全相同。

(2)由组距数列计算加权算术平均数。根据组距数列计算加权算术平均数与根据单项数列

计算加权算术平均数的方法基本相同。只是要先计算出各组的组中值,用以代替各组的标志值,然后计算加权算术平均数。

【例3-18】 某企业职工平均月工资如表3-11所示。

表3-11 某企业职工平均工资计算表

月工资/元	组中值 x_i/元	工人数 f_i/人	工资总额 $x_i f_i$/元
800~900	850	6	5 100
900~1 000	950	10	9 500
1 000~1 100	1 050	20	21 000
1 100~1 200	1 150	10	11 500
1 200~1 300	1 250	4	5 000
合计	—	50	52 100

则每个职工的月平均工资为:

$$\bar{x} = \frac{\sum x_i f_i}{\sum f_i} = \frac{850 \times 6 + 950 \times 10 + \cdots + 1\,250 \times 4}{6 + 10 + \cdots + 4} = \frac{52\,100}{50} = 1\,042(\text{元})$$

应当指出,在组距数列情况下,利用组中值代替标志值计算算术平均数,是假定各组内的标志值是均匀分布的,而实际上并不一定是均匀分布的。因而,根据组中值计算的加权算术平均数只是一个近似值。

3. 算术平均数的数学性质

算术平均数具有许多数学性质,为了正确应用平均数以及简化计算手续,下面介绍它的几个重要数学性质。

(1)算术平均数与总体单位数的乘积等于各单位标志值的总和。

用符号表示为: $n\bar{x} = \sum x_i$ (简单算术平均数)

同理 $\bar{x} \cdot \sum f_i = \sum x_i f_i$ (加权算术平均数)

(2)各个标志值与算术平均数离差之和等于零。

用符号表示为: $\sum (x_i - \bar{x}) = 0$ (简单算术平均数)

同理 $\sum (x_i - \bar{x}) f_i = 0$ (加权算术平均数)

(3)对每个标志值增加或减少一个任意数 a,则算术平均数也增加或减少 a。

简单算术平均数:

$$\frac{\sum (x_i \pm a)}{n} = \frac{\sum x_i}{n} \pm \frac{na}{n} = \bar{x} \pm a$$

加权算术平均数:

$$\frac{\sum (x_i \pm a) f_i}{\sum f_i} = \frac{\sum x_i f_i}{\sum f_i} \pm \frac{\sum f_i \cdot a}{\sum f_i} = \bar{x} \pm a$$

(4)对每个标志值乘以或除以一个任意值 $a(a \neq 0)$,则算术平均数也等于乘以或除以 a。

① 各单位标志值乘以任意数 a

简单算术平均数: $\dfrac{\sum ax_i}{n} = \dfrac{a \sum x_i}{n} = a\bar{x}$

加权算术平均数：

$$\frac{\sum a x_i f_i}{\sum f_i} = \frac{a \sum x_i f_i}{\sum f_i} = a\bar{x}$$

② 各单位标志值除以任意数 a

简单算术平均数：

$$\frac{\sum \dfrac{x_i}{a}}{n} = \frac{\dfrac{1}{a} \sum x_i}{n} = \frac{\bar{x}}{a}$$

加权算术平均数：

$$\frac{\sum \dfrac{x_i f_i}{a}}{\sum f_i} = \frac{\dfrac{1}{a} \sum x_i f_i}{\sum f_i} = \frac{\bar{x}}{a}$$

（5）各个标志值与算术平均数离差平方之和为最小。

设 x_0 为任意值，且 $x_0 \neq \bar{x}$。

$$\sum (x_i - x_0)^2 = \sum (x_i - \bar{x} + \bar{x} - x_0)^2 = \sum [(x_i - \bar{x}) + (\bar{x} - x_0)]^2$$
$$= \sum [(x_i - \bar{x})^2 + 2(x_i - \bar{x})(\bar{x} - x_0) + (\bar{x} - x_0)^2]$$
$$= \sum (x_i - \bar{x})^2 + n(\bar{x} - x_0)^2$$

因为 $n(\bar{x} - x_0)^2 > 0$ 所以 $\sum (x_i - x_0)^2 > \sum (x_i - \bar{x})^2$

因此，$\sum (x_i - \bar{x})^2$ 为最小值。

（二）调和平均数

调和平均数（harmonic mean）是各个标志值（变量值）倒数的算术平均数的倒数。由于它是根据标志值的倒数计算的，所以也称为倒数平均数。与算术平均数一样，由于资料不同，调和平均数也分为简单调和平均数和加权调和平均数。

1. 简单调和平均数

依定义，简单调和平均数的公式为：

$$\bar{x}_H = \frac{1}{\dfrac{\dfrac{1}{x_1} + \dfrac{1}{x_2} + \cdots + \dfrac{1}{x_n}}{n}} = \frac{n}{\dfrac{1}{x_1} + \dfrac{1}{x_2} + \cdots + \dfrac{1}{x_n}} = \frac{n}{\sum \dfrac{1}{x_i}} \tag{3-18}$$

式中，$\bar{x}_H$ 为调和平均数，x_i 代表第 i 个标志值，n 代表标志值的项数。在实际工作中，简单调和平均数用得很少，但通过这种介绍，可以了解调和平均数的由来。

2. 加权调和平均数

如果掌握资料是分组资料，则应采用加权调和平均数计算。

设 m 为调和平均数的权数，则加权调和平均数的公式为：

$$\bar{x}_H = \frac{1}{\dfrac{\dfrac{m_1}{x_1} + \dfrac{m_2}{x_2} + \cdots + \dfrac{m_n}{x_n}}{m_1 + m_2 + \cdots + m_n}} = \frac{m_1 + m_2 + \cdots + m_n}{\dfrac{m_1}{x_1} + \dfrac{m_2}{x_2} + \cdots + \dfrac{m_n}{x_n}} = \frac{\sum m_i}{\sum \dfrac{m_i}{x_i}} \tag{3-19}$$

【例 3-19】 甲乙两城市某种商品的单价及商品销售额资料如表 3-12 所示，试计算商品平均价格。

表 3-12　甲乙两城市某种商品的单价及商品销售额资料

城市	商品单价 x_i/(元/千克)	商品销售额 m_i/元	销售量 m_i/x_i/千克
甲	1.0	5 000	5 000
乙	1.2	4 800	4 000
合计	—	9 800	9 000

商品平均价格是商品销售额与商品销售量之比，但是在没有掌握商品销售量资料的情况下，要计算平均价格，就不能直接用算术平均数的方法，而需用调和平均数。

解：商品平均价格：$\bar{x}_H = \dfrac{\sum m_i}{\sum \dfrac{m_i}{x_i}} = \dfrac{5\,000 + 4\,800}{\dfrac{5\,000}{1.0} + \dfrac{4\,800}{1.2}} = 1.09(\text{元})$

在一定条件下，加权调和平均数实质上是加权算术平均数的一种变形，只是因为掌握的资料不同，所用的公式不同而已。对于同一资料，两种方法计算的结果和经济意义完全相同。若用公式表示其关系，则为：

$$\bar{x} = \frac{\sum x_i f_i}{\sum f_i} = = \frac{\sum m_i}{\sum \dfrac{m_i}{x_i}} = \bar{x}_H$$

3. 由相对数或平均数计算平均数

在分析社会经济问题时，经常需要对相对数或平均数求平均数。计算相对数或平均数的平均数，应根据被研究标志的性质及所有的资料，选择不同的方法。其一般规则是：如果掌握的权数资料是相对数或平均数的母项数值，采用加权算术平均数；如果掌握的权数资料是相对数或平均数的子项数值，则采用加权调和平均数。下面通过具体实例来加以说明：

【例 3-20】　某地区三个企业月生产计划完成情况如表 3-13 所示。

表 3-13　某地区三个企业月生产计划完成情况

企业	计划完成程度 x_i/%	实际产量 m_i/吨	计划产量 $\dfrac{m_i}{x_i}$
甲	105.0	315	300
乙	110.0	275	250
丙	120.0	180	150
合计	—	770	700

表中，我们已知的是各企业计划完成程度和各企业实际产量，而没有计划产量资料，所以要用加权调和平均数的方法计算平均计划完成程度。即

$$平均计划完成程度 = \frac{\sum m_i}{\sum \dfrac{m_i}{x_i}} = \frac{770}{700} = 110\%$$

如果我们掌握的资料是各企业计划完成程度和计划产量,而缺少实际产量资料,如表 3-14 所示,则用加权算术平均数的方法计算。

表 3-14 各企业计划完成程度和计划产量

企业	计划完成程度 x_i/%	计划产量 f_i/件	实际产量 $x_i f_i$/件
甲	105.0	300	315
乙	110.0	250	275
丙	120.0	150	180
合计	—	700	770

$$则平均计划完成程度 = \frac{\sum x_i f_i}{\sum f_i} = \frac{770}{700} = 110\%$$

根据平均数计算平均指标时,道理也是一样。如在计算平均工资时,如果掌握各企业的平均工资和工资总额资料,而没有各企业的职工人数,则采用加权调和平均数计算;如果掌握各企业平均工资和职工人数资料,而没有工资总额资料,则用加权算术平均数。

（三）几何平均数

几何平均数(geometric mean)是 n 个变量值乘积的 n 次方根,它主要用于计算平均发展速度和平均比率。根据所掌握资料不同,可分为简单几何平均数和加权几何平均数两种。

1. 简单几何平均数

如果掌握的资料未经分组,应采用简单几何平均数计算,其计算公式为:

$$\bar{x}_G = \sqrt[n]{x_1 \cdot x_2 \cdot x_3 \cdot \cdots \cdot x_n} = \sqrt[n]{\prod x_i} \tag{3-20}$$

式中,$\bar{x}_G$ 代表几何平均数;

$\quad x_i$ 代表第 i 个标志值(变量值);

$\quad n$ 代表变量值的项数;

$\quad \prod$ 为连乘符号。

2. 加权几何平均数

如果掌握的资料已经分组,应采用加权几何平均数。其计算公式为:

$$\bar{x}_G = \sqrt[f_1+f_2+\cdots+f_n]{x_1^{f_1} \cdot x_2^{f_2} \cdot x_3^{f_3} \cdot \cdots \cdot x_n^{f_n}} = \sqrt[\sum f_i]{\prod x_i^{f_i}} \tag{3-21}$$

式中,$\bar{x}_G$ 代表加权几何平均数;

$\quad f_i$ 代表第 i 个标志值出现的次数。

【例 3-21】 某银行某笔投资的年利率是按复利计算的,假设 20 年的年利率分别为:有 1 年为 3%,有 3 年为 4%,有 6 年为 6%,有 8 年为 9%,有 2 年为 12%,求平均年利率。

求解思路:计算平均年利率须将各年利率加 100%,换算为各年本利率,然后按加权几何平均数计算平均年本利率,再减 100% 得平均年利率。

求解过程:

$$平均年本利率:\bar{x}_G = \sqrt[f_1+f_2+\cdots+f_n]{x_1^{f_1} \cdot x_2^{f_2} \cdot x_3^{f_3} \cdot \cdots \cdot x_n^{f_n}}$$

$$= \sqrt[1+3+6+8+2]{(103\%) \times (104\%)^3 \times (106\%)^6 \times (109\%)^8 \times (112\%)^2} = 107.3\%$$

平均年利率:107.3% - 100% = 7.3%

计算结果表明:20 年的平均年本利率为 107.3% ,平均年利率为 7.3% 。

3. 几何平均数的特点:

(1)几何平均数受极端值的影响,较算术平均数和调和平均数小;

(2)如果数列中有奇数项负数,则几何平均数只有负根或虚根,这时对社会经济现象没有意义;

(3)如果开偶次方,几何平均数则有正负两个根,反映社会经济现象的平均数只取正根;

(4)如果被平均的数列中有一个标志值为零,则不能计算几何平均数;

(5)几何平均数应用的范围较窄,它主要用于具有等比或近似等比关系的数列。

(四)中位数

将总体中某一数量标志的各个标志值按大小顺序排列,处于中间位置的那个标志值就是中位数(median,简称 m_e)。中位数将数列分为相等的两部分:一部分的标志值小于中位数,一部分的标志值大于中位数。有时利用中位数大致代表总体各单位的一般水平。

中位数的确定须根据所掌握资料而定,一般分三种情况:

1. 由未分组资料确定中位数

由未分组资料确定中位数,首先按 $\dfrac{n+1}{2}$ 确定中位数的位置,然后再根据中位数位置求中位数。

若数列的项数是奇数,则中位数正好是中间位置上的那个标志值;若数列的项数为偶数,则中位数应是处于中间位置的两个标志值的算术平均数。

【例 3-22】 某小组有 7 个工人,其日产量(件)为:10,11,12,13,14,15,17,则 13 件就是中位数。

如果上例中只有前 6 项数字,则

$$中位数位置 = \frac{6+1}{2} = 3.5(件)$$

即在第三项与第四项中间

$$中位数 = \frac{12+13}{2} = 12.5(件)$$

2. 由单项数列确定中位数

由单项数列确定中位数,方法与未分组资料基本相同,只是需根据 $\dfrac{\sum f_i}{2}$ 确定中位数的位置。

【例 3-23】 某工厂工人人数和工资的资料如表 3-15 所示。

表 3-15   某工厂工人人数和工资的资料

工资 x_i/元	工人人数 f_i	累计次数 $\sum f_i$
1 176	4	4
1 182	8	12
1 189	26	38

工资 x_i/元	工人人数 f_i	累计次数 $\sum f_i$
1 197	10	48
1 205	10	58
1 213	8	66
1 222	4	70
合计	70	—

$$中位数位置 = \frac{\sum f_i}{2} = 35(人)$$

即中位数位置在累计次数 38 那一组,即 1 189 元为中位数。

3. 由组距数列确定中位数

由组距数列确定中位数,首先按 $\frac{\sum f_i}{2}$ 求出中位数所处的位置,然后再按照上限公式或下限公式确定中位数的具体数值。

(1) 下限公式:

$$m_e = L + \frac{\frac{\sum f_i}{2} - S_{m_e-1}}{f_m} \times d \tag{3-22}$$

式中,m_e 代表中位数;

L 代表中位数所在组的下限;

f_m 代表中位数所在组的次数;

S_{m_e-1} 代表中位数所在组以下的累计次数;

$\sum f_i$ 代表总次数;

d 代表中位数所在组的组距。

(2) 上限公式:

$$m_e = U - \frac{\frac{\sum f_i}{2} - S_{m_e+1}}{f_m} \times d \tag{3-23}$$

式中,U 代表中位数所在组的上限;

S_{m_e+1} 代表中位数所在组以上的累计次数。

下限公式和上限公式都是以中位数所在组内的次数均匀分配为前提的。在这种情况下,可以按比例推算中位数的近似值。式中,$\frac{\sum f_i}{2} - S_{m_e-1}$ 与 $\frac{\sum f_i}{2} - S_{m_e+1}$ 都是中位数的次数在该组内应占的份额。

【例 3-24】 某地区粮食亩产量资料如表 3-16 所示,下面通过表 3-18 来说明由组距数列确定中位数的方法。

表 3-16 某地区粮食亩产量资料

按亩产量分组/公斤	亩数	累计次数	
		向上累计	向下累计
200 ~ 300	50	50	2 000
300 ~ 400	150	200	1 950
400 ~ 500	200	400	1 800
500 ~ 600	1 000	1 400	1 600
600 ~ 700	300	1 700	600
700 ~ 800	250	1 950	300
800 ~ 900	50	2 000	50
合计	2 000	—	—

$$中位数位置 = \frac{\sum f_i}{2} = \frac{2\,000}{2} = 1\,000(亩)$$

由此可见，中位数在亩产 500 ~ 600 公斤这一组内（向上累计）以及亩产 600 ~ 700 公斤这一组内（向下累计）。根据表中资料分别代入下限公式与上限公式求中位数。

用下限公式计算：

$$m_e = 500 + \frac{1\,000 - 400}{1\,000} \times 100 = 560(公斤)$$

用上限公式计算：

$$m_e = 600 - \frac{1\,000 - 600}{1\,000} \times 100 = 560(公斤)$$

中位数的应用特点：

（1）中位数是一个位置平均数，不受极端数值的影响；

（2）中位数在组距数列中不受"开口组"的影响；

（3）由于中位数只考虑标志值的位置，而不考虑标志值的大小，所以在一般情况下，不宜用中位数代替算术平均数。

（五）众数

1. 众数的意义

众数（mode）是总体中出现次数最多的标志值，也就是现象总体中最常遇到的标志值，通常以符号 m_0 表示。在实际工作中有时利用众数代替算术平均数来大致说明总体的一般水平。

例如，为了掌握市场上某种商品的价格水平，不必全面登记该商品的全部贸易量和贸易额加以平均，只需用该日市场上最普遍的成交价格。假定市场上某种商品的最多成交量价格为 5 元/公斤，这 5 元即可用来代表该商品的平均价格。又如商店要了解消费者对衣服、鞋帽的尺寸、号码的一般需求以更好地组织货源，也可利用众数。应当指出，众数只有在总体单位比较多，而又有明显的集中趋势的资料中才有意义。如果没有明显的集中趋势或最高峰值点，众数可以不存在。当有两个高峰点时，也可以有两个众数。

2. 众数的确定

（1）由单项数列确定众数。根据单项数列确定众数比较简单,次数最多的标志值就是众数。

【例3-25】　某商店某月男汗衫销售情况如表3-17所示,可以看出,100 cm男汗衫销售量最大。因此100 cm男汗衫为众数。

表3-17　某商店某月男汗衫销售情况

男汗衫尺码/cm	月销售量/件
80	20
85	30
90	100
95	500
100	1 000
105	800
110	50
合计	2 500

（2）由组距数列确定众数。首先确定众数组,然后通过公式计算众数的近似值。计算公式有下限公式和上限公式,计算时可任选一种。

下限公式:

$$m_0 = L + \frac{\Delta_1}{\Delta_1 + \Delta_2} \times d \qquad (3-24)$$

式中,m_0 代表众数;

　　　L 代表众数组的下限;

　　　Δ_1 代表众数组与前一组次数之差;

　　　Δ_2 代表众数组与后一组次数之差;

　　　d 代表众数组的组距。

上限公式:

$$m_0 = U - \frac{\Delta_2}{\Delta_1 + \Delta_2} \times d \qquad (3-25)$$

式中,U 代表众数组的上限。

从公式可见,这种方法是用众数组与上下组次数的差数来修订众数值的。当众数组上下组次数相等,从而 $\Delta_1 = \Delta_2$ 时,m_0 即等于众数组的组中值;当 $\Delta_1 < \Delta_2$ 时,m_0 小于众数组的组中值;而当 $\Delta_1 > \Delta_2$ 时,m_0 大于该组的组中值。

【例3-26】　下面以某市职工家庭收入资料为例,说明众数的确定方法。

计算步骤如下:

第一步,确定众数组。从表3-18资料可知,平均每人收入在1 150~1 160元这一组为众数组。

表 3-18 某市职工家庭收入资料

每人平均月收入/元	职工户数/户
1 130 ~ 1 140	100
1 140 ~ 1 150	300
1 150 ~ 1 160	1 200
1 160 ~ 1 170	200
1 170 ~ 1 180	150
1 180 ~ 1 190	100
1 190 ~ 1 200	50
1 200 ~ 1 210	30
合计	2 130

第二步,计算众数的近似值。

(1) 用下限公式:

$$m_0 = L + \frac{\Delta_1}{\Delta_1 + \Delta_2} \times d = 1\ 150 + \frac{900}{900 + 1\ 000} \times 10$$
$$= 1\ 150 + 4.74 = 1\ 154.74(元)$$

(2) 用上限公式:

$$m_0 = U - \frac{\Delta_2}{\Delta_1 + \Delta_2} \times d = 1\ 160 - \frac{1\ 000}{900 + 1\ 000} \times 10 = 1\ 160 - 5.26 = 1\ 154.74(元)$$

3. 众数的应用特点

(1) 众数是一个位置平均数;

(2) 众数不受极端数值的影响;

(3) 组距数列中出现开口组时,对众数无影响;

(4) 众数往往是不容易确定的平均数。

三、位置平均数与算术平均数的关系

中位数和众数又称为位置平均数,中位数、众数、算术平均数在反映被研究现象的集中趋势时,各有各的特点和用途,它们之间存在着一定的关系,这种关系取决于总体的次数分布状况。

在非对称的钟形分布情况下,中位数、众数、算术平均数三者的差别取决于非对称的程度。非对称的程度越大,它们之间的差别就越大;反之,差别就越小。如果存在非正常的极端标志值,那么次数分布就会产生偏斜,这种极端标志值对这三种平均数的影响是不同的。众数不受其数值大小的影响,而算术平均数则受所有极端标志值的影响,极端值对它的影响最大。

当资料呈现右偏分布时,就意味着算术平均数受大的极端值的影响,这时,$m_0 < m_e < \bar{x}$。

当资料呈现左偏分布时,意味着算术平均数受小的极端值的影响,这时,$\bar{x} < m_e < m_0$。

在资料分布完全对称的情况下,算术平均数处于分布曲线的对称点上,对称点又是曲线的中

心点和最高点,这时,$\bar{x}=m_e=m_0$。图 3–1 ~ 图 3–3 分别是对称分布、右偏分布和左偏分布的密度曲线。

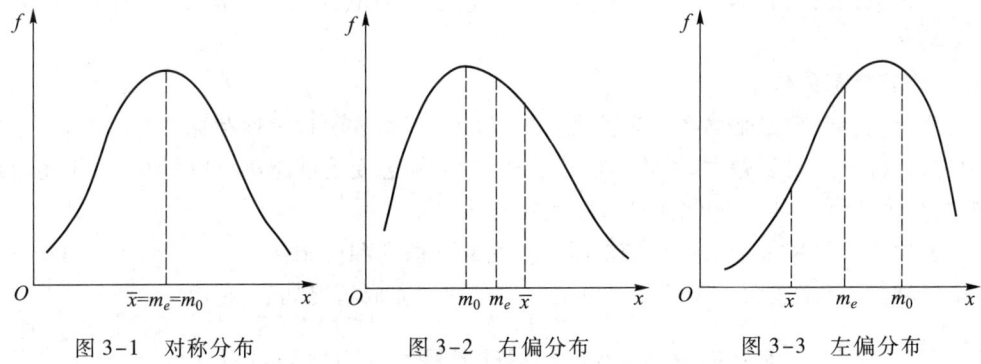

图 3–1 对称分布　　　图 3–2 右偏分布　　　图 3–3 左偏分布

三种平均数的关系用数量表示为:

(1) $m_0=3m_e-2\bar{x}$

(2) $m_e=\dfrac{2\bar{x}+m_0}{3}$

(3) $\bar{x}=\dfrac{3m_e-m_0}{2}$

根据这个关系,若已知其中的两个平均指标,即可估计到另外一个平均指标,并可判断分布的偏向。

【例 3–27】 有一批零件,直径小于 804 cm 的占半数,经测定,出现最多的为 800 cm,则估计平均直径为:

$$\bar{x}=\frac{3m_e-m_0}{2}=\frac{3\times804-800}{2}=806(厘米)$$

可见:800<804<806。

即:$m_0<m_e<\bar{x}$(右偏分布)

第四节　变 异 指 标

一、变异指标的意义

(一)变异指标的概念

平均指标是用来反映总体集中趋势的一个代表值,它把各单位之间的数量差异抽象化,只能综合反映各单位某一数量标志的共性,而不能反映它们之间的差异性。在两个总体的平均水平相同的情况下,总体各单位之间标志值的差别可能大不相同。

如甲、乙两组各有 5 名工人,其日产量(件)为:

甲组:31,32,30,29,28;$\bar{x}_甲=30$ 件

乙组:10,20,50,25,45;$\bar{x}_乙=30$ 件

虽然两组平均日产量都为 30 件，但工人日产量差别却大不一样，甲组工人日产量差别小，乙组工人日产量差别很大。

变异指标就是反映总体某一数量标志各个标志值变动范围或变动程度大小的综合指标，也称标志变动度。

（二）变异指标的作用

（1）变异指标是衡量平均数代表性大小的尺度。平均数的代表性和标志变动度有一定的联系，一般地讲，标志变动度越大，平均数的代表性越小，标志变动度越小，则平均数的代表性越大。如上例中，30 作为平均水平，甲组的代表性就比乙组大。

（2）变异指标可用来反映社会经济活动过程的均衡性和协调性。

【例 3-28】 某企业两个车间某月份钢材生产计划完成情况如表 3-19。

表 3-19　某企业两个车间某月份钢材生产计划完成情况

车间	计划数/吨	实际完成							
		上旬		中旬		下旬		全月	
		绝对数	占全月%	绝对数	占全月%	绝对数	占全月%	绝对数	计划完成百分比
甲	120	38	31.7	40	33.3	42	35.0	120	100.0
乙	120	20	16.7	40	33.3	60	50.0	120	100.0

资料表明，两车间月生产计划都已完成。但执行进度不一样，甲车间均衡地完成了生产计划，各旬计划完成率变异程度小；而乙车间前松后紧，各旬计划完成率变异程度大。

二、变异指标的种类及计算方法

测定标志变动度的指标主要有全距、平均差、标准差和变异系数等。下面分别进行介绍：

（一）全距

全距（range）是指一个数列中两个极端数值之差，又称极差，用 R 表示。它用来说明标志值的变动范围。其公式为：

$$R = x_{max} - x_{min} \tag{3-26}$$

式中：x_{max} 表示最大标志值；

　　　x_{min} 表示最小标志值。

现在仍以前面两组工人日产量为例，计算全距。

甲组全距：$R_{甲} = 32 - 28 = 4$（件）

乙组全距：$R_{乙} = 50 - 10 = 40$（件）

很明显，乙组全距比甲组大，从而说明乙组的平均数代表性比甲组差。

全距是测定标志变动程度的一种简单、粗略的方法，容易受极端数值影响，因而测定结果往往不能充分反映现象的实际变动范围。在实际工作中，全距可用于检验产品质量的稳定性和进行质量控制。

（二）平均差

平均差（mean deviation），也称为平均绝对离差（mean absolute deviation，简称 A. D），是各个

标志值与其平均数的离差绝对值的算术平均数。它表示各标志值与算术平均数的平均距离。平均差大,说明各标志值的差异大,标志值分布分散;平均差小,说明标志值差异小,标志值分布集中。

计算平均差可分为两步:第一步,求各个标志值与平均数的离差的绝对值;第二步,将离差绝对值的总和除以项数或总次数求平均差。由于掌握资料不同,平均差可分为简单平均式和加权平均式两种:

1. 简单平均式

在资料未分组时,采用简单平均式计算,其公式为:

$$A.D = \frac{\sum\limits_{i=1}^{n} |x_i - \bar{x}|}{n} \tag{3-27}$$

【例 3-29】 现以两组工人的工资为例,计算平均差,如表 3-20 所示:

表 3-20　平均差计算表

甲组($\bar{x}=1\,400$ 元)			乙组($\bar{x}=1\,400$ 元)		
工资(元)	离差	离差绝对值	工资(元)	离差	离差绝对值
x_i	$x_i - \bar{x}$	$|x_i - \bar{x}|$	x_i	$x_i - \bar{x}$	$|x_i - \bar{x}|$
1 000	−400	400	1 200	−200	200
1 200	−200	200	1 300	−100	100
1 400	0	0	1 400	0	0
1 600	200	200	1 500	100	100
1 800	400	400	1 600	200	200
合计	—	1 200	合计	—	600

$$A \cdot D_{甲} = \frac{\sum |x_i - \bar{x}|}{n} = \frac{1\,200}{5} = 240（元）$$

$$A \cdot D_{乙} = \frac{\sum |x_i - \bar{x}|}{n} = \frac{600}{5} = 120（元）$$

计算结果表明,在甲乙两组工人平均工资相等情况下,甲组的平均差大于乙组,所以,甲组平均数的代表性比乙组差。

2. 加权平均式

对于分组资料,应采用加权平均式计算,其公式为:

$$A.D = \frac{\sum\limits_{i=1}^{n} |x_i - \bar{x}| f_i}{\sum\limits_{i=1}^{n} f_i} \tag{3-28}$$

【例 3-30】 某厂 200 名工人的日产量资料如表 3-21 所示。

表 3-21　平均差计算表

工人按日产量分组(件)x_i	工人数 f_i	总产量(件)$x_i f_i$	离差 $x_i - \bar{x}$	离差绝对值$\|x_i - \bar{x}\|$	离差绝对值×权数 $\|x_i - \bar{x}\| \cdot f_i$
10	20	200	-1.7	1.7	34
11	50	550	-0.7	0.7	35
12	100	1 200	0.3	0.3	30
13	30	390	1.3	1.3	39
合计	200	2 340	—	—	138

解: $\bar{x} = \dfrac{\sum x_i f_i}{\sum f_i} = \dfrac{2\ 340}{200} = 11.7(件)$

$A \cdot D = \dfrac{\sum |x_i - \bar{x}| f_i}{\sum f_i} = \dfrac{138}{200} = 0.69(件)$

计算表明,该厂工人日产量的平均差为 0.69 件。

(三) 标准差

标准差(standard deviation,简称 s.d)是各个标志值与其平均数离差平方的算术平均数的平方根,故又称为均方根差。总体标准差用符号 σ 表示,样本标准差用 s 表示。其意义与平均差基本相同,也是各标志值对其算术平均数的平均离差,只是在数学处理上与平均差不同。平均差是用绝对值的形式消除正负号影响的,而标准差则是用平方的形式来消除正负号影响的。从计算结果来看,标准差稍大于平均差。标准差是测定标志变动度的最重要的指标。其计算公式也分为简单平均式与加权平均式两种。

1. 简单平均式

在资料未分组时,应采用简单平均式计算,其公式为:

总体标准差:

$$\sigma = \sqrt{\frac{\sum_{i=1}^{N} (x_i - \mu)^2}{N}} \qquad (3-29)$$

样本标准差:

$$s = \sqrt{\frac{\sum_{i=1}^{n} (x_i - \bar{x})^2}{n}} \qquad (3-30)$$

修正的样本标准差:

$$s = \sqrt{\frac{\sum_{i=1}^{n} (x_i - \bar{x})^2}{n-1}} \qquad (3-31)$$

【例 3-31】　现仍以表 3-20 的资料为例,说明标准差的计算方法:

$$s_{甲} = \sqrt{\frac{\sum_{i=1}^{n} (x_i - \bar{x})^2}{n}} = \sqrt{\frac{400\ 000}{5}} = 282.8(元)$$

$$s_{乙} = \sqrt{\frac{\sum_{i=1}^{n} (x_i - \bar{x})^2}{n}} = \sqrt{\frac{100\ 000}{5}} = 141.4(元)$$

计算结果表明,在两组工人平均工资相等情况下,甲组的标准差比乙组大,所以,甲组平均数的代表性低于乙组。

2. 加权平均式

对于分组资料,应采用加权平均式计算,其公式为:

$$s = \sqrt{\frac{\sum_{i=1}^{n} (x_i - \bar{x})^2 f}{\sum_{i=1}^{n} f_i}} \tag{3-32}$$

【例3-32】 现仍以平均差计算例子计算标准差,见表3-22。

表3-22 标准差计算表

工人按日产量分组(件)x_i	工人数f_i	总产量$x_i f_i$	离差$x_i - \bar{x}$	离差平方$(x_i - \bar{x})^2$	离差平方×权数$(x_i - \bar{x})^2 \cdot f_i$
10	20	200	−1.7	2.89	57.8
11	50	550	−0.7	0.49	24.5
12	100	1 200	0.3	0.09	9.0
13	30	390	1.3	1.69	50.7
合计	200	2 340	—	—	142

解: $\bar{x} = \dfrac{\sum_{i=1}^{n} x_i f_i}{\sum_{i=1}^{n} f_i} = \dfrac{2\ 340}{200} = 11.7(件)$

$$s = \sqrt{\frac{\sum_{i=1}^{n} (x_i - \bar{x})^2 f_i}{\sum_{i=1}^{n} f_i}} = \sqrt{\frac{142}{200}} = 0.84(件)$$

在由组距式数列计算标准差时,应先求出组中值作为变量值,再按上述公式计算。

3. 标准差的简捷计算方法

标准差是测定标志变动度的重要方法,但计算繁杂,当标志值很大时,计算工作量更大。因此,常采用简捷法。

$$\sigma = \sqrt{\overline{x^2} - (\bar{x})^2} \tag{3-33}$$

即在未分组资料情况下：

$$\sigma^2 = \frac{\sum x^2}{n} - \left(\frac{\sum x}{n}\right)^2 = \overline{x^2} - (\bar{x})^2$$

$$\sigma = \sqrt{\overline{x^2} - (\bar{x})^2}$$

在已分组资料情况下：

$$\sigma^2 = \frac{\sum x_i^2 f_i}{\sum f_i} - \left[\frac{\sum x_i f_i}{\sum f_i}\right]^2 = \overline{x^2} - (\bar{x})^2$$

$$\sigma = \sqrt{\overline{x^2} - (\bar{x})^2}$$

现仍以表 3-20 资料，利用简捷公式计算标准差，见表 3-23：

$$\overline{x^2} = \frac{\sum x^2 f_i}{\sum f_i} - \frac{27\,520}{200} = 137.6$$

$$\overline{x}^2 = \left(\frac{\sum x_i f_i}{\sum f_i}\right)^2 = 11.7^2 = 136.89$$

$$s = \sqrt{137.6 - 136.89} = \sqrt{0.71} = 0.84(\text{件})$$

可见，与前面的计算结果完全相同，但是省去了计算离差、离差平方的手续，计算过程简化了许多。

表 3-23 简洁公式计算标准差

按日产量分组 x_i/件	工人数 f_i	总产量 $x_i f_i$	$x_i^2 f_i$
10	20	200	2 000
11	50	550	6 050
12	100	1 200	14 400
13	30	390	5 070
合计	200	2 340	27 520

4. 是非标志的标准差

所谓是非标志就是总体单位的标志表现只有"是"或"非"两种情况的标志。换句话说，按某种标志将总体分组时，只能把总体区分为具有某种属性和不具有某种属性两组，则这种标志就是是非标志。如，掷硬币分为"正面"和"反面"，产品的质量分为"合格"和"不合格"，人的性别分为"男"和"女"等。

由于是非标志属于品质标志，而品质标志不能用数量表示，因而也不能据以计算其平均数和标准差，所以有必要将其数量化。一般将"是"的标志值记为 1，将"非"的标志值记为 0。同时，用 n 表示总体单位数，用 n_1 表示总体中具有某种属性的单位数，用 n_0 表示总体中不具有某种属性的单位数，用 p 表示总体中具有某种属性的单位数所占比重，用 q 表示总体中不具有某种属性的单位数所占比重，p 和 q 分别表示总体中"是"或"非"两种标志出现的频率，也称为成数。则

成数 $p = \dfrac{n_1}{n}, \quad q = \dfrac{n_0}{n}$

由于 $\qquad$ $n=n_1+n_0,\quad$ 故 $p+q=1$

所以 $\qquad$ $q=1-p$

则 $\qquad$ $\bar{x}=\dfrac{\sum x_i f_i}{\sum f_i}=\dfrac{n_1}{n}=p$

或 $\qquad$ $\bar{x}=\sum x_i \cdot \dfrac{f_i}{\sum f_i}=p$

可见,是非标志的平均数为总体中具有某种属性的成数 p。

是非标志的分布数列可用表 3-24 来表示。

表 3-24 是非标志的分布及其平均数计算表

标志值 x_i	单位数 f_i	$x_i f_i$	$\dfrac{f_i}{\sum f_i}$	$x_i \cdot \dfrac{f_i}{\sum f_i}$
1	n_1	n_1	p	p
0	n_0	0	q	0
合计	n	n_1	1	p

下面我们计算是非标志的标准差和方差。

是非标志的方差为:

$$\sigma^2 = \frac{\sum (x_i-\bar{x})^2 f_i}{\sum f_i} = \frac{(1-p)^2 n_1 + (0-p)^2 n_0}{n}$$

$$= \frac{q^2 n_1 + p^2 n_0}{n} = \frac{q^2 n_1}{n} + \frac{p^2 n_0}{n}$$

$$= q^2 p + p^2 q = pq(q+p) = pq = p(1-p)$$

是非标志的标准差为:

$$\sigma = \sqrt{pq} = \sqrt{p(1-p)} \qquad (3-34)$$

由此可见,是非标志的标准差就等于总体成数 p 和 q 的乘积的平方根。

【例 3-33】 某批零件的合格率 $p=90\%$,则有 $q=10\%$。

$$\sigma^2 = 90\% \times 10\% = 9\%$$

$$\sigma = \sqrt{9\%} = 30\%$$

(四)变异系数

平均差和标准差都是反映总体各标志值离散程度绝对水平的统计指标,其计量单位与标志值的计量单位相同,而且是名数,其值大小不仅取决于各单位标志值之间的差异程度,还取决于总体平均水平的高低。因此,不便于不同水平的同类现象,特别是不同类现象进行直接对比。为此,须将上述指标与平均数对比,计算出变异系数(coefficient of variation,简称 V),这样才能消除平均水平高低的影响。常用的变异系数有平均差系数和标准差系数,公式为:

$$V_{A \cdot D} = \frac{A \cdot D}{\bar{x}} \times 100\% \qquad (3-35)$$

$$V_{\sigma} = \frac{\sigma}{\bar{x}} \times 100\% \qquad (3-36)$$

式中,$V_{A.D}$为平均差系数,V_σ为标准差系数。

【例 3-34】 两个工厂工人劳动生产率资料如表 3-25:

表 3-25 两个工厂工人劳动生产率资料

厂别	工人平均劳动生产率/元 $\bar{x}$	标准差/元 σ	标准差系数/% $V_\sigma = \dfrac{\sigma}{\bar{x}}$
甲厂	36 000	600	1.67
乙厂	22 000	400	1.82

由上表看出,甲厂的标准差大于乙厂,但不能由此断言,甲厂工人平均劳动生产率的代表性小于乙厂。因为两厂的劳动生产率水平相差悬殊,不能只根据有名数来判断。通过计算标准差系数可以看出,甲厂的标志变动程度比乙厂还小,因而甲厂的劳动生产率比乙厂更具有代表性。

三、分布的偏度和峰度

前面讲的平均指标和变异指标反映了数据分布的两个重要特征:集中趋势和离散程度。但是,不同类型的分布也可能会有相同的平均指标和变异指标,所以要全面了解分布的特征,还需要知道分布的形状是否对称、偏斜的程度以及分布的扁平程度等,而偏度(skewness)和峰度(kurtosis)就属于这样的分布特征。

(一) 偏度及其测度

1. 偏度的含义

在分布数列中,如果次数分布是完全对称的,则称为对称分布;如果次数分布不对称,则称为非对称分布或偏态分布。偏度是指分布不对称的方向和程度。显然利用前面讲的众数、中位数和均值之间的关系就可以判别分布的方向,但要测度分布不对称的程度则需要计算偏度系数(coefficient of skewness)。

2. 偏度的测度

偏度系数是对分布不对称程度的测度,其计算公式为:

$$\alpha_3 = \frac{\sum_{i=1}^{n}(x_i-\bar{x})^3 f_i}{n\sigma^3} \tag{3-37}$$

式中,α_3为偏度系数;σ^3为标准差的三次方,如果总体标准差 σ 未知,用样本标准差 s 替代。

从上式可以看出,偏度系数是离差三次方的平均数再除以标准差的三次方。当分布对称时,离差三次方后正负离差互相抵消,α_3的分子为 0,则偏度系数 $\alpha_3=0$;当分布不对称时,离差三次方后的正负离差不能抵消,就有了偏度系数的正负。当 $\alpha_3>0$ 时,表示正偏离差值较大,可以判断分布为正偏或右偏;反之,当 $\alpha_3<0$ 时,表示负偏离差值较大,可以判断分布为负偏或左偏。另外,在计算偏度系数 α_3 时,将离差三次方的平均数除以标准差的三次方是将偏度系数转化为相对数,α_3的值越大,就表示分布不对称的程度越大。

(二) 峰度及其测度

峰度是指分布图形的陡峭程度或峰凸程度。如果一个总体大部分都集中在众数周围,那么其分布的图形就会比较陡峭;反之,如果一个总体大部分都不集中在众数周围,那么其分布的图形就会比较平缓。峰度系数就可以反映这方面分布的情况。

峰度系数(coefficient of kurtosis)是离差四次方的平均数再除以标准差的四次方,其计算公式为:

$$\alpha_4 = \frac{\sum_{i=1}^{n} (x_i - \bar{x})^4 f_i}{n\sigma^4} \tag{3-38}$$

式中 α_4 为偏度系数;σ^4 为标准差的四次方,如果总体标准差 σ 未知,用样本标准差 s 替代。

公式中将离差的四次方除以标准差的四次方也是为了将峰度系数转化为相对数。但对于正态分布,其峰度系数恒为一个常数 3。因此,可以将各种分布的峰度系数与正态分布的峰度系数相比较,当 $\alpha_4 > 3$ 时为高峰度分布,当 $\alpha_4 < 3$ 时为低峰度分布。

(三) 偏度和峰度的实例

【例 3-35】 某年的农村居民家庭按纯收入分组的有关数据,重新分组整理得到新数据,见表 3-26。计算偏度系数和峰度系数。

表 3-26 农村居民家庭按纯收入分组数据

按纯收入分组/百元	组中值 x_i	户数比重 f_i/%	$(x_i-\bar{x})^3 f_i$	$(x_i-\bar{x})^4 f_i$
5 以下	2.5	2.28	−154.64	2 927.15
5～10	7.5	12.45	−336.46	4 686.51
10～15	12.50	20.35	−144.87	1 293.53
15～20	17.50	19.52	−11.84	46.52
20～25	22.50	14.93	0.18	0.20
25～30	27.50	10.35	23.16	140.60
30～35	32.50	6.56	89.02	985.49
35～40	37.50	4.13	171.43	2 755.00
40～45	42.50	2.68	250.72	5 282.94
45～50	47.50	1.81	320.74	8 361.98
50 以上	52.50	4.94	1 481.81	46 041.33

资料来源:《中国统计年鉴(1998)》,第 344 页。

说明:本表对原数据进行了重新分组和整理。

根据表 3-26 的数据计算 $\bar{x} \approx 21.429, s \approx 12.089$,得

$$\alpha_3 = \frac{\sum_{i=1}^{k} (x_i-\bar{x})^3 f_i / \sum f_i}{s^3} = \frac{\sum_{i=1}^{k} (x_i-21.429)^3 f_i / \sum f_i}{(12.089)^3} = 0.956$$

$$\alpha_4 = \frac{\sum_{i=1}^{k} (x_i-\bar{x})^4 f_i / \sum f_i}{s^4} = \frac{\sum_{i=1}^{k} (x_i-21.429)^4 f_i / \sum f_i}{(12.089)^4} = 3.4$$

由计算结果可以看出,偏度系数为正值,说明农村居民家庭纯收入的分布为右偏分布,即收入较少的家庭占多数,而收入较高的家庭占少数。峰度系数为3.4,说明农村居民家庭纯收入的分布为高峰分布,低收入家庭占有较大的比重。

▤ 本章小结

本章主要介绍了总量指标、相对指标、平均指标、标志变异指标等。

1. 总量指标主要介绍了总量指标的概念和作用、总量指标的种类和总量指标的计算。总量指标的计算方法主要有两种:直接法和推算法。总量指标按其反映的内容不同,可分为总体单位总量和总体标志总量;按其反映的时间状况不同,可分为时期指标和时点指标;按其采用的计量单位不同,可以分为实物量指标、价值量指标和劳动量指标。

2. 相对指标主要介绍了相对指标的概念和作用、相对指标的种类和应用相对指标应注意的问题。统计中的相对指标根据研究目的和任务的不同,主要包括结构相对指标、比例相对指标、比较相对指标、动态相对指标、强度相对指标和计划完成情况相对指标六种。

3. 平均指标主要介绍了平均指标的意义和作用、平均指标的种类及计算方法和位置平均数与算术平均数的关系。平均指标的种类主要有:算术平均数、调和平均数、几何平均数、中位数和众数五种。

4. 标志变异指标主要包括标志变异指标的意义、种类及计算方法。测定标志变动度的指标主要有全距、平均差、标准差和变异系数等。

5. 反映分布的偏度和峰度,主要包括偏度及其测度、峰度及其测度。偏度系数是对分布不对称程度的测度;峰度是指分布图形的陡峭程度或峰凸程度。

▤ 思考与练习

思考题

1. 什么是总量指标?有何作用?

2. 时期指标和时点指标各有什么特点?

3. 相对指标为什么要与总量指标结合应用?

4. 平均指标怎样反映总体分布的集中趋势?

5. 为什么在社会经济领域中,调和平均数作为算术平均数的变形使用?

6. 计算和应用平均指标应注意哪些问题?

7. 什么是标志变异指标?有何作用?

练习题

1. 某地区土地面积和人口资料如下表:

单位:万人

地区人口	2010 年	2017 年
合计	9 405	9 559
其中:城市	3 621	4 795
农村	5 784	4 764

另外已知该地区土地面积为 16.7 万平方公里。

要求：① 指出可计算哪些相对指标；

② 每种相对指标计算一个数值；

③ 比较 2010 年和 2017 年相对指标的变化，并说明原因。

2．某地区"十二五"计划规定五年固定资产投资额 3 850 百万元，各年实际完成情况如下：

年份	2011	2012	2013	2014	2015
固定资产投资额/百万元	800	900	950	1 010	1 025

检查固定资产投资五年计划完成情况，并计算提前完成五年计划的时间。

3．某企业五年计划规定五年内累计完成产品产量 1 200 万吨，其中最后一年产量达到 300 万元，实际完成情况如下：

	第一年	第二年	第三年	第四年				第五年			
				一季	二季	三季	四季	一季	二季	三季	四季
产量	200	230	260	65	65	70	75	75	80	80	85

试问：

① 该企业五年累计完成计划情况。

② 该企业提前多少时间完成累计产量计划？

③ 该企业提前多少时间达到最后一年计划产量？

4．某企业装配车间各工段计划完成情况资料如下：

工段	计划完成/%	实际产量/台
1	110.0	220
2	90.0	198
3	105.0	315

计算该车间各工段平均计划完成程度。

5．设甲、乙两企业某月生产某种产品的单位成本及产量比重资料如下：

	甲企业		乙企业	
	单位成本/元	产量比重/%	单位成本/元	产量比重/%
第一批	1.0	10.0	1.2	35.0
第二批	1.1	20.0	1.1	25.0
第三批	1.2	70.0	1.0	40.0
合计	—	100.0	−100.0	100.0

试比较该月份哪个企业的单位成本高，并说明原因。

6．某年 12 月份甲、乙两农贸市场某种农产品价格及成交额的资料如下：

品种	价格（元/千克）	成交额/元	
		甲市场	乙市场
甲	0.22	22 000	44 000
乙	0.24	48 000	24 000
丙	0.25	25 000	25 000
合计	—	95 000	93 000

试比较哪个市场的平均价格高，说明原因。

7. 某工业局所属五个企业的产值及计划完成程度资料如下：

企业	上半年		下半年	
	计划产值/万元	计划完成程度/%	实际产值/万元	计划完成程度/%
甲	50	102.0	61.8	103.0
乙	300	100.0	367.5	105.0
丙	150	100.0	160.8	100.5
丁	400	105.0	461.25	102.5
戊	100	103.0	124.8	104.0

试计算全局五个企业的上半年、下半年及全年的平均计划完成程度。

8. 某学校某系学生体重资料如下：

按体重分组/公斤	学生人数/人
52 以下	24
52～55	25
55～58	38
58～61	21
61 以上	17
合计	125

试根据所给资料计算学生体重的算术平均数、中位数、众数。

9. 已知甲、乙两组工人的产量资料如下：

工人编号	产量/件	
	甲组	乙组
1	20	40
2	30	40
3	30	50
4	40	55
5	40	55
6	50	60

试分别计算两组工人的平均产量和各项标志变异指标(全距、平均差、标准差、标准差系数),并说明哪一组工人的平均产量代表性大。

10. 对某车间甲、乙两工人当日产品中各抽取 10 件产品进行质量检查,得如下资料:

	零件数/件	
	甲工人	乙工人
9.6 以下	1	1
9.6 ~ 9.8	2	2
9.8 ~ 10.0	3	2
10.0 ~ 10.2	3	3
10.2 ~ 10.4	1	2
合计	10	10

试比较甲乙两工人谁生产的零件质量较稳定。

▤ 即测即评

▤ 本章附录

一、Excel 操作步骤演示

本章用到的几个重要的指标在 Excel 软件中,需要借助【分析工具库】中的【数据分析】工具来完成。接下来简单说明如何加载【分析工具库】。

打开 2007 版本以上的 Excel 软件,点击【选项】→【加载项】→【分析工具库】,如图 3-4 所示,点击确定,关闭加载窗口,回到主窗口。

以书中的案例数据表 2-10 的灯泡使用寿命数据为例,点击【数据】→【数据分析】→【描述统计】(如图 3-5),得到输出结果如图 3-6 所示:

从分析结果可以看出,灯泡的平均使用寿命接近 700 小时,标准差为 19.646,中位数为 698,众数为 691,最小值为 651,最大值为 749,峰度为 0.012,偏度为 0.093,呈现稍微的右偏分布。

二、SPSS 操作步骤演示(SPSS 数据的输入)

SPSS 是 Statistics Package for Social Science 的英文单词的缩写,它是在 Windows 操作系统下运行的社会科学统计软件包,是美国 SPSS 公司的软件产品。它具有描述统计、相关分析、回归分析、非参数检验、多元统计分析、时间序列分析等功能。

要想利用 SPSS 对收集到的数据进行统计分析或其他处理,首先必须把数据输入到 SPSS 软件中。如何将收集到的数据输入到 SPSS 软件中呢?我们以表 3-27 的数据为例,将其数据输入到 SPSS 软件中。

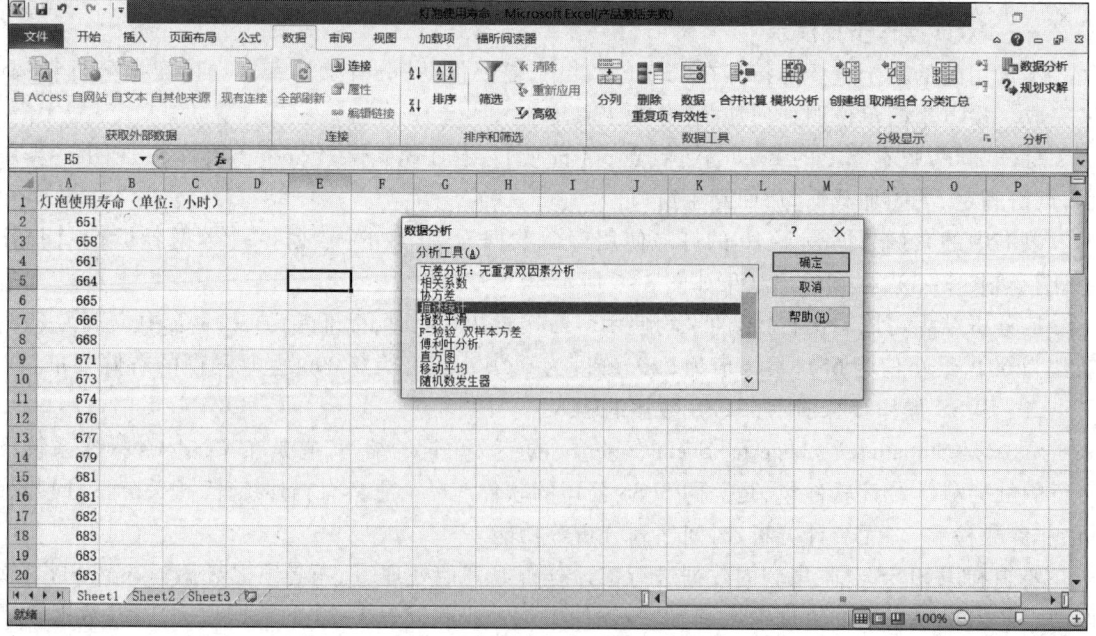

图 3-4 加载分析工具库

图 3-5 数据分析工具中的描述统计分析

列1	
平均	699.88
标准误差	1.9646
中位数	698
众数	691
标准差	19.646
方差	385.9653
峰度	0.011774
偏度	0.093797
区域	98
最小值	651
最大值	749
求和	69988
观测数	100
置信度(95.0%)	3.898192

图 3-6　灯泡使用寿命的描述统计分析结果

表 3-27　某市 11 位居民街头访问调研资料整理表

编号	姓名	性别	年龄/岁	职业	月薪/元	月存款/元
01	卫维	男	22	教师	1 300	2 000
02	李伟	男	26	策划师	2 000	6 000
03	吴茜	女	23	文秘	1 500	3 500
04	王姗姗	女	20	教师	1 100	2 000
05	罗涛	男	25	营销员	1 700	4 500
06	王芳	女	22	工程师	2 100	6 000
07	马山川	男	19	技术员	1 100	1 000
08	许亚丽	女	21	公务员	1 400	3 000
09	高 亮	男	25	营销员	2 400	8 000
10	宋 玲	女	34	个体户	3 000	1 000
11	马 勇	男	35	会 计	2 100	7 000

数据输入的操作过程如下：

（1）双击 IBM SPSS 图标，进入未标题-【数据集】对话框，如图 3-7 所示；

（2）未标题对话框左下方有【数据视图】和【变量视图】两个按钮，点击【变量视图】键，在屏幕上出现的对话框中定义变量。

将变量名用键盘输入后，点击【类型】定义变量类别，并根据自己的需要对变量的宽度和默认的小数位数进行调整，【标签】用于对变量的详细说明，【值】用于对定类数据和定序数据进行重新定义，【度量标准】有 3 个，分别对应 3 种变量类型：【名义】对应定类数据、【序号】对应定序变量、【度量】对应数值型数据。

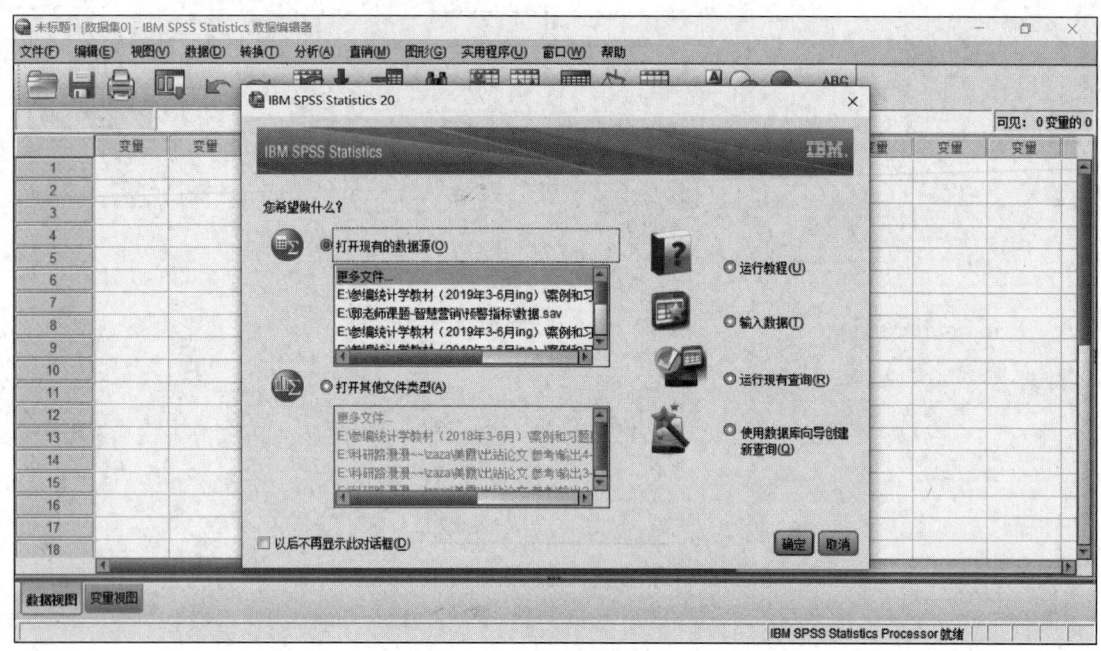

图 3-7   IBM SPSS 主菜单窗口

如将第一个变量名"编号"输入后,再点击【类型】出现一个【变量类型】对话框,度量标准选择【序号】,见图 3-8。

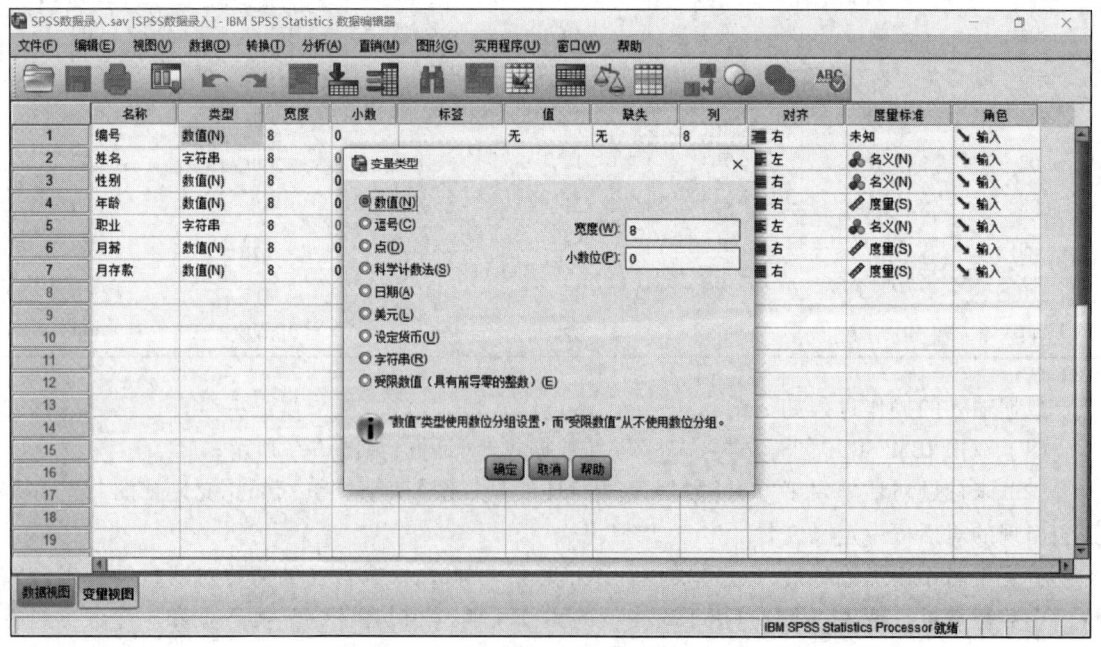

图 3-8   变量类型对话框

选择【数值型变量】,【宽度】默认为8,【小数位】默认为2,可以设置为0,点击【确定】。这样第一个变量"编号"定义完成。按照这样的步骤逐个定义变量即可。

第二个变量"姓名"属于字符型变量,直接输入名字即可。

第三个变量"性别",在【值】对话框中进行赋值,1=男,0=女,度量标准选择【名义】。

第五个变量"职业"也属于定类数据,分析数据中一共有几种职业,一种职业是一种类别,在【值】对话框中进行逐一赋值,度量标准选择【名义】。

第四个变量"年龄"、第六个变量"月薪"和第七个变量"月存款"均属于【数值型变量】,度量标准为【度量】。

(3)定义好变量并格式化数据之后,即可向数据管理窗口键入原始数据。按鼠标左键激活单元格,用户即可向其中输入新数据或修改已有的数据。

案例分析:辛普森悖论

辛普森悖论(simpson's paradox)亦有人译为辛普森诡论,为英国统计学家 E. H. 辛普森(E. H. Simpson)于1951年提出的悖论,即在某个条件下的两组数据,分别讨论时都会满足某种性质,可是一旦合并考虑,却可能导致相反的结论。

当人们尝试探究两种变量是否具有相关性的时候,比如新生录取率与性别,报酬与性别等,会分别对之进行分组研究。辛普森悖论是在这种研究中,在某些前提下有时会产生的一种现象。即在分组比较中都占优势的一方,会在总评中反而是失势的一方。该现象于20世纪初就有人讨论,但一直到1951年 E. H. 辛普森在他发表的论文中,该现象才算正式被描述解释。后来就以他的名字命名该悖论。为了避免辛普森悖论的出现,就需要斟酌各分组的权重,并乘以一定的系数去消除因分组数据基数差异而造成的影响。同时必需了解清楚情况,是否存在潜在因素,应综合考虑。

【男女录取问题】一所美国高校的两个学院,即法学院和商学院,新学期招生。人们怀疑这两个学院有性别歧视,现作如下统计:

表 3-28 商学院和法学院的录取率

	法学院		商学院	
	男生	女生	男生	女生
录取	8	51	201	92
未录取	45	101	50	9
录取率	15.1%	33.6%	80.1%	91.1%

从表 3-28 显示的数据我们可以看到,法学院男生的录取比例为 $8/53=15.1\%$,女生录取的比例为 $51/152=33.6\%$ 。同理,商学院男生的录取比例为 80.1% ,女生的录取比例为 91.1% 。

无论在法学院还是在商学院,女生的录取比例都高于男生,由此可以推断学校在招生时更倾向于招女生吗?

当计算全校录取情况时,男生录取的比例为 $209/304=68.8\%$,女生录取的比例为 $143/253=$

56.5%。男生的录取率要高于女生，这一下，恐怕要轮到女生认为不公了。

那么问题来了：

（1）该大学的招生政策，到底有没有性别歧视？到底是歧视男生还是歧视女生？

（2）这是一个典型的悖论问题，请读者回答为什么？

（3）请你举出一个辛普森悖论的例子。

读史使人明智,读诗使人灵秀,数学使人周密,科学使人深刻,伦理学使人庄重,逻辑修辞使人善辩,凡有所学,皆成性格。

——(英国)培根

引例:新中国成立以来人口出生率变化趋势

新中国成立以来我国的人口出生率经历过三次婴儿潮,第一次是建国初期鼓励生育;第二次是三年自然灾害之后经济好转,进行补偿性生育;第三次是在 1987 年,第二次婴儿潮的回声潮,实行计划生育政策;随着 2015 年二胎政策的放开,2016 年迎来人口出生率的上升,但 2017 年又呈现下降的趋势,第四次婴儿潮何时会到来?

从人口出生率的变化趋势图(图 4-1)可以窥见我国的生育规律。为了更好地把握我国的人口出生率,我们需要知道趋势的变化规律,能否建立一个模型以便对未来的人口出生率做出预测?

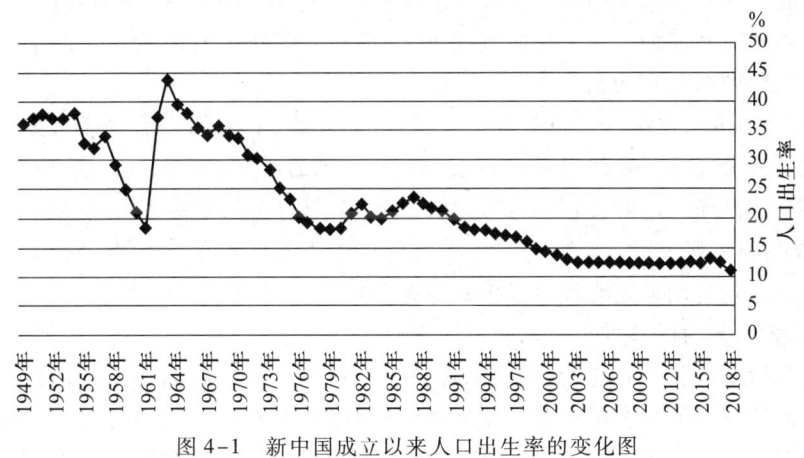

图 4-1　新中国成立以来人口出生率的变化图

现象的发展总是变化的,可通过进行时间序列分析了解现象的发展变化趋势和规律并预测未来的水平。

第一节　时间序列概述

客观物质世界中的一切事物都处在不断发展变化之中。社会经济现象作为客观物质世界的一个重要组成部分,它的规模、结构以及现象间的相互联系,随着时间的推移,也都在不断地发展变化着。统计作为认识社会的重要工具,不仅要从现象的相互联系之中进行静态研究,而且还要从它们的发展变化过程中进行动态研究。要实现统计的这一任务,就必须借助于时间序列。

一、时间序列的概念和作用

与社会经济现象有关的统计数据,基本上都是在不同的时间观测记录的。例如随着年龄的增长,记录青少年的身高和体重资料。为了反映改革开放以来中国经济的发展状况,可以把中国从 1978 年以来经济发展的数据按照年度时间顺序排列,形成中国若干统计指标的集合。所谓时间序列,又称动态数列或时间数列,它是将社会经济现象某种统计指标的数值,按照时间的先后顺序加以排列而形成的数列,它描述了随着时间的推演现象发展的数量特征及其变动趋势。

时间序列不同于前面学过的变量数列。变量数列是按标志值的大小顺序排列而成的,用于空间上的静态研究;而时间序列则是按时间的先后顺序排列而成的,用于时间上的动态研究。无论是变量数列,还是时间序列都是由两个要素构成,只不过构成的两要素不同而已。变量数列由变量和变量值出现的次数两要素构成,时间序列则由现象所处时间和现象的发展水平两要素构成。

二、 时间序列的种类

（一）根据指标的性质分类

根据编制时间序列所采用的统计指标性质不同,时间序列可分为:绝对数时间序列、相对数时间序列和平均数时间序列。在三种时间序列中,绝对数时间序列是最基本的时间序列,而相对数和平均数时间序列则是它的派生序列。

1. 绝对数时间序列是由一系列同类总量指标的数值按时间的先后次序排列而成的时间序列。它可以反映社会经济现象的总量在各个时间所达到的绝对水平及其发展变化的过程。按照总量指标所反映的现象总量性质不同,绝对数时间序列可分为时期序列和时点序列。

2. 相对数时间序列是由一系列同种相对指标的数值按时间的先后次序排列而成的时间序列。相对数时间序列是用来说明社会经济现象之间相互关系发展变化情况的。由于相对指标有六种形式,所以相对数时间序列也有六种形式,即计划完成程度相对数时间序列、比例相对数时间序列、结构相对数时间序列、比较相对数时间序列、强度相对数时间序列及动态相对数时间序列。相对数时间序列中的各个指标都是相对的,其计算基础不同,因此不能直接相加。

3. 平均数时间序列是由一系列平均指标的数值按时间顺序排列而成的时间序列。平均数时间序列可以用来反映各个时期社会经济现象一般水平的发展过程和变化趋势。

（二）根据指标的时间属性分类

1. 时期序列。是由时期总量指标编制的时间序列。序列中每项指标数值均表明某种社会经济现象在一定时期内发展过程的总量。例如我国国内生产总值序列。每项指标数值所反映的是某一段时间内(一年)的国内生产总值资料,因此是时期序列。时期序列中的各项指标所涉及的时间长度,称为"时期",指标数值的大小与时期的长短有直接的关系。例如季度和年度 GDP 不同,时期越长,数值越大;时期越短,数值越小。因此说,时期序列具有可加性,相加的结果反映现象在更长时间内的发展总量,而且需要连续统计。

2. 时点序列。是用时点总量指标编制的时间序列。序列中的每项指标数值都是反映现象在某一时刻或时点上所达到的总量水平。例如我国各年年末人口数就是时点序列。在时点序列中,两个相邻时点之间的时间间隔称为"时点间隔"。它可以是相等的,也可以是不等的。时点序列中的指标数值与时点间隔的长短无直接的联系,指标数值是现象在一段时间内增减抵销后的结果。例如年末人口数＝年初人口数＋出生人数－死亡人数。因此说,时点序列不具有可加性,而且是间断统计的。

(三) 根据指标的平稳性分类

根据指标的平稳性分类,时间序列可以分为平稳时间序列和非平稳时间序列。所谓平稳时间序列,是指各指标值的变动基本上固定在某个水平上,不存在某种规律性的变动,受到一些随机因素的影响。例如,股市数据。非平稳时间序列是指各指标值受到趋势因素、季节因素、周期因素、随机因素等的影响,呈现一定的趋势、季节或周期性特征,存在规律性的变动。实际当中碰到的很多数据属于非平稳时间序列,例如人均 GDP,进出口总额时间序列。

三、编制时间序列的原则

时间序列的动态分析是通过同一指标不同时间的数值对比,来反映社会经济现象的发展变化过程及其规律。因此保证时间序列中各时期指标数值的可比性,就成为正确编制时间序列应遵守的基本原则。为此,编制时间序列应遵守的具体原则为:

1. 时间长短的可比性

时间序列是由一系列同类统计指标的数值按时间的先后顺序排列起来的。因此,在编制时,应首先保证序列中各个指标数值所包括的时间长短和时间间隔应可比。特别是时期序列,由于时期序列中各指标数值的大小与时间长短成正比,时间越长,数值越大;时间越短,数值越小。因此,各指标所包括的时间长短应相等。

对于时点序列来说,由于序列中的各指标数值所表明的是现象在某一时点上的状态或总量,为此不存在资料所属时间长短的问题。各个指标之间都存在着一定的时间间隔,这种时间间隔可以相等,也可以不等。一般说来,时点序列的时点间隔应该相同,这样就可利用资料直接对比。

2. 总体范围的可比性

在同一时间序列中,各个指标所包括的总体范围前后应该一致。如果研究某个地区总人口数的变化情况,就必须保证该地区前后有相同的管辖范围。如果管辖范围发生了变化,那么总人口数资料也应该做相应的调整。

3. 序列中指标的计算方法、计量单位和计价标准前后要一致

有时因计算方法不一致,在价值指标中计算价格不统一,在实物指标中计量单位不统一等,在指标数值上也就不具有可比性。

4. 序列中指标所反映的经济内容要具有可比性

编制时间序列时,还应当注意历史条件的变化所引起的指标经济内容和性质的变化。不同性质的指标不能编制成同一时间序列。特别是在研究不同的社会制度,或者研究经济大变革时期的经济发展变化时,更要注意这个问题。例如,不能把新财务制度实行前的成本资料与实行后的成本资料编制在同一序列中进行对比分析。

第二节 时间序列的水平分析

编制时间序列只是为我们进行动态分析和研究提供了数量依据,而要对现象进行分析和研究,则要通过具体的统计指标来实现。常用的动态分析指标有:发展水平、平均发展水平、增长量、平均增长量、发展速度、增长速度、平均发展速度和平均增长速度等。前四种用于现象发展的水平分析,属于水平指标;后四种用于现象发展的速度分析,属于速度指标。水平指标是速度指标的基础,速度指标是水平指标进一步加工的结果,是动态分析的继续与深入。现在我们将两类指标分别进行研究。本节先讨论现象发展的水平指标。

一、发展水平指标

所谓发展水平,又称发展量,即时间序列中每一项具体的统计指标数值。它反映社会经济现象在各个不同时期或时点上所达到的规模和水平,通过不同时期发展水平的比较,可以给人具体的、深刻的印象。

作为发展水平,它既可以是总量指标,也可以是相对指标或平均指标。由总量指标组成的时间序列,其指标数值,即为总量指标发展水平;由相对指标组成的时间序列,其指标数值即为相对指标发展水平;由平均指标组成的时间序列,其指标数值即为平均指标发展水平。

由于发展水平指标在时间序列中所处的位置不同,可以分为最初水平、最末水平和中间水平。一般地说,处于时间序列首项的指标数值,叫最初水平,处于末项的指标数值,叫最末水平;中间各项的指标数值,叫中间水平。如果用符号 $a_0, a_1, a_2, \cdots, a_{n-1}, a_n$ 代表时间序列中的各期发展水平,则 a_0 就是最初水平,a_n 就是最末水平,$a_1, a_2, \cdots, a_{n-1}$ 就是中间水平。

在利用时间序列指标进行对比分析时,我们常把所研究那个时期的发展水平称为报告期水平,或计算期水平;而把选作对比基础的发展水平称为基期水平。无论哪一种发展水平,都不是固定不变的,而是随着研究目的变化而变化的,也就是说,现在的报告期水平,可能是将来的基期水平;这个序列的最末水平,也可能为另一个序列的最初水平。

不过应当注意的是,发展水平指标在文字叙述上习惯用"增加到""增加为"或"降低到""降低为"表示。例如,2015 年我国国内生产总值为 689 052.10 亿元,2016 年增加到 743 585.50 亿元。又如,某工厂某种产品的单位成本 2015 年为 29 元,2016 年降低到 24 元等。运用时,一定不要把"到"和"为"字漏掉,否则,要说明的社会经济现象指标的意义就要发生变化。

二、平均发展水平

在对时间序列进行分析时,为了说明现象在一段时间内的发展水平,就需要采用平均发展水平指标。平均发展水平是指时间序列中不同时期的发展水平采用一定的方法加权平均求得的指标数值。由于它是将社会经济现象在不同时期上的数量差异平均化而求得的,为了与之前学过的平均数有所区别,通常又把它称为序时平均数或动态平均数。

平均发展水平可以由绝对数时间序列计算,也可以由相对数和平均数时间序列计算。而通过绝对数时间序列计算序时平均数则是最基本的方法。

(一)根据绝对数时间序列计算序时平均数

由于绝对数时间序列分时期序列和时点序列,两种序列各具不同的性质,因而在计算序时平均数时,方法上也不一样。

1. 由时期序列计算序时平均数

因为时期序列中各项指标数值可以加总,加总的结果反映现象在较长时间内发展变化的总量,因此它的序时平均数可以用简单算术平均方法计算。即将序列中各项指标的数值直接加总除以发展水平的项数。用公式表示则为:

$$\bar{a} = \frac{a_1 + a_2 + a_3 + \cdots + a_{n-1} + a_n}{n} = \frac{\sum a_i}{n} \tag{4-1}$$

式中:$\bar{a}$ 为平均发展水平,a_i 为各期发展水平,n 为时期项数。

【例 4-1】 某商场某年各月商品零售额资料如表 4-1 所示:

表 4-1 某商场某年各月商品零售额资料 单位:万元

月份	1	2	3	4	5	6	7	8	9	10	11	12
商品零售额	100	110	120	120	110	130	140	130	150	160	150	170

此表是根据每月商品零售额资料编制的时期序列,由于各月商品零售额高低不等,因而发展变化趋势不够明显。如果计算出各季的月平均销售额,就会明显地反映销售趋势。如:

$$第一季度月平均零售额 = \frac{100+110+120}{3} = 110 \, 万元。$$

表 4-2 各季的月平均零售额 单位:万元

季度	第一季度	第二季度	第三季度	第四季度
月平均零售额	110	120	140	160

用同样的方法计算出其他各季的月平均零售额,整理后如表 4-2 所示。如果要反映该商场一年中平均每月的商品零售额情况,只要将该商场 1-12 月份各月的商品零售额直接加总再除以 12 即可,其计算结果为 132.5 万元。

2. 由时点序列计算序时平均数

时点指标大多数是间断统计的,有的是每隔一定时间统计一次,如每月末、每季末、每半年末、每年末统计一次,如月末库存额,年末人口数;有的是当现象发生变动才登记一次,如职工人数;有的则是不定期统计。对这些不同的时点指标,序时平均数的计算方法不一样。大概分为四种:间隔相等的连续时点序列、间隔不相等的连续时点序列、间隔相等的间断时点序列、间隔不相等的间断时点序列。下面逐一进行介绍。

(1)由间隔相等的连续时点序列来计算。如果掌握了整个研究时期中每日的时点资料,则序时平均数的计算方法与时期序列相同,即以各日时点数值的总和除以日数,求得平均每日时点数。用公式表示:

$$\bar{a} = \frac{\sum a_i}{n} \tag{4-2}$$

式中:a 为每日的时点水平;n 为日历日数。

【例 4-2】 某单位某星期每天出勤的职工人数分别是:120 人,122 人,118 人,116 人,117

人,121 人,则该单位本星期平均每天的出勤人数为:

$$\bar{a}=\frac{120+122+118+116+117+121}{6}=119（人）$$

用这种方法计算的序时平均数,其结果是非常精确的,但在实际工作中往往不可能或不必要取得每日的时点资料,因此,这种方法在实际运用上有很大的局限性。

（2）由间隔不等的连续时点序列来计算。在连续时点序列中,如果被研究现象不是逐日变动的,则可根据整个研究时间内每次变化的资料,用每次变动持续的间隔长度为权数对各时点水平加权,应用加权算术平均法计算序时平均数。用公式表示则为:

$$\bar{a}=\frac{a_1 f_1+a_2 f_2+\cdots+a_n f_n}{f_1+f_2+\cdots+f_n}=\frac{\sum a_i f_i}{\sum f_i} \tag{4-3}$$

式中:a_i 为时点 i 的水平;f_i 为时点 $i-1$ 与 i 的间隔长度。

【例 4-3】　某企业的职工人数在第一季度内的变动情况为:1 月 1 日–20 日为 1 250 人,1 月 21 日–2 月 8 日为 1 264 人,2 月 9 日–2 月 28 日为 1 272 人,3 月 1 日至 3 月 15 日为 1 270 人,3 月 16 日–3 月 31 日为 1 284 人,则该企业第一季度平均每日的职工人数为:

$$\bar{a}=\frac{\sum a_i f_i}{\sum f_i}$$

$$=\frac{1\,250\times20+1\,264\times19+1\,272\times20+1\,270\times15+1\,284\times16}{20+19+20+15+16}$$

$$=\frac{114\,050}{90}=1\,267（人）$$

（3）由间隔相等的间断时点序列来计算。如果掌握的时点序列是时间间隔的期初或期末资料,则要以简单算术平均法分层计算其序时平均数。

【例 4-4】　某银行某年 3 月至 6 月各月末现金库存额如表 4-3 所示:

表 4-3　某银行某年 3 月至 6 月各月末现金库存额　　　　　　　　单位:万元

时间	3 月末	4 月末	5 月末	6 月末
现金库存额	620	680	700	695

根据表中资料,计算该银行二季度平均每月现金库存额。

首先要计算该季度三个月各月的平均库存额:

$$月平均库存额=\frac{月初库存额+月末库存额}{2}$$

因此:　　　　　　$$4 月份平均库存额=\frac{620+680}{2}=650（万元）$$

$$5 月份平均库存额=\frac{680+700}{2}=690（万元）$$

$$6 月份平均库存额=\frac{700+695}{2}=697.5（万元）$$

根据上面计算资料再计算第二季度的月平均库存额为:

$$\frac{650+690+697.5}{3}（万元）$$

将上边两个步骤加以合并简化,则为:

第二季度月平均库存额

$$=\frac{\dfrac{620+680}{2}+\dfrac{680+700}{2}+\dfrac{700+695}{2}}{3}$$

$$=\frac{\dfrac{620}{2}+680+700+\dfrac{695}{2}}{4-1}=679.2（万元）$$

这种分层计算方法若用公式表示则为:

$$\bar{a}=\frac{\dfrac{a_1}{2}+a_2+\cdots+\dfrac{a_n}{2}}{n-1} \tag{4-4}$$

(4)由间隔不等的间断时点序列来计算。如果掌握的时点序列是时间间隔不相等的期初或期末资料,则要以时间间隔长度为权数对时点资料进行加权算术平均。其计算公式可表示为:

$$\bar{a}=\frac{\dfrac{a_1+a_2}{2}\times f_1+\dfrac{a_2+a_3}{2}\times f_2+\cdots+\dfrac{a_{n-1}+a_n}{2}\times f_{n-1}}{f_1+f_2+\cdots+f_{n-1}} \tag{4-5}$$

【例4-5】　某地区某年各时点的人口资料变动如表4-4所示:

表4-4　某地区某年各时点的人口资料变动　　单位:万人

时间	1月1日	6月1日	8月1日	12月31日
人口总数	21.30	21.38	21.40	21.51

则该地区某年的平均人口数为:

$$\bar{a}=\frac{\dfrac{21.3+21.38}{2}\times 5+\dfrac{21.38+21.4}{2}\times 2+\dfrac{21.4+21.51}{2}\times 5}{5+2+5}$$

$$=\frac{256.755}{12}=21.396（万元）$$

根据时间间隔相等或间隔不等的时点序列计算序时平均数的方法,是假定现象在各个时点之间的变动是均匀的。但实际情况并非如此,因此,计算的平均数也仅是实际平均数的近似数值。

(二)根据相对数或平均数时间序列计算序时平均数

因为相对数或平均数时间序列是由两个相互联系的绝对数时间序列对比而求得的,是绝对数时间序列的派生序列。因此,只要分别计算出分子、分母两个绝对数时间序列的序时平均数,而后加以对比即可求得相对数或平均数时间序列的序时平均数。

假定$\bar{c}$为相对数或平均数时间序列的序时平均数,$\bar{a}$为分子序列的序时平均数;$\bar{b}$为分母序列的序时平均数。则计算公式为:

相对数或平均数时间序列的序时平均数:

$$\bar{c} = \frac{\bar{a}}{\bar{b}} \qquad\qquad (4-6)$$

下面通过两个例子来说明。

【例 4-6】 假定某厂第一季度各月流动资金周转次数如表 4-5 所示。试计算该工厂第一季度月平均流动资金周转次数。

表 4-5　某厂第一季度各月流动资金周转次数

项目	1 月	2 月	3 月
销售收入 a/万元	90	103	110
流动资金平均占用额 b/万元	50	66	70
流动资金周转次数 c/次	1.80	1.56	1.57

分析:表中销售收入是时期指标,流动资金占用额是时点指标,而流动资金平均占用额则是月初和月末流动资金占用额的平均数。因此根据所给资料的性质分别求出第一季度各月的平均数,再加以对比来计算流动资金平均周转次数。其具体计算方法为:

该工厂第一季度流动资金平均周转次数

$$= \frac{\text{第一季度月平均销售收入}}{\text{第一季度流动资金月平均占用额}}$$

解:$\bar{c} = \dfrac{\bar{a}}{\bar{b}} = \dfrac{\dfrac{90+103+110}{3}}{\dfrac{50+66+70}{3}} = \dfrac{101}{62} = 1.63(\text{次})$

【例 4-7】 由平均数时间序列求序时平均数,资料如 4-6 所示。
试求第一季度平均每月的劳动生产率。

表 4-6　某工厂第一季度工业总产值与职工人数资料

月份	1 月	2 月	3 月	4 月
工业总产值 a/万元	250	278	280	325
期初职工人数 b/人	195	200	201	215
劳动生产率 c/(元/人)	12 820	13 900	13 930	15 120

解:$\bar{c} = \dfrac{\bar{a}}{\bar{b}} = \dfrac{\dfrac{250+278+280}{3}}{\dfrac{\dfrac{195}{2}+200+201+\dfrac{215}{2}}{4-1}} = 13\,333.3(\text{元/人})$

三、增长量

增长量是指时间序列中报告期水平与基期水平之差,说明社会经济现象在一定时期内增减变化的绝对量。其计算公式为:

$$\text{增长量} = \text{报告期水平} - \text{基期水平}$$

增长量指标可正可负。如果计算的结果为正值,则为增长的绝对量;如果计算的结果为负值,则表示减少或降低的绝对量。在计算增长量时,由于研究的目的不同,选择的基期也不同,因而增长量指标又可分为逐期增长量和累计增长量。

逐期增长量(也叫环比增长量),是报告期水平与前期水平之差,表明报告期较前期增减变化的绝对量。用符号表示则为:

$$a_1-a_0, a_2-a_1, a_3-a_2, \cdots, a_n-a_{n-1}$$

累计增长量(也叫定基增长量),是报告期水平与某一固定基期水平(通常为最初水平)之差,表明报告期较某一固定基期增减变化的绝对量,用符号表示则为:

$$a_1-a_0, a_2-a_0, a_3-a_0, \cdots, a_n-a_0$$

这两种增长量,虽然是分别根据不同的基期计算的,但它们之间却存在着一定的联系,这种联系具体表现为:累计增长量等于相应的各个逐期增长量之和;逐期增长量等于相邻的两累计增长量之差。用符号表示则为:

$$a_n-a_0 = (a_1-a_0) + (a_2-a_1) + (a_3-a_2) + \cdots + (a_n-a_{n-1})$$
$$a_n-a_{n-1} = (a_n-a_0) - (a_{n-1}-a_0)$$

【例 4-8】　试对我国国内生产总值作增长量的计算分析,如表 4-7 所示。

表 4-7　我国国内生产总值增长情况　　　　　　　　　　　单位:亿元

年份	2011	2012	2013	2014	2015	2016
发展水平	489 300.60	540 367.40	595 244.40	643 974.00	689 052.10	743 585.50
逐期增长量	—	51 066.8	54 877.0	48 729.6	45 078.1	54 533.4
累计增长量	—	51 066.8	105 943.8	154 673.4	199 751.5	254 284.9

在实际工作中,我们可根据增长量指标之间的数量关系,由已知的增长量求所需要的增长量。例如,已知表中各年的逐期增长量,2011—2016 年的累计增长量 = 51 066.8+54 877.0+48 729.6+45 078.1+54 533.4 = 254 284.9 亿元。再如,已掌握 2014 年与 2015 年相邻两个时期国内生产总值的累计增长量分别是 154 673.4 亿元和 199 751.5 亿元,则 2015 年比 2014 年逐期增长 199 751.5–154 673.4 = 45 078.1 亿元。

此外,在实际工作中,为了消除季节变动的影响,常计算年距增长量指标。计算公式为:

$$年距增长量 = 本期发展水平 - 去年同期发展水平 \tag{4-7}$$

四、平均增长量

平均增长量是逐期增长量的序时平均数,表明社会经济现象在一定时期内平均每期增长的数量。其计算方法是:逐期增长量之和除以逐期增长量的个数,用公式表示为:

$$平均增长量 = \frac{逐期增长量之和}{逐期增长量的个数} = \frac{累计增长量}{时间数列项数-1} \tag{4-8}$$

仍以表 4-11 的资料来说明。根据表 4-11 提供的资料,则 2012—2016 年国内生产总值平均每年的增长量为:

$$\bar{a} = \frac{51\,066.8+54\,877.0+48\,729.6+45\,078.1+54\,533.4}{5}$$

$$= \frac{254\,284.9}{5} = 50\,857.0(亿元)$$

或者

$$\overline{a} = \frac{743\ 585.5 - 489\ 300.6}{6-1} = \frac{254\ 284.9}{5} = 50\ 857.0\ (亿元)$$

第三节 时间序列的速度分析

速度问题,是当前社会各个领域普遍关注的问题。企业要在激烈的市场竞争中站稳脚跟,我国的国民经济要上一个新台阶,不仅要有一定的经济效益作基础,而且要有一定的发展速度作保证。反映现象发展速度的指标有四种:发展速度、增长速度、平均发展速度和平均增长速度,现分别加以说明。

一、发展速度

发展速度是研究某种社会经济现象发展程度的动态分析指标。它是用时间序列中的报告期水平与基期水平之比来求得的。一般用百分数表示,当发展速度较大时,也可以用倍数表示。

其一般计算公式为:

$$发展速度 = \frac{报告期水平}{基期水平} \times 100\% \qquad (4-9)$$

发展速度由于采用的基期不同,可分为环比发展速度和定基发展速度。

环比发展速度是报告期水平与前一期水平之比,反映社会经济现象逐期发展变化的相对程度。其计算公式为:

$$环比发展速度 = \frac{报告期水平}{前一期水平} \times 100\% \qquad (4-10)$$

环比发展速度: $\dfrac{a_1}{a_0}, \dfrac{a_2}{a_1}, \dfrac{a_3}{a_2}, \cdots, \dfrac{a_n}{a_{n-1}}$

定基发展速度是报告期水平与某一固定基期水平之比,反映社会经济现象在较长一段时间内总的发展变化程度,故又称总发展速度。其计算公式为:

$$定基发展速度 = \frac{报告期水平}{某一固定基期水平} \times 100\% \qquad (4-11)$$

定基发展速度: $\dfrac{a_1}{a_0}, \dfrac{a_2}{a_0}, \dfrac{a_3}{a_0}, \cdots, \dfrac{a_n}{a_0}$

【例 4-9】 现根据我国各年年末人口总数资料,计算其发展速度指标。如表 4-8 所示:

表 4-8   2011—2016 年我国各年年末人口总数资料   单位:万人

年份	2011	2012	2013	2014	2015	2016
年末人口数	134 735	135 404	136 072	136 782	137 462	138 271
环比发展速度/%	—	100.50	100.49	100.52	100.50	100.59
定基发展速度/%	—	100.50	100.99	101.52	102.02	102.62

定基发展速度与环比发展速度,由于选择的基期不同,因此,反映现象发展变化的经济含义

也不相同。然而,它们之间却存在着一定的数量关系。这种数量关系具体表现为:

(1)定基发展速度等于相应的各个环比发展速度的连乘积。即:

$$\frac{a_n}{a_0} = \frac{a_1}{a_0} \times \frac{a_2}{a_1} \times \frac{a_3}{a_2} \times \cdots \times \frac{a_n}{a_{n-1}} \tag{4-12}$$

(2)两个相邻时期的定基发展速度之比,等于相应的环比发展速度。即

$$\frac{a_n}{a_{n-1}} = \frac{a_n}{a_0} \div \frac{a_{n-1}}{a_0} \tag{4-13}$$

此外,在统计实践中,为了消除季节变动的影响,常计算年距发展速度,用以说明本期发展水平与去年同期发展水平对比而达到的相对发展程度。

$$年距发展速度 = \frac{本期发展水平}{去年同期发展水平} \tag{4-14}$$

二、增长速度

增长速度是用某一时期的增长量与某一基期水平的比值来反映社会经济现象在一定时期内增减程度的动态分析指标。一般用百分数或倍数表示。其计算公式为:

$$增长速度 = \frac{增长量}{基期水平} \times 100\% \tag{4-15}$$

增长速度指标可正可负。当增长量为正值时,则增长速度为正数,表明为递增速度,当增长量为负值时,则增长速度为负数,表明为递减速度。

计算增长速度时,由于采用的增长量和对比的基期水平不同,可分为定基增长速度和环比增长速度两种。

定基增长速度是报告期的累计增长量与某一固定基期的水平之比。表明某种社会经济现象在较长一段时间内总的增长速度。其计算公式为:

$$\begin{aligned}定基增长速度 &= \frac{累计增长量}{某一固定基期水平} \\ &= \frac{报告期水平-固定基期水平}{固定基期水平} \\ &= 定基发展速度-100\% \end{aligned} \tag{4-16}$$

环比增长速度是报告期的逐期增长量与前一期发展水平之比。表明社会经济现象报告期较前期的相对增长速度。其公式如下:

$$\begin{aligned}环比增长速度 &= \frac{逐期增长量}{前期发展水平} \\ &= \frac{报告期水平-前期发展水平}{前期发展水平} \\ &= 环比发展速度-100\% \end{aligned} \tag{4-17}$$

【例4-10】(续例4-9) 现根据表4-8提供的资料,计算我国人口总数的增长速度指标,如表4-9所示:

表 4-9　我国人口总数的增长速度指标

单位:%

年份	2011	2012	2013	2014	2015	2016
环比增长速度	—	0.50	0.49	0.52	0.50	0.59
定基增长速度	—	0.50	0.99	1.52	2.02	2.62

从表中计算的指标可知:我国 2011—2016 年人口是逐年增长的,但各年增长的速度大小不一样,有的年份相对高一些,有的年份相对低一些。

从上面计算公式和所举的例子可以看出,定基增长速度与环比增长速度之间不存在直接的换算关系。但增长速度却与发展速度之间存在着内在的数量关系。即增长速度等于发展速度减 100%,或者说,发展速度等于增长速度加 100%。因此,在实际统计工作中,要由已知的环比增长速度求总增长速度时,则要按以下步骤进行:

(1)由已知的环比增长速度加 100% 求环比发展速度;

(2)把求得的各环比发展速度连乘,求定基发展速度,即总速度;

(3)由总速度再减去 100% 即为所求总增长速度。

此外,在实际统计工作中,为了消除季节变动的影响,也常计算年距增长速度,用以说明年距增长量与去年同期发展水平对比达到的相对增长程度。

$$年距增长速度 = \frac{年距增长量}{去年同期发展水平} \tag{4-18}$$

三、平均发展速度和平均增长速度

由于各个时期的自然条件、社会条件及生产条件不同,事物发展速度或增长速度在各不同时期也是有差别的,即有的时期快一些,有的时期慢一些。为了说明社会经济现象在较长一段时间内各阶段发展变化的一般水平,就需要计算平均发展速度和平均增长速度。

平均发展速度和平均增长速度是动态分析的重要指标,在国民经济建设中,有着十分重要的作用。如编制五年计划或十年规划时,除规定发展水平外,还要计算每年的平均发展速度。在进行不同地区、部门及国家间经济发展情况对比时,通过平均速度的比较,可以找出先进与落后的差距。

平均发展速度是各时期环比发展速度的序时平均数,它说明社会经济现象在较长一段时间内各期平均发展变化的程度。平均增长速度则说明现象在较长一段时期内逐期平均增减变化的程度。平均增长速度不能由环比增长速度直接求出,而是要依据平均发展速度与平均增长速度之间的关系来进行推算,即平均增长速度=平均发展速度-100%,因而,要计算平均增长速度,首先必须求出平均发展速度。

平均发展速度也是一种序时平均数,但它的计算方法与前面讲的序时平均数的计算方法不同。根据解决的问题不同,有几何平均法和方程式法两种计算方法。现分述如下:

(一)几何平均法

应用几何平均法(水平法)计算平均发展速度时,是将各个环比发展速度视作变量 x,将环比发展速度的个数视作变量值的个数 n。计算公式如下:

$$\overline{x} = \sqrt[n]{x_1 \cdot x_2 \cdot x_3 \cdots x_n} = \sqrt[n]{\prod x_i} \qquad (4-19)$$

由于环比发展速度的连乘积等于定基发展速度,因此,上式可变化为:

$$\overline{x} = \sqrt[n]{\frac{a_1}{a_0} \cdot \frac{a_2}{a_1} \cdot \frac{a_3}{a_2} \cdots \frac{a_n}{a_{n-1}}} = \sqrt[n]{\frac{a_n}{a_0}} \qquad (4-20)$$

或

$$\overline{x} = \sqrt[n]{R} \qquad (4-21)$$

式中:$\overline{x}$ 为平均发展速度;

　　　　x 为各期环比发展速度;

　　　　$\prod$ 为连乘符号;

　　　　R 为总速度;

　　　　n 为环比发展速度的项数。

上边的三个算式计算平均发展速度,其结果是完全一样的,只不过所应用的资料不同而已。若已知各期的环比发展速度资料,可采用(4-19)式计算;若已知最初水平和最末水平,可采用(4-20)式计算;若给出了一个较长时期的总发展速度指标,则利用(4-21)式计算。

【例4-11】(续例4-9)　现根据表4-12提供的我国人口数及发展速度资料,计算2013—2016年的人口平均发展速度。

$$\overline{x} = \sqrt[4]{100.49\% \times 100.52\% \times 100.50\% \times 100.59} = 100.40\%$$

或

$$\overline{x} = \sqrt[4]{\frac{138\ 271}{136\ 072}} = \sqrt[4]{1.016\ 1} = 100.40\%$$

$$平均增长速度 = 100.40\% - 100\% = 0.40\%$$

由于平均发展速度和平均增长速度概括地反映了现象在较长一段时间内发展速度及增长程度的一般水平,从而掩盖了各期环比发展速度高低的差异。用几何平均法计算的这一指标,实质上只考虑序列的最初水平和最末水平,而没有考虑中间各项指标数值的影响,因此,应用几何平均法计算平均发展速度或平均增长速度时,应特别注意两个问题:① 社会经济现象发展变化的方向应基本保持一致;② 在反映较长时期内社会经济现象总的平均发展速度时,还应与分段计算的平均发展速度及各期的实际发展水平、环比发展速度结合运用。

(二) 方程式法

方程式法是应用代数的高次方程式来计算社会经济现象平均发展速度的方法。这种方法的出发点是:如果从最初水平出发,每期按照固定的平均发展速度发展,则各期计算的理论水平总和应与各期的实际水平总和相等。

假定 a_0 为最初水平,$\overline{x}$ 为应用此法求得的平均发展速度,$a_1, a_2, a_3, \cdots, a_n$ 为各期的实际发展水平,则各期的实际发展水平总和为:

$$a_1 + a_2 + a_3 + \cdots + a_n = \sum a_i$$

由最初水平 a_0 和平均发展速度 $\overline{x}$ 推算的各期发展水平理论值为:

$$a_1 = a_0 \overline{x}$$
$$a_2 = a_1 \overline{x} = a_0 \overline{x} \cdot \overline{x} = a_0 \overline{x}^2$$
$$a_3 = a_2 \overline{x} = a_0 \overline{x}^2 \cdot \overline{x} = a_0 \overline{x}^3$$

$$\cdots\cdots\cdots\cdots$$

$$a_n = a_{n-1}\bar{x} = a_0\bar{x}^{n-1} \cdot \bar{x} = a_0\bar{x}^n$$

根据方程式法的要求,则各期计算的理论水平总和应等于各期的实际水平总和。用符号表示:

$$a_1 + a_2 + a_3 + \cdots + a_n = \sum a_i$$

$$a_0\bar{x} + a_0\bar{x}^2 + a_0\bar{x}^3 + \cdots + a_0\bar{x}^n = \sum a_i$$

整理:

$$a_0(\bar{x} + \bar{x}^2 + \bar{x}^3 + \cdots + \bar{x}^n) = \sum a_i$$

所以:

$$\bar{x} + \bar{x}^2 + \bar{x}^3 + \cdots + \bar{x}^n = \frac{\sum a_i}{a_0} \tag{4-22}$$

此方程即为关于平均发展速度 $\bar{x}$ 的高次方程。求出高次方程中 $\bar{x}$ 的正根,就是所求的各期平均发展速度。但要直接求解高次方程是非常复杂的。为方便起见,在实际工作中,已专门编制由方程式法求平均增长速度查对表,表4-10即为部分五年期间年平均增长速度查对简表。

表 4-10　五年期间年平均增长速度查对表

年平均增长/%	五年发展水平总和 为基期的%	年平均增长/%	五年发展水平总和 为基期的%
1	515.2	11	691.3
2	530.8	12	711.5
3	546.8	13	732.3
4	563.3	14	753.5
5	580.2	15	775.4
6	597.5	16	797.7
7	615.3	17	820.7
8	633.6	18	844.2
9	652.3	19	868.3
10	671.6	20	893.0

利用查对表求平均增长速度时,要首先计算出方程中的常数项,即各期实际发展水平总和为基期的百分比 $\dfrac{\sum a_i}{a_0}$,再结合实际水平的时期数 n,就可利用表直接求解。

但由于常数项

$$\frac{\sum a_i}{a_0} = \frac{a_1 + a_2 + a_3 + \cdots + a_n}{a_0}$$

$$= \frac{a_1}{a_0} + \frac{a_2}{a_0} + \frac{a_3}{a_0} + \cdots + \frac{a_n}{a_0}$$

因此 $\dfrac{\sum a_i}{a_0}$ 也可以把各期对基期的定基发展速度加总求得,方程式法平均增长速度查对表由两部分组成,一部分为递增表,一部分为递减表。若 $\left(\dfrac{\sum a_i}{a_0} \div n\right) > 1$ 时,则表明现象的发展是递增的,应查递增表;若 $\left(\dfrac{\sum a_i}{a_0} \div n\right) < 1$ 时,则表明现象的发展是递减的,应查递减表。

【例 4-12】　现在利用表 4-11 中 2011—2016 全社会固定资产投资额资料说明由方程式法查对表求平均增长速度的方法。

表 4-11　2011—2016 年间全社会固定资产投资额　　　　单位:亿元

年份	2011	2012	2013	2014	2015	2016
固定资产投资额	311 485.13	374 694.74	446 294.09	512 020.65	561 999.83	606 465.66

由表中资料可知: $a_0 = 311\ 485.13$, $n = 5$ 。

$$\sum a_i = 374\ 694.74 + 446\ 294.09 + 512\ 020.65 + 561\ 999.83 + 606\ 465.66$$
$$= 1\ 995\ 674.80\ (亿元)$$

所以, $\dfrac{\sum a_i}{a_0} = \dfrac{1\ 995\ 674.80}{311\ 485.13} = 640.70\%$

而 $\dfrac{\sum a_i}{a_0} \div n = 640.70\% \div 5 = 128.14\% > 100\%$,故应查表的递增部分。

查表知:640.70% 这个百分比位于 633.6% 和 652.3% 之间,其平均增长程度介于 8% 与 9% 之间。有了这几个数值,我们就可以用插补的方法,求出与 640.70% 相对应的年平均增长速度,其具体计算过程如下:

$$年平均增长速度 = 8\% + \frac{640.7\% - 633.6\%}{652.3\% - 633.6\%} \times (9\% - 8\%)$$
$$= 8\% + 0.37\%$$
$$= 8.37\%$$

故 2011—2016 年全社会固定资产投资总额年平均增长速度为 8.37%,因此平均发展速度:
$$\bar{x} = 1 + 8.37\% = 108.37\%$$

以上我们介绍了计算平均发展速度的两种方法。这两种计算方法应该根据研究对象的不同特点,分别采用。若研究的主要目的在于考察现象最末一年达到的水平时,可应用几何平均法计算平均发展速度。例如:工农业总产值、产品产量、国内生产总值、劳动生产率、产品成本等均可采用此法;若研究的主要目的在于考察较长时期现象的累计发展水平时,则可采用方程式法求平均发展速度。如固定资产投资额、新增固定资产、住宅建筑面积、人员培训等均可采用方程式法求平均发展速度。

四、水平分析和速度分析的结合与应用

时间序列的速度指标是根据水平指标对比得来的,以百分比表示的抽象化指标,难以反映现象绝对量的差别。在应用速度指标进行分析时,应尽量注意和水平指标结合起来,在具体计算和应用时注意以下几个问题:

(1) 结合研究目的选择适当的基期,并注意其所依据的基本指标在整个研究时期的同质性。

各种速度指标和水平指标都是在一定的基期水平上计算的,因此基期的选择很关键。例如,分析我国人口出生率的变化,可以选择 1949 年作为基期,也可以选择 1982 年实施计划生育政策作为基期,但基期的选择要避开异常时期,比方说三年自然灾害时期。如果基期水平因为异常因素的影响而过高或过低,相应的速度分析和水平分析都会失去意义。

（2）联系各个时期的环比发展速度、定基发展速度、发展水平、增长量来对平均发展速度进行补充说明,才能深入了解现象的全面发展过程和特点。例如,几何平均法名义上是各个时期环比发展速度的平均数,但实际上只计算最末水平和最初水平,把中间各个时期的变动给抽象掉了,因此有必要结合各个时期的环比发展速度进行补充分析。

（3）速度指标要结合基期水平指标进行分析。因为发展速度是报告期水平除以基期水平得到的,从数量关系来看,基期水平低,速度就容易高,基期水平高,速度就容易低。因此,速度高可能掩盖了低水平,速度低可能隐藏了高水平。为了对现象做出正确的评价,既要考虑速度指标的快慢,也要考虑基期水平的高低,把速度指标和水平指标结合起来进行分析。

增长 1% 的绝对量即前期水平的百分之一,是一个既考察速度又兼顾水平的代表性指标,用公式表示为：

$$增长\ 1\%\ 的绝对量 = \frac{a_i - a_{i-1}}{\left(\dfrac{a_i}{a_{i-1}} - 1\right) \times 100} = \frac{a_{i-1}}{100} \tag{4-23}$$

$$i = 1, 2, \cdots, n_{\circ}$$

第四节　时间序列的分解分析

一、时间序列的构成因素

现象随着时间的推演而呈现出来的发展变化过程,总是容易受到多种因素的共同影响和共同作用。这些影响因素有强有弱,有短期性也有长期性的,有主要的也有次要的,有决定性的也有偶然性的。一般来说,影响时间序列的因素有四个：长期趋势（trend）、季节变动（seasonal）、循环变动（circle）和不规则变动（irregular）。

1. 长期趋势

长期趋势（T）是指时间序列中的指标数值在较长一段时期内所呈现的逐渐增加向上发展或逐渐减少向下发展的趋势。例如,由于科学技术的日益发展,劳动生产率的不断提高,我国的国内生产总值与人均收入呈逐渐提高的趋势。长期趋势经过若干年以后,也可能改变其变动方向,由上升趋势转变为下降趋势,或由下降趋势变为上升趋势。比如,在产品寿命周期中,处于成长期和成熟期的产品,其产量和利润均呈上升趋势,而成本则呈下降趋势;到了衰退期和更替期,由于新产品的出现,则原有产品产量和利润转为下降趋势,而成本则转为上升趋势。

2. 季节变动

季节变动（S）是指时间序列中的指标数值由于自然条件,生产条件和人们生活习惯的影响,在一年内随着季节的更替而产生的周期性变动。例如：农业生产由于受不同季节气候的影响,就有明显的季节性。农业生产的季节性又引起以农产品为原料的加工工业、农副产品收购、农副产品货运等都具有季节性。另外，人们的生活习惯也会引起某些经济活动呈现季节性特征。比如，零售商品的供应和需求在我国传统节日(元旦、春节、中秋、国庆)等特别旺盛；而客运量在寒暑假尤其是春节前后则成倍地增加等。

3. 循环变动

循环变动(C)是指社会经济现象以若干年为周期的涨落起伏相间的变动。这种变动虽然其变动周期长短不同，波动幅度大小也不一样，但由于它是涨落起伏相互交替的变动，不是朝单一方向持续发展的变动，从而区别于长期趋势。又因其变动周期至少在一年以上，且无固定期间，因而也区别于季节变动。

4. 不规则变动

不规则变动(I)又称为偶然变动，是指除了以上各种变动以外，由于偶然的、意外的因素引起的非周期性或趋势性的随机变动。如水灾、旱灾、地震、火山爆发等原因所引起的变动等。

这四种因素的变化构成了事物在一定时期内的变动。在对时间序列进行分析时，把这些影响因素同时间序列的关系用一定的数学关系式表示出来，就构成了时间序列影响因素分解模型。一般常用的数学模型有加法模型和乘法模型，也有加法和乘法的混合模型。

加法模型是假定四种变动因素是相互独立的，则时间序列各期发展水平是各个影响因素相加的总和。其表现形式为：

$$Y = T + S + C + I$$

乘法模型是假定四种变动因素存在着某种相互影响关系，互不独立，则时间序列各期发展水平是各个影响因素相乘之积。其表现形式为：

$$Y = T \cdot S \cdot C \cdot I$$

二、长期趋势的测定

长期趋势是时间序列变动的基本形式。研究长期趋势，有助于认识客观现象的变动规律，可以为预测事物未来的发展情况提供依据。长期趋势的测定方法很多，下面介绍一些主要的测定方法：

(一) 时距扩大法

时距扩大法是将原有时距较小的时间序列，按照相等的时间间隔加工整理为时距较大的时间序列，以显示其现象变动总趋势的方法。这种修匀方法，既可以采用时距扩大总数法，也可以采用时距扩大平均法。不过前者仅适用于时期数列，后者不仅适应于时期数列，也适用于时点数列。

【例4-13】　某工厂2015年各月增加值资料，如表4-12所示。

表4-12　某工厂2015年各月增加值资料　　　　　　单位:万元

月份	1	2	3	4	5	6	7	8	9	10	11	12
增加值	510	500	535	556	570	563	581	598	610	608	612	629

上表是一个时期序列，由于某些月份增加值下降，使得该企业生产发展趋势不够明显，如果利用扩大总数法将按月的增加值资料，扩大为季节资料来编制新的时间序列，则该工厂生产发展

的不断增长趋势便可清晰地反映出来。如表 4-13 所示：

表 4-13　某工厂 2015 年各季增加值　　　单位：万元

季度	一	二	三	四
增加值	1 545	1 689	1 789	1 849

如果采用时距扩大平均法，也能准确地反映其发展变化趋势。如表 4-14 所示：

表 4-14　某工厂 2015 年各季月平均增加值　　　单位：万元

季度	一	二	三	四
月平均增加值	515	563	596	616

采用时距扩大法来修匀序列，虽然要求按相等的间隔对原时间序列进行合并，但时距的大小，要根据现象发展的具体特点来决定，不能凭主观意志随意地加大或缩小。如果时距扩大不够，就不能消除偶然因素和短期因素的影响；反之，采用的时距过长，又会掩盖现象发展的具体趋势。

（二）移动平均法

移动平均法是从原有时间序列的第一项指标数值开始，按照一定的时间间隔，逐项移动求其序时平均数的修匀方法。这种方法考虑到了现象动态发展的连续性，它能把隐藏在原序列中的趋势变动规律较为明显地反映出来。移动平均法也适合对较为平稳的时间序列进行预测。

【例 4-14】　根据表 4-15 中的固定资产投资价格指数，分别取移动间隔 $k=3$ 和 $k=5$，预测 1997—2016 年固定资产投资价格指数，计算出预测误差，并将原序列和预测后的序列绘制成图形进行比较。

解： 采用 Excel 进行移动平均预测时，在【数据分析】选项中选择【移动平均】，并在对话框中输入数据区域和移动间隔即可，输出结果如表 4-15 所示。

表 4-15　固定资产投资价格指数的移动平均法

年份	固定资产投资价格指数/%	移动平均法 $k=3$	误差	移动平均法 $k=5$	误差
1997	101.7	—	—	—	—
1998	99.8	100.37	-0.57	—	—
1999	99.6	100.17	-0.57	100.52	-0.92
2000	101.1	100.37	0.73	100.22	0.88
2001	100.4	100.57	-0.17	100.7	-0.3
2002	100.2	100.93	-0.73	101.9	-1.7
2003	102.2	102.67	-0.47	102	0.2
2004	105.6	103.13	2.47	102.22	3.38
2005	101.6	102.90	-1.30	102.96	-1.36
2006	101.5	102.33	-0.83	104.3	-2.8

续表

年份	固定资产投资价格指数/%	移动平均法 $k=3$	误差	移动平均法 $k=5$	误差
2007	103.9	104.77	−0.87	102.7	1.2
2008	108.9	103.47	5.43	103.1	5.8
2009	97.6	103.37	−5.77	104.12	−6.52
2010	103.6	102.60	1.00	103.56	0.04
2011	106.6	103.77	2.83	101.84	4.76
2012	101.1	102.67	−1.57	102.42	−1.32
2013	100.3	100.63	−0.33	101.34	−1.04
2014	100.5	99.67	0.83	99.9	0.6
2015	98.2	99.37	−1.17	—	—
2016	99.4	—	—	—	—

以 3 期移动平均为例,即时间间隔扩大为 3 年,其计算如下:第一个移动平均数为(101.7+99.8+99.6)÷3＝100.37,第二个移动平均数为(99.8+99.6+101.6)÷3＝100.17……这样我们就以原序列的 20 项资料,计算出了 18 个移动平均而成的修匀时间序列。表中的第 5 栏是时间间隔扩大为 5 年,计算过程同上,可得到 16 个移动平均而成的修匀序列。从预测误差的结果来看,移动平均间隔 k 越大,预测误差越小。

如果把原时间序列与移动平均所形成的修匀时间序列绘制成图 4-2。则从图中可以看出,利用移动平均法可以消除原有时间序列固定资产投资价格指数的波动现象,从而更加明显地反映出 1997 年以来我国固定资产投资价格指数的趋势。

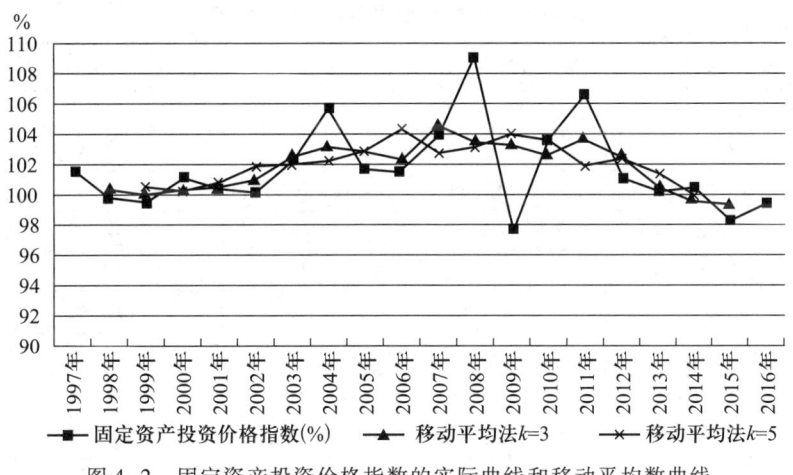

图 4-2 固定资产投资价格指数的实际曲线和移动平均数曲线

不过,在用移动平均法对序列进行修匀时,可以看出,采用的移动项数对序列的修匀作用有直接关系。一般说来,采用的移动项数越多,对序列的修匀作用就越强,但得到的移动平均数个数越少;反之,移动项数越少,对序列的修匀作用也就越弱,而得到的移动平均数个数越多。那么,移动项数的大小是如何确定的呢?一般有两点意见:

(1)在时间序列中,如果资料所反映的社会经济现象本身存在自然周期,则应以周期作为移动平均的项数。例如,对于季度资料,应以 4 项移动平均为宜,对于月份资料,则以 12 项移动平均为好。

（2）如果资料本身没有自然周期,则一般采用奇数项作为移动项数较方便,因只需一次移动平均即可成功。若采用偶数项移动,则需在第一次移动的基础上,再进行第二次移动平均。

（三）指数平滑法

指数平滑法(exponential smoothing)是通过对过去的观察值加权平均的一种方法。它是利用本期实际观察值和本期趋势预测值,分别进行加权处理,求得一个指数平滑值作为下一期的趋势预测值。它的特点是对离预测值近的观察值给予较大的权数(又称为平滑系数),对较远的观察值给予较小的权数,权数由近及远按指数规律递减,因此称为指数平滑法。

常用的有一次指数平滑法、二次指数平滑法、三次指数平滑法等,这里主要介绍一次指数平滑法。一次指数平滑法只有一个平滑系数(用符号 α 表示),将一段时期的预测值和观察值进行加权作为下一个时期的预测值,预测模型为:

$$F_t = \alpha Y_t + (1-\alpha) F_{t-1} \tag{4-24}$$

式中,Y_t 为 t 期的实际观察值;F_{t-1} 为 t 期的预测值;α 为平滑系数。

使用指数平滑法,关键的问题是平滑系数 α 的确定。一般来说,当时间序列有较大波动时,宜选择较大的 α;当时间序列变动比较平稳时,宜选择较小的 α。此外,与移动平均法一样,一次指数平滑法也可以用于对时间序列进行修匀,以消除随机波动,找出序列的变化趋势。

【例 4-15】 根据表 4-16 中的原煤产量数据,选择平滑系数 $\alpha = 0.5$ 和 $\alpha = 0.7$,用指数平滑法预测 1998—2016 年的原煤产量,并将原序列和预测后的序列绘制成图形进行比较。

解:用 Excel 进行指数平滑预测的步骤如下:

表 4-16　原煤产量的指数平滑预测值

年份	原煤产量/亿吨	指数平滑法($\alpha = 0.7$)	误差	指数平滑法($\alpha = 0.5$)	误差
1998	13.32				
1999	13.64	13.32	0.32	13.48	0.36
2000	13.84	13.54	0.3	13.66	1.06
2001	14.72	13.75	0.97	14.19	1.31
2002	15.5	14.43	1.07	14.85	3.51
2003	18.35	15.18	3.17	16.6	4.63
2004	21.23	17.4	3.83	18.91	4.74
2005	23.65	20.08	3.57	21.28	4.42
2006	25.7	22.58	3.12	23.49	4.11
2007	27.6	24.76	2.84	25.55	3.48
2008	29.03	26.75	2.28	27.29	3.86
2009	31.15	28.35	2.8	29.22	5.06
2010	34.28	30.31	3.97	31.75	5.89
2011	37.64	33.09	4.55	34.69	4.76
2012	39.45	36.27	3.18	37.07	2.67

续表

年份	原煤产量/亿吨	指数平滑法($\alpha=0.7$)	误差	指数平滑法($\alpha=0.5$)	误差
2013	39.74	38.5	1.24	38.41	0.33
2014	38.74	39.37	-0.63	38.57	-1.1
2015	37.47	38.93	-1.46	38.02	-3.91
2016	34.11	37.91	-3.8	13.32	0.32

（1）选择【工具】下拉菜单。

（2）选择【数据分析】选项,并选择【指数平滑】,然后确定。

（3）当对话框出现时,在【输入区域】中输入数据,在【阻尼系数】中输入$1-\alpha$的值(注:阻尼系数$=1-\alpha$),在【输出区域】中选择预测结果的输出位置,单击【确定】。

从表4-16和图4-3的分析结果来看,原煤产量有一定的上升态势,宜选择较大的α,从指数平滑预测值的预测误差结果来看,选择$\alpha=0.7$时预测误差较小。

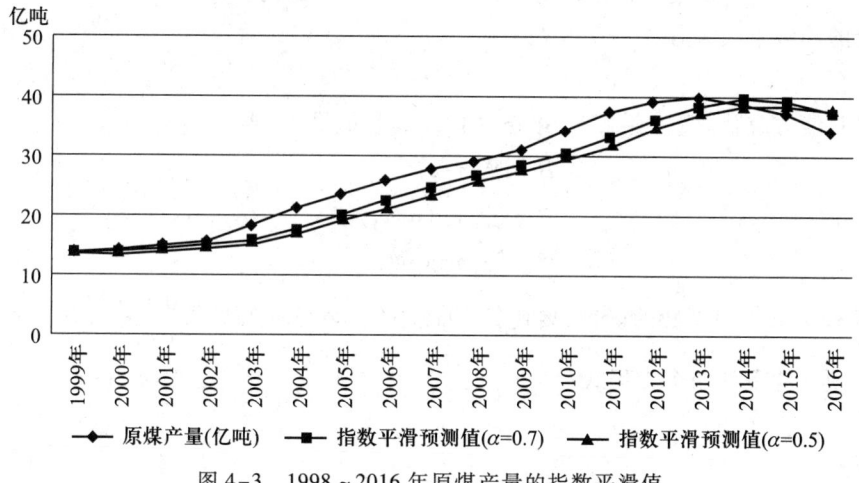

图4-3 1998～2016年原煤产量的指数平滑值

总之,无论是时距扩大法、指数平滑法还是移动平均法,虽然都能比较明显地反映被研究现象发展变化的总趋势,计算也较方便,但却不能外推预测未来的发展趋势。若既要修匀序列,同时又要预测现象未来发展趋势的话,则要用第三种方法,即趋势拟合法。

（四）趋势拟合法

即在对原有时间序列资料进行初步分析的基础上,根据其发展变化趋势的类型,用数学的方法配合适当的方程式,以预测现象未来发展变化趋势的一种方法。现象发展变化的趋势一般可分为直线趋势和曲线趋势,而曲线趋势又有不同的类型。但直线趋势的测定是最基本的方法,也是曲线趋势测定的基础。

1. 直线趋势的测定

在对时间序列进行分析时,如果发现社会经济现象发展的趋势,大体上是按逐期等量增加或减少时,则可以认为这种现象的基本发展趋势是属于直线型,因而,应配合相应的直线方程预测其未来发展变化趋势。其配合直线方程为:

$$y_t = a + bt \tag{4-25}$$

式中,t 为时间序列中的时间顺序值,是自变量。y_t 为时间序列的预测趋势值,是 t 的函数。a 与 b 是两个待定系数。a 为起始值,即当 $t=0$ 时趋势直线在 y 轴上的截距。b 为斜率,代表 t 每变动一个单位时间 y_t 的平均增减量。

方程中的两个待定系数 a 与 b,可根据已掌握的时间序列资料分别求出,那么所配合的直线方程随即就可确定。求解待定系数常用的方法一般是最小平方法。最小平方法也叫最小二乘法,这是建立趋势方程,分析长期趋势较为常用的方法。用这种方法拟合出来的趋势直线将比平均法配合的趋势直线更为理想、合理。用最小平方法建立趋势方程必须满足以下两个条件:

(1) 原时间序列中各期的指标数值 y 与按配合出来的趋势方程求得的各期对应的趋势值 y_t 的离差平方和为最小值。即:

$$\sum(y-y_t)^2 = 最小值$$

(2) 原时间序列中各期的指标数值(y)与求出的趋势值(y_t)离差之和等于零。即:

$$\sum(y-y_t) = 0$$

下面以上述条件为前提来确定趋势直线 a 和 b 两个系数的值。

设拟合的趋势直线方程为:

$$y_t = a+bt$$

将趋势直线方程代入 $\sum(y-y_t)^2$,并令 D 代表其数值最小,则:

$$
\begin{aligned}
D &= \sum(y-y_t)^2 \\
&= \sum[y-(a+bt)]^2 \\
&= \sum(y-a-bt)^2
\end{aligned}
$$

将 D 看作为 a、b 两系数的函数,要使 D 为最小值,必须求偏导数 $\dfrac{\partial D}{\partial a}$、$\dfrac{\partial D}{\partial b}$,并令其等于零,亦即 a 与 b 必须适应下列两个方程式:

$$\frac{\partial D}{\partial a} = \sum 2(y-a-bt)(-1) = 0 \tag{4-26}$$

$$\frac{\partial D}{\partial b} = t\sum 2(y-a-bt)(-t) = 0 \tag{4-27}$$

将上述两式整理后得下列联立方程式:

即
$$\begin{cases} \sum y = na+b\sum t \\ \sum ty = a\sum t+b\sum t^2 \end{cases} \tag{4-28}$$

求解联立方程式,得:

$$\begin{cases} a = \dfrac{\sum y}{n} - b\dfrac{\sum t}{n} = \bar{y}-b\bar{t} \\[2mm] b = \dfrac{n\sum ty-\sum t\sum y}{n\sum t^2-(\sum t)^2} \end{cases} \tag{4-29}$$

将已知时间序列中的时间 t 编出序号,以时间序号($1,2,3,\cdots$;或 $0,1,2,3\cdots$)代替时间。计算出 $\sum t$、$\sum y$、$\sum t^2$、$\sum ty$ 和 n(时间序列项数)五个数值,一并代入 a、b 公式,求得 a、b 值,再代入直线趋势方程 $y_t = a+bt$ 中,即得所求时间序列的趋势方程,并根据该实际趋势方程进行预测。

【例 4-16】 已知我国 1997—2016 年社会消费品零售总额资料如表 4-21 所示。试用最小平方法预测 2017 年和 2018 年社会消费品零售总额。

为了说明其计算过程,将表 4-17 资料列出计算表如表 4-18 所示。将计算表 4-18 中有关数值代入系数计算公式:

表 4-17　社会消费品零售总额资料　　　　　　　单位:亿元

时间	社会消费品零售总额	时间	社会消费品零售总额
1997	31 252.9	2007	93 571.6
1998	33 378.1	2008	114 830.1
1999	35 647.9	2009	133 048.2
2000	39 105.7	2010	158 008
2001	43 055.4	2011	187 205.8
2002	48 135.9	2012	214 432.7
2003	52 516.3	2013	242 842.8
2004	59 501	2014	271 896.1
2005	68 352.6	2015	300 930.8
2006	79 145.2	2016	332 316.3

$$b = \frac{n \sum ty - \sum t \sum y}{n \sum t^2 - (\sum t)^2} = 15\ 682.5$$

$$a = \bar{y} - b\bar{t} = -22\ 025.1$$

将 a、b 值代入趋势方程得预测模型:

$$y_t = -22\ 025.1 + 15\ 682.5\ t$$

$b = 15\ 682.5$,表示时间每增加一年,社会消费品零售总额平均增加 15 682.5 亿元。将 $t = 1$, $2, \cdots, 20$ 代入趋势方程得到各期的预测值,见表 4-19 所示:

表 4-18　计 算 过 程

年份	时间序号 t	社会消费品零售总额 y	t^2	ty
1997	0	31 252.9	0	0
1998	1	33 378.1	1	33 378.1
1999	2	35 647.9	4	71 295.8
2000	3	39 105.7	9	117 317.1
⋮	⋮	⋮	⋮	⋮
2013	16	242 842.8	256	3 885 484.8
2014	17	271 896.1	289	4 622 233.7
2015	18	300 930.8	324	5 416 754.4
2016	19	332 316.3	361	6 314 009.7
合计	190	2 539 173.4	2 470	34 551 008.3

表4-19 社会消费品零售总额的线性趋势预测

年份	社会消费品零售总额/亿元	趋势拟合值	年份	社会消费品零售总额/亿元	趋势拟合值
1997	31 252.9	-22 025.1	2007	93 571.6	134 799.9
1998	33 378.1	-6 342.6	2008	114 830.1	150 482.4
1999	35 647.9	9 339.9	2009	133 048.2	166 164.9
2000	39 105.7	25 022.4	2010	158 008	181 847.4
2001	43 055.4	40 704.9	2011	187 205.8	197 529.9
2002	48 135.9	56 387.4	2012	214 432.7	213 212.4
2003	52 516.3	72 069.9	2013	242 842.8	228 894.9
2004	59 501	87 752.4	2014	271 896.1	244 577.4
2005	68 352.6	103 434.9	2015	300 930.8	260 259.9
2006	79 145.2	119 117.4	2016	332 316.3	275 942.4

2017年的社会商品零售额（$t=20$）为：

$$y_{2017} = -22\ 025.1 + 15\ 682.5 \times 20 = 291\ 624.9（亿元）$$

2018年的社会商品零售额（$t=21$）为：

$$y_{2018} = -22\ 025.1 + 15\ 682.5 \times 21 = 307\ 307.4（亿元）$$

将各年的趋势拟合值与原序列绘制成图，如图4-4所示，可以看出社会消费品零售总额的变化趋势呈现上升的态势。上述方法是最小平方法的一般方法，如果实际（时间序列）数据很多，采用这种方法的计算工作量是比较大的，为了减少计算工作量，可以采用简捷法。

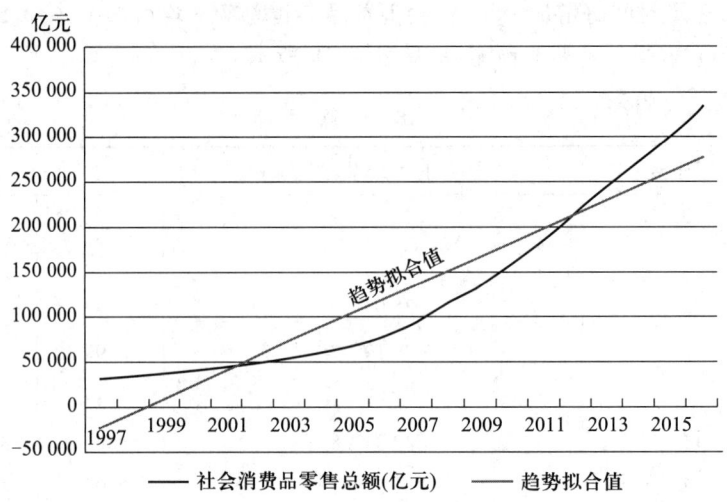

图4-4 社会消费品零售总额的线性趋势预测图

一般方法以最初一期为原点，该期t值为0，以后各期依次为1，2，3，…n。简捷法则以正中一期为原点来计算，目的在于使$\sum t=0$，假设n为实际调查统计资料的期数，当n为奇数时，则取

t 的间隔期为 1，将 $t=0$ 置于资料期的正中期。即

$$-\frac{n-1}{2}, \cdots, -3, -2, -1, 0, +1, +2, +3, \cdots, +\frac{n-1}{2}$$

当 n 为偶数时，则取 t 的间隔期为 2，将 $t=-1$ 与 $+1$ 置于资料期中央的上下两期。即

$$\cdots, -5, -3, -1, +1, +3, +5 \cdots$$

现仍以表 4–18 资料，列出简捷法计算得到表 4–24。

由于 $\sum t = 0$，则计算 a、b 的公式可简化为：

$$a = \frac{\sum y}{n} = \bar{y} \qquad (4-30)$$

$$b = \frac{\sum ty}{\sum t^2} \qquad (4-31)$$

表 4–20 简捷法计算结果

年份	时间序号 t	社会消费品零售总额 y	t^2	ty
1997	−19	31 252.9	361	−593 805.1
1998	−17	33 378.1	289	−567 427.7
1999	−15	35 647.9	225	−534 718.5
2000	−13	39 105.7	169	−508 374.1
⋮	⋮	⋮	⋮	⋮
2013	13	242 842.8	169	3 156 956.4
2014	15	271 896.1	225	4 078 441.5
2015	17	300 930.8	289	5 115 823.6
2016	19	332 316.3	361	6 314 009.7
合计	0	2 539 173.4	2 660	20 857 722

将表 4–20 资料代入 a、b 的简捷计算公式得：

$$a = \frac{\sum y}{n} = \bar{y} = 126\ 958.7$$

$$b = \frac{\sum ty}{\sum t^2} = 7\ 841.249$$

将 a、b 值代入趋势方程得预测模型：

$$y_t = 126\ 958.7 + 7\ 841.249\ t$$

2017 年的社会商品零售额（$t=21$）为：

$$y_{2017} = 126\ 958.7 + 7\ 841.249 \times 21 = 291\ 624.9（亿元）$$

2018 年的社会商品零售额（$t=23$）为：

$$y_{2018} = 126\ 958.7 + 7\ 841.249 \times 23 = 307\ 307.4（亿元）$$

由此可见，简捷法和一般方法的预测结果完全一致。

2. 曲线趋势的测定

由于影响社会经济变动的因素很多，使得曲线方程的类型很多，这里只着重介绍实际中应用

较多的指数曲线、二次曲线、三次曲线等。

（1）指数曲线

在一定时期内，有些现象的变动往往表现为，随着时间的变化按同一增长率不断增加或不断减少。指数曲线预测法正是针对现象的这种变化趋势，利用其时间序列数据资料，拟合成指数曲线，建立模型并进行预测的一种方法。指数曲线预测法的预测模型为：

$$y_t = ab^t \tag{4-32}$$

指数曲线方程不能直接计算待定系数，一般应先转化为对数形式，而后再计算待定系数。将指数曲线方程两边取对数，即转化为直线形式：

$$\lg y_t = \lg a + t\lg b \tag{4-33}$$

这样，就可按直线配合法，建立标准方程为：

$$\begin{cases} \sum \lg y_t = n\lg a + \lg b \sum t \\ \sum t\lg y_t = \lg a \sum t + \lg b \sum t^2 \end{cases} \tag{4-34}$$

解之得：

$$\begin{cases} \lg a = \dfrac{\sum \lg y_t}{n} - \lg b \dfrac{\sum t}{n} \\ \lg b = \dfrac{n\sum t\lg y_t - \sum t \sum \lg y_t}{n\sum t^2 - (\sum t)^2} \end{cases} \tag{4-35}$$

查反对数表由 $\lg a$、$\lg b$ 得出 a、b，即得到指数曲线的实际预测模型。

如果用简捷法（时间序号以中间为 0 点，使 $\sum t = 0$），则：

$$\begin{cases} \lg a = \dfrac{\sum \lg y_t}{n} \\ \lg b = \dfrac{n\sum t\lg y_t}{n\sum t^2} \end{cases} \tag{4-36}$$

【例 4-17】（续例 4-16） 已知我国 1997—2016 年社会消费品零售总额资料如表 4-21 所示。

试用指数曲线拟合趋势方程，并预测 2017 年的社会消费品零售总额。

将表 4-21 中计算结果代入 $\lg a$、$\lg b$ 的计算公式：

$$\lg b = \frac{n\sum t\lg y_t - \sum t\sum \lg y_t}{n\sum t^2 - (\sum t)^2} = 0.14$$

$$\lg a = \frac{\sum \lg y_t}{n} - \lg b \frac{\sum t}{n} = 10.17$$

查反对数表得：$a = 24\,923.36$，$b = 1.14$

表 4-21　社会消费品零售总额的指数趋势预测

年份	时间序号 t	社会消费品零售总额 y	t^2	$\lg y$	$t\lg y$
1997	0	31 252.9	0	10.35	0
1998	1	33 378.1	1	10.42	10.42

年份	时间序号 t	社会消费品零售总额 y	t^2	lg y	t lg y
1999	2	35 647.9	4	10.48	20.96
2000	3	39 105.7	9	10.57	31.72
⋮	⋮	⋮	⋮	⋮	⋮
2013	16	242 842.8	256	12.4	198.4
2014	17	271 896.1	289	12.51	212.72
2015	18	300 930.8	324	12.61	227.06
2016	19	332 316.3	361	12.71	241.56

社会消费品零售总额的指数趋势拟合图和原序列图如图 4-5 所示。

所以指数曲线预测法的预测模型为：

$$y_t = 24\,923.36 \times 1.14^t$$

若要预测 2017 年和 2018 年的社会消费品零售总额，

即 $t=20$ 时，$y_{2017} = 24\,923.36 \times 1.14^{20} = 372\,564.8$（亿元）

$t=21$ 时，$y_{2018} = 24\,923.36 \times 1.14^{21} = 426\,512.3$（亿元）

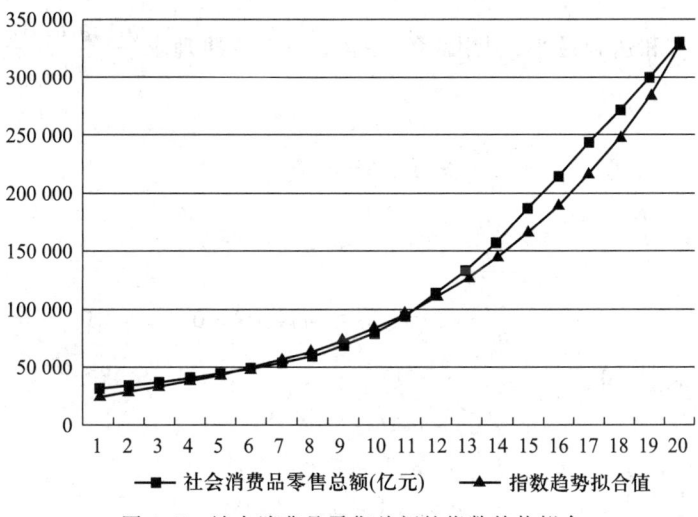

图 4-5　社会消费品零售总额的指数趋势拟合

（2）二次曲线

在历史数据形成的时间序列中，经济现象的逐期增长量大体上以近似等量的形式递增，即其二次差大致相同，可以用二次曲线的预测模型 $y_t = a + bt + ct^2$ 来预测。其中 t 代表时间序号，a、b、c 为待定参数，y_t 代表预测趋势值。

假设：时间序列观察期按自然序号编排，即 $t=0,1,2,3,\cdots$

其一次差为：$y' = y_t - y_{t-1} = b + 2tc - c$

其二次差为：$y'' = y_t' - y_{t-1}' = 2c$，如表 4-22 所示：

表 4-22　二次曲线的二次差

t	观察值 y_t	一次差	二次差
1	$a+b+c$	$b+c$	—
2	$a+2b+4c$	$b+3c$	$2c$
3	$a+3b+9c$	$b+5c$	$2c$
4	$a+4b+16c$	$b+7c$	$2c$
5	$a+5b+25c$	$b+9c$	$2c$

从理论上说,二次曲线的二次差为一个常数,但在实际预测中,只要对原始序列计算的二次差大致相同,就可配合二次曲线进行预测。在二次曲线中:

① 当 $a>0,b>0,c>0$ 时,二次曲线开口向上,有最低点,曲线呈正增长趋势;

② 当 $a>0,b<0,c>0$ 时,二次曲线开口向上,有最低点,曲线呈负增长趋势;

③ 当 $a>0,b>0,c<0$ 时,二次曲线开口向下,有最高点,曲线呈正增长趋势;

④ 当 $a>0,b<0,c<0$ 时,二次曲线开口向下,有最高点,曲线呈负增长趋势;

预测模型的方法还是用最小平方法。

令

$$D = \sum (y-y_t)^2 = \sum (y-a-bt-ct)^2 \tag{4-37}$$

为了使残差平方和达到最小,利用高等数学中的极值原理求 $\dfrac{\partial D}{\partial a}, \dfrac{\partial D}{\partial b}, \dfrac{\partial D}{\partial c}$,并分别令其等于零,则

$$\frac{\partial D}{\partial a} = -2\left(\sum y-a-bt-ct^2\right) = 0 \tag{4-38}$$

$$\frac{\partial D}{\partial b} = -2t\left(\sum y-a-bt-ct^2\right) = 0 \tag{4-39}$$

$$\frac{\partial D}{\partial c} = -2t^2\left(\sum y-a-bt-ct^2\right) = 0 \tag{4-40}$$

将上面的式子联立,得:

$$\begin{cases} \sum y = na+b\sum t+c\sum t^2 \\ \sum ty = a\sum t+b\sum t^2+c\sum t^3 \\ \sum t^2 y = a\sum t^2+b\sum t^3+c\sum t^4 \end{cases} \tag{4-41}$$

同样可以采用移动原点的办法,使有关序号 t 的总和数值中的 $\sum t=0$ 和 $\sum t^3=0$,把上述方程组简化为:

$$\begin{cases} \sum y = na+c\sum t^2 \\ \sum ty = b\sum t^2 \\ \sum t^2 y = a\sum t^2+c\sum t^4 \end{cases} \tag{4-42}$$

解之得:

$$a = \frac{\sum y}{n} -c\frac{\sum t^2}{n} \tag{4-43}$$

$$b = \frac{\sum ty}{\sum t^2} \tag{4-44}$$

$$c = \frac{n\sum t^2 y - \sum t^2 \sum y}{n\sum t^4 - (\sum t^2)^2} \tag{4-45}$$

根据已知时间序列的资料,分别求出:$\sum y$、$\sum t^2$、$\sum ty$、$\sum t^2 y$、$\sum t^4$ 和 n,一并代入 a、b、c 的计算公式,即可求得二次曲线的预测模型,然后根据给定的 t 来确定预测期的预测值。

【例 4-18】　根据 2000—2016 年煤炭占能源消费总量的比重数据,拟合适当的趋势曲线,计算出各期的预测值和预测误差,预测 2017 年煤炭占能源消费总量的比重,并将原序列和预测值序列绘制成图形进行比较。

将表 4-23 资料代入 a、b、c 的简捷计算公式得:

$$b = \frac{\sum ty}{\sum t^2} = -0.003\ 3$$

$$c = \frac{n\sum t^2 y - \sum t^2 \sum y}{n\sum t^4 - (\sum t^2)^2} = -0.001$$

$$a = \frac{\sum y}{n} - c\frac{\sum t^2}{n} = 0.716$$

表 4-23　2000—2016 年煤炭占能源消费总量比重 y 的计算过程

年份	y	t	t^2	t^4	ty	$t^2 y$
2000	0.69	-8	64	4 096	-5.48	43.84
2001	0.68	-7	49	2 401	-4.76	33.32
2002	0.69	-6	36	1 296	-4.11	24.66
2003	0.7	-5	25	625	-3.51	17.55
2004	0.7	-4	16	256	-2.81	11.23
2005	0.72	-3	9	81	-2.17	6.52
2006	0.72	-2	4	16	-1.45	2.9
2007	0.73	-1	1	1	-0.73	0.73
2008	0.72	0	0	0	0	0
2009	0.72	1	1	1	0.72	0.72
2010	0.69	2	4	16	1.38	2.77
2011	0.7	3	9	81	2.11	6.32
2012	0.69	4	16	256	2.74	10.96
2013	0.67	5	25	625	3.37	16.85
2014	0.66	6	36	1 296	3.94	23.62
2015	0.64	7	49	2 401	4.46	31.21
2016	0.62	8	64	4 096	4.96	39.7
合计	11.72	0	408	17 544	-1.34	272.88

则实际的二次曲线预测模型为:

$$y_t = 0.716 - 0.003\ 3\ t - 0.001\ t^2$$

2017 年煤炭占能源消费总量比重的预测值($t=9$)为：

$$y_{2017}=0.716-0.003\ 3\times9-0.001\times9^2=0.605\ 3$$

将各期的趋势拟合值和原序列绘图 4-6，可以看出煤炭占能源消费总量比重的趋势形态。

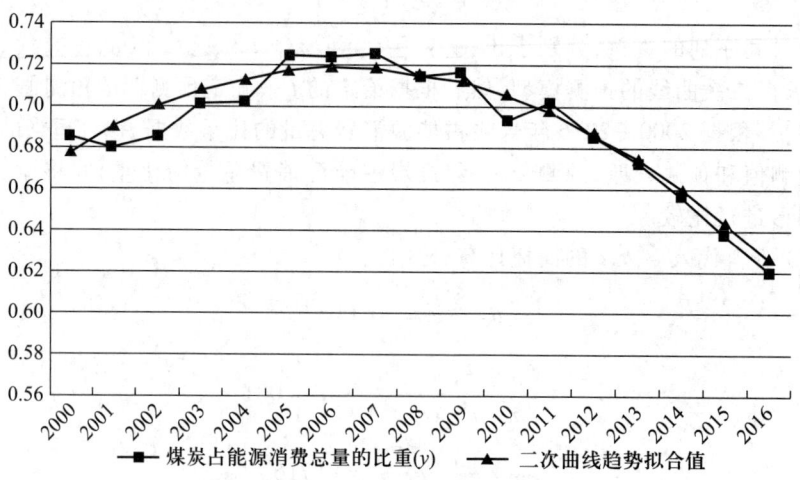

图 4-6　煤炭占能源消费总量的比重的二次曲线趋势拟合

在利用二次曲线预测法进行预测时，由于其曲线上升和下降的情况相对称，从而适合的机会也就大大减少，但我们可以用二次曲线的一支（上升或下降）来拟合某些商品的销售的增长或减少的趋势。

（3）三次曲线

三次曲线就是当观察期资料在历史发展过程中，开始由低而高发展，后来又出现下降再上升的变动趋势。

三次曲线预测法的预测模型为：

$$y_t=a+bt+ct^2+dt^3 \tag{4-46}$$

在求解参数 a、b、c、d 时，与二次曲线预测法所用方法相同，即令 $D=\sum(y-y_t)^2=\sum(y-a-bt-ct^2-dt^3)^2$ 为最小值，令 $\dfrac{\partial D}{\partial a}$、$\dfrac{\partial D}{\partial b}$、$\dfrac{\partial D}{\partial c}$、$\dfrac{\partial D}{\partial d}$ 分别等于零，得下列标准方程组：

$$\begin{cases} \sum y=na+b\sum t+c\sum t^2+d\sum t^3 \\ \sum ty=a\sum t+b\sum t^2+c\sum t^3+d\sum t^4 \\ \sum t^2y=a\sum t^2+b\sum t^3+c\sum t^4+d\sum t^5 \\ \sum t^3y=a\sum t^3+b\sum t^4+c\sum t^5+d\sum t^6 \end{cases} \tag{4-47}$$

当时间序号以首项为 0 点时，采用上述标准方程计算 a、b、c、d。为了简化计算手续，时间序号以中间为 0 点（方法和二次曲线预测法相同），可使 $\sum t=0$、$\sum t^3=0$、$\sum t^5=0$。

那么，上述标准方程组可以简化为：

$$\begin{cases} \sum y=na+c\sum t^2 \\ \sum ty=b\sum t^2+d\sum t^4 \\ \sum t^2y=a\sum t^2+c\sum t^4 \\ \sum t^3y=b\sum t^4+d\sum t^6 \end{cases} \tag{4-48}$$

根据已知时间序列的资料,分别求出:$\sum y$、$\sum t^2$、$\sum t^4$、$\sum t^6$、$\sum ty$、$\sum t^2y$、$\sum t^3y$ 和 n,一并代入简化的标准方程组,即可计算出参数 a、b、c、d。然后将 a、b、c、d 的值代入三次曲线方程即得到实际的预测模型,根据该模型和给定的 t 值就可以确定预测期的预测值。

三、季节变动分析

在按月或按季编制的时间序列中,有时不仅存在着一定的发展趋势,而且还存在着周期性变动,即季度变动。因此,在对现象进行变动分析时,除了对长期趋势进行分析,还应分析季节变动的影响。为消除偶然因素的影响,时间序列数据至少包含三个周期以上。分析季节变动的主要目的在于认识和掌握季节变动规律,以便更好地组织生产、流通和安排人民生活。

测定季节变动的方法有两种:一是不考虑长期趋势的影响;二是考虑长期趋势的影响。这里仅介绍不考虑长期趋势影响的季节变动的测定,第二种方法在第四部分复合型序列分解分析中详细讨论。

在不考虑长期变动趋势的情况下,求得季节指数进行预测的方法很多,如按月(季)平均法、全年比率平均法、连环比率法等。下面只对前两种方法进行介绍。

(一)按月(季)平均法

按月(季)平均法是以历年的各月(季)平均数同全时期月(季)平均数相比而求得季节指数的方法。

【例4-19】 2012年第一季度—2017年第四季度的乳制品销售量资料,如表4-24所示。已知2018年第二季度的乳制品销售量为1 346.1万吨,预测2018年第三、第四季度的销售量。

表4-24 乳制品销售量资料

年份	(1)	乳制品销售量/万吨				合计
		第一季度	第二季度	第三季度	第四季度	
2012	(2)	547	1 144.5	1 793.7	2 518.7	—
2013	(3)	621.6	1 301.6	1 971.1	2 672	—
2014	(4)	597.5	1 259.6	1 941.7	2 643.2	—
2015	(5)	615.2	1 304.5	2 013.5	2 738.9	—
2016	(6)	654.8	1 399	2 180.2	2 975.4	—
2017	(7)	679.1	1 445	2 291.2	2 905.1	—
季度平均	(8)	619.20	1 309.03	2 031.90	2 742.22	1 675.59
季节指数/%	(9)	36.95	78.12	121.26	163.66	400

解:预测步骤如下:

第一步:计算各年同月(季)的算术平均数。

$$一季度的平均值 = \frac{547+621.6+597.5+615.2+654.8+679.1}{6} = 619.2(万吨)$$

依此类推,计算到第四季度,计算结果填入表4-28中的栏目(8)。

第二步:计算总的月(季)平均数。

$$总的季平均值 = \frac{619.2+1\,309.03+2\,031.9+2\,742.22}{4} = 1\,675.59(万吨)$$

第三步:计算每月(季)的季节指数。

$$季节指数\ a_i = \frac{各年同月(季)平均数}{总的月(季)平均数} \times 100\%$$

$$一季度的季节指数\ a_1 = \frac{619.2}{1\ 675.59} \times 100\% = 36.95\%$$

依次类推,计算到四季度的 a_4。

第四步:调整各月(季)季节指数。

从理论上讲,1—4 季度的季节指数之和应等于 400%(月资料为 1 200%),但是由于计算中的四舍五入而使得季节指数可能大于或小于 400%。对此,应计算调整系数,予以调整。

$$调整系数 = \frac{理论季节指数之和}{实际季节指数之和}$$

本例正好等于 400%,所以不予调整。

第五步:利用季节指数进行预测。

$$本年某月(季)预测值 = 某月(季)实际值 \times \frac{预测月度(季度)的季节指数}{实际月度(季度)的季节指数}$$

$$2018\ 年第三季度预测值 = 1\ 346.1 \times \frac{a_3}{a_2} = 1\ 346.1 \times \frac{121.26}{78.12} = 2\ 089.44(万吨)$$

$$2018\ 年第四季度预测值 = 2\ 085.14 \times \frac{a_4}{a_3} = 2\ 085.14 \times \frac{163.66}{121.26} = 2\ 819.87(万吨)$$

(二)全年比率平均法

全年比率平均法,是将历年各月(季)数值同全年月(季)平均指数之间的比率予以平均求得季节指数,进行预测的方法。

仍以表 4-24 资料为例进行预测,见表 4-25。

表 4-25　乳制品销售量的全年比率平均法

项目	(1)	乳制品销售量/万吨			
		第一季度	第二季度	第三季度	第四季度
2012	(2)	547	1 144.5	1 793.7	2 518.7
2013	(3)	621.6	1 301.6	1 971.1	2 672
2014	(4)	597.5	1 259.6	1 941.7	2 643.2
2015	(5)	615.2	1 304.5	2 013.5	2 738.9
2016	(6)	654.8	1 399	2 180.2	2 975.4
2017	(7)	679.1	1 445	2 291.2	2 905.1
2012 年各季度比率/%	(8)	36.44	76.25	119.5	167.8
2013 年各季度比率/%	(9)	37.87	79.29	120.07	162.77
2014 年各季度比率/%	(10)	37.1	78.21	120.57	164.12
2015 年各季度比率/%	(11)	36.88	78.21	120.71	164.2
2016 年各季度比率/%	(12)	36.33	77.62	120.96	165.08
2017 年各季度比率/%	(13)	37.11	78.96	125.2	158.74
季节指数/%	(14)	36.95	78.09	121.17	163.79

预测步骤如下：

第一步：将历年各季(月)数值同该年全年季(月)平均数相除，求出全年季(月)的比率，计算公式为：

$$历年各月(季)的比率(\%) = \frac{各月(季)的数值}{该年全年月(季)平均值} \times 100\%$$

$$2012年全年季度平均值 = \frac{547+1\ 144.5+1\ 793.7+2\ 518.7}{4} = 1\ 500.98(万吨)$$

$$2012年1季度的比率 = \frac{547}{1\ 500.98} \times 100\% = 36.44\%$$

依次类推，计算到四季度，填入表4-29的第(8)栏中。

同理，可计算出2013年、2014年、2015、2016、2017年各季的比率，分别填入表4-29中的(9)(10)(11)(12)(13)栏。

第二步：将历年相同季度(月份)的比率加以平均，求得季节指数。

$$各月季节指数\ a_i = \frac{历年同月(季)比率相加之和}{年数} \times 100\%$$

$$一季度的季节指数\ a_1 = \frac{36.44+37.87+37.1+36.88+36.33+37.11}{6} = 36.95$$

依次类推，求得四个季度的季节指数，填入表4-29中的(14)栏。

第三步：调整季节指数。将调整系数与各月季节指数分别相乘，得出调整后的季节指数。这里季节指数之和为400%，不需再做调整。

第四步：根据季节指数进行预测。

$$2018年第三季度预测值 = 1\ 346.1 \times \frac{a_3}{a_2} = 1\ 346.1 \times \frac{121.17}{78.09}$$

$$= 2\ 088.7(万吨)$$

$$2018年第四季度预测值 = 2\ 088.7 \times \frac{a_4}{a_3} = 2\ 080.81 \times \frac{163.79}{121.17}$$

$$= 2\ 823.35(万吨)$$

*四、复合型序列的分解和预测

复合型时间序列是指含有趋势、季节、周期和随机成分的序列。对这类序列的预测方法通常是将时间序列的各个因素依次分离出来，然后进行预测。由于周期成分的分析需要有多年的数据，实际中很难获取多年数据，而且时间序列的因素之间很多是相互影响的，因此常用的时间序列分解模型是乘法模型：$Y_t = T_t \times S_t \times I_t$。这一模型中含有三个因素：长期趋势、季节成分和不规则部分。这里主要介绍时间序列分解法预测，预测步骤如下：

第一步，确定并分离出季节成分。计算季节指数，以确定时间序列中的季节成分。然后将季节成分从时间序列中分离出去，即用原时间序列观察值除以相应的季节指数，消除季节性。

第二步，建立预测模型并进行预测。对消除了季节成分的时间序列建立适当的长期趋势预测模型，并根据这一模型进行未来的趋势预测。

第三步，计算最后的预测值。根据长期趋势的预测值乘以相应的季节指数，得到最终的预测值。

（一）确定并分离季节成分

1. 计算季节指数

季节指数法计算方法有很多，这里只介绍移动平均趋势剔除法。在考虑长期趋势的季节指数测定时，一般是求得移动平均值后，再在移动平均值的基础上求出季节指数，最后进行调整。计算步骤如下：

（1）求出中心化移动平均值。首先应用下面的公式求出移动平均值。

$$M_t = \frac{Y_t + Y_{t-1} + Y_{t-2} + \cdots + Y_{t-n+1}}{n}（n = 12（月度）或 n = 4（季度））$$

并对其进行中心化处理，也就是将移动平均的结果再进行一次二项移动平均，即得出中心化移动平均值。

（2）计算各月或各季的季节指数。首先计算移动平均的比值，又称为季节比率，即将各序列的观察值除以相应的中心化移动平均值，然后计算出各比值的季度（或月度）平均值。

（3）季节指数的调整。由于各季节指数的平均数应等于 1 或 100%，若根据第二步计算的季节比率的平均值不等于 1，则需要进行调整。具体方法是：将第二步计算的每个季节比率的平均值除以它们的总平均值。

【例 4-20】　2012 年第一季度到 2017 年第四季度乳制品销售量资料，如表 4-24 所示，计算各季的季节指数。已知 2018 年第二季度的乳制品销售量为 1 346.1 万吨，试预测 2018 年第三季度的销售量。

预测步骤如下：

第一步：选择移动平均期数，求中心化移动平均值和各季度季节指数。从表 4-26 的资料可以看出，乳制品销售量的季节变动周期为 4 个季度，为了消除季节性变动的影响，以 4 个季度为循环周期，求移动平均期数为 4 个季度的移动平均值。

2012 年 1—4 季度的移动平均值：

$$\frac{547 + 1\ 144.5 + 1\ 793.7 + 2\ 518.7}{4} = 1\ 500.98$$

依次类推，填入表 4-26 的第（5）栏中。

然后相邻的两个移动平均数，加以平均，求得中心化的移动平均值。并将中心化的移动平均值放在两个移动平均值中间的位置上。

表 4-26　乳制品销售量数据的季节变动分析表

年份	季度	时间序号	乳制品销售量 （Y）	4 期移动平均值	中心化移动均值 Y'	季节指数 Y/Y'
（1）	（2）	（3）	（4）	（5）	（6）	（7）
2012	1	1	547	—	—	—
	2	2	1 144.5	—	—	—
	3	3	1 793.7	1 500.975	1 510.3	118.76
	4	4	2 518.7	1 519.625	1 539.26	163.63

续表

年份	季度	时间序号	乳制品销售量（Y）	4 期移动平均值	中心化移动均值 Y'	季节指数 Y/Y'
（1）	（2）	（3）	（4）	（5）	（6）	（7）
2013	1	5	621.6	1 558.9	1 581.08	39.32
	2	6	1 301.6	1 603.25	1 622.41	80.23
	3	7	1 971.1	1 641.575	1 638.56	120.29
	4	8	2 672	1 635.55	1 630.3	163.9
2014	1	9	597.5	1 625.05	1 621.38	36.85
	2	10	1 259.6	1 617.7	1 614.1	78.04
	3	11	1 941.7	1 610.5	1 612.71	120.4
	4	12	2 643.2	1 614.925	1 620.54	163.11
2015	1	13	615.2	1 626.15	1 635.13	37.62
	2	14	1 304.5	1 644.1	1 656.06	78.77
	3	15	2 013.5	1 668.025	1 672.98	120.35
	4	16	2 738.9	1 677.925	1 689.74	162.09
2016	1	17	654.8	1 701.55	1 722.39	38.02
	2	18	1 399	1 743.225	1 772.79	78.92
	3	19	2 180.2	1 802.35	1 805.39	120.76
	4	20	2 975.4	1 808.425	1 814.18	164.01
2017	1	21	679.1	1 819.925	1 833.8	37.03
	2	22	1 445	1 847.675	1 838.89	78.58
	3	23	2 291.2	1 830.1		
	4	24	2 905.1			

2012 年 3 季度中心化的移动平均值：

$$\frac{1\,500.975+1\,519.625}{2}=1\,510.3$$

依次类推，填入表 4-26 的第（6）栏中。

第二步：计算各季（或月）的季节指数。

$$季节指数=\frac{序列中的原始观察值}{对应的中心化移动平均值}$$

$$2012 \text{ 年 3 季度的季节指数}=\frac{1\,793.7}{1\,510.3}=118.76\%$$

依次类推，填入表 4-26 中第（7）栏。

第三步：将历年同季（月）的各个季节指数加以平均，得出消除不规则变动因素的季节指数，并进行调整。列入表 4-27。

$$第一季度的季节指数平均值=\frac{39.32+36.85+37.62+38.02+37.03}{5}=37.8$$

依次类推,

第四季度的季节指数平均值 $=\dfrac{163.63+163.9+163.11+162.09+164.01}{5}=163.2$

填入表 4-27 的第(9)横栏中。

表 4-27　季节变动分析续表　　　　　　　单位:%

年		季度			
	(1)	1 季度	2 季度	3 季度	4 季度
2012	(2)	—	—	118.76	163.63
2013	(3)	39.32	80.23	120.29	163.9
2014	(4)	36.85	78.04	120.4	163.11
2015	(5)	37.62	78.77	120.35	162.09
2016	(6)	38.02	78.92	120.76	164.01
2017	(7)	37.03	78.58	—	—
合计	(8)	188.84	394.53	600.57	816.73
季节指数平均值/%	(9)	37.8	78.9	120.1	163.2

四个季度的季节指数正好等于 400%,不需要进行调整。从图 4-7 可以看出,乳制品的销售量 3 季度和 4 季度是旺季,1 季度和 2 季度是淡季。

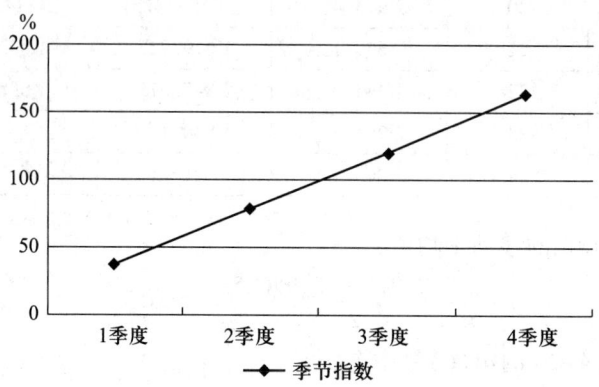

图 4-7　乳制品销售量的季节变动图

2. 分离季节成分

计算出季节指数后,就可将各实际观察值分别除以相应的季节指数,将季节成分从时间序列中分离出来。用公式表示为:

$$\frac{Y}{S}=\frac{T\times S\times I}{S}=T\times I$$

分离后的序列是在没有季节因素影响情况下的时间序列变化形态。图 4-8 绘制了乳制品销量的原始序列及季节分离后的序列。

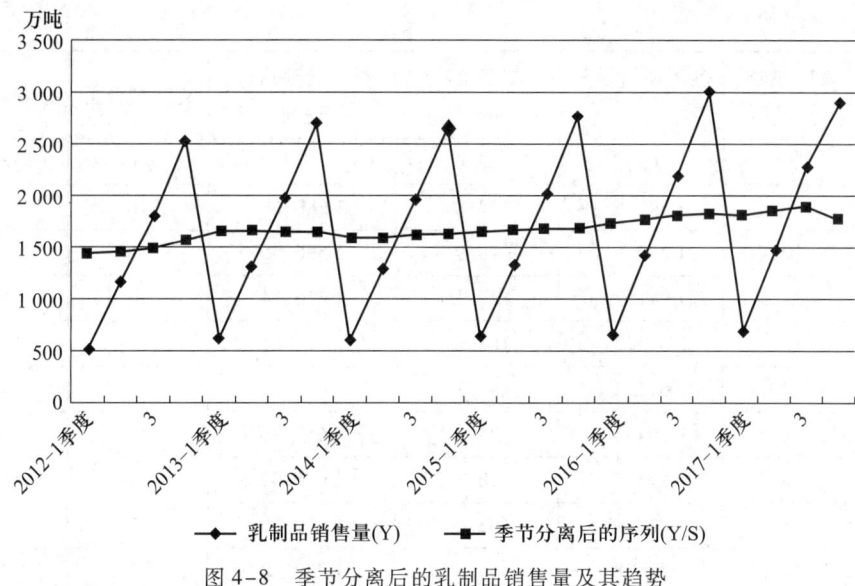

图 4-8　季节分离后的乳制品销售量及其趋势

(二) 建立预测模型并进行预测

从剔除季节成分后的啤酒销售量的时间序列图(图 4-8)可以看出,乳制品销售量具有一定的线性趋势。因此可用一元线性模型来预测各季度的乳制品销售量。

【例 4-21】　根据 2012 年第一季度到 2017 年第四季度的乳制品销售量资料,预测 2012—2017 年各季度的乳制品销售量,并预测 2018 年各季度的销售量。

解:首先,根据线性趋势方程计算出各期的预测值。根据季节分离后的序列确定线性趋势方程:

$$\hat{y}_t = 1\,469.9 + 15.79t$$

根据上述趋势方程求得各期趋势拟合值,如表 4-28 所示。

表 4-28　乳制品销售量的预测值

年/季度	时间序号 x	乳制品销售量 y	季节指数 /%	季节分离后的序列	趋势拟合值	最终预测值
(1)	(2)	(3)	(4)	(5)=(3)/(4)	(6)	(7)=(6)×(4)
2012-1	1	547	37.8	1 447.09	14	561.59
2	2	1 144.5	78.9	1 450.57	15	1 184.67
3	3	1 793.7	120.1	1 493.51	15	1 822.24
4	4	2 518.7	163.2	1 543.32	15	2 501.95
2013-1	5	621.6	37.8	1 644.44	15	585.47
2	6	1 301.6	78.9	1 649.68	15	1 234.50
3	7	1 971.1	120.1	1 641.22	15	1 898.10
4	8	2 672	163.2	1 637.25	15	2 605.03

续表

年/季度	时间序号 x	乳制品销售量 y	季节指数 /%	季节分离后的序列	趋势拟合值	最终预测值
(1)	(2)	(3)	(4)	(5)=(3)/(4)	(6)	(7)=(6)×(4)
2014-1	9	597.5	37.8	1 580.69	16	609.34
2	10	1 259.6	78.9	1 596.45	16	1 284.33
3	11	1 941.7	120.1	1 616.74	16	1 973.95
4	12	2 643.2	163.2	1 619.61	16	2 708.11
2015-1	13	615.2	37.8	1 627.51	16	633.21
2	14	1 304.5	78.9	1 653.36	16	1 334.17
3	15	2 013.5	120.1	1 676.52	17	2 049.81
4	16	2 738.9	163.2	1 678.25	17	2 811.19
2016-1	17	654.8	37.8	1 732.28	17	657.09
2	18	1 399	78.9	1 773.13	17	1 384.00
3	19	2 180.2	120.1	1 815.32	17	2 125.66
4	20	2 975.4	163.2	1 823.16	17	2 914.26
2017-1	21	679.1	37.8	1 796.56	18	680.96
2	22	1 445	78.9	1 831.43	18	1 433.83
3	23	2 291.2	120.1	1 907.74	18	2 201.52
4	24	2 905.1	163.2	1 780.09	18	3 017.34

其次,根据季节性因素分离后的序列确定的线性趋势方程可以得到 2012—2017 年各季度的趋势拟合值(见表 4-28)。

将回归拟合值乘以相应的季节指数,就得到最后的预测值。

预测 2018 年第一季度的销售量,将 $t=25$ 代入趋势方程,得

$$\hat{y}_t = 1\ 469.9 + 15.79 \times 25 = 1\ 864.65(万吨)$$

这个预测值是不含季节因素的。如果要求出含有季节因素的销售量的最终值,需要在上述预测值的基础上乘以第一季度的季节指数,即 1 864.65×37.8% = 704.84(万吨)

依次类推,可以得到 2018 年四个季度乳制品销售量的预测值,如表 4-29 所示。

表 4-29　2018 年四个季度的乳制品销售量的预测值

年/季度	时间编号	季节指数	趋势拟合值	最终预测值
2018-1	25	37.8	1 864.65	704.84
2018-2	26	78.9	1 880.44	1 483.67
2018-3	27	120.1	1 896.23	2 277.37
2018-4	28	163.2	1 912.02	3 120.42

按照季节指数和趋势方程进行预测,基本上反映了实际销售值的变动趋势,但分季(月)来看,有的季(月)份也存在一定的误差,在出现不规则变动时,预测值势必有所偏误,这些不规则变动在一定程度上影响了预测值的准确性。因此,该方法计算出来的预测值只能作为预测趋势变动的近似值。

图4-9给出了乳制品销售量的实际值和预测值,可知预测效果非常好。

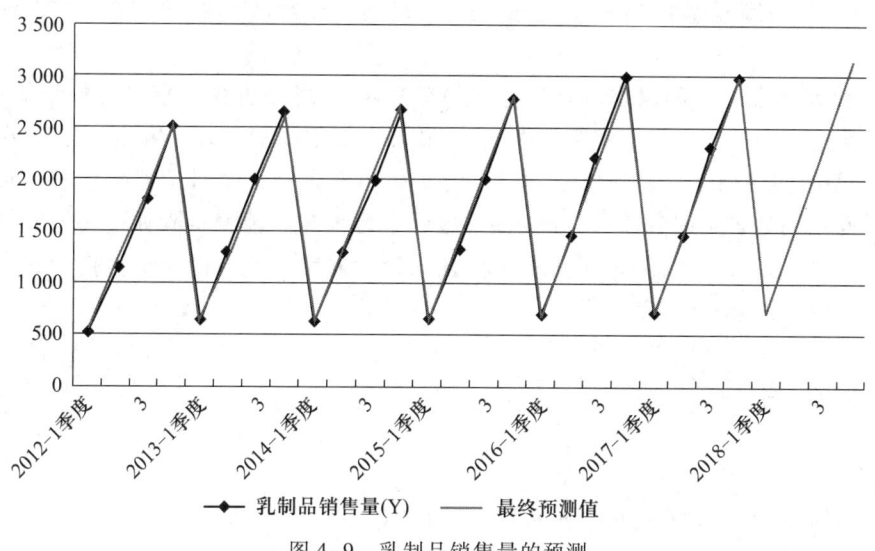

图4-9 乳制品销售量的预测

本节我们从各个角度出发,分别研究了影响时间序列变动的因素。若要对未来社会经济现象的发展变化前景有一个较为准确的预测,就要把这几种影响因素结合起来。

本章小结

1. 时间序列,又称动态数列或时间数列,它是将社会经济现象某种统计指标的数值,按照时间的先后顺序加以排列而形成的数列,它描述了随着时间的推演现象发展的数量特征及其变动趋势。时间序列分为总量指标、相对指标和平均指标时间序列。其中,总量指标时间序列是基本的时间序列,有时期序列和时点序列两种。相对指标和平均指标时间序列是总量指标时间序列的派生形式。

2. 水平指标分析。水平指标用以分析现象的水平,包括发展水平与增长水平、平均发展水平与平均增长水平。发展水平是时间序列中每一项具体的指标值,平均发展水平是发展水平的序时平均数。总量指标中时期指标和时点指标计算序时平均数的计算方法不同。相对指标和平均指标的序时平均数是分子、分母分别计算序时平均数对比得到的。增长水平是两个不同时期的发展水平之差,各逐期增长量之和等于累计增长量。平均增长水平是逐期增长量的序时平均数。

3. 速度指标分析。速度指标用来分析现象的速度,包括发展速度和增长速度、平均发展速度和平均增长速度。发展适度是两个不同时期发展水平相比,有定基发展速度和环比发展速度。定基发展速度的比较时期是某一个固定时期,环比发展速度的比较时期是前一个时期。环比发展速度的连乘积等于定基发展速度。平均发展速度是发展速度的序时平均数,有水平法和累计法两种计算方法。增长速度由增长量与基期水平比较得到,即发展速度减1,有环比增长速度和定基增长速度两种。平均增长速度等于平均发展速度减1。

4. 长期趋势的测定。长期趋势的测定方法主要有时距扩大法、移动平均法、指数平滑法和趋势模型法。当各期的增长量大致为常数时,可配合直线方程来拟合。当各期增长速度大致相同时,可配合指数曲线方程来拟合。当各期的二级增长量大致相同时,可配合二次曲线方程来测定趋势。

5. 季节变动的测定。测定季节变动的方法有两种:一是不考虑长期趋势的影响;二是考虑长期趋势的影响。在不考虑长期趋势的情况下,又分为按月(季)平均法和全年比率平均法。

6. 复合型时间序列是指含有趋势、季节、周期和随机成分的序列。对这类序列的预测方法通常是将时间序列的各个因素依次分离出来,然后进行预测。预测步骤如下:① 确定并分离出季节成分。② 建立预测模型并进行预测。③ 计算最后的预测值。根据长期趋势的预测值乘以相应的季节指数,得到最终的预测值。

▤ 思考与练习

思考题

1. 何谓时间序列?构成时间序列的基本要素有哪些?
2. 比较时期数列与时点数列的不同。
3. 什么是相对数时间序列?用来反映什么?什么是平均数时间序列?用来反映什么?
4. 什么是平均发展速度?计算平均发展速度的水平法和累计法的实质分别是什么?
5. 最小平方法的数学要求是什么?写出以最小平方法拟合二次曲线的标准方程。
6. 如果你是公司的经营管理人员,对于公司历年的销售额时间序列资料,你认为可以进行哪些方面的分析能够对公司的生产经营决策提供参考?

练习题

1. 全国能源消费总量资料如下:

年份	2013	2014	2015	2016	2017
能源消费总量/亿吨	41.69	42.58	42.99	43.60	44.80

试计算我国能源消费几年来的逐期和累计增长量,定基和环比发展速度,年平均增长量。

2. 某管理局所属两个企业,1月份产值及每日在册工人数资料如下:

企业	总产值/万元	每日在册人数/人		
		1–15 日	16–21 日	22–31 日
甲	31.5	230	212	245
乙	35.2	232	214	228

试求甲、乙两个企业1月份的月平均劳动生产率。

3. 某商品在甲、乙两个集市价格资料如下：

	1月1日	2月1日	3月1日	4月1日
甲	0.80	0.85	0.85	0.90
乙	0.85	0.90	0.85	0.86

试问该商品在甲、乙两个集市第一季度的平均价格是多少？

4. 某企业第一季度各月某种产品的单位成本及产品总成本资料如下：

	1月	2月	3月	4月
产品总成本/元	22 500	12 000	25 500	25 600
单位产品成本/(元/人)	12.50	10.00	12.75	13.00

试计算第一季度月平均单位产品成本。

5. 我国的农作物播种面积资料如下：

年份	2004	2005	2006	2007	2008	2009	2010
农作物播种面积/千公顷	312.48	318	319.53	295.01	322.02	320.13	317.27
年份	2011	2012	2013	2014	2015	2016	2017
农作物播种面积/千公顷	302.58	282.71	242.46	196.1	173.73	151.36	120.94

试建立回归方程，并预测到 2020 年的耕地面积将减少到多少？

6. 某饮料厂最近三年各季度销售额资料（y_t，单位：万元）如下表所示：

	一季度	二季度	三季度	四季度
第一年	5	15	25	10
第二年	7	18	30	12
第三年	9	20	31	14

（1）试根据最近三年各季度的销售额求出趋势方程；

（2）剔除趋势后求出各季度的季节比率；

（3）对第四年各季度的销售额做出预测。

▤ 即测即评

☰ 案例分析：汽车销售量预测

汽车作为中国人均拥有率最低的一种高档耐用品,在我国拥有很大的发展空间,是世界成长最快的汽车销售市场,随着我国经济与科学技术的不断发展,国民经济水平的不断提高和中国政府的政策鼓励,城镇居民恩格尔系数水平不断优化,消费水平也有了质的飞跃,对生活质量有了更高的追求,汽车作为代步工具和运输工具已经成为我们生活中必不可少的一部分。交通运输产业的发展也成为汽车生产的重要推动因素。现阶段各个产业越来越离不开汽车,汽车需求量增加,使汽车销量持续上涨。表4-30是从国家统计局网站取得的1998—2018年中国汽车销售量的季度数据。

表4-30   1998—2018年汽车的季度销售量数据   单位:万辆

年份	第一季度	第二季度	第三季度	第四季度
1998	37.3	86.1	121.8	168.5
1999	39.6	89.4	136.4	194.3
2000	46.9	105.1	158.9	227.6
2001	59.4	126.1	187.3	249.9
2002	67.2	163.3	251.5	343.6
2003	102.1	212.1	324.2	447
2004	131.1	264.4	385.4	509.1
2005	139.7	301.9	441.2	615.2
2006	185.9	381.6	554.5	732.8
2007	219	449.1	671	901.9
2008	268.5	536.6	743	969.4
2009	271	633.4	1 003	1 367
2010	466.2	934.8	1 337.6	1 844.6
2011	514.3	966.1	1 413.4	1 917.8
2012	520.4	1 028.9	1 510.3	2 061.9
2013	575.1	1 229.3	1 707.7	2 455.7
2014	659.8	1 322	1 924.6	2 486
2015	691.9	1 345.6	1 939.4	2 476.2
2016	662.3	1 297.7	1 949.9	2 786.9
2017	713	1 241.5	2 066.3	2 956.7
2018	745.9	1 421.6	2 068.5	2 816.3

讨论题:

（1）分析 1998 年以来中国汽车季度销售量发展变化的基本态势;

（2）研究 20 年来中国汽车销售量是否存在季节变动和周期性变动规律,并分析其原因;

（3）预测 2020 年和 2030 年中国汽车销售量的可能水平;

（4）针对以上问题拟定一个研究方案,选择合适的分析方法,并根据分析研究的结果写出研究报告。

第五章 统计指数

"成也萧何,败也萧何"。

——中国古谚语

引例:人类发展指数排名

人类发展指数(human development index,HDI)是由联合国开发计划署在《1990 年人文发展报告》中提出的,用以衡量联合国各成员国经济社会发展水平的指标。联合国开发署发布的《2014 年人类发展指数报告》中显示,2013 年中国首次从"中等人类发展指数"国家,迈入"高人类发展指数"国家的行列。基于 2013 年的数据统计出的中国人类发展指数大幅提高至 0.719,在 187 个国家中排名第 91 位。该指数用来衡量一个国家经济社会的发展水平,通过预期寿命、预期入学年数、平均入学年数、人均国民总收入等变量按照一定的方法计算而成。人类发展指数越接近 1.00,说明该国家的经济社会发展水平越高。

除了上面的人类发展指数之外,在日常工作生活中,我们经常遇到各种指数,如居民幸福感指数、居民消费价格指数、零售价格指数、股票价格指数、房地产价格指数,这些指数与我们的生活密切相关,这些指数是怎么编制的呢?

第一节 统计指数的概述

一、统计指数的概念和特点

(一) 统计指数的概念

指数的编制最早起源于物价指数。早在 1650 年,英国人沃汉(Rice Voughan)首创了物价指数,用于度量物价的变动状况,那时的物价指数只限于观察单个商品价格变动,也就是现在的个体价格指数。之后,随着指数的应用范围不断扩大,其含义和内容也发生了很大的变化,由单纯反映一种现象的相对变动,到反映多种现象的综合变动;由单纯的不同时间的对比分析,到不同空间的比较分析等。

指数的概念有广义和狭义之分。广义的指数是用以测定某个变量在时间或空间上变动程度和方向的相对数。如前面讲过的结构相对数、比例相对数、计划完成程度相对数、动态相对数等,都可以叫指数。狭义的指数是一种特殊的相对数,它是说明由许多不能直接加总的要素所组成的复杂社会经济现象综合变动的相对数。社会经济现象中,在许多情况下,只能考察个别现象的变动,而不能从整体上综合考察。如在研究商品销售情况时,只能就个别商品计算其发展变化的程度。又如,工业产品的产量,我们只能就个别种类如电视机、汽车、钢材等用速度指标分别测定其变动程度。之所以如此,是因为不同的商品或产品具有不同的使用价值,不同价格水平又分属于不同的实物产品,它们之间直接相加对比不具有任何经济意义。这在统计上就叫不能同度量。然而,实际工作上又需要从整体上反映这种不能同度量现象的综合变动。这就产生了解决这一问题的狭义指数。本章主要研究狭义指数的编制方法及应用。

（二）统计指数的特点

统计指数具有如下几个特点:

1. 相对性

统计指数是一种特殊的相对数,它是说明由许多不能直接加总的要素所组成的复杂社会经济现象综合变动的相对数。

2. 综合性

统计指数是反映复杂现象总体的数量变化关系,具有一定的综合性。例如,受多种因素影响,各种商品价格变动的方向和幅度经常是不一致的,有些商品价格下跌,有些商品价格上涨,涨跌幅度不一。商品价格指数就可以综合反映各种商品价格综合变动。

3. 平均性

统计指数反映复杂现象总体中个体变动的平均水平,具有平均的性质。例如,多种商品的价格变化中,有的商品价格变化幅度大,有的商品价格变化幅度小,总的来说,商品价格指数是所有商品价格变化的平均水平。

二、统计指数的分类

根据不同的研究目的,需要按不同的标志对指数加以分类。在统计实践中,基本上有以下几种分类方法:

（一）个体指数和总指数

按反映的对象范围不同,可分为个体指数和总指数

1. 个体指数

它是反映个体经济现象变动的相对数,又称单项指数。如某种商品价格指数、某种产品物量指数、某种产品成本指数等。

2. 总指数

总指数则是反映经济现象综合变动的相对数,亦即狭义的指数,如零售物价总指数、商品销售量指数、工业总产量指数等。此外,在个体指数和总指数之间,还存在类指数,它是说明现象总体中各类现象总变动的指数。如在零售商品价格指数中的食品类价格指数,衣着类价格指数等。总指数与类指数之间的划分是相对的,没有绝对界限。类指数对总指数而言具有个体指数的性质,对个体指数而言又具有总指数的性质。

（二）数量指标指数和质量指标指数

按指数化因素性质不同,指数可分为数量指标指数和质量指标指数。所谓指数化因素就是用来计算指数的指标。

1. 数量指标指数

它是根据数量指标计算的,反映社会经济现象总规模和水平的变动。如产量指数,销售量指数,职工人数指数等。

2. 质量指标指数

它是根据质量指标计算的,反映现象内涵数量关系变化的指数。如价格指数,劳动生产率指数,单位成本指数等。应当指出,这种划分具有一定的相对性。有些指数,在某种情况下是数量指标指数,在另一种情况下可以成为质量指标指数。在某种情况下是质量指标指数,在另一种情况下也可以成为数量指标指数。

(三)总量指标指数和平均指标指数

按对比指标形式不同,指标可分为总量指标指数和平均指标指数。

1. 总量指标指数是利用总量指标的对比来反映现象总量变动的指数。如商品销售量指数,产品产量指数等。

2. 平均指标指数是利用平均指标的对比以反映一般水平变化的指数。如劳动生产率指数,平均工资指数等。

(四)定基指数和环比指数

按采用的基期不同可分为定基指数和环比指数。

1. 定基指数

定基指数是指在一个指数数列中,按照某一固定基期所编制的指数,它反映某种社会经济现象长期的变动程度。如我国以 2010 年为固定基期计算的国内生产总值指数、工业总产值指数和农业总产值指数等。

2. 环比指数

环比指数是指在一个指数数列中,各时期的指数以其前一时期为基期所编制的指数。它反映某种社会经济现象逐期的变动程度。如按月、季、年连续计算的产量指数、价格指数或成本指数等。

三、统计指数的作用

指数在社会经济统计工作中作用广泛,主要表现为以下几个方面:

(1)综合反映复杂现象总体数量变动的方向、程度和绝对效果。这是指数最基本的作用。编制指数可以将由许多不能同度量的个别事物组成的现象总体过渡到可以加总对比的状态,从而综合说明现象总体变动的程度。同时,分子和分母的绝对数差额可以说明现象变动的绝对效果。

(2)对复杂经济现象总变动进行因素分析。许多现象的总变动都是其内部诸多因素综合影响的结果。如商品销售额受销售量和销售价格两个因素的影响;工业总产值受职工人数,劳动生产率和产品价格三个因素影响;劳动生产率受各类人员劳动生产率水平和人员构成的影响等。通过编制指数,可以分析和测定复杂社会经济现象变动受各构成因素变动的影响。

(3)分析复杂经济现象总体在长时期内的发展变化趋势。借助连续编制的动态指数形成的指数数列,可以反映现象在较长时间内的发展趋势,还可以对相互联系的指数数列进行比较分析,如工农业产品的综合比价指数数列,需要从农产品收购价格指数和工业品零售价格指数两个指数数列中进行分析。

四、指数编制的基本原则

编制统计指数需要解决的问题包括代表性规格品的选择、确定权数、基期以及指数计算方法等,这四个因素直接影响指数功能的发挥。

一是代表性规格品的选择。指数反映的是总体数量变动的相对数,实际中将总体全部项目都计算在内往往是不可能的,也不必要,需要选择代表性规格品。代表性规格品具有良好的价格变动趋势特征,能够反映所有商品价格的变化。

二是权数的确定。指数是对代表项目加权得到的,确定权数是编制指数必须面临的问题,关系到指数的代表性和准确性。在后面提到的加权综合指数法中,权数和同度量因素是统一的,一方面起着权衡各项指数化因素变动的重要性,另一方面起着将不能直接相加的代表规格品的指数化因素过渡到可以相加的媒介作用。

三是基期的选择。指数反映的是研究对象某一属性变动的相对数,计算时需要选择比较基础时期(基期)问题。根据研究的需要,如果要测量现象变动的长期趋势,可以选择固定基期,计算定基指数。如果是为了适应某一特殊研究需要,可选择特定的时期为基期作为对比的基础。

四是指数的计算方法。指数的计算方法有很多,研究对象不同,数据来源不同,计算方法也不一样。很多的经济学家和统计学家尝试从不同的角度和方式对指数进行改造和完善。学习指数的编制,重要的是体会方法背后蕴藏的统计思想,以便针对具体的研究对象选择恰当的指数编制方法。

第二节　总指数的编制

总指数是对个体指数的综合,将个体指数综合有两个途径:一是对个体指数进行简单的汇总,不考虑权数,这类指数统称为简单指数;二是编制总指数时考虑权数的作用,这类指数称为加权指数。加权指数中,根据计算方法的不同又分为综合指数和平均指数。

一、简单指数

简单指数就是不加权的指数,主要有两种计算方法:简单综合指数和简单平均指数。

1. 简单综合指数

简单综合指数就是将报告期的指标总和与基期的指标总和相对比的指数。该方法的特点是先综合后对比,计算公式为:

简单质量指标指数:
$$K_p = \frac{\sum p_1}{\sum p_0} \tag{5-1}$$

简单数量指标指数:
$$K_q = \frac{\sum q_1}{\sum q_0} \tag{5-2}$$

式中,p 代表质量指标,q 代表数量指标,K_p 代表质量指标指数,K_q 代表数量指标指数,下标 1 表示报告期,下标 0 表示基期。

【例 5-1】　如图 5-1 所示,菜篮里有鸡蛋、面包、牛奶等食品的报告期和基期的价格数据(单位:元),采用简单综合指数的方法计算价格指数。

解:
$$K_p = \frac{\sum p_1}{\sum p_0} = \frac{13}{10} = 130\%$$

计算结果表明,菜篮内商品的报告期价格比基期价格上涨了 30%。

简单综合指数是 1738 年由法国学者杜托(Dutot)在比较路易十四和路易十二时期的物价时创造并使用的。简单综合指数的优点在于操作简单,对数据要求少。其缺点是当参与计算的商品价格水平有较大差异时,价格低的商品的价格波动会被价格高的商品掩盖。

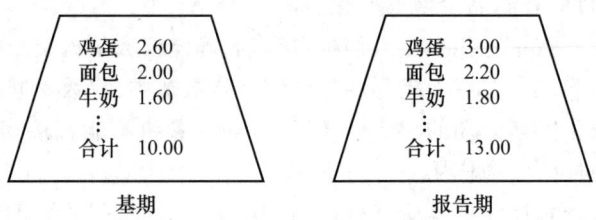

图 5-1　食品价格基期和报告期的数据

【例 5-2】　现有冰箱和鸡蛋两种商品,基期和报告期的价格如表 5-1 所示,采用简单汇总的方法计算价格指数。

解:$K_p = \dfrac{\sum p_1}{\sum p_0} = \dfrac{4\ 008}{3\ 004} \approx 133.42\%$

表 5-1　冰箱和鸡蛋价格数据　　　　　　　　　　单位:元

商品	计量单位	p_0	p_1
冰箱	台	3 000	4 000
鸡蛋	公斤	4	8

结果显示,报告期与基期相比价格上涨了 33.42%。由于冰箱和鸡蛋的价格相差太大,综合价格指数不能反映鸡蛋价格的变动。

由此可以看出,简单综合指数只能用于指标值相差不大的商品,当商品价格差异较大,且变动幅度较大时,这种方法不能反映实际变动水平。

2. 简单平均指数

简单平均指数是将个体指数进行简单平均得到的总指数。该方法的计算过程是先对比,后综合。计算公式为:

$$K_p = \frac{\sum \dfrac{p_1}{p_0}}{n} \tag{5-3}$$

$$K_q = \frac{\sum \dfrac{q_1}{q_0}}{n} \tag{5-4}$$

根据表 5-1 的数据,采用简单平均的方法计算价格指数。

解:$K_p = \dfrac{\sum \dfrac{p_1}{p_0}}{n} = \dfrac{\dfrac{4\ 000}{3\ 000} + \dfrac{8}{4}}{2} = 166.7\%$

计算结果表明,报告期价格比基期价格提高了 66.7%。显然这个计算结果比前面的结果更加合理。

在上例中,简单平均指数消除了不同商品计量单位和价格水平的影响,可以反映各种商品价格的变动情况。

简单平均指数始于 1764 年意大利经济学家卡利(G·R·Garli)在对比 1750 年与 1500 年的谷物、酒类和油三种商品价格综合变动时所使用的方法。该指数也存在缺陷,因为不同商品对市场价格总水平的影响是不同时的,而简单平均指数法将各种商品等权重看待。

总的来说,简单综合指数和简单平均指数都存在方法上的缺陷,没有考虑到权数的影响,计算结果难以反映实际情况。另外,将不同计量单位的商品价格或数量(指标)直接相加,既缺乏实际意义,又缺少理论依据。

二、综合指数

编制加权指数首先要确定合理的权数,然后根据实际需要确定适当的计算公式。接下来分别说明综合指数和平均指数的定义和编制方法。

综合指数是编制总指数的基本形式。它是由两个时期总量指标对比而形成的指数。一般来说,社会经济现象的总量变动可以分解为两个或两个以上因素的变动,将其中一个或一个以上的因素指标固定下来,只观察其中一个因素指标的变动程度,这样的总量指标对比形成的总指数就叫综合指数。

(一) 同度量因素的确定

综合指数要反映不能同度量现象的总变动,首先必须将不能同度量现象转化为能同度量的现象,然后综合得出总量指标并且进行对比计算综合指数。

如何实现这种转化,这就要求寻找一个能使不同度量的现象过渡到能够同度量的现象的因素,即同度量因素。同度量因素是将所要研究的因素——指数化因素过渡到能够同度量的媒介和桥梁。即:指数化因素×同度量因素=价值形态的总量指标。

例如,可以将不同使用价值的产品或商品的数量乘其价格过渡到价值形态。

产品产量×价格=总产值,商品销售量×价格=商品销售额

这样,具有不同使用价值的产品产量和商品销售量通过价格这个因素过渡到可以同度量的价值量。在这里,价格(属质量指标)这个因素就是同度量因素。在不同情况下,同度量因素是不相同的。如要研究各种商品价格的变动,则可以销售量(属数量指标)为同度量因素。根据以上例子,可以推广出编制综合指数的一般原则:编制数量指标指数要以质量指标为同度量因素;编制质量指标指数要以数量指标为同度量因素。

同度量因素解决了指数化因素不能直接加总的问题,但是,通过转化综合而来的价值总量的变动包含了指数化因素的变动以及同度量因素,必须消除价值总量中同度量因素变动的影响。即在编制综合指数时,必须采用同一时期的指标作为同度量因素,这样,才能纯粹研究指数化因素的变动。

为了测定指数化因素的总变动,我们采用同一时期的同度量因素。这个同度量因素既可以是报告期,也可以是基期,但是,究竟应该选择在哪个时期,也是编制综合指数的重要问题。因为采用的时期不同,就会得到不同的计算结果,具有不同的经济内容。这个问题将在数量指标综合指数和质量指标综合指数的实际编制中进一步讨论。

（二）拉氏指数

拉氏指数（简记为 L），是德国经济统计学家拉斯佩雷斯（E. Laspeyres）在 1864 年提出来的，后人以他的名字命名该指数。拉氏指数公式的特点是将同度量因素固定在基期水平上，因此也称为基期综合指数，公式具体如下：

拉氏数量指标指数：$L_q = \dfrac{\sum p_0 q_1}{\sum p_0 q_0}$ $\qquad\qquad\qquad\qquad$ (5-5)

其计算结果说明，在基期价格水平情况下，销售量的综合变动程度。分子分母的绝对差额（$\sum p_0 q_1 - \sum p_0 q_0$）说明由于商品销售量变动对销售额影响的绝对经济效果。

拉氏质量指标指数：$L_p = \dfrac{\sum p_1 q_0}{\sum p_0 q_0}$ $\qquad\qquad\qquad\qquad$ (5-6)

其计算结果说明，在基期销售量保持不变的情况下，价格水平的综合变动程度。分子分母的绝对差额（$\sum p_1 q_0 - \sum p_0 q_0$）说明由于商品价格水平的变动对销售额影响的绝对经济效果。

式中，L_p 代表拉氏质量指标指数；L_q 代表拉氏数量指标指数；p_0 和 p_1 分别表示基期和报告期的质量指标值，q_0 和 q_1 分别表示基期和报告期的数量指标值。

【例 5-3】 以表 5-2 资料为例加以说明。

表 5-2 某商店销售量综合指数计算表

商品名称	计量单位	销售量		基期价格 p_0/元	报告期价格 p_1/元	基期销售额 $p_0 q_0$/元	报告期销售额 $p_1 q_1$/元	按基期价格计算的假定销售额 $p_0 q_1$/元	报告期价格计算的假定销售额 $p_1 q_0$/元
		基期 q_0	报告期 q_1						
甲	台	250	300	180	184	45 000	55 200	54 000	46 000
乙	米	1 740	1 860	45	42	78 300	78 120	83 700	73 080
丙	吨	120	110	720	730	84 600	80 300	79 200	87 600
合计	—	—	—	—	—	209 700	213 620	216 900	206 680

拉氏数量指标指数：$L_q = \dfrac{\sum p_0 q_1}{\sum p_0 q_0} = \dfrac{216\ 900}{209\ 700} = 103.43\%$

计算结果表明，三种商品销售量报告期比基期平均上升了 3.43%，由于销售量的增加而使商店销售额增加量为：

$$\sum p_0 q_1 - \sum p_0 q_0 = 216\ 900 - 209\ 700 = 7\ 200（元）$$

拉氏质量指标指数：$L_p = \dfrac{\sum p_1 q_0}{\sum p_0 q_0} = \dfrac{206\ 680}{209\ 700} = 98.56\%$

计算结果表明，三种商品的价格总的来说报告期比基期平均下降了 1.44%，对商品销售额的绝对影响为：

$$\sum p_1 q_0 - \sum p_0 q_0 = 206\ 680 - 209\ 700 = -3\ 020（元）$$

也说明居民在基期购买量条件下，由于价格下降报告期少支付 3 020 元。

（三）帕氏指数

帕氏指数是由德国统计学家帕氏（H. Paasche）在 1874 年提出的指数计算方法。指数公式的特点是将同度量因素固定在报告期水平上，因此也称为报告期综合指数，公式具体如下：

帕氏数量指标指数：$P_q = \dfrac{\sum p_1 q_1}{\sum p_1 q_0}$ \qquad\qquad (5-7)

其计算结果表明，在报告期价格水平条件下，销售量的综合变动程度。

帕氏质量指标指数：$P_p = \dfrac{\sum p_1 q_1}{\sum p_0 q_1}$ \qquad\qquad (5-8)

其计算结果表明，在报告期销售量条件下，商品价格的综合变动程度。

式中，P_p 代表帕氏质量指标指数；P_q 代表帕氏数量指标指数；p_0 和 p_1 分别表示基期和报告期的质量指标值，q_0 和 q_1 分别表示基期和报告期的数量指标值。

【例 5-4】 以表 5-2 的资料为例继续加以说明。

帕氏数量指标指数：$P_q = \dfrac{\sum p_1 q_1}{\sum p_1 q_0} = \dfrac{213\ 620}{206\ 680} = 103.36\%$

计算结果表明，商品销售量报告期比基期平均增加了 3.36%。由于商品销售量变动对商品销售额的绝对影响额为：

$$\sum p_1 q_1 - \sum p_1 q_0 = 213\ 620 - 206\ 680 = 6\ 940（元）$$

帕氏质量指标指数：$P_p = \dfrac{\sum p_1 q_1}{\sum p_0 q_1} = \dfrac{213\ 620}{216\ 900} = 98.49\%$

计算结果表明，该商店三种商品价格报告期比基期平均下降了 1.51%，由此而对商品销售额的绝对影响额为：

$$\sum p_1 q_1 - \sum p_0 q_1 = 213\ 620 - 216\ 900 = -3\ 280（元）$$

它也说明居民在报告期购买量条件下，由于价格降低而减少开支 3 280 元。

根据以上例子可以看出，编制数量指标指数时，选用不同时期的价格作为同度量因素，编制的销售量综合指数是不同的。那么，究竟采用哪种公式计算销售量综合指数呢？这就必须根据其编制目的来选定。编制销售量指数的目的在于测定各种商品销售量的总变动。这就要求在计算中必须尽量排除价格变动的影响。因此，只有采用将销售价格固定在基期作同度量因素的公式，才能反映销售量本身的变动程度及影响的绝对销售额，而以报告期价格为同度量因素的公式，则包含了价格和销售量的共变影响，不能确切反映销售量本身变动及其影响的绝对销售额。上述对商品销售量综合指数的编制具有普遍意义。由此，我们可以概括出编制数量指标综合指数的一般原则：编制数量指标综合指数应将作为同度量因素的质量指标固定在基期。但也并不是绝对的。在实际应用中，要注意根据研究目的及资料条件等，针对具体情况灵活运用。

编制质量指标指数时，选用不同时期的销售量作为同度量因素，编制的物价综合指数也是不同的。用基期的销售量为同度量因素的公式，能够单纯反映商品价格的总变动，而计算表明的是居民在按过去的购买量条件下，购买商品支出的金额，这是没有实际意义的。而用报告期作为同度量因素的公式，尽管在反映商品销售价格的同时，也包含有销售量变动因素部分影响在内,但是,它可以说明在目前的商品销售量条件下,由于价格的变动使商品销售额的变动情况。同时,也可说明居民在目前购买量条件下,由于物价变动而使支出额变动的差额,这样,更具有现实意义。以上我们介绍的商品价格综合指数的编制方法具有普遍意义,并据此推广得出编制质量指标综合指数的一般原则:编制质量指标指数应将作为同度量因素的数量指标固定在报告期。

综上所述,我们可以得出编制综合指数的基本原理:编制数量指标综合指数,要以质量指标为同度量因素,并将质量指标固定在基期;编制质量指标综合指数,要以数量指标为同度量因素,并将数量指标固定在报告期。

(四) 其他指数

从上面的结算结果可以看出,拉氏指数和帕氏指数两者之间是有差异的,它们各自的分析意义也有所不同。除此之外还有几种常见的指数,马埃公式、理想指数、固定权数指数等。

1. 马埃公式

马埃公式(简记为 E)是由英国著名经济学家马歇尔(A. Marshall)和埃奇沃思(F. Y. Edgeworth)等人于 1887—1890 年间提出来的。该指数是对拉氏指数和帕氏指数的同度量因素进行简单平均。公式具体如下:

$$E_p = \frac{\sum p_1 \left(\frac{q_0 + q_1}{2} \right)}{\sum p_0 \left(\frac{q_0 + q_1}{2} \right)} = \frac{\sum p_1 (q_0 + q_1)}{\sum p_0 (q_0 + q_1)} = \frac{\sum (p_1 q_0 + p_1 q_1)}{\sum (p_0 q_0 + p_0 q_1)} \tag{5-9}$$

$$E_q = \frac{\sum q_1 \left(\frac{p_0 + p_1}{2} \right)}{\sum q_0 \left(\frac{p_0 + p_1}{2} \right)} = \frac{\sum q_1 (p_0 + p_1)}{\sum q_0 (p_0 + p_1)} = \frac{\sum (p_1 q_1 + p_0 q_1)}{\sum (p_0 q_0 + p_1 q_0)} \tag{5-10}$$

2. 费暄指数

费暄指数(理想指数)是美国经济学家沃尔什(G. M. Walsh)和庇古(P. C. Pigou)等人于 1901—1902 年先后提出的,后来美国经济学家费雪(Irving Fisher)比较验证了其优良性后,将它命名为理想公式。也有人称其为费雪指数。理想指数是拉氏指数和帕氏指数的几何平均。公式具体如下:

$$F_p = \sqrt{\frac{\sum p_1 q_1}{\sum p_0 q_1} \times \frac{\sum p_1 q_0}{\sum p_0 q_0}} \tag{5-11}$$

$$F_q = \sqrt{\frac{\sum p_1 q_1}{\sum p_1 q_0} \times \frac{\sum p_0 q_1}{\sum p_0 q_0}} \tag{5-12}$$

3. 固定权数综合指数

固定权数综合指数是由英国经济学家杨格(A. Young)提出来的,因此也称为杨格指数。在固定加权综合指数中,同度量因素所属时期既不固定在基期也不固定在报告期,而是固定在一个特定的水平上。公式具体如下:

$$I_p = \frac{\sum p_1 q_n}{\sum p_0 q_n} \tag{5-13}$$

$$I_q = \frac{\sum q_1 p_n}{\sum q_0 p_n} \tag{5-14}$$

式中，q_n 和 p_n 分别表示特定时期的物量和价格水平。

由于固定权数综合指数的同度量因素不因比较时期(报告期或基期)的改变而改变，因此采用固定权数综合指数，不但方便指数的编制，而且便于观察现象长期发展变化的趋势。

（五）举例：不变价生产指数和股票价格指数

1. 不变价生产指数

不变价生产指数是以固定价格(又称为不变价格)为同度量因素的固定权数综合指数。生产指数反映一国或一地区各种产品产量的综合变动，它是衡量经济增长水平的指标。公式具体形式如下：

$$I_q = \frac{\sum q_1 p_n}{\sum q_0 p_n} \tag{5-15}$$

$$I_q = \frac{\sum q_t p_n}{\sum q_{t-1} p_n} \tag{5-16}$$

公式中，p_n 代表固定价格，t 代表时期 $1,2,3,\cdots$ 公式(5-15)是与某个固定时期比较的生产指数，也称为定基指数；公式(5-16)是与前一期比较的生产指数，也称为环比指数。采用固定权数综合指数编制各期生产指数则形成指数数列，可以观察长期经济增长趋势。

产量定基指数数列：

$$\frac{\sum q_1 p_n}{\sum q_0 p_n}, \frac{\sum q_2 p_n}{\sum q_0 p_n}, \frac{\sum q_3 p_n}{\sum q_0 p_n}, \cdots, \frac{\sum q_n p_n}{\sum q_0 p_n} \tag{5-17}$$

产量环比指数数列：

$$\frac{\sum q_1 p_n}{\sum q_0 p_n}, \frac{\sum q_2 p_n}{\sum q_1 p_n}, \frac{\sum q_3 p_n}{\sum q_2 p_n}, \cdots, \frac{\sum q_n p_n}{\sum q_{n-1} p_n} \tag{5-18}$$

很容易可以看出，产量定基指数数列和环比指数数列存在两个数量关系：① 环比指数的连乘积等于相应的定基指数；② 相邻时期的定基指数之商等于相应时期的环比指数。利用这两个数量关系，可以在定基指数和环比指数之间相互推算。

还需要注意不同基期指数数列的衔接问题。一个指数数列往往因为某种原因需要变动基期，于是新旧指数的衔接是必须的。新旧指数衔接的一个前提条件是两个指数数列中有一个年份必须同时计算出新旧指数的两个数值，并以这两个数值求得一个换算系数进行换算。换算系数具体公式如下：

$$换算系数 = \frac{交替年份新的指数值}{交替年份旧的指数值} \tag{5-19}$$

2. 股票价格指数

股票价格指数是反映某一股票市场上多种股票价格变动趋势和程度的动态相对数。股票价格指数一般选定某一时点为基期，以计算期股价与基期股价相比，然后以百分比表示。指数单位用"点"来表示，若股价上涨 6%，即说明股价上涨 6 个点。点是衡量股票价格起落涨跌的一个相对尺度。

计算股价指数的主要方法是加权股价指数。加权股价指数就是根据各期样本股票的相对重要性予以加权,其权数可以是成交股数、股票发行量等。按时间划分,权数可以是基期权数,也可以是报告期权数。

以基期成交股数(或发行量)为权数的指数为:

$$加权股价指数 = \frac{\sum p_1 q_0}{\sum p_0 q_0}(拉氏指数)$$

以报告期成交股数(或发行量)为权数的指数为:

$$加权股价指数 = \frac{\sum p_1 q_1}{\sum p_0 q_1}(帕氏指数)$$

式中:p_0 为基期的股价;p_1 为报告期的股价;q_0 为基期的成交股数(或发行量);q_1 为报告期的成交股数(或发行量)。

目前世界上大多数股价指数都是帕氏指数,也有少数证券交易所采用拉氏公式编制股票价格指数,如香港恒生指数、德国法兰克福证券交易所(frankfurt stock exchange,缩写为 FWB)的股价指数、美国的标准·普尔公司(standard and poor's corporation)的混合指数等。

在我国主要有上证指数(shanghai composite index)和深证指数(the shenzhen composite index)。上证综合指数简称"上证指数"或"上证综指",是我国最早发布的指数,是以上海证券交易所挂牌上市的全部股票(包括 A 股和 B 股)为计算范围,以发行量为权数的加权综合股价指数。这一指数自 1991 年 7 月 15 日起开始实时发布,基日定为 1990 年 12 月 19 日,基日指数定为 100 点。其计算公式为:

$$本日股价指数 = \frac{\sum 当日收盘价 \times 各样本股票发行股数}{\sum 基日收盘价 \times 各样本股票发行股数} \times 100\%$$

$$= \frac{本日市价总值}{基期市价总值} \times 100\%$$

深证综合指数是由深圳证券交易所编制的。该指数以 1991 年 4 月 3 日为基日(基日指数为 100),以所有在证券交易所上市的股票为样本(成分股),以股票发行量为权数计算的。其计算公式为:

$$本日股价指数 = \frac{现时成价股总市值}{基日成价股总市值} \times 100\%$$

新股上市时,从上市的第二天纳入成分股。若某一成分股暂停交易时,则从指数中暂时剔除掉。

除了综合指数法之外,股价指数还可以采用其他方式编制。这里以美国道·琼斯指数(Dow Jones Average)为例,道琼斯指数是世界上历史最为悠久的股票指数。道琼斯指数最早是在 1884 年由道琼斯公司的创始人查尔斯·亨利·道(Charles Henry Dow,1851—1902 年)开始编制的,是一种算术平均股价指数。其基本编制方法是:对入编的各种股票分别计算不同时间的简单算术平均价格,对比后就得到相应日期的股价指数。其计算公式为:

$$DJA = \frac{\bar{p}^t}{\bar{p}^0} = \frac{\sum_{i=1}^{65} p_i^t / 65}{\sum_{i=1}^{65} p_i^0 / 65} = \frac{\sum_{i=1}^{65} p_i^t}{\sum_{i=1}^{65} p_i^0}$$

三、平均指数

（一）平均指数的概念和意义

编制综合指数,必须全面掌握报告期和基期的指数化因素和同度量因素资料。但是,在实际工作中,往往不能及时地全面掌握所需资料,这样就不能直接套用综合指数公式进行计算,但是可以对综合指数基本公式加以变形。

平均指数是综合指数的变形形式,它是通过对单项事物的质量指标或数量指标的个体指数进行加权平均计算的总指数。其实质是以个体指数作为变量,并根据个体在总体中的地位加权平均,即对个体指数的平均化,以测定现象的综合平均变动。它在国内外统计工作中,作为一种独立的形式,得到了广泛的应用。

平均指数作为综合指数的变形来使用,只是改变了综合指数公式的计算形式,而没有改变综合指数的计算结果和经济意义。其指数形式和权数的选择必须按综合指数的编制原理和要求来确定。

（二）综合指数与平均指数的区别与联系

1. 综合指数和平均指数的区别:

（1）两种方法计算总指数的出发点不同。在解决复杂总体不能直接同度量的问题上,综合指数是通过引入同度量因素,先计算出总体的总量,然后进行对比,即先综合,后对比。而平均指数则是在个体指数基础上进行加权平均计算总指数,即先对比,后综合。

（2）两种方法使用权数不同。综合指数所使用的权数(同度量因素)是不同时期的数量指标(产量或销售量等)或者是质量指标(物价或单位成本等);平均指数所使用的权数是不同时期的金额资料(产值或销售额等)。

（3）两种方法编制指数所依据的资料不同。综合指数需要有总体的全面资料,所选用的同度量因素要求也比较严格,一般应采用与指数指标有明确经济联系的指标。而平均指数既适用于全面的资料,也适用于非全面的资料。

2. 综合指数和平均指数的联系:

（1）两种方法都是总指数的编制方法,最后结果都是总指数;

（2）在一定的权数条件下,两类指数间具有变形关系,即只有使用 p_0q_0 或 p_1q_1 这个权数时,平均指数才可能变形为综合指数。

（三）平均指数的编制

根据掌握资料的不同,平均指数通常有两种基本形式:加权算术平均指数和加权调和平均指数。

1. 加权算术平均指数

加权算术平均指数是对个体指数应用加权算术平均的方法编制的指数。如果掌握的资料是个体指数和拉氏综合指数公式中的分母资料(p_0q_0),就可把拉氏综合指数变形为加权算术平均指数的形式。

这里仍以商品销售量指数为例来说明数量指标综合指数变形为加权算术平均指数的计算公式。设已知数量指标个体指数 $k_q = q_1/q_0$ 和基期实际销售额 p_0q_0 ,则得加权算术平均物量指数的公式:

$$\overline{K}_q = \frac{\sum k_q p_0 q_0}{\sum p_0 q_0} \qquad\qquad (5-20)$$

从上式可以看出,加权算术平均指数消除了报告期销售量 q_1 与基期价格 p_0 相乘得出假定销售额的资料所限和麻烦计算,从而使资料既易取得,又简化了计算过程。若将 $k_q = q_1/q_0$ 代入上式,仍可还原为数量指标综合指数的基本形式:

$$\overline{K}_q = \frac{\sum k_q p_0 q_0}{\sum p_0 q_0} = \frac{\sum \frac{q_1}{q_0} p_0 q_0}{\sum p_0 q_0} = \frac{\sum p_0 q_1}{\sum p_0 q_0} \qquad\qquad (5-21)$$

【例5-5】 现以表5-3为例说明加权算术平均指数的计算。

表5-3   加权算术平均指数计算表

商品名称	计量单位	销售量		个体销售量指数 $K_q/\%$	销售额/元	
		基期 q_0	报告期 q_1		基期 $p_0 q_0$	报告期 $K_q p_0 q_0$
甲	台	250	300	120.0	45 000	54 000
乙	米	1 740	1 860	106.9	78 300	83 700
丙	吨	120	110	91.7	86 400	79 200
合计	—	—	—	—	209 700	216 900

解:加权算术平均销售量指数:

$$\overline{K}_q = \frac{\sum k_q p_0 q_0}{\sum p_0 q_0} = \frac{216\,900}{209\,700} = 103.43\%$$ 计算结果表明,三种商品销售量平均增长了3.43%,由此而使销售额增长量为:

$$\sum k_q p_0 q_0 - \sum p_0 q_0 = 216\,900 - 209\,700 = 7\,200(元)$$

这与前面销售量综合指数的计算结果是完全相同的。可见,加权算术平均物量指数和综合物量指数结果是相等的,只是在使用的资料和计算形式上有所不同。

同理,加权算术平均价格指数:

$$\overline{K}_p = \frac{\sum k_p p_0 q_0}{\sum p_0 q_0} = \frac{\sum \frac{p_1}{p_0} p_0 q_0}{\sum p_0 q_0} = \frac{\sum p_1 q_0}{\sum p_0 q_0}$$

2. 加权调和平均指数

就是对个体指数运用加权调和平均的方法编制的指数。如果掌握的资料是个体指数和帕氏综合指数公式中的分子资料($p_1 q_1$),就可把综合指数变形为加权调和平均指数的形式。

这里,仍以商品销售价格指数为例,说明综合价格指数变形为加权调和平均指数的计算公式。已知商品个体价格指数 $k_p = p_1/p_0$ 和报告期实际销售额 $p_1 q_1$,则加权调和平均价格指数公式为:

$$\overline{K}_p = \frac{\sum p_1 q_1}{\sum \frac{1}{k_p} p_1 q_1} \qquad\qquad (5-22)$$

从上式可以看出,加权调和平均指数消除了综合指数中的假定销售额 p_0q_1,以报告期实际数值 p_1q_1 为权数,使资料较易取得,并简化了计算过程。若将 $k_p = p_1/p_0$ 代入上式,仍可还原为综合价格指数的基本公式,即:

$$\overline{K}_p = \frac{\sum p_1 q_1}{\sum \frac{1}{k_p} p_1 q_1} = \frac{\sum p_1 q_1}{\sum \frac{1}{\frac{p_1}{p_0}} p_1 q_1} = \frac{\sum p_1 q_1}{\sum p_0 q_1} \qquad (5-23)$$

【例 5-6】　现以表 5-4 资料为例说明加权调和平均指数的计算。

表 5-4　加权调和平均指数计算表

商品名称	计量单位	销售价格		个体价格指数/%	报告期销售额/元	$\frac{1}{k_p} p_1 q_1$
		基期 p_0	报告期 p_1	$k_p = p_1/p_0$	$p_1 q_1$	
甲	台	180	184	102.0	55 200	54 000
乙	米	45	42	93.3	78 120	83 700
丙	吨	720	730	101.4	80 300	79 200
合计	—	—	—	—	213 120	216 900

解:加权调和平均价格指数:

$$\overline{K}_p = \frac{\sum p_1 q_1}{\sum \frac{1}{k_p} p_1 q_1} = \frac{213\ 620}{216\ 900} = 98.49\%$$

计算结果表明,三种商品价格报告期比基期平均下降了 1.51%,由此而减少的销售额为:

$$\sum p_1 q_1 - \sum \frac{1}{k_p} p_1 q_1 = 213\ 620 - 216\ 900 = -3\ 280(元)$$

这同前面的销售价格综合指数计算结果也是完全一致的,可见,调和平均价格指数和综合价格指数实质上是一致的,只是所依据的统计资料和计算公式的形式不同而已。我国农副产品收购价格总指数,就是以报告期各类农副产品收购额为权数,以各种农副产品的收购价格指数为变量,用加权调和平均指数计算的。

同理,加权调和平均物量指数:

$$\overline{K}_q = \frac{\sum p_1 q_1}{\sum \frac{1}{k_q} p_1 q_1} = \frac{\sum p_1 q_1}{\sum \frac{1}{\frac{q_1}{q_0}} p_1 q_1} = \frac{\sum p_1 q_1}{\sum p_1 q_0} \qquad (5-24)$$

3. 固定权数的平均指数

用以上两种平均指数形式编制总指数比用综合指数基本形式更为简化,但是,由于权数资料不易及时掌握,以及基期的不断更换,在计算上依旧烦琐,因此,仍然不很理想。而实际统计实践中,可将平均指数使用的权数通过抽样调查资料,以比重 w 的形式固定下来,即采用固定权数,并在一定时期内保持不变。一经确定便沿用 5 年或 10 年不变。这样计算的平均指数就是固定权数的平均指数,其计算公式为:

$$\overline{K}_q = \frac{\sum k_q w}{\sum w} = \sum k_q \frac{w}{\sum w} \qquad (5-25)$$

$$\overline{K}_p = \frac{\sum w}{\sum \frac{1}{k_p} w} \qquad (5-26)$$

式中,固定权重的比重形式为 $pq / \sum pq$,w 代表某一时期的 pq,k 代表个体指数。

采用固定权数的加权平均指数,不仅可以避免每次编制指数寻找权数资料来源的困难,而且也便于前后不同时期的比较。

(四)举例:零售价格指数和居民消费价格指数

最初的道琼斯股票价格平均指数是根据 11 种具有代表性的铁路公司的股票,采用算术平均法进行计算编制而成,发表在查理斯·道自己编辑出版的《每日通讯》上。该指数的目的在于反映美国股票市场的总体走势,涵盖金融、科技、娱乐、零售等多个行业。自 1897 年起,道琼斯股票价格平均指数开始分成工业与运输业两大类,其中工业股票价格平均指数包括 12 种股票,运输业平均指数则包括 20 种股票,并且开始在道琼斯公司出版的《华尔街日报》上公布。在 1929年,道琼斯股票价格平均指数又增加了公用事业类股票,使其所包含的股票达到 65 种,并一直延续至今。

道琼斯股票价格平均指数最初的计算方法是用简单算术平均法求得,当遇到股票的除权除息时,股票指数将出现不连续的现象。自 1928 年后,道琼斯股票价格平均数就改用新的计算方法,即在计点的股票除权或除息时采用连接技术,以保证股票指数的连续,从而使股票指数得到了完善,并逐渐推广到全世界。

1. 零售商品价格指数

零售商品价格指数是全面反映市场零售商品价格总水平变动趋势和程度的动态相对数,它的变动直接影响到城乡居民的生活支出和国家的财政收入,影响居民购买力和市场供需平衡,以及消费与投资的比例。因此,零售商品价格指数是观察和分析经济活动的重要工具之一。

根据不同的需要,可以编制范围不同的零售商品价格指数。我国现行的零售商品价格指数按城乡分别进行编制。城市零售商品价格指数的商品范围只包括消费品;农村零售商品价格指数除消费品外,还包括农业生产资料。从观察范围来看,可以编制全国零售商品价格总指数,也可以编制地区零售商品价格指数,以及零售商品分类价格指数。其基本编制过程为:

(1)将全部商品分类,选出代表品。我国编制零售商品价格指数的商品分类是全国统一规定的。全部商品分为 16 个大类:食品类、饮料烟酒类、服装鞋帽类、纺织类、家用电器类、文化办公用品类、日用品类、体育娱乐用品类、交通通信用品类、家具类、化妆品类、金银珠宝类、中西药品及医疗保健用品类、书报杂志及电子出版物类、燃料类、建筑材料及五金电料类;在每个大类下,再分为若干个中类,例如:在食品大类中,可分为粮食类、油脂类、肉禽及其制品类、蛋类、水产品类、菜类等 16 个中类;中类以下再细分为若干个小类,例如:在粮食中类中,可分为细粮和粗粮两个小类;在小类中选取一种或数种代表规格品,例如,在细粮小类中选择面粉、大米为代表规格品。在各小类商品中选择代表规格品时,一般应选择成交量大、生产和销售前景较好、价格变动趋势明显的商品。

(2)选择典型地区。全国零售商品价格指数反映全国社会零售商品价格的总体变动趋势和程度,但要包括所有地区也是不可能的,一般只选择部分具有代表性的地区编制价格总指数。典型地区的选择既要考虑其代表性,也要注意类型上的多样性,以及地区分布上的合理性和相对稳定性。一般是在全国的大、中、小型城市和县城中采用抽样方法选取,对抽中的市、县再确定调查的商品或集贸市场。

（3）商品价格资料的调查和平均价格的计算。零售商品价格的调查采用抽样调查的方法,对抽选的调查点进行定时定点定员直接调查,调查点的确定要考虑市场规模、经营品种、成交额等因素。同一种商品的零售价格,一般每个大中城市确定 3~5 个调查点,小城市和县城确定 2~3 个调查点。对与居民生活密切相关、价格变动比较频繁的商品,至少每 5 天应调查一次,一般性商品每月调查 2~3 次。同一商品的平均价格由同时调查的几个调查点的价格按简单算术平均计算。各种商品的月平均价格,用月内各次调查的价格按简单算术平均法计算,年平均价格用年内各月份价格按简单算术平均法计算。

（4）确定权数。大类商品的权数根据商品流转统计中商品销售构成资料计算,大类的权数应符合当地居民的消费结构。具体商品的权数根据典型调查资料推算。权数是按大、中、小、单项商品分层确定的,每层权数之和均应等于100。鲜菜、鲜果的权数每年计算一次,其余商品及大、中、小类权数每三年计算一次。

（5）编制步骤。第一步,根据报告期和基期的综合平均价格计算单项商品价格指数;第二步,根据单项商品价格指数用固定加权算术平均数价格指数计算小类指数;第三步,根据小类指数用固定加权算术平均数价格指数计算中类指数;第四步,根据中类指数按同样的方法计算大类指数;第五步,根据大类指数编制总指数。现以表 5-5 为例,说明某地粮食类零售价格指数的编制。

表 5-5　某地粮食类零售价格指数计算表

| 商品类别 | 代表规格品 | 计量单位 | 平均价格/元 | | 权数(W) | 指数/% |
			基期 P_0	报告期 P_1		
（甲）	（乙）	（丙）	（1）	（2）	（3）	（4）
粮食类						127.05
① 细粮小类					80	126.43
面粉	富强粉	公斤	1.20	1.50	60	125.00
大米	标二	公斤	1.40	1.80	40	128.57
② 粗粮小类					20	129.50
⋮	⋮	⋮	⋮	⋮	⋮	⋮

① 计算代表规格品的价格指数

$$K_{P面粉} = \frac{P_1}{P_0} = \frac{1.5}{1.2} = 125\%$$

$$K_{P大米} = \frac{P_1}{P_0} = \frac{1.8}{1.4} = 128.57\%$$

② 计算细粮小类价格指数

$$\overline{K}_{细} = \frac{\sum K_P W}{\sum W} = \frac{1.25\% \times 60 + 128.57\% \times 40}{60 + 40} = 126.43\%$$

③ 计算粮食中类指数

$$\overline{K}_{粮食类} = \frac{\sum KW}{\sum W} = \frac{126.43\% \times 80 + 129.5\% \times 20}{80 + 20} = 127.05\%$$

以此类推,直至最后计算出商品零售价格指数。

（6）2019 年 6 月商品零售价格指数的解读。从国家统计局网站上获取 2019 年 6 月份的商品零售价格指数信息,如表 5-6 所示。

表 5-6　2019 年 6 月份的商品零售价格指数　　　　　　　单位:%

指标	和上年同月相比	和上月相比	和上年同期相比
商品零售价格指数	101.8	99.7	101.6
1. 食品类	107.1	99.7	104.4
2. 饮料、烟酒类	101.1	100.2	101.2
3. 服装、鞋帽类	101.8	99.9	101.8
4. 纺织品类	100.6	99.9	100.9
5. 家用电器及音像器材类	98.8	99.6	99
6. 文化办公用品类	100.1	99.7	100.2
7. 日用品类	100.8	100	101
8. 体育娱乐用品类	100.3	99.9	100.5
9. 交通、通信用品类	98.1	99.7	98.7
10. 家具类	101	100	101.3
11. 化妆品类	101.6	100.2	101.4
12. 金银珠宝类	105	102.8	101.7
13. 中西药品及医疗保健用品类	104.2	100.2	104.6
14. 书报杂志及电子出版物类	105.8	100	105.9
15. 燃料类	97.4	97.7	100.2
16. 建筑材料及五金电料类	101	100	101.3

由表 5-6 可知,2019 年 6 月商品零售价格指数有三个对比结果:101.8%（和上年同月相比）、99.7%（和上月相比）和 101.6%（和上年同期相比）。从环比（和上月相比）看,商品零售价格指数下降 0.3%。其中,降幅最大的为燃料类,价格下降 2.3%,食品类下降 0.3%。从同比（和上年同月相比）看,商品零售价格指数上涨 1.8%,涨幅比上个月略有下降。其中,食品类涨幅最大,为 7.1%,书报杂志及电子出版物类涨幅其次,为 5.8%,金银珠宝类涨幅第三,为 5%,降幅最大的是燃料类,为 2.6%。和上年同期相比,这里指的是 2019 年 1—6 月平均价格以 2018 年 1—6 月平均价格为对比基数的商品零售价格指数。涨幅最大的是书报杂志及电子出版物类,涨

幅为 5.9%,其次是中西药品及医疗保健类,涨幅为 4.6%,涨幅第三的是食品类,为 4.4%,降幅最大的是交通、通信用品类,为 1.3%。

2. 居民消费价格指数

居民消费价格指数(consumer price index,CPI)是反映一定时期内城乡居民购买的生活消费品价格和服务项目价格的变动趋势和程度的一种动态相对数。编制居民消费价格指数,对了解居民生活消费品及服务项目价格的变动对城乡居民生活的影响;研究并制定居民消费价格政策、工资政策,以及测定通货膨胀(或通货紧缩)等具有重要的意义。

(1) 居民消费价格指数的编制

居民消费价格指数是由居民用于日常生活消费的全部商品和服务项目所构成。编制该指数时,首先要对消费品和服务项目进行分类,并选择代表消费品和服务项目。编制居民消费价格指数所使用的权数,可根据家庭生活费收支调查资料确定,一经确定,几年内不变,或者进行一些必要的修订。按照统计制度要求,我国 CPI 每五年进行一次基期轮换,2016 年 1 月开始使用 2015 年作为新一轮的对比基期,前三轮基期分别为 2000 年、2005 年和 2010 年。CPI 基期轮换是一项国际惯例,目的是使 CPI 调查所涉及的商品和服务更具有代表性,更及时准确地反映居民消费结构的新变化和物价的实际变动。

我国现行统计制度将居民消费品分为八大类,包括食品烟酒类、衣着类、居住类、生活用品及服务类、交通和通信类、教育文化和娱乐类、医疗保健类、其他用品和服务类。在编制指数时,需要在商品集团中选取一种或数种代表规格品。代表规格品选择的原则是,消费量较大、价格变动趋势和变动程度有较强的代表性、选中的规格品之间性质差异大的合格产品。

(2) 居民消费价格指数的计算方法

第一,基本分类平均指数的计算。根据所属代表规格品价格环比指数,采用几何平均法计算基本分类价格环比指数,计算公式为:

$$K_t = \sqrt[n]{G_{t1} \times G_{t2} \times \cdots \times G_{tn}} \times 100\% \tag{5-27}$$

式中,G_{t1},G_{t2},$\cdots$,G_{tn} 分别为第 1 个至第 n 个规格品报告期 t 价格与上期 $t-1$ 价格对比的相对数,即环比价格指数。

第二,类别及总指数的计算。

类别及总指数逐级算术平均加权计算,计算公式为:

$$I_{类} = \frac{\sum K_t \times \omega_{t-1}}{\sum \omega_{t-1}} \tag{5-28}$$

$$I_{总} = \frac{\sum I_{t类} \times \omega_{t-1}}{\sum \omega_{t-1}} \tag{5-29}$$

式中,ω_{t-1} 表示上期该类商品的消费比重。

(3) 居民消费价格指数的现实解读

从国家统计局网站上获取 2019 年 3 月份居民消费价格指数的信息,如表 5-7 所示。居民消费价格指数 3 月份同比涨幅 2.3%,有所上升;环比涨幅 -0.4%,有所下降。其中,食品烟酒的同比涨幅最大,其次是医疗保健涨幅 2.7%,交通和通信同比涨幅最低。环比涨幅中,正向涨幅最大的是衣着,反向涨幅最大的是教育文化和娱乐,除医疗保健和居住,其他几类指数均有不同程度的下降。

表 5-7 2019 年 3 月份居民消费价格主要数据

主要指标	环比涨幅/%	同比涨幅/%	一季度同比涨跌幅/%
居民消费价格	-0.4	2.3	1.8
按类别分			
一、食品烟酒	-0.6	3.5	2.2
粮　　食	0	0.4	0.5
食 用 油	0	-0.4	-0.3
鲜　　菜	-2.6	16.2	6.9
畜 肉 类	-0.1	4.7	1.3
水 产 品	-3.6	-3	-1.5
蛋　　类	-5.1	-1.9	-2.1
奶　　类	0	2.3	2.6
鲜　　果	0.3	7.7	6.1
烟　　草	0	0.4	0.4
酒　　类	0.7	1.9	1.8
二、衣着	0.6	2	1.8
三、居住	0.1	2.1	2.1
四、生活用品及服务	-0.3	1.2	1.3
五、交通和通信	-0.3	0.1	-0.8
六、教育文化和娱乐	-1.6	2.4	2.6
七、医疗保健	0.1	2.7	2.7
八、其他用品和服务	-0.5	1.9	2.1

3. 居民消费价格指数的应用

居民消费价格指数除了可以直接反映城乡居民购买生活消费品和服务项目价格的变动趋势和变动程度外,还是进行宏观经济分析和决策、价格总水平监测和调控以及国民经济核算的重要指标。

① 测定通货膨胀。通货膨胀是货币发行过多,超过商品正常需要,引起物价上涨、货币贬值的现象。各国政府把抑制和克服通胀作为一种政策目标,对通胀的测定是计算通货膨胀率。最常用的计算公式为:

$$通货膨胀率 = \frac{报告期居民消费价格指数}{基期居民消费价格指数} \times 100\% - 1$$

通货膨胀率代表着居民消费指数的升幅。CPI 升幅太高,表明通货膨胀已经成为经济不稳定的因素,央行会有紧缩货币政策和财政政策的可能,从而造成经济前景的不明朗。因此,该指数过高的升幅往往不被市场欢迎,一般来说当 CPI 大于 3% 的增幅时往往被认为发生通货膨胀了,而当 CPI 大于 5% 的增幅时,就认为发生了严重的通货膨胀。

② 不变价增加值。国家各级统计部门在计算不同时期不同部门总产值时,需对同一产品采用同一时期或同一时点的工业产品出厂价格作为不变价,这样才具有可比性。但是,不同时期的价格是变化的,因此需要消除价格因素的影响,用于进行不同时期总量指标的对比,于是引入不

变价增加值的概念,计算公式为:

$$不变价增加值 = 现价增加值/居民消费价格指数$$

不变价增加值经常被应用于农林牧副渔业、地质勘查水利管理业、社会服务业、科学研究和综合技术服务业等行业。

第三节　指数因素分析法

一、指数体系及其作用

(一) 指数体系的概念

在经济分析中,一个指数通常只能说明某一个方面的问题,而实践中往往需要将多个指数结合起来应用,这就需要建立相应的指数体系。在社会经济现象间存在着各种各样的联系,有些现象之间具有数量上的必然联系。如:

$$商品销售额 = 商品销售量 \times 商品销售价格$$

$$产品总成本 = 产品产量 \times 单位产品成本$$

$$工业总产值 = 职工人数 \times 全员劳动生产率 \times 出厂价格$$

现象在静态上的这种关系,也同样存在于反映现象动态的各指数之间。即:

$$商品销售额指数 = 商品销售量指数 \times 商品销售价格指数$$

$$\frac{\sum p_1 q_1}{\sum p_0 q_0} = \frac{\sum p_0 q_1}{\sum p_0 q_0} \times \frac{\sum p_1 q_1}{\sum p_0 q_1}$$

$$产品总成本指数 = 产品产量指数 \times 单位产品成本指数$$

$$\frac{\sum z_1 q_1}{\sum z_0 q_0} = \frac{\sum z_0 q_1}{\sum z_0 q_0} \times \frac{\sum z_1 q_1}{\sum z_0 q_1}$$

$$工业总产值指数 = 职工人数指数 \times 全员劳动生产率指数 \times 出厂价格指数$$

$$\frac{\sum T_1 q_1 p_1}{\sum T_0 q_0 p_0} = \frac{\sum T_1 q_0 p_0}{\sum T_0 q_0 p_0} \times \frac{\sum T_1 q_1 p_0}{\sum T_1 q_0 p_0} \times \frac{\sum T_1 q_1 p_1}{\sum T_1 q_1 p_0}$$

指数之间的数量关系,不仅在相对数上表现为总变动指数等于各因素指数的乘积,而且在变动影响的绝对量上也表现为总变动额等于各因素变动影响的差额之和。如:

$$\frac{商品销售额}{绝对差额} = \frac{销售量变动}{影响的差额} + \frac{销售价格变动}{影响的差额}$$

$$\sum p_1 q_1 - \sum p_0 q_0 = \left(\sum p_0 q_1 - \sum p_0 q_0 \right) + \left(\sum p_1 q_1 - \sum p_0 q_1 \right)$$

从以上例子可以看出,每一组指数都是由若干指数所组成。统计上,把这种三个或三个以上,由于经济上的联系和数量上的关系而结成的一套指数的整体称作指数体系。它反映着社会经济现象的客观联系。

(二) 指数体系的作用

1. 指数体系是因素分析的基本依据

编制指数,不仅在于反映复杂社会经济现象的总变动,还要分析现象总变动中各构成因素的影响作用。利用指数体系,可以对现象总变动中影响因素进行定量分析,测定各因素变动对现象总变动在方向、程度和绝对量上的影响。这种分析方法,又叫指数因素分析法,它是统计分析中广泛应用的一种重要分析方法。

2. 指数体系可以进行统计推算

在统计研究或统计分析中,常常缺乏一些必要的统计资料。为此,就需要按照社会经济现象的客观联系,根据已有的统计资料推算出所需要的统计资料。指数体系的这种经济和数量关系,使我们可以根据现象之间的相互联系进行相互推算。

【例5-7】 某地区2014年工业企业平均职工人数为120万人,比上年增加5%,全年工资总额为1 121 120万元,比上年增长75 428万元,要求推算2013年工人平均工资。

根据指数体系:

工资总额指数=平均职工人数指数×平均工资指数

由此,可以先推算出工人平均工资的变动:

工人平均工资指数=工资总额指数÷平均职工人数指数

$$= \frac{1\ 121\ 120}{1\ 121\ 120 - 75\ 428} \div \frac{120}{120 \div (1+5\%)}$$

$$= 1.072 \div 1.05 = 1.021 = 102.1\%$$

计算结果表明:2014年平均工资比2013年平均增长2.1%,又知:

2014年平均工资 = 1 121 120/120 = 9 342.67(元)

由此,可以推算出2013年的平均工资。即:

2013年平均工资 = 9 342.67/102.1% = 9 150.51(元)

二、总量指标指数因素分析法

社会经济现象数量的总变动是多因素综合作用的结果。在分析研究现象数量总变动中各构成因素影响的方向、程度和绝对效果时,往往采用指数因素分析法。在指数因素分析法中,按照分析时所包含的因素多少不同分为:两因素分析和多因素分析。按照分析现象的指数形式不同分为:总量指标变动的因素分析和平均指标变动的因素分析。现在,我们将两种分类结合起来,分别主要研究总量指标变动的两因素分析和平均指标变动的两因素分析。

总量指标变动的两因素分析就是将分析现象的总量指标分解为两个因素,分别测定其中每一个因素变动对总量指标总变动的影响。在进行因素分析时,根据资料来源不同,可将总量指标指数体系区分为综合指数体系和平均数指数体系。

(一)综合指数体系两因素分析

【例5-8】 现以表5-8资料来分析某企业工业总产值的总变动及变动原因。

表5-8 某企业三种产品产量及单价资料

产品名称	计量单位	产品产量		出厂价格/元		总产值/元		
		基期 q_0	报告期 q_1	基期 p_0	报告期 p_1	基期 $p_0 q_0$	报告期 $p_1 q_1$	假定 $p_0 q_1$
甲	吨	350	380	540	554	189 000	210 520	205 200
乙	台	78	70	420	405	32 760	28 350	29 400
丙	件	2 350	2 480	32	42	75 200	104 160	79 360
合计	—	—	—	—	—	296 960	343 030	313 900

解: 根据表5-6资料及计算,可得工业总产值总指数及绝对变动额。

工业总产值总指数　$\overline{K}_{pq} = \dfrac{\sum p_1 q_1}{\sum p_0 q_0} = \dfrac{343\,030}{296\,960} = 115.5\%$

$$\sum p_1 q_1 - \sum p_0 q_0 = 343\,030 - 296\,960 = 46\,070(元)$$

这说明,该企业工业总产值报告期比基期增长了15.5%,增加的绝对量为46 070元。

由于工业总产值是产品产量和出厂价格两个因素综合影响的结果,因此,还应分别测算产品产量及出厂价格的变动及其对总产值变动的影响。

产品产量指数　$\overline{K}_q = \dfrac{\sum p_0 q_1}{\sum p_0 q_0} = \dfrac{313\,900}{296\,960} = 105.7\%$

$$\sum p_0 q_1 - \sum p_0 q_0 = 313\,900 - 296\,960 = 16\,940(元)$$

计算结果表明:该企业产品产量报告期比基期增长了5.7%,从而使工业总产值增加了16 940元。

产品价格指数　$\overline{K}_p = \dfrac{\sum p_1 q_1}{\sum p_0 q_1} = \dfrac{343\,030}{313\,900} = 109.3\%$

$$\sum p_1 q_1 - \sum p_0 q_1 = 343\,030 - 313\,900 = 29\,130(元)$$

计算结果表明:该企业产品出厂价格报告期比基期提高了9.3%,从而使工业总产值增加了29 130元。

工业总产值指数,产品产量指数和出厂价格指数三者形成以下指数体系:

$$\frac{\sum p_1 q_1}{\sum p_0 q_0} = \frac{\sum p_0 q_1}{\sum p_0 q_0} \times \frac{\sum p_1 q_1}{\sum p_0 q_1}$$

$$115.5\% = 105.7\% \times 109.3\%$$

据此综合分析说明:由于产品产量增加5.7%使工业总产值增长16 940元;由于产品出厂价格提高9.3%使工业总产值增加29 130元;两个因素共同作用的结果使工业总产值增加46 070元。

（二）平均数指数体系两因素分析

【例5-9】　现以表5-9资料分析销售额的总变动及变动原因。

表5-9　某商店三种商品的销售资料

商品名称	销售额/万元		个体销售量指数 $\left(K_q = \dfrac{q_1}{q_0}\right)$ /%
	上月（$p_0 q_0$）	本月（$p_1 q_1$）	
甲	10	12	105.0
乙	15	18	110.0
丙	30	35	112.0

解: 根据表5-9资料可计算:

（1）三种商品的销售额总指数。

$$\overline{K}_{pq} = \frac{\sum p_1 q_1}{\sum p_0 q_0} = \frac{12 + 18 + 35}{10 + 15 + 30} = 118.18\%$$

$$\sum p_1 q_1 - \sum p_0 q_0 = 65 - 55 = 10 (万元)$$

（2）三种商品的销售量总指数。

$$\overline{K}_q = \frac{\sum k_q p_0 q_0}{\sum p_0 q_0} = \frac{10 \times 105\% + 15 \times 110\% + 30 \times 112\%}{10 + 15 + 30}$$

$$= \frac{60.6}{55} = 110.18\%$$

$$\sum K_q p_0 q_0 - \sum p_0 q_0 = 60.6 - 55 = 5.6 (万元)$$

（3）三种商品的价格总指数。

$$\overline{K}_p = \frac{\sum p_1 q_1}{\sum p_0 q_1} = \frac{65}{60.6} = 107.26\%$$

$$\sum p_1 q_1 - \sum p_0 q_1 = 65 - 60.6 = 4.4 (万元)$$

（4）指数体系。

$$\begin{cases} 相对数：118.18\% = 110.18\% \times 107.26\% \\ 绝对数：10\,万元 = 5.6\,万元 + 4.4\,万元 \end{cases}$$

根据以上计算结果可以看出：由于商品销售量提高 10.18% 使销售额增加 5.6 万元；由于商品价格提高 7.26% 使销售额增加 4.4 万元；两个因素共同作用使商品销售额实际提高 18.18%，绝对额增加 10 万元。

关于总量指标的两因素分析方法还可推广到三个或三个以上因素的分析。仍以工业总产值为例，根据研究目的的需要，它还可以分解为工人人数、劳动生产率和产品价格三个影响因素，这样就形成以下指数体系：

$$\frac{\sum T_1 q_1 p_1}{\sum T_0 q_0 p_0} = \frac{\sum T_1 q_0 p_0}{\sum T_0 q_0 p_0} \times \frac{\sum T_1 q_1 p_0}{\sum T_1 q_0 p_0} \times \frac{\sum T_1 q_1 p_1}{\sum T_1 q_1 p_0}$$

$$\sum T_1 q_1 p_1 - \sum T_0 q_0 p_0 = \left(\sum T_1 q_0 p_0 - \sum T_0 q_0 p_0 \right) + \left(\sum T_1 q_1 p_0 - \sum T_1 q_0 p_0 \right)$$

$$+ \left(\sum T_1 q_1 p_1 - \sum T_1 q_1 p_0 \right)$$

根据该指数体系可以分析总变动中多因素变动对总变动的影响。但是在进行多因素分析时，要注意三个问题：① 被固定因素所属时期的选择，要遵循编制综合指数的一般原则；② 质量指标和数量指标的差别是相对的，而不能绝对化；③ 对各因素的排列顺序，具体分析现象总体的经济内容，应依据现象因素的联系以具体确定。

三、平均指标变动的因素分析法

在分组资料条件下，平均指标数值的大小取决于各组标志值 x 和各组单位数 f 占总体单位数的比重 $f/\sum f$ 两个因素。用公式表示为：

$$\overline{x} = \frac{\sum xf}{\sum f} = \sum x \frac{f}{\sum f} \tag{5-30}$$

在动态上，总平均指标的变动也必然受各组标志值和比重权数变动的综合影响。平均指标变动的因素分析就是要分别测定各组标志水平和比重权数变动对总平均指标的影响。同时，它也是以平均指数体系为基本依据的。

平均指标指数是反映同一经济内容在不同时间上平均水平变动的相对数。若设 $\overline{x}_0$、$\overline{x}_1$ 分别

代表基期和报告期平均指标,则平均指标指数的计算公式为:

平均指标指数

$$K_{\bar{x}} = \frac{\bar{x}_1}{\bar{x}_0} = \frac{\sum x_1 f_1}{\sum f_1} : \frac{\sum x_0 f_0}{\sum f_0}$$

$$= \left(\sum x_1 \cdot \frac{f_1}{\sum f_1} \right) : \left(\sum x_0 \cdot \frac{f_0}{\sum f_0} \right) \tag{5-31}$$

平均指标的绝对变动量为:$\bar{x}_1 - \bar{x}_0$

为了测定标志水平的平均变动情况,就需要消除总体中各组比重结构变化的影响,计算固定构成指数。在这里,各组标志水平属质量指标,按照编制指数的一般原则,应将结构权数这个同度量因素固定在报告期,并将按基期标志水平和报告期结构权数构成计算的假定平均指标设为$\bar{x}_n$,这样我们可得出固定构成指数的计算公式为:

固定构成指数

$$K_x = \frac{\bar{x}_1}{\bar{x}_n} = \frac{\sum x_1 f_1}{\sum f_1} : \frac{\sum x_0 f_1}{\sum f_1} \tag{5-32}$$

对平均指标的绝对影响量为:$\bar{x}_1 - \bar{x}_n$

同时,为了测定各组结构的变动对总平均指标的影响,必须消除各组标志水平变动的影响作用,计算结构影响指数。这里的结构权数属数量指标,按编制指数的一般原则,应将各组标志水平这个同度量因素固定在基期。这样,结构影响指数的计算公式为:

结构影响指数

$$K_f = \frac{\bar{x}_n}{\bar{x}_0} = \frac{\sum x_0 f_1}{\sum f_1} : \frac{\sum x_0 f_0}{\sum f_0} \tag{5-33}$$

对平均指标绝对影响量为:$\bar{x}_n - \bar{x}_0$

三种指数的相互联系形成以下指数体系:

$$\genfrac{}{}{0pt}{}{\text{平均指标指数}}{(\text{可变构成指数})} = \text{固定构成指数} \times \text{结构影响指数}$$

$$K_{\bar{x}} = K_x \times K_f$$

$$\genfrac{}{}{0pt}{}{\text{平均指标的}}{\text{变动差额}} = \genfrac{}{}{0pt}{}{\text{标志水平变动}}{\text{的影响差额}} + \genfrac{}{}{0pt}{}{\text{结构变动}}{\text{的影响差额}}$$

$$\bar{x}_1 - \bar{x}_0 = (\bar{x}_1 - \bar{x}_n) + (\bar{x}_n - \bar{x}_0)$$

【例 5-10】　现以表 5-10 资料为例说明平均指标指数的相对数和绝对数变动。

表 5-10　某企业工资水平及工人构成资料

工人组别	平均工资/元		职工人数		工资总额/元		
	基期	报告期	基期	报告期	基期	报告期	假定
	x_0	x_1	f_0	f_1	$x_0 f_0$	$x_1 f_1$	$x_0 f_1$
甲	1 600	1 640	300	200	480 000	328 000	320 000
乙	1 400	1 500	500	400	700 000	600 000	560 000
丙	1 200	1 240	200	550	240 000	680 000	660 000
合计	—	—	1 000	1 150	1 420 000	1 610 000	1 540 000

1. 测定该企业工人总平均工资的变动情况

总平均工资指数 $K_{\bar{x}} = \dfrac{\sum x_1 f_1}{\sum f_1} : \dfrac{\sum x_0 f_0}{\sum f_0}$

$$= \frac{1\,610\,000}{1\,150} \Big/ \frac{1\,420\,000}{1\,000} = \frac{1\,400}{1\,420} = 98.59\%$$

企业总平均工资变动的绝对额为：

$$\frac{\sum x_1 f_1}{\sum f_1} - \frac{\sum x_0 f_0}{\sum f_0} = 1\,400 - 1\,420 = -20(元)$$

从表中资料来看,三组工人平均工资都有所提高,但是为什么计算结果,总平均工资比基期是下降的呢？这主要是因为:全部工人的平均工资除受各组工人工资水平变动影响外,还受到各级工人结构变动的影响。由表中资料可知,工资水平低的丙组,工人数在总人数中比重由基期的20%,上升到报告期的48%,工资水平高的甲组工人所占比重则由基期的30%下降到报告期的17%,为了进一步分析全部工人的平均工资变动,就要分别分析各组平均工资和工人人数构成两因素变动对总平均工资变动的影响,计算固定构成指数和结构影响指数。

2. 测定各组工资水平变动对总平均工资的影响

固定构成指数:

$$K_x = \frac{\sum x_1 f_1}{\sum f_1} : \frac{\sum x_0 f_1}{\sum f_1} = \frac{1\,610\,000}{1\,150} \Big/ \frac{1\,540\,000}{1\,150} = \frac{1\,400}{1\,339.1} = 104.55\%$$

$$\frac{\sum x_1 f_1}{\sum f_1} - \frac{\sum x_0 f_1}{\sum f_1} = 1\,400 - 1\,339.1 = 60.9(元)$$

计算结果表明:该企业由于各组工人工资水平报告期比基期增长了4.55%,从而使平均工资增加60.9(元)。

3. 测定工人构成变动对总平均工资的影响

$$K_f = \frac{\sum x_0 f_1}{\sum f_1} : \frac{\sum x_0 f_0}{\sum f_0} = \frac{1\,339.1}{1\,420} = 94.30\%$$

$$\frac{\sum x_0 f_1}{\sum f_1} - \frac{\sum x_0 f_0}{\sum f_0} = 1\,339.1 - 1\,420 = -80.9(元)$$

计算结果表明:该企业由于工人构成的变动而使平均工资降低了5.7%,平均工资减少了80.9元。

总平均工资指数、固定构成指数、结构影响指数三者形成以下指数体系:

总平均工资指数 = 固定构成指数 × 结构影响指数

98.59% = 104.55% × 94.3%

$$\frac{总平均工资}{变动差额} = \frac{各组工资水平}{变动的影响差额} + \frac{工人构成变动}{的影响差额}$$

−20 元 = 60.9 元 + (−80.9 元)

以上指数体系综合说明:该企业报告期工人总平均工资比基期降低了1.41%,是由于各组工人工资水平增长而使总平均工资增长4.55%和工人构成变动使总平均工资降低5.7%综合影响的结果。从绝对量上来看,报告期工人总平均工资比基期减少了20元,是由于各组工资水平增加而使总平均工资增加60.9元和工人构成变动而使总平均工资减少80.9元共同影响的结果。

四、总量指标和平均指标因素分析的结合运用

在分析社会经济现象变动情况时,有时仅仅使用总量指标因素分析或平均指标因素分析是不够的,还需要将两种因素分析法结合起来以深入地分析现象总量变动情况及其原因。

【例 5-11】 现仍以表 5-8 资料,分析该企业工资总额变动情况及变动原因。我们知道:

$$工资总额 = 工人总数 \times 总平均工资$$

$$工资总额指数 = 工人总数指数 \times 总平均工资指数$$

$$= 工人总数指数 \times 固定结构指数 \times 结构影响指数$$

现对该企业工资总额的变动情况进行分析如下:

工资总额指数

$$\frac{\sum x_1 f_1}{\sum x_0 f_0} = \frac{1\,610\,000}{1\,420\,000} = 113.38\%$$

工资总额的绝对增加额为:

$$\sum x_1 f_1 - \sum x_0 f_0 = 1\,610\,000 - 1\,420\,000 = 190\,000(元)$$

工人人数指数

$$\frac{\sum f_1}{\sum f_0} = \frac{1\,150}{1\,000} = 115\%$$

由于工人总数增加而增加的工资额为:

$$(\sum f_1 - \sum f_0)\bar{x}_0 = (1\,150 - 1\,000) \times 1\,420 = 213\,000(元)$$

关于总平均工资的变动,各组工资水平和工人构成变动影响程度,我们在平均指标因素分析中已讲过,这里只就工资总额的影响进行分析:

由于总平均工资的降低而减少的工资额为:

$$\left(\frac{\sum x_1 f_1}{\sum f_1} - \frac{\sum x_0 f_0}{\sum f_0}\right)\sum f_1 = (1\,400 - 1\,420) \times 1\,150 = -23\,000(元)$$

由于各组工资水平的提高而增加的工资额为:

$$\left(\frac{\sum x_1 f_1}{\sum f_1} - \frac{\sum x_0 f_1}{\sum f_1}\right)\sum f_1 = (1\,400 - 1\,339.1) \times 1\,150 = 70\,035(元)$$

由于工人构成的变动而减少的工资额为:

$$\left(\frac{\sum x_0 f_1}{\sum f_1} - \frac{\sum x_0 f_0}{\sum f_0}\right)\sum f_1 = (1\,339.1 - 1\,420) \times 1\,150 = -93\,035(元)$$

根据以上计算,我们可以借助表 5-11 说明它们之间的关系。

表 5-11 工资总额指数和总平均工资指数的共同变动

	指数/%	绝对变动(影响)额/元
工资总额	113.38	190 000
(一)工人人数	115.00	213 000
(二)总平均工资	98.59	−23 000
1. 工资水平	104.55	70 035
2. 工人构成	94.30	−93 035

综合表明,该企业工资总额报告期比基期增长了 13.38%,这是由于工人总数增加 15% 和总

平均工资降低 1.41% 综合影响的结果,而总平均工资降低了 1.41% 又是由于企业各组工资水平的变化使总平均工资增长 4.55% 和工人构成变动而使总工资水平下降 5.7% 的综合影响结果。

从绝对额上看,该企业工资总额报告期比基期增加 190 000 元,其中,由于工人总数增加而增加的工资总额为 213 000 元,由于总平均工资下降而使工资总额减少 23 000 元。在总平均工资的影响条件中,由于各组工资水平增加而增加的工资总额为 70 035 元,由于工人构成变动而使工资总额减少 93 035 元。

* 第四节　综 合 评 价

统计是研究总体现象数量特征及其变化规律的,作为描述其基本的数量特征和分析工具的统计指标,无论是实物指标,还是价值指标,也无论是总量指标还是平均指标、相对指标,又或者是有一组相互联系的指标构成的统计指标体系,都不能对研究对象的整体做评价。于是就促使人们想办法去探索综合评价的手段和方法,这种方法就是将一个反映事物多方面的特征的指标体系,通过某种方式进行综合,最终变成一个综合指标值,以此作为评价事物的依据。就统计活动而言,综合评价是统计调查、统计整理之后的一项重要分析工作,是充分发挥统计功能的重要环节。

一、综合评价概述

(一)综合评价的概念和作用

综合评价就是对评价对象建立一个统计指标体系,根据所给的条件,采用一定的评价方法和模型,对每个评价对象赋予一个评价值,再据此进行排序或择优,目的是希望对参与评价的若干对象,按一定的意义进行排序,从中挑选出合适的对象。对于每个参与评价的对象来说,可以通过综合评价的结果比较,找到自身的差距,及时采取措施改进。

综合评价作为一种新的统计分析方法,对社会经济活动和现象综合分析方面作用越来越重要,应用范围也越来越广。评价是为决策服务的,而决策也需要评价。从某种意义上讲,没有评价就没有决策,评价过程也是一种认知和决策过程。综合评价是科学决策的前提,是科学决策中的一项基本工作。

综合评价的主要作用表现在以下几个方面:

(1)认识上的升华。综合评价本质上是多指标的综合,是从具体到抽象的过程。它是把具体的评价指标的实际值进行相应转化后变成评价值,然后对各个评价值进行加总平均,最后得到综合评价值,是认识上的一种升华。

(2)可以进行比较与排序。在获得综合评价的基础上,可以进行不同空间或时间的比较和排序。不管是认识上,还是管理和决策上都要求进行排序比较,例如某国际组织要根据我国不同地区社会经济发展状况的综合评价结果来确定投资重点、贷款形式等。

从统计学本身来看,综合评价弥补了统计指标和指标体系描述功能的不足,是对传统统计学方法体系的重要补充,在统计方法论上意义重大。

(二)综合评价的基本步骤

尽管各种综合评价方法特点各异,但基本步骤大致相同,归纳起来综合评价过程一般包括以下几个方面：

（1）明确综合评价的主题。进行综合评价首先要明确评价目标,对于同一个评价对象来说,不同的评价主题会有不同的指标体系和方法,即搞清楚为什么要进行综合评价,界定评价对象的范围,了解评价对象的属性和结构,确定评价的精确度以及评价所要说明的问题等。综合评价主题不能泛泛而谈,要突出,这是综合评价的基础工作。

（2）建立评价指标体系。根据研究目的,选择合适的统计指标,建立一个能够从不同角度、不同侧面反映对象的评价指标体系。评价指标体系的设计可以是单一的,也可以是多层次的。这个主要根据研究的需要,如果评价对象是一个复杂现象,建议采用多层次综合评判法。

（3）评价指标的无量纲化处理。实际上就是将各评价指标的实际值转化为评价值的过程,也称为无量纲化过程。主要是因为参与评价的很多指标范围、计量单位都不一样,要将这些评价指标进行综合,就必须首先进行处理,主要包括三个方面：逆向指标正向化、定性指标定量化、定量指标的定值处理。

（4）各评价指标权重的确定。在综合评价过程中,各评价指标的作用并不完全相同,有的指标对评价主题的影响大,有的指标对评价主题影响相对小。不同指标的重要性、影响力主要通过权数体现出来,权重越大,指标的影响越大。

（5）计算综合评价结果。在对各个指标进行无量纲化处理和确定权重之后,要选择合适的评价方法,建立综合评价模型,将经过无量纲化的评价值代入评价模型,计算综合评价结果。

（6）根据评价结果进行统计分析。综合评价是为管理和决策服务的,因此各个评价对象的综合评价值确定后,要注意进行静态和动态的比较,根据评价结果的大小对评价对象进行比较和排序,从整体上认识各评价对象在评价目标上的差距、发展变化情况,为科学合理制定目标提供决策依据。

（三）综合评价的特点和局限性

1. 综合评价的特点

（1）综合性和整体性。它的评价包含了若干个指标,这多个评价指标分别说明了评价对象的不同方面,同时克服了指标体系在不同对象比较中不同指标间的相互矛盾,综合评价模型最终要对评价对象进行一个整体评判,用一个总指标来说明评价对象的一般水平。

（2）可比性。综合评价需要采用数学模型对各个指标的评价结果进行综合,最后表现为一个综合评价结果的数值,可用于评价对象之间的排序比较。

（3）不稳定性。这里的不稳定性具体是指随着指标权数、综合评价方法乃至指标的无量纲化处理,选择的依据不同,最后的评价结果也会不同。然而什么样的综合评价方法最优,如何对不同的评价方法进行比较等都有待进一步探讨。

2. 综合评价的局限性

需要注意的是,目前统计综合评价的理论与方法不是很成熟,存在一定的局限性,主要表现在以下两个方面：

（1）综合评价结果具有相对性。尽管综合评价采用了一定的数学模型,其结果也可以用数值表示,但它只有相对的意义。一般情况下,它仅适用于在具有可比性对象之间进行比较和排序。此外,采用不同的评价方法,可能得出不同的结论,评价结果并不是唯一的。

（2）主观性较强。在综合评价过程中,评价指标的选择、指标权重的分配以及评价模型的建立,常常需要依靠专家来确定,不同的专家给出的选择标准和权重会有所差异,评价结果带有一定的主观性。需认真比较各种评价方法的特点和适用范围,尽可能采用多种方法进行比较与分析,极大可能减少主观干扰,提高评价结果的客观性。

二、综合评价指标的选择与数据预处理

(一) 选取评价指标的原则

进行综合评价首先要确定评价的指标体系,这是综合评价的基础。指标数量的确定也很重要,指标太多会有干扰;指标太少,可能选取的指标缺乏代表性,产生片面性。只有选出科学合理的指标体系才可能做出科学的评判。一般来说,建立综合评价指标体系是一项系统性、复杂性的工作,需要遵循以下几个原则:

(1) 整体性原则。要求所选指标能够作为一个有机整体,在其相互配合中比较科学、全面、准确地涵盖为达到评价目的所需的基本内容,宜少不宜多,宜简不宜繁。如果有遗漏,评价结果就会出现偏差,但要做到全面既不容易也没有必要,只要能从不同侧面具有代表性即可。

(2) 敏感性原则。评价指标体系中各指标能够比较敏感地反映分析对象的变化。有些指标从理论上讲是重要的,但是它的变化过多地受到政策因素的制约,不能或不能完全显示出总体的实际变化,这样的指标不宜进入指标体系。

(3) 相互独立性原则。即尽量要求指标之间尽可能没有内在联系,这样既能减少指标体系的冗余,又能避免统计指标之间的信息重叠。当然,完全独立是难以实现的,独立性的要求也会因综合评价的方法不同而不同。

(4) 可行性原则。即要求尽可能采用相对指标,便于不同对象进行比较,但为了反映对象之间规模上的差异,也可以选取一些总量指标。另外,各个指标的剂量范围、口径必须一致,才能进行综合分析。

(5) 可操作性原则。即评价指标体系的设计既要考虑科学性,也要考虑资料采集的可行性,否则再好的指标缺乏数据的支持也是无用的。所需指标应尽可能从现有的统计指标中产生,少量需要重新计算和统计的指标也应该尽可能地在现有统计数据的基础上获取。

(二) 评价指标的选择方法

确定评价指标体系在遵循上述基本原则的基础上,可以先定性地预选出一些指标。在实际的综合评价活动中,既想尽可能全面地确定指标体系,又希望指标不是太多。在预选指标时,可能存在着一些次要的指标,而且指标之间可能存在着交叉重复,这就需要进行筛选,剔除掉代表性不强以及交叉重复的指标,从而确定合理的评价指标体系。在评价指标的选择中,既可以采用定性分析,也可以采用定量分析来确定。

(1) 定性方法。常用的定性分析法有综合法和分析法。综合法主要是评价者在调查表中列出一系列预选的评价指标,分别征询专家对所设计的评价指标的意见,然后进行统计处理,并反馈咨询结果。经过几轮咨询后,如果专家意见趋于集中,则由最后一次咨询确定的具体指标来构成指标体系。专家意见法所确定的指标体系是否具有代表性,很大程度上取决于专家的知识、经验和偏好,带有一定的主观性。分析法是将评价对象划分为若干个组成部分,明确各个部分要评价问题的内涵和外延,在此基础上,分别用一个或几个指标反映每个部分的特征。

(2) 定量分析法。采用某种数学方法,对指标之间的相似性或相关性进行判断,进而决定哪

些指标保留哪些指标剔除。主要有两种方法:系统聚类法和极大不相关法。

(三)数据预处理的方法

由于不同指标的类型、计量单位不一致,在建立评价指标、采集数据之后,还需要对收集来的数据进行预处理,把各个指标的实际值转化为具有可比性的指标评价值,才可进行综合汇总。数据预处理就是对指标规范化。首先将评价指标的类型统一,然后将评价指标进行无量纲化处理。

1. 评价指标类型一致化:逆指标和适度指标转化为正指标

评价指标一般有三种类型:正指标、逆指标和适度指标。正指标的取值越大越好,逆指标的取值越小越好,适度指标的取值越接近某一理想数值越好。在对各指标进行综合时,必须确保各指标的类型相同,才能给最终的综合结果一个评判标准。也就是说,各评价对象的综合评价值是越大越好,还是越小越好。通常是将逆指标和适度指标转化为正指标,然后再进行无量纲化处理,最后进行综合汇总。

如果评价指标 x_j 为逆指标,各评价对象的指标值分别为 $x_{ij}(i=1,2,\cdots,n)$。则令

$$x'_{ij} = \frac{1}{x_{ij}}(x_{ij}>0) \quad (i=1,2,\cdots,n) \tag{5-34}$$

或者

$$x'_{ij} = \max_{1<i<n}|x_{ij}| - x_{ij} \quad (x_{ij}\text{可以是负值},i=1,2,\cdots,n) \tag{5-35}$$

又或者

$$x'_{ij} = \frac{1}{\max_{1<i<n}|x_{ij}| + x_{ij}} \quad (x_{ij}\text{可以是负值},i=1,2,\cdots,n) \tag{5-36}$$

以上各式中的 x'_{ij} 分别是对各评价对象的逆指标 x_j 进行转化后生成的正指标值。

若评价指标 x_j 为适度指标,各评价对象的指标值分别为 $x_{ij}(i=1,2,\cdots,n)$,设该适度指标的理想值为 a,则 x_{ij} 与 a 的距离越小越好,因此二者之间的距离 $|a-x_{ij}|$ 的取值越小越好,即相当于一个逆指标,可令

$$x'_{ij} = \frac{1}{|a-x_{ij}|} \quad (i=1,2,\cdots,n) \tag{5-37}$$

x'_{ij} 的取值越大,表示 x_{ij} 越符合要求,则 x'_{ij} 是对各评价对象的适度指标 x_j 进行转化后生成的正指标值。

2. 评价指标无量纲化:消除指标之间计量单位和数量级的影响

评价指标之间的计量单位和数量级一般来说是不相同的,即指标间不存在可比性,这就使得各指标的综合汇总没有实际意义。例如,我们以顾客人数和营业额两项指标来衡量商场的效益,顾客人数和营业额很显然不能直接加总,计算单位完全不同,数量级也相差较大。因此,为了避免各项指标单位不同以及数值数量级之间的差异所导致的不合理现象,在汇总之前首先要去除量纲的影响,即确定指标评价值和实际值之间的函数关系式,将指标的实际值转化为无量纲的评价值,这个过程就是评价指标的无量纲化。评价指标无量纲化的一个前提条件是:在无量纲化前后,各评价对象在此项指标上的排序应保持不变。

(1)相对化处理法。对评价指标进行相对化的无量纲化处理,需要事先确定一个对比基准,然后计算指标的实际值与基准值的比,所得结果通常用百分数表示,并以此作为指标的评价值。

设 x_{ij} 为第 i 个评价对象第 j 个指标的实际值，x_j^* 为第 j 个指标的对比基准值，x_{ij}^* 为经过相对化处理后第 i 个评价对象第 j 个指标的评价值，则有：

$$x_{ij}^* = \frac{x_{ij}}{x_j^*} \quad (i=1,2,\cdots,n;j=1,2,\cdots,m) \tag{5-38}$$

式中，对比基准值 x_j^* 可以是衡量事物发展变化的一些代表性的指标值，如该指标在各评价对象中的平均值、最大值或指标的基期水平等。

如果第 j 个指标为逆指标，尚且没有转化为正指标，则相应的相对化处理公式应为：

$$x_{ij}^* = \frac{x_j^*}{x_{ij}} \quad (i=1,2,\cdots,n;j=1,2,\cdots,m) \tag{5-39}$$

相对化处理还有一种形式，即将指标的实际值转化为在指标值总和中占的比重，也称为比重法，即以指标值总和作为对比的基准计算指标的评价值，主要公式如下：

$$x_{ij}^* = \frac{x_{ij}}{\sum_{i=1}^{n} x_{ij}} \quad (j=1,2,\cdots,m;x_{ij}>0) \tag{5-40}$$

或者

$$x_{ij}^* = \frac{x_{ij}}{\sqrt{\sum_{i=1}^{n} x_{ij}^2}} \quad (j=1,2,\cdots,m;x_{ij}>0) \tag{5-41}$$

上述第一种情况适用于各指标实际值均为正数的情况，且评价值之和满足 $\sum_{i=1}^{n} x_{ij}^* = 1$。第二种情况适用于指标实际值有负值的情况，各评价值之和满足 $\sum_{i=1}^{n} (x_{ij}^*)^2 = 1$。逆指标的话要先取负数，再按第二种情况进行处理。

用相对化方法进行指标的无量纲化处理所得到的指标评价值含义明确，便于做出评价。以指标值总和作为对比基准适用于对总量指标进行无量纲化处理，所得的结果表明被评对象某项指标值所占的比重。相对指标和平均指标由于求和没有意义，因而适宜用平均数、计划数或理想值等作为对比基准。

（2）功效系数法。功效系数法是根据多目标规划的原理，对各项评价指标分别确定一对满意值和不允许值，以满意值为上限，以不允许值为下限，分别计算评价对象各项指标接近、达到或超过满意值的程度，即功效系数，并转化为相应的功效评分值，作为指标评价值。

一般用 d_{ij} 表示第 i 个评价对象第 j 个指标的功效系数，并以 $M_j = \max_i\{x_{ij}\}$ 作为 j 个指标的满意值，$m_j = \min_i\{x_{ij}\}$ 作为 j 个指标的不允许值，则

$$d_{ij} = \frac{x_{ij}-m_j}{M_j-m_j} \quad (i=1,2,\cdots,n;j=1,2,\cdots,m) \tag{5-42}$$

上式是对正指标而言的功效系数公式，满足 $0 \leqslant d_{ij} \leqslant 1$。当 x_{ij} 达到最佳值 M_j 时，$d_{ij}=1$；当 x_{ij} 达到最差值 m_j 时，$d_{ij}=0$。x_{ij} 离最佳值 M_j 越近，d_{ij} 越接近于 1；反之，越接近于 0。

对于逆指标而言，如果还未进行正指标化处理，则相应的功效系数计算公式应为：

$$d_{ij} = \frac{M_j-x_{ij}}{M_j-m_j} \quad (i=1,2,\cdots,n;j=1,2,\cdots,m) \tag{5-43}$$

上式同样满足 $0 \leqslant d_{ij} \leqslant 1$。由于逆指标越小越好,当 x_{ij} 达到最小值 m_j 时,$d_{ij}=1$;当 x_{ij} 达到最大值 M_j 时,$d_{ij}=0$。x_{ij} 离最佳值 m_j 越近,d_{ij} 越接近于 1;反之,越接近于 0。

可见,我们可以从 d_{ij} 值的大小来比较第 i 个评价对象接近第 j 项指标满意值的程度,d_{ij} 值越大越理想。通过上面两个式子进行无量纲化,当指标值实际值达到最差状态时,功效系数指为 0,这可能给指标评价值的综合带来不便,为解决这个问题,可以采用改进的功效系数法,相应的计算公式为:

正指标:

$$d_{ij}=\frac{x_{ij}-m_j}{M_j-m_j} \times 40+60 \quad (i=1,2,\cdots,n;j=1,2,\cdots,m) \tag{5-44}$$

逆指标:

$$d_{ij}=\frac{M_j-x_{ij}}{M_j-m_j} \times 40+60 \quad (i=1,2,\cdots,n;j=1,2,\cdots,m) \tag{5-45}$$

根据改进的功效系数法进行无量纲化,则 d_{ij} 的取值在 60~100 之间,当 x_{ij} 为不允许值时,d_{ij} 等于 60;当 x_{ij} 取满意值时,d_{ij} 等于 100。一般情况下,大部分指标值都处在允许状态和满意状态之间,相应的指标评价值就介于 60~100 之间。这和我们平时以 60 为及格,100 为满分的评分习惯相符,简明直观,适用性强。

(3)标准化处理法。当评价指标的实际值呈现正态分布时,可利用指标的均值和标准差对数据进行标准化处理,使之转化为无量纲指标的服从均值为 0、标准差为 1 的标准正态分布的评价值。一般习惯用 z_{ij} 表示评价对象 i 第 j 个指标标准化后的评价值,标准化公式如下:

$$z_{ij}=\frac{x_{ij}-\overline{x_j}}{\sigma_j} \quad (i=1,2,\cdots,n;j=1,2,\cdots,m) \tag{5-46}$$

式中,$\overline{x_j}$、σ_j 分别表示第 j 个指标的均值和标准差。

采用标准化法进行指标的无量纲化处理,所得的指标评价值 z_{ij} 总是分布在 0 周围,当指标实际值大于均值时,所得指标评价值大于 0;反之则小于 0。并且,z_{ij} 偏离均值越远,所得评价值的绝对值越大。事实上,z_{ij} 的绝对值表明了指标实际值与均值的距离相对于标准差(平均离差)的倍数。根据正态分布的理论,指标实际值与均值的离差大于 3 倍标准差的概率仅为 0.27%,即大部分指标评价值 z_{ij} 都落在 $[-3,3]$ 的区间内。

对正指标而言,z_{ij} 值越大越好;对逆指标来说,若事先未正指标化,则可以令

$$z_{ij}=\frac{\overline{x_j}-x_{ij}}{\sigma_j} \quad (i=1,2,\cdots,n;j=1,2,\cdots,m) \tag{5-47}$$

以确保不同指标评价值的类型一致化,便于综合汇总。

标准化处理法与功效系数法、相对化处理法的不同点在于:一是它利用了原始数据的所有信息,二是它要求样本容量较大。

三、评价指标权数的确定

对评价指标体系中各指标的实际值 x_{ij} 进行类型一致化和无量纲化处理后,就得到了评价对象各指标的评价值 x'_{ij}(x'_{ij} 表示第 i 个评价对象第 j 个指标的评价值)。由于不同的评价指标相对于评价目的来说,其相对重要性不同,因此必须对各指标评价值赋予不同的权数再进行综合。用

ω_j 表示第 j 项指标的权数,权数一般用相对数表示,且满足 $0<\omega_j<1$, $\sum\limits_{j=1}^{m}\omega_j=1$($m$ 为评价指标的个数)。指标权数的确定对于综合评价结果意义重大。相同的综合评价模型,各指标的权数取值不同,就可能得出完全不一致的评价结果,因此指标权数的选择需谨小慎微。

在实际操作中,指标权数的确定主要有两类方法:一是利用专家的知识和经验来确定,通常称之为主观赋权法;另一个是不依赖于主观的意见,通过对评价指标实际观测值的统计分析来确定,称之为客观赋权法。

1. 主观赋权法

主观赋权法主要有两种——专家意见法和层次分析法。专家意见法,也称为德尔菲法,其特点在于集中专家的经验与意见,确定各指标权重,不断反馈和修改最终得到比较满意的结果。层析分析法(analytical hierarchy process,AHP)是一种在定性分析基础上结合定量分析的赋权方法。

2. 客观赋权法

客观赋权法就是根据对各评价指标的实际观测值进行统计分析,从中提取有用的信息来判别指标的效用价值从而确定指标权数的方法。比较常用的一类客观赋权法的基本思想是:某指标的权数应是该指标在各个被评价对象中取值变异程度的度量。如果一个指标对所有被评价对象而言完全不同,而且差异很大,那么该指标能完全区分被评价对象,从而对评价结果的重要程度就大,反之该指标对评价结果的重要程度就小。熵值法和变异系数法就是以这种思想为基础确定指标权数的。

四、评价结果的综合

评价结果的综合就是要通过一定的数学模型把评价对象多个指标的综合值合并成一个整体性的综合评价值,以便对评价对象做出综合评判。概括地说,就是要构建综合评价模型:

$$y_i=f(\omega,x_i)\quad(i=1,2,\cdots,n)\tag{5-48}$$

式中,y_i 为第 i 个评价对象的综合评价值;$\omega=(\omega_1,\omega_2,\cdots,\omega_m)'$ 为 m 个指标的权数向量;$x_i=(x_{i1},x_{i2},\cdots,x_{im})'(i=1,2,\cdots,n)$ 为第 i 个评价对象 m 个指标的评价值向量(经过指标类型一致化和无量纲化处理)。

根据 y_i 值的大小,可以对被评价对象的整体状况进行评价,也可以对评价对象进行排序或分类。接下来介绍两种常用的综合评价方法。

1. 算术加权综合法

也称为加法模型,是指对各指标评价值进行加权算术平均求综合评价值,即

$$y_i=\sum\limits_{j=1}^{m}\omega_j x_{ij}\quad(i=1,2,\cdots,n)\tag{5-49}$$

如果指标评价值 x_{ij} 都正指标化了,则综合评价值 y_i 越大越好,可以通过各评价对象值 y_i 的大小进行评价。

算术加权综合法具有两个重要特征:一是该方法适用于各评价指标间相互独立的场合,若指标间不独立,加权求和必然使得评价信息重复,难以客观反映实际;二是用该方法可能使得综合评价值各指标评价值之间得到线性补偿,即只要有一个指标值足够大,不管其他指标值的大小,都可以使得综合评价结果得到理想的数值,从而难以均衡反映评价对象。

2. 几何加权综合法

几何加权综合法也称为乘法模型,是指对各指标评价值进行加权几何求平均值,即

$$y_i = \sqrt[\sum \omega_j]{\prod_{j=1}^{m} x_{ij}^{\omega_j}} \quad (i=1,2,\cdots,n) \tag{5-50}$$

如果指标评价值 x_{ij} 都正指标化了,则综合评价值越大越好。几何加权综合法适用于各指标间有较强相关关系的场合,这也是由乘积运算的性质决定的。另外,它更能突出评价指标中评价值小的指标的作用,只要有一个评价指标值接近于零,则被评价对象的综合评价值将迅速趋于零,从侧面说明几何加权综合法更能体现被评价对象的均衡发展特征。

五、中国地区创业发展指数的综合评价举例

目前,我国经济处于自主创新转型的重要时期。党的十八大报告指出,必须将科技创新摆在国家发展全局的核心位置。我国对创业环境的研究起步较晚,但发展比较快,我国当前的创新创业已进入高速发展期。虽然我国的创业活动正呈日趋活跃态势,但不可否认的是,相对于我国经济发展与庞大的就业需求相比,创业活动仍然是一条明显的"短腿"。以世界银行统计的衡量创业活跃度指标"新注册企业密度"(每千名劳动年龄人口新注册企业数量)来看,目前我国的新注册企业密度还不到 2,在世界上属于中等偏下水平,明显低于我国香港的 28.12、新加坡的 8.04、澳大利亚的 12.16。

在我国推动"大众创业、万众创新"的背景下,需要建立一套科学的统计指数和指标体系,提供一个量化分析创业活动发展水平、经济发展活力和区域经济发展潜力的工具,度量和评价中国各个地区大众创业发展的状况和态势,从而为客观分析与描述中国创新创业发展水平提供科学的视角,为经济政策的制定者和决策者提供有价值的参考依据。表 5-12 是一套综合评价地区城市创业发展水平的指标体系。

表 5-12 创业发展指标体系(权重)

一级指标	二级指标	三级指标
创业态度 (33.3%)	感知机会(10.2%)	创业水平占全国创业水平的比率
		人均 GDP
	起步技术(26.6%)	专利授予
		受过高等教育人口比例
	创业失败承担力(30.7%)	经济景气指数
		风险投资增长率
	人际网络(32.5%)	非文盲率
		互联网使用量
创业能力 (33.3%)	机会创业(35.7%)	CEPA 指数
		创业服务人数占比
	技术储备(20.7%)	高科技行业企业数量
		技术市场成交合同数占比
	人力资本质量(43.6%)	就业人口中大学本科以上学历占比
		人文发展指数

续表

一级指标	二级指标	三级指标
创业意愿 （33.3%）	新产品（26.5%）	高科技新产品产值
		R&D 投入占 GDP 比例
	新技术（26%）	专利授予数量增长率
		技术市场成交额
	高增长（22.6%）	高科技产业利润额
		高科技产业利润额增长率
	国际化（24.9%）	出口额占全国出口总额的比例
		引进国外技术项目数

　　这里我们使用创业发展指数三级指标体系综合评价地区城市创业发展水平。创业发展指数的编制融合了 TEA、GEDI 和 CPEA 的编制思路，并结合我国经济社会的现实发展状况和统计数据获取的可操作性，能够在现存统计数据条件下，较为全面地对地区城市创业各个方面进行测度，进而对地区城市创业发展水平和创业型经济发展潜力做出综合评价。参照国家创业与发展指数（GED）的分类，创业发展指数由 3 个维度、11 类指标构成，三个维度分别是：创业态度、创业能力和创业意愿。

　　由于各指标数值存在量纲和数量级的差异，所以先对各指标数值进行标准化处理。二级指标由三级指标交互作用形成，分别由两个三级指标乘积构成，一级指标由二级指标加权求和得到，赋权方法采用主成分分析赋权法和最大离差权重法。创业发展指数由三个一级指标的算术平均值构成，如表 5-13 所示。

表 5-13　创业发展指数计算结果

排名	地区	创业态度	创业能力	创业意愿	创业发展指数
1	北京市	1.748 577	3.008 528	3.835 072	2.864 059
2	广东省	2.457 844	1.915 313	1.248 675	1.873 944
3	江苏省	2.039 915	1.223 306	1.117 801	1.460 34
4	上海市	0.530 172	1.733 056	0.135 21	0.799 479
5	浙江省	1.072 792	0.534 565	0.013 28	0.540 212
6	山东省	1.167 407	-0.060 13	-0.038 38	0.356 299
7	天津市	0.015 733	0.495 572	0.082 746	0.198 017
8	湖北省	0.143 847	-0.226 99	0.196 536	0.037 796
9	福建省	0.118 209	-0.110 89	-0.183 39	-0.058 69
10	河南省	0.180 814	-0.430 49	-0.103 32	-0.117 66

排名	地区	创业态度	创业能力	创业意愿	创业发展指数
11	四川省	0.121 884	−0.358 11	−0.116 88	−0.117 7
12	安徽省	0.018 294	−0.352 79	−0.149 48	−0.161 32
13	辽宁省	−0.225 78	−0.096 89	−0.234	−0.185 56
14	河北省	0.076 367	−0.380 23	−0.317 11	−0.206 99
15	湖南省	−0.060 47	−0.373 98	−0.214 91	−0.216 45
16	重庆市	−0.239 29	−0.263 89	−0.179 6	−0.227 6
17	陕西省	−0.363 07	−0.263 93	−0.428 46	−0.351 82
18	江西省	−0.402 99	−0.464 45	−0.207 15	−0.358 2
19	山西省	−0.477 6	−0.290 29	−0.319 02	−0.362 3
20	广西壮族自治区	−0.374 17	−0.478 5	−0.283 91	−0.378 86
21	黑龙江省	−0.506 55	−0.341 27	−0.361 15	−0.402 99
22	吉林省	−0.589 41	−0.323 35	−0.324 64	−0.412 47
23	内蒙古自治区	−0.606 61	−0.359 73	−0.368 24	−0.444 86
24	云南省	−0.495 51	−0.520 49	−0.341 83	−0.452 61
25	新疆维吾尔自治区	−0.709 38	−0.286 69	−0.368 63	−0.454 9
26	贵州省	−0.557 68	−0.569 72	−0.333 84	−0.487 08
27	甘肃省	−0.720 66	−0.477 13	−0.282 1	−0.493 3
28	宁夏回族自治区	−0.809 46	−0.373 16	−0.358 83	−0.513 82
29	青海省	−0.844 06	−0.431 58	−0.355 8	−0.543 81
30	海南省	−0.816 32	−0.465 32	−0.377 35	−0.553
31	西藏自治区	−0.892 86	−0.610 33	−0.381 32	−0.628 17

计算结果显示,创业发展指数排名前五名的分别是:北京、广东、江苏、上海、浙江,以上地区是中国经济中心和东部沿海省市,经济发展水平较高,城市创业发展水平明显高于中国其他地区。由此可见,创业发展指数排名与中国地域划分有着很强的联系,创业发展指数较高的地区基本均属于东部沿海地区,创业发展指数处于中等水平的基本属于中国中部地区,而创业发展指数处于低水平的地区基本属于中国西部偏远地区,中国东中西部地域发展水平基本呈阶梯状分布。

从创业能力、创业态度、创业意愿三方面分析,中国三大地域创业水平的差异来自地方创业综合能力,地方政府和居民对创业的态度,以及地方对新产业、新科技、新思想的接纳融合水平,这些不仅说明了科技、财政、基础设施等硬环境的重要作用,也进一步说明了教育、文化、管理等软环境对城市创业的重要影响。

▤ 本章小结

本章主要介绍了统计指数的编制及其应用,从综合指数、平均指数到指数体系的因素分析等,都进行了详细的介绍。

1. 指数的概念有广义和狭义之分。广义的指数是用以测定某个变量在时间或空间上变动程度和方向的相对数。狭义的指数是一种特殊的相对数,它是由许多不能直接加总的要素所组成的复杂社会经济现象综合变动的相对数。

2. 总指数是对个体指数的综合,将个体指数综合有两个途径:一是对个体指数的简单汇总,不考虑权数,这类指数统称为简单指数;二是编制总指数时考虑权数的作用,这类指数称为加权指数。

3. 综合指数是编制总指数的基本形式。它是由两个时期总量指标对比而形成的指数。为了测定指数化因素的总变动,我们采用同一时期的同度量因素。这个同度量因素既可以是报告期,也可以是基期。同度量因素固定在基期称为拉氏指数,同度量因素固定在报告期称为帕氏指数。

4. 平均指数是综合指数的变形形式,它是通过对单项事物的质量指标或数量指标的个体指数进行加权平均计算的总指数。根据掌握资料的不同,平均指数通常有两种基本形式:加权算术平均指数和加权调和平均指数。

5. 统计上,把这种三个或三个以上,由于经济上的联系和数量上的关系而结成的一套指数的整体称作指数体系。

6. 在分析研究现象数量的总变动中各构成因素影响的方向、程度和绝对效果时,往往采用指数因素分析法。在指数因素分析法中,按照分析时所包含的因素多少不同分为:两因素分析和多因素分析。

7. 综合评价就是对评价对建立一个统计指标体系,根据所给的条件,采用一定的评价方法和模型,对每个评价对象赋予一个评价值,再据此进行排序或择优,目的是希望对参与评价的若干对象,按一定的意义进行排序,从中挑选出合适的对象。

▤ 思考与练习

思考题

1. 指数的主要作用是什么? 有哪几种分类?

2. 什么是同度量因素,它有何作用?

3. 有人认为,不同商品的销售量是不同度量的现象,因为它们的计量单位可能不同;而不同商品的价格则是同度量现象,因为它们的计量单位相同,都是货币单位。这种看法是否正确? 为什么?

4. 综合指数与平均指数有何区别与联系?

5. 什么是平均指数? 它受哪两个因素的影响?

6. 平均指数和平均指标指数有何区别?

7. 什么是指数体系? 有什么作用?

8. 综合评价主要有哪些步骤？

9. 数据无量纲的处理方法有几种？请举例说明。

10. 如何对一个复杂的经济社会现象进行综合评价？

练习题

1. 今有三种产品单位成本及产量资料如下：

产品名称	单位	单位产品成本/元		产量	
		基期	报告期	基期	报告期
甲	件	350	320	50	60
乙	台	180	176	50	50
丙	吨	20	20	150	200

计算三种产品的成本总指数和产量总指数。

2. 根据以下资料，试编制产品物量总指数。

产品名称	工业总产值/万元		个体物量指数/%
	基期	报告期	
甲	1 800	2 000	90.0
乙	1 500	1 800	95.0
丙	800	1 000	100.0

3. 根据以下资料，试编制商品价格总指数。

产品名称	商品销售额/万元		价格变动率/%
	基期	报告期	
甲	500	650	2.0
乙	200	200	−5.0
丙	100	120	0.0

4. 某工厂三种产品产量及现行价格变动资料如下：

产品名称	单位	产量		价格/元	
		基期	报告期	基期	报告期
甲	件	2 000	2 500	500	600
乙	台	5 000	5 500	1 000	1 100
丙	吨	1 500	1 800	200	210

计算：(1) 三种产品的总价值指数(即工业总产值动态指标)；(2) 三种产品报告期总产值增(减)的绝对额；(3) 从相对数和绝对数两方面分析产量的变动对总产值变动的影响和价格变动对总产值变动的影响。

5．某企业资料如下：

产品名称	生产费用/万元		产量增长率/%
	基期	报告期	
甲	20	24	25
乙	45	48.5	40
丙	35	48	40
合计	100	120.5	—

计算：（1）产品产量总指数及由于产量增长而增加的生产费用。（2）单位产品成本总指数及由于单位产品成本下降而节约的生产费用。

6．某商店有如下资料：

商品名称	销售额/万元		2014 年比 2013 年价格降低/%
	2013 年	2014 年	
肥皂	80	117	10.0
棉布	20	38	5.0
衬衫	150	187	15.0

试计算三种商品销售价格总指数和销售量总指数，并分析由于价格和销售量变动对销售额的影响。

7．某企业有如下资料：

工人类别	工人人数/人		月工资总额/元	
	基期	报告期	基期	报告期
技工	300	400	21 000	3 000
普工	200	600	8 000	27 000

要求：（1）分析该企业工人总平均工资的变动及其原因。（2）分析该企业工人工资总额变动及其原因。

8．三个地区同一种商品的价格和销售量资料如下表：

地区	商品价格/元		销售量/万件	
	基期	报告期	基期	报告期
代表符号	p_0	p_1	q_0	q_1
甲	9	9	20	40
乙	10	9	30	40
丙	12	12	30	20

答:(1) 计算三个地区总的平均价格指数。

(2) 用相对数和绝对数分析说明三个地区总的平均价格变动中,各地区价格变动和销售量结构变动的影响。

9. 某商店三种商品的销售资料如下:

商品名称	销售额/万元		今年销售量比去年增长/%
	去年	今年	
甲	150	180	8.0
乙	200	240	5.0
丙	400	450	15.0

要求:(1) 计算销售量指数;(2) 计算销售额指数和价格指数;(3) 试从相对数和绝对数两方面简要分析销售额变动所受的影响。

10. 某企业三个车间的资料如下:

车间	总产值/万元		工人数	
	一季度	二季度	一季度	二季度
甲	40	50	50	80
乙	60	100	150	200
丙	120	150	200	200

要求:从相对数和绝对数两个方面说明综合劳动生产率变动所受的因素影响。并分析由此变化而引起总产值增加的绝对数。

11. 有甲、乙两企业均生产某种产品,其成本资料如下:

企业	单位成本		产量比重/%	
	基期	报告期	基期	报告期
甲	10	4.5	40.0	60.0
乙	5	9.5	60.0	40.0

试分析不同企业产量结构和单位成本水平的变动对两企业平均成本变动的影响情况。

☰ 即测即评

▤ 案例分析：国房景气指数

　　全国房地产开发景气指数(简称国房景气指数)1997年年底由中国经济景气监测中心正式对外公布,遵循经济周期波动的理论,以景气循环理论与景气循环分析方法为依据,运用时间序列、多元统计、计量经济分析方法,以房地产开发投资为基准指标,选取了房地产投资、资金、面积、销售有关指标,剔除季节因素的影响,包含了随机因素,采用增长率循环方法编制而成。显示全国房地产业的基本运行状况、波动幅度,同时预测未来趋势,为国家宏观调控提供预警机制,为投资者选择投资机遇提供统计信息。

　　国房景气指数是借鉴景气指数体系的原理,由属于超前、同步、滞后性质的指数指标(注意:这里仅指性质,而不是理论上真正起超前、同步、滞后作用的指标)组成,根据合成指数的计算方法,在计算分类指数的基础上,而得到的一个加权平均综合指数。

　　国房景气指数的编制大体上分为八个步骤:一是确定指标体系,可分为参与计算和用于分析的两部分;二是建立国房景气指数原始指标数据库和数据调整;三是消除量纲影响;四是确定权数;五是确定基准对比时期;六是季节和价格因素调整;七是国房景气指数模型的计算;八是国房景气指数的计算结果和景气评价。

　　步骤一:国房景气指数指标体系的确定。按照上述原则,“国房景气指数”的指数指标体系分为两部分:一是参与计算用的指数指标;二是用于分析研究的指数指标。

　　具体有,用于计算国房景气指数的指标有:① 土地出让收入指数;② 本年完成开发土地面积指数;③ 房地产开发投资指数;④ 本年资金来源指数;⑤ 商品房销售价格指数;⑥ 新开工面积指数;⑦ 房屋竣工面积指数;⑧ 空置面积指数。用于分析报告的指数指标,也是四个方面共14个指标。具体为:新开工面积指数;房屋施工面积指数;国有单位投资指数;国内贷款指数;利用外资指数;自筹资金指数;住宅销售价格指数;办公楼销售价格指数;商业营业用房销售价格指数;个人商品房销售额指数;竣工房屋价值指数;住宅空置面积指数;办公楼空置面积指数;商业营业用房空置面积指数。

　　步骤二:建立国房景气指数指标数据库及数据调整。按照指标体系确定的参与计算的4个方面8个分类指数和满足分析报告用的4个方面14个指标,建立历史资料数据库。有些指标如房地产销售价格指标必须先计算才能得到。有些指标如资金来源、空置面积等必须先进行推算,以保证有必要的数据长度。

　　步骤三:消除量纲影响的方法。参与国房景气指数计算的指标分别由工作量、资金、价值量和实物量指标构成,由于各指标的计量单位不同,不能直接相加综合平均,必须采用消除量纲影响的方法来对数据进行同度量处理,同时,也满足了合成指数编制中对指标进行标准化处理的要求。采用功效系数法,消除量纲的影响比较符合国房景气指数的特点。因为,相对化处理中标准值的确定容易引起争议,而标准化处理必将产生负值,影响下一步季节调整的计算。

　　步骤四:国房景气指数权数的确定。按照景气指数系统原理中,编制合成指数的方法,为使综合指数的计算结果更加合理,需要对各参与计算的指标进行加权处理。国房景气指数指标体系四个方面需要确定参加计算的8个指标的权数。根据我国房地产开发业的发展状况,征求部分专家意见初步确定了国家级各分类指数权数值。此外还要在考虑在一定的时间内重新确定参加计算的 8 个指标的权数。

步骤五:确定基准对比时期。基准对比时期是依据基准循环时期原理,结合房地产开发业投资指标特点确定的,与基准循环时期原理相比有很大不同。

基准对比时期的确定应遵循三个原则:一是要选择房地产业发展比较平衡的时期,以便于对比分析,过高、过低都会影响景气指数对比的可信度;二是要考虑统计资料的衔接,选择的基准循环时期再好,无法取得前后可比资料也会影响对比的合理性;三是按照景气指数原理,根据经济指标的转折点来判断基准对比时期。按上述三个原则,结合我国房地产业发展的实际情况,国房景气指数计算的基准循环时期应确定在 1995 年 3 月为宜。

步骤六:季节和价格因素调整。

季节因素调整。房地产业季节因素明显,指标数值需要进行调整。"国房景气指数"用 X-11 程序进行季节因素调整。

价格因素调整。参与计算的 8 个指标中,有房地产开发投资,到位资金,土地转让收入,销售价格 4 个指标涉及价格调整问题。

步骤七:国房景气指数模型的计算。

分类指数:

$$P_{t,i} = \frac{Y_{t,i}}{Y_{(t-1),i}} \times 100\% , i = 1, 2, 3, \cdots, 12$$

分类景气指数:

$$F_{t,i} = \frac{P_{t,i}}{P_{95,3}} \times 100\% , i = 1, 2, 3, \cdots, 12$$

初始国房景气指数:

$$C_{t,i} = \frac{\sum P_{t,i} W_i}{\sum W_i} \times 100\% , i = 1, 2, 3, \cdots, 12$$

国房景气指数:

$$G_{t,i} = \frac{C_{t,i}}{C_{95,3}} \times 100\% , i = 1, 2, 3, \cdots, 12$$

步骤八:国房景气指数计算结果和景气评价。

指数大小一般以 100 点为最合适水平,95~105 点之间为适度水平,高于 105 则处于偏高水平,表明房地产市场形势乐观,呈稳定或上升发展趋势,低于 95 则处于较低水平,表明市场形势不乐观,呈不稳定或下降趋势。

根据上述流程和确定的权数,国房景气指数测算了 1991 年到现在各年各月的景气指数值,结果说明:国房景气指数测算出的结果符合这几年房地产业的发展实际状况,因此,国房景气指数的实施方案是基本可行的。

根据国家统计局网站公布的国房景气指数数据,截取了三个时间段,2016 年 2 月—2017 年 2 月,2017 年 2 月—2018 年 2 月,2018 年 2 月—2019 年 2 月,如图 5-2,图 5-3 和图 5-4 所示。

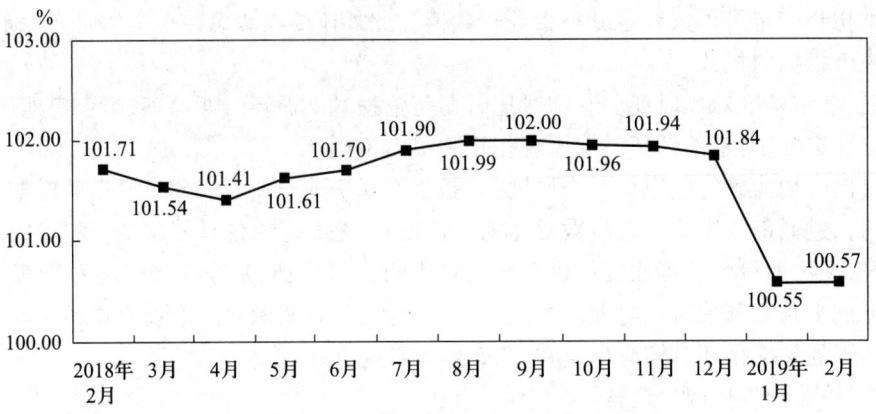

图 5-2 2018 年 2 月—2019 年 2 月的国房景气指数变化图

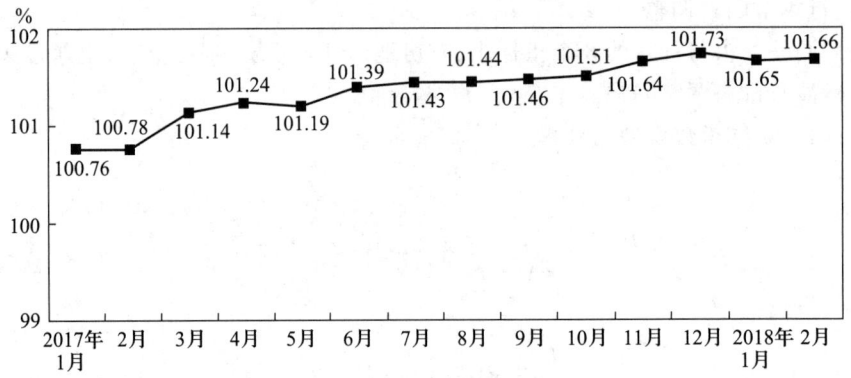

图 5-3 2017 年 1 月—2018 年 2 月的国房景气指数变化图

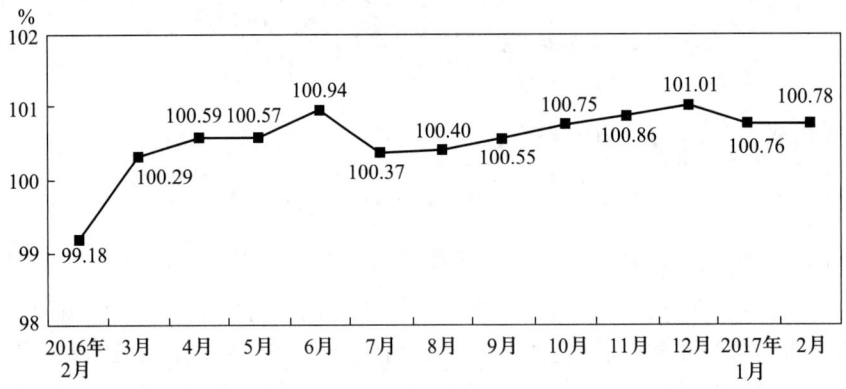

图 5-4 2016 年 2 月—2017 年 2 月的国房景气指数变化图

根据材料回答下列问题：

1. 国房景气指数是哪种类型的指数？

2. 国房景气指数指标体系的构成有哪些？

3. 请根据 2016 年 2 月—2019 年 2 月的国房景气指数变化图 5-2,图 5-3,图 5-4,结合我国的房地产市场的发展变化进行说明。

第六章 抽样估计

那些默默无闻的统计学家们已经改变了我们的世界,不是由于发现了新的事实或技术,而是改变了我们推理和试验的方法,以及我们对这个世界的观念的形成方式。

——哈克英(Hacking)

引例:点映的结果是否可信

在电影上映之前,发行商总是希望了解影片发行的效果如何,特别是一些低成本影片,如果发行商对市场情况没有确定的把握,那他们就会组织点映,并根据收到的反馈,调整发行策略。例如,某影片在上映前为了估计该片的市场情况,随机选取了几个影院进行点映,通过点映结果,发行商已经知道该片发行时不能主打主流市场,而是要针对中年知识分子阶层,文化精英,把他们锁定为核心观众。这一结果可信吗?能够根据样本结果估算整个市场情况吗?在估计整个市场情况时,应该具备怎样的前提条件?通过对本章的学习,读者可以了解并掌握解决这些问题的方法。

在前面的章节中,我们介绍了数据的收集、整理和展示的基本方法。通过对统计数据的整理和描述,我们对客观事物有一个粗略的概括。然而,统计数据中隐含着非常丰富的信息,想要了解总体的特征,还需要借助于推断统计的方法。推断统计是在整理样本数据的基础上,对总体做出推断,本章将介绍概率分布、抽样分布和参数估计。

第一节 概率与概率分布

一、概率与概率分布的概念

(一)概率的概念

在现实生活中,我们常常会遇到一些不确定性的事件。例如,当我们购买一台计算机的时候,买到的可能是一台合格品,也可能是一台次品。因此,计算机的质量就是一个不确定性事件。在我们的现实生活中,这样的不确定性事件很多。从统计学的角度,一般说来,在一定的条件下,可能发生也可能不发生的事件,称为"随机事件"。

随机事件可能导致不同的结果发生,各种结果发生的可能性可能相同,也可能不相同。那么,如何来度量随机事件中各种不同结果发生的可能性大小呢?在统计学上,我们使用概率(probability)来度量随机事件中某一结果发生的可能性的大小。随机事件中某一结果发生的次数与所有结果发生的次数的比率就是该结果发生的概率。

设 E 为随机事件的某一结果,$P(E)$ 为结果 E 发生的概率:

$$P(E) = \frac{E \text{ 发生的次数}}{\text{所有结果发生的次数}} \tag{6-1}$$

由上式可见,概率是一个介于 0 与 1 之间的分数。

在不同条件下,随机事件各种可能发生结果概率的计算方法不同。根据不同的计算方法,可以分为古典概率、试验概率和主观概率。

(二) 概率的计算方法

1. 古典概率的计算

当随机事件各种可能发生的结果及其发生的次数都可以由演绎或外推法得知,无须经过任何试验即可计算各种可能发生结果的方法,就是古典概率的方法。例如,无须抛一枚硬币,由外推法我们即可推知:若抛一枚硬币,无非出现两种可能的结果:正面或反面。因此出现正面的概率是 1/2;出现反面的概率也是 1/2。同理,由外推法可知:若同时抛 A、B 两枚硬币,无非出现这样四种可能的结果:两枚均为正面;两枚均为反面;A 为正面而 B 为反面;B 为正面而 A 为反面。因此上述四种互不兼容的结果的概率各为 1/4。

古典概率具有如下两个特征:(1) 试验的基本事件总是有限的,即试验的样本空间包含有限多个样本点;(2) 每个基本事件出现的可能性相同。根据这个原理,对于任何事件,我们都可以计算出其发生的概率。

【例 6-1】 有 10 粒小麦种子,其中有两粒为优质种子,现随机抽出 3 粒,求:(1) 其中有 1 粒优质种的概率;(2) 其中有 2 粒优质种的概率。

计算如下:(1) 在 10 粒中任抽 3 粒,根据代数规则,共有 C_{10}^3 种可能性相等的不同抽法,即令 $N = C_{10}^3$(N 为抽取的方法)。而 3 粒中有 1 粒优质种的抽法有 $C_8^2 C_2^1$,即 $M = C_8^2 C_2^1$(M 为拥有优质种的抽法),令有 1 粒优质种的事物为 E,则:

$$P(E) = \frac{C_8^2 C_2^1}{C_{10}^3} = \frac{56}{120} = \frac{7}{15}$$

(2) 同理,3 粒中有两粒优质种的抽法有 $C_8^1 C_2^2$,若事物记作 E,则:

$$P(E) = \frac{C_8^1 C_2^2}{C_{10}^3} = \frac{8}{120} = \frac{1}{5}$$

对于古典概率,有其基本的特点:① 可知性。即随机事件所有可能发生的结果及其发生的次数可以通过外推法得知。② 无须试验。即不必做统计试验即可计算各种可能发生结果的概率。③ 准确性。即依古典概率方法计算的概率是没有误差的。

2. 试验概率的计算

试验概率是根据大量的、重复的统计试验结果计算随机事件各种可能发生结果的频率。例如,观察大量新生婴儿的性别,其稳定的男女性别比例是 105:100。

【例 6-2】 姚明自从 2002 年加入 NBA 后,每个赛季投篮的数据如表 6-1 所示。求出姚明投篮命中的概率是多少?

表 6-1 姚明 2002—2008 赛季(常规赛)投篮的统计数据

赛季	投篮数	命中数	命中率/%
2002—2003	805	401	49.8
2003—2004	1 025	535	52.2

续表

赛季	投篮数	命中数	命中率/%
2004—2005	975	538	55.2
2005—2006	900	467	51.9
2006—2007	819	423	51.6
2007—2008	852	432	50.7
合计	5 376	2 796	—

资料来源:《统计学》,袁卫等主编,P67。

解:根据表6-1的数据,从姚明2002—2008赛季的数据看,姚明常规赛投篮命中概率大约为2 796/5 376 = 0.52。

试验概率的基本特点是:(1)试验性。即必须经过统计试验结果才能计算各种结果出现的频率,即试验概率。(2)大量重复性。即试验次数必须足够大,重复进行每次试验的条件和程序必须相同。(3)误差性。即每做一轮试验,各种结果出现的频率都可能各不相同。这种现象表明频率只是概率的逼近值或估计值,因此存在误差。如果从理论的角度,当试验的次数不断增大时,误差越小,频率几乎等于概率。

3. 主观概率的计算

根据个人对随机事件的认识,主观地确定随机事件中各种可能发生结果的概率,称为主观概率。在实际生活中,有的随机事件既不能按古典概率法,也不能按试验概率法计算。其各种可能发生结果的概率,只能依主观概率法计算。

例如,国际市场上石油价格的涨跌往往取决于产油国的政治和经济形势及其政策,很难根据石油价格的历史资料,采用试验概率方法计算油价涨与跌的概率,更难用外推法计算古典概率。在这种情况下,只能根据专家对产油国的形势、国际关系的变化与发展等的认识与判断,主观地确定油价的涨跌概率。

（三）概率分布的概念

在统计学中,称随机事件为随机变量。所以随机事件中各种可能发生的结果也就是"随机变量的各种可能的取值"。按照随机变量的特征,可以把随机变量分为两类,离散型随机变量和连续性随机变量。如果随机变量 X 的所有取值都可以罗列出来,则称 X 为离散型随机变量。例如,一批产品中抽取到次品的个数、单位时间内接到投诉电话的次数等都属于离散型随机变量。如果随机变量 X 的所有取值无法逐一列举出来,而是在数轴上某个区间范围内的任意一点,则称 X 为连续性随机变量。例如,一批轮胎的使用寿命等。

概率分布就是由随机变量的所有可能取值或随机事件中所有可能发生的结果及其相应的概率组成,它反映了随机变量取值或随机事件中各种结果的分布状况和分布特征。概率分布和频率分布存在着密切的联系,可以把概率分布看作是理论上的频率分布。概率分布主要用于在确定条件下做出推断。

【例6-3】　把一枚硬币抛两次,可能出现的结果如表6-2所示。

表 6-2　硬币抛掷情况

抛第一次	抛第二次	概率
反面	反面	$0.5 \times 0.5 = 0.25$
反面	正面	$0.5 \times 0.5 = 0.25$
正面	正面	$0.5 \times 0.5 = 0.25$
正面	反面	$0.5 \times 0.5 = 0.25$

怎样才能把抛两次硬币所得到的可能结果中反面出现的概率分布表达出来呢？将上表结果重新排列为6-3。

表 6-3　一枚硬币抛两次反面可能出现次数的概率分布

反面出现次数	抛币结果	概率
0	（正面,正面）	0.25
1	（正,反）（反,正）	0.50
2	（反面,反面）	0.25

根据上面的例子,可以定义如下:

设 X 的可能取值是 $x_1, x_2, \cdots, x_n, \cdots$ 而 X 取各个值的概率分别为:

$P(x_1) = p_1, P(x_2) = p_2, \cdots, P(x_n) = p_n, \cdots$ 则 X 的可能取值及相应的概率列成下表:

表 6-4　随机变量 X 的概率分布表

$X = x_i$	x_1 x_2 $\cdots$ x_n $\cdots$
$P(X = x_i) = p_i$	p_1 p_2 $\cdots$ p_n $\cdots$

表6-4是 X 的概率分布表, X 称为 $P(X)$ 的随机变量, $P(X)$ 称为随机变量 X 的概率函数,它清楚地表示随机变量 X 取值的概率分布情况。为简单起见,概率分布情况也可直接用数学等式表示:

$$p_i = P(X = x_i) \qquad (i = 1, 2, \cdots)$$

很显然, $0 \leqslant p_i \leqslant 1, \sum p_i = 1$。

概率分布可以分为离散型和连续型两种。下面分别介绍离散型(discrete)和连续性(continuous)随机变量(random variable)的概率分布。

二、离散型随机变量的概率分布

（一）离散型随机变量的期望值和方差

为了能够全面了解随机变量 X 的概率性质需要知晓其概率分布。然而,概率分布并不是都很容易确定,不过,有时不需要知道 X 的所有概率性质,只需要知晓某些数字特征就可以了,在这些数字特征中,最重要的是期望值和方差。

1. 期望值

离散型随机变量 X 的期望值(expected value)定义为随机变量 X 的各个可能值与其对应的

概率的乘积之和,记作 $E(X)$ 或 μ。

若 X 的取值为:$x_1, x_2, \cdots, x_n$,其对应的概率为:$p_1, p_2, \cdots, p_n$,则期望值为:

$$E(X) = x_1 p_1 + x_2 p_2 + \cdots + x_n p_n = \sum_{i=1}^{n} x_i p_i \tag{6-2}$$

以掷骰子为例,它的期望值为:

$$\mu = E(X) = \sum_{i=1}^{6} x_i p_i = 1 \times \frac{1}{6} + 2 \times \frac{1}{6} + 3 \times \frac{1}{6} + 4 \times \frac{1}{6} + 5 \times \frac{1}{6} + 6 \times \frac{1}{6} = 3.5$$

各种可能出现的点数的均值为 3.5。

2. 方差与标准差

数学期望是随机变量的一个重要数字特征,它表示随机变量本身的集中趋势或平均水平。随机变量与其数学期望的离差的平均水平,可以用来测定随机变量的离散程度或变异程度,这是随机变量另一个重要的数字特征。

随机变量的方差(variance)是用来反映随机变量取值的离散程度的,定义为每一个随机变量的取值与期望值的离差平方和的期望值。设随机变量为 X,其方差常用 σ^2,$D(X)$ 来表示。用公式表示为:

$$\sigma^2 = D(X) = E[X - E(X)]^2 = \sum_{i=0}^{\infty} [X_i - E(X)]^2 p_i \tag{6-3}$$

简化公式:

$$\sigma^2 = D(X) = E(X^2) - [E(X)]^2 \tag{6-4}$$

标准差(standard deviation)为随机变量方差的平方根,由于标准差和随机变量有相同的度量单位,所以在实际中经常使用。

仍以掷骰子为例,随机变量 X 的方差为:

$$\sigma^2 = \sum_{i=1}^{6} [X_i - E(X)]^2 p(x_i)$$

$$= (1-3.5)^2 \times \frac{1}{6} + (2-3.5)^2 \times \frac{1}{6} + (3-3.5)^2 \times \frac{1}{6} +$$

$$(4-3.5)^2 \times \frac{1}{6} + (5-3.5)^2 \times \frac{1}{6} + (6-3.5)^2 \times \frac{1}{6} = 2.92$$

标准差 $\sigma = 1.71$,说明每次掷的点数与平均点数 3.5 的平均差距为 1.71 点。

(二) 常见的离散型随机变量的分布

常见的离散型概率分布有:二项分布、泊松分布、超几何分布等。

1. 二项分布

二项分布(binomial distribution)是一种具有广泛用途的离散型概率分布,它是按照 17 世纪瑞士数学家伯努里的方法进行试验的结果。例如,把一枚硬币投掷的结果作为伯努里试验。那么伯努里试验定义如下:① 每次试验只有两种可能结果:正面或反面(是或否)。② 不管进行多少次,任何一次试验结果的概率是固定的。对于一枚硬币,每投掷一次出现正面的概率都是 0.5。③ 试验是独立的,如果用 p 表示出现正面的概率,$q = 1 - p$ 为出现反面的概率,进行 n 次投掷出现 k 次正面的概率是:$C_n^k p^k q^{n-k}$。

如果设 $n=3$，$k=2$，则投掷三次硬币出现两次正面的概率为：$C_3^2 0.5^2 (1-0.5)^{3-2}=0.375$。

在实际中，有许多情况都是符合二项分布的。如工业产品统计中，产品的合格与不合格；在生命统计中，有生存和死亡两种可能。

二项分布的概率分布为：

$$P(X=k)=C_n^k p^k q^{n-k} \quad (k=0,1,2,3,\cdots,n) \tag{6-5}$$

二项分布的期望值和方差分别为：

$$E(X)=np,D(X)=npq$$

二项分布应用的范围比较广泛。

【例6-4】 某工人工作一天出现废品的概率为0.2，求工作四天中仅有一天出现废品的概率。

这里，把工作一天看作一次试验，工作四天看作四次重复独立试验，而每次试验只可能有出现废品和不出现废品两种可能，则可采用二项分布求解。

所求概率 $=C_4^1 0.2^1(1-0.2)^{4-1}=0.41$

2. 泊松分布

1837年，法国数学家泊松（D. Poisson）首次提出了"泊松概率分布"。它最初是作为二项分布被发现的，但随着概率理论的发展和实践的检验，证实泊松分布（poisson distribution）对某一类随机现象有很贴切的描述，这类现象称为"泊松实验"。这类现象具有如下的重要特征：(1) 所考察的事件在任意两个长度相等的区间里发生一次的机会均等；(2) 所考察的事件在任何一个区间里是否发生和在其他区间里是否发生没有关系。

针对任何符合以上条件的泊松实验，人们可以定义一个只取非负整数的随机变量，它表示"一定时间段或一定空间区域内或其他特定单位内某一事件出现的次数"，这往往是人们希望估计的。例如，(1) 一定时间段内，到车站等候公共汽车的人数；(2) 一定路段内，路面出现大损坏的次数；(3) 一定页数内书刊上出现的错别字的个数；(4) 一定时间段内，某航空公司接到的订票电话数。诸如这样的只取非负整数的随机变量服从的概率分布均为泊松分布。

如果随机变量 X 的概率分布的一般表达式为：

$$P(X=x)=\frac{\lambda^x e^{-\lambda}}{x!} \quad (x=0,1,2,\cdots;\lambda>0) \tag{6-6}$$

则称 X 服从参数为 λ 的泊松分布，记作 $X:P(\lambda)$。

【例6-5】 假定某航空公司订票处平均每小时接到42次订票电话，那么10分钟内恰好接到6次电话的概率是多少？

分析：如果有理由认为任意两段时间间隔相同的时间段内航空公司接到一次电话的概率相等，并且不同时段内是否接收到电话相互独立，就可以把该问题看作一个泊松实验。

解：由题意知道，每60分钟接到电话的平均次数是42次，所以10分钟内接到电话的平均次数为 $\frac{10}{60}\times42=7$ 次。

定义随机变量 X="10分钟内航空公司订票处接到的电话次数"，它服从参数 $\lambda=7$ 的泊松分布，$X=6$ 的概率可通过公式计算得到：

$$P(X=6)=\frac{7^6 e^{-7}}{6!}=0.149$$

3. 超几何分布

二项分布所适用的 n 重伯努利试验要求 n 次试验之间是相互独立的,每次伯努利试验中成功的概率相等。因此,从理论上讲,二项分布只适合于重复抽样(即从总体中抽出一个个体观察完后放回总体,然后再抽下一个个体)。但在实际抽样中,很少采用重复抽样。不过当总体的规模 N 很大,样本量 n 相对于 N 来说很小时,二项分布依然适用。但如果是采用不重复抽样,各次试验并不独立,成功的概率也不相等,而且总体单位 N 的数目很小或样本量 n 相对于 N 来说较大时,二项分布就不再适用,这时,样本中"成功"的次数则服从超几何分布(hypergeometric distribution)。

如果随机变量 X 的概率分布为

$$P(X=x) = \frac{C_M^x C_{N-M}^{n-x}}{C_N^n}, \quad x = 0, 1, 2, \cdots, l \tag{6-7}$$

式中, $l = \min(M, n)$; n 表示试验次数; N 表示总体单位的个数; M 表示总体中代表成功的元素的个数。则称 X 服从超几何分布(hypergeometric distribution),记作 $X \sim H(n, N, M)$。

【例 6-6】 假定有 10 只股票,其中有 3 只购买后可以获利,另外 7 只购买后将会亏损。如果你打算从 10 只股票中选择 4 只购买,但你并不知道哪 3 只是获利的,哪 7 只是亏损的。求解:(1)所有 3 只能获利的股票都被你选中的概率有多大? (2)3 只可获利的股票中至少有 2 只被你选中的概率有多大?

解:由题意可知,总体元素的个数 $N = 10$,其中成功的次数 $M = 3$,样本量 $n = 4$。

(1)根据公式得, $P(X=3) = \dfrac{C_3^3 C_7^1}{C_{10}^4} = \dfrac{1}{30}$

(2) $P(X \geqslant 2) = P(X=2) + P(X=3) = \dfrac{C_3^2 C_7^2}{C_{10}^4} + \dfrac{C_3^3 C_7^1}{C_{10}^4} = \dfrac{1}{3}$

三、连续性随机变量的概率分布

(一)连续性随机变量的期望和方差

连续型随机变量是可以取某个区间或整个实数轴上任意一个值,所以不能列出每一个值及其相应的概率,必须用其他形式来表示,通常用数学函数的形式和分布函数的形式来描述连续型随机变量。当用函数 $f(x)$ 来表示连续性随机变量所服从的概率分布时,我们将 $f(x)$ 称为概率密度函数。

概率密度函数应满足两个条件:① $f(x) \geqslant 0$;② $\int_{-\infty}^{+\infty} f(x) = 1$。

连续型随机变量的期望值和方差为:

$$E(X) = \int_{-\infty}^{+\infty} x f(x) \, \mathrm{d}x = \mu \tag{6-8}$$

$$D(X) = \int_{-\infty}^{+\infty} [x - E(x)]^2 f(x) \, \mathrm{d}x = \sigma^2 \tag{6-9}$$

连续型随机变量的概率分布所研究的变量在给定的范围内可以取任何值。常见的连续型分布有:均匀分布、指数分布、正态分布等。这里仅介绍正态分布。

（二）正态分布

正态分布又称常态分布或高斯分布，这是连续型变量的一种概率分布模型，是很重要的一种分布。首先，客观世界确实有许多现象的数据是服从正态分布规律的。其次，在适当的条件下，它可用来作二项分布及其他离散型变量分布的近似分布。第三，虽然有些总体并不是呈正态分布，但是在样本容量适当大时，仍然趋近于正态分布。因此，它也可以用来研究类似这些统计数据的抽样分布。

（1）正态分布曲线

如果随机变量 X 的概率密度函数为：

$$f(X) = \frac{1}{\sqrt{2\pi}\sigma} e^{-\frac{(X-\mu)^2}{2\sigma^2}} \quad (-\infty < X < +\infty) \tag{6-10}$$

则称 X 服从正态分布，记作 $X \sim N(\mu, \sigma^2)$。其中，$-\infty < \mu < +\infty$，$\sigma > 0$，μ 为随机变量 X 的均值，σ 为随机变量 X 的标准差，它们是正态分布两个重要的参数。

称参数 $\mu = 0$，$\sigma^2 = 1$ 时的正态分布为标准正态分布，记作 $X \sim N(0, 1)$，其密度函数：

$$\phi(x) = \frac{1}{\sqrt{2\pi}} e^{-\frac{x^2}{2}} \tag{6-11}$$

正态分布的分布曲线如图 6-1 所示。

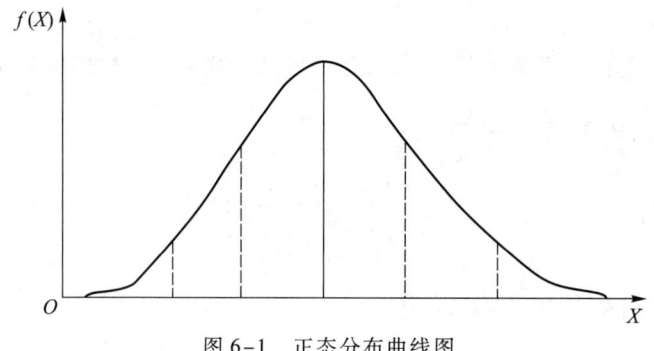

图 6-1　正态分布曲线图

从图 6-1 可以看出，其图形为钟形，且以直线 $X = \mu$ 为对称线，当 $X \to \pm\infty$ 时，曲线以 X 轴为渐近线。

正态分布具有这样的基本特征：

① 正态分布是个钟形的对称分布，对称线 $X = \mu$ 将概率密度曲线 $f(X)$ 以下的面积一分为二，二者面积相等，各为 1/2。

② 当 $X = \mu$ 时，正态分布的概率密度值 $f(X)$ 最大。

③ 在 $X = (\mu \pm \sigma)$ 处，$f(X)$ 曲线为拐点。

④ 正态随机变量 X 的取值区间为 $(\mu - \sigma, \mu + \sigma)$ 的概率等于 68.27%；取值区间为 $(\mu - 2\sigma, \mu + 2\sigma)$ 的概率等于 95.45%；取值区间为 $(\mu - 3\sigma, \mu + 3\sigma)$ 的概率等于 99.73%。

（2）正态分布的应用

对于任意一个正态分布，都可以通过变换使其标准化。

设 $X \sim N(\mu, \sigma^2)$，作变换 $Z = \dfrac{X - \mu}{\sigma}$，

则 $Z \sim N(0,1)$。

所以,在应用正态分布求概率时,一般先进行正态分布标准化,然后查表求概率。

【例 6-7】　设某机器生产的螺栓的长度 X 服从正态分布,$X \sim N(10.05, 0.06^2)$,规定 X 在 10.05 ± 0.12 厘米内为合格品,求螺栓不合格的概率。

解:我们可以先求合格品的概率:

$$P(10.05-0.12 \leqslant X \leqslant 10.05+0.12)$$

$$= P\left(-2 \leqslant \frac{X-10.05}{0.06} \leqslant 2\right)$$

$$= \Phi(2) - \Phi(-2) = 2\Phi(2) - 1 = 0.954\ 5$$

则不合格的概率为 $1 - 0.954\ 5 = 0.045\ 5$

【例 6-8】　设 X 服从正态分布,$X \sim N(10, 2^2)$,

　　　　　(1) 求 $P(7<X<15)$;

　　　　　(2) 若 $P(|X-10|<d) = 0.9$,求 d。

解:因为:$X \sim N(10, 2^2)$,则 $\frac{X-10}{2} \sim N(0,1)$

$$P(7<X<15) = \left(-1.5 < \frac{X-10}{2} < 2.5\right)$$

$$= \Phi(2.5) - \Phi(-1.5)$$

$$= \Phi(2.5) + \Phi(1.5) - 1$$

查正态分布表得:

$$P(7<X<15) = 0.993\ 79 + 0.933\ 193 - 1$$

$$= 0.926\ 983$$

因为　$P(|X-10|<d) = P\left(-\frac{d}{2} < \frac{X-10}{2} < \frac{d}{2}\right)$

$$\phi = \left(\frac{d}{2}\right) - \phi\left(-\frac{d}{2}\right) = 2\phi\left(\frac{d}{2}\right) - 1$$

于是　$2\phi\left(\frac{d}{2}\right) - 1 = 0.9$,$\phi(d/2) = 0.95$,

查正态分布表:$\frac{d}{2} = 1.645$,故 $d = 3.29$。

第二节　抽样推断和抽样分布

一、抽样推断的意义

(一) 抽样推断的概念和特征

抽样推断是在抽样调查的基础上,根据样本的实际资料推断得到总体数量特征的一种统计方法。它是按随机原则从全部研究对象中抽取一部分单位进行观察,并依据获得的数据对全部研究对象的数量特征做出具有一定可靠性的估计和判断,以达到对现象总体的认识。

抽样推断具有以下基本特征：

1. 按随机的原则抽取样本

这是抽样推断的前提。按照随机原则抽取样本时，总体中各个单位都有均等的机会被抽取，它完全排除了由于人们主观因素的作用所产生的系统性偏差，所以能以极大的概率保证被抽取的单位在总体中的分布比较均匀，从而使得样本的结构或分布与总体更加接近，增强了样本的客观代表性。

2. 在数量上以样本推断总体

我们对社会经济现象的认识，并不都是通过全面调查来进行的，有许多情况只能通过对部分单位进行调查，从而对总体的数量特征做出估计和判断。例如，我们要了解灯泡的质量，就不能对每只灯泡的使用寿命做破坏性检验，又比如，要了解居民家庭的收支情况，也难以开展挨家挨户的全面调查。这就要求我们用抽样调查得到的部分信息，来推断总体的数量特征。

3. 抽样推断的误差可以事先计算和控制

抽样推断是以部分资料推算总体，虽然存在着一定的抽样误差，但与其他统计估算不同，抽样误差可以事先通过一定资料加以计算，并且能够采取一定的组织措施来控制误差范围，保证抽样推断的结果达到一定的可靠程度。

（二）抽样推断的应用范围

抽样调查是一种使用很普遍的非全面调查方法，广泛应用于居民家庭收支调查、农产量调查、产品质量检验、产品质量控制、消费者商品需求量调查、消费结构与消费倾向调查、市场价格与需求弹性分析的调查等方面。可以把它的应用范围概括为以下几点：

（1）有些事物在测量或试验时有破坏性，不可能进行全面调查。例如，电视机耐用时间试验，电灯泡、空调质量检验，军工产品杀伤能力试验，人体白细胞数量的化验等等，都不能进行全面调查，而只能使用抽样调查方法。

（2）对某些有限总体，从理论上讲可以进行全面调查，但实际上根本无法进行。例如，要了解某一林区的木材积蓄量，某一水库或湖泊内养鱼的数量等等。因此，也只能采用抽样调查的方法。

（3）对于无限总体只能进行抽样调查，不可能进行全面调查。例如，要了解空气中氧气的含量，就必须进行抽样调查。

（4）有些调查任务需要在短时间内完成，以便满足领导机关及时制订政策、安排工作的需要。在这种情况下，往往需要做抽样调查，如粮食的夏收、秋收调查。

（5）对全面调查统计资料的质量进行检查和修正。例如，2017 年全国第三次农业普查结束后，为了检查普查资料的准确性，国务院农普办成立 36 个事后质量抽查组，分赴 30 个省份开展抽查，通过对约 2 万农户的再次入户登记和数据比对核查，确保第三次全国农业普查数据的质量。

二、抽样推断的几个基本概念

（一）全及总体和样本总体

抽样调查中的总体有全及总体和样本总体。全及总体是指所要认识的研究对象的全体。全及总体又称母体，简称总体。总体的单位数通常用 N 来表示。总体按其各单位标志性质的不同，可以分为变量总体和属性总体。反映数量标志的总体称为变量总体。例如，反映收入水平的居民总体等。反映品质标志的总体称为属性总体，如反映质量好坏的产品总体等。区分这两类总体是很必要的,因为对于不同的总体,推断总体的方法也不同。

样本总体就是指从全及总体中随机抽取出来的,用来代表全及总体那一部分单位所形成的集合体。样本总体又称子样,简称样本。样本总体的单位数称为样本容量,通常用 n 表示。样本容量与总体单位数相比是很小的,一般说来,把样本容量 $n \geqslant 30$ 个单位的样本称为大样本,把 $n < 30$ 个单位称小样本。社会经济现象的抽样调查多取大样本,而自然实验的现象则多取小样本。

（二）参数和统计量

1. 参数

参数是反映总体的某种特征值,也称总体参数或总体指标。它是说明总体数量特征或规律性的数字。抽样调查中所要估计的主要参数有总体平均数、总体成数、总体方差和总体标准差。

（1）总体平均数。它是全及总体各单位标志值的平均数。当总体为变量总体时,要计算平均数,用 $\overline{X}$ 代表总体平均数,则在总体未分组情况下：

$$\overline{X} = \frac{X_1 + X_2 + \cdots + X_N}{N} = \frac{\sum X_i}{N} \qquad (6-12)$$

在总体分组的情况下：

$$\overline{X} = \frac{\sum X_i F_i}{\sum F_i} = \frac{\sum X_i F_i}{N} \qquad (6-13)$$

（2）总体成数。它是指全及总体中具有某一相同标志表现的单位数占全及总体单位数的比重,用 P 代表总体成数。当总体属于属性总体时,可以计算总体成数。

设总体中具有某一特征的单位数为 N_1,则：

$$P = \frac{N_1}{N} \qquad (6-14)$$

【例 6-9】 在 5 000 件产品中,有 50 件次品,则次品的总体成数

$$P = \frac{50}{5\,000} = 1\%$$

（3）总体方差和标准差。

在总体未分组的情况下：

$$\sigma^2 = \sum (X_i - \overline{X})^2 / N \qquad (6-15)$$

$$\sigma = \sqrt{\sum (X_i - \overline{X})^2 / N} \qquad (6-16)$$

在总体分组的情况下：

$$\sigma^2 = \frac{\sum (X_i - \overline{X})^2 F_i}{\sum F_i} \qquad (6-17)$$

$$\sigma = \sqrt{\frac{\sum (X_i - \overline{X})^2 F_i}{\sum F_i}} \qquad (6-18)$$

（4）总体是非标志的方差和标准差。

$$\sigma^2 = PQ \qquad (6-19)$$

$$\sigma = \sqrt{PQ} \tag{6-20}$$

2. 统计量

统计量是描述样本特征的概括性数字度量,也称样本统计量或样本指标。即统计量是根据样本数据计算出来的一个量,它是样本的函数,如样本均值、样本成数、样本方差和样本标准差。在抽样调查中,一个总体可以随机抽选出许多样本,样本不同,统计量的数值也不同,因此统计量是一个随机变量。抽样的目的就是根据样本统计量去估计总体参数。

(1) 样本平均数。它是样本总体各单位标志值的平均数,用 $\bar{x}$ 表示。在样本未分组情况下:

$$\bar{x} = \frac{\sum x_i}{n} \tag{6-21}$$

在样本分组的情况下:

$$\bar{x} = \frac{\sum x_i f_i}{\sum f_i} = \frac{\sum x_i f_i}{n} \tag{6-22}$$

(2) 样本成数。设样本中具有某一特征的单位数为 n_1,则具有该特征单位的样本成数:

$$p = \frac{n_1}{n} \tag{6-23}$$

(3) 样本方差和标准差。

在样本未分组的情况下:

$$s^2 = \frac{\sum (x_i - \bar{x})^2}{n} \tag{6-24}$$

$$s = \sqrt{\frac{\sum (x_i - \bar{x})^2}{n}} \tag{6-25}$$

在样本分组的情况下:

$$s^2 = \frac{\sum (x_i - \bar{x})^2 f_i}{\sum f_i} \tag{6-26}$$

$$s = \sqrt{\frac{\sum (x_i - \bar{x})^2 f_i}{\sum f_i}} \tag{6-27}$$

(4) 样本是非标志的方差和标准差。

$$s^2 = pq \tag{6-28}$$

$$s = \sqrt{pq} \tag{6-29}$$

样本统计量均为一个不确定的量。不同的样本就有不同的样本指标值。但当样本确定之后,样本统计量也就随之而确定。

(三) 重复抽样和不重复抽样

重复抽样是指从 N 个总体单位中,抽取一个单位进行观察,记录后,放回去,然后再抽取下一个单位,这样连续抽取 n 个单位组成样本的方法。在抽样过程中,总体单位数始终保持不变,因此,各单位被抽中的机会都是相等的。

不重复抽样是指从 N 个总体单位中,抽取一个单位进行观察记录后,不再放回去,再抽取下一个单位,这样连续抽取 n 个单位组成样本的方法。这样总体每抽取一次,就少一个单位,抽 n 次就少 n 个单位。抽样完毕时,还剩下 $N-n$ 个单位。总体中的每一个单位被抽中的机会都在变动,n 次抽选的结果也不是互相独立的。

三、抽样分布

近代统计学的创始人之一,英国统计学家费歇尔曾把抽样分布、参数估计和假设检验看作是统计推断的三大中心内容。研究统计量的性质和评价统计推断的优良性,均取决于抽样分布的性质。

(一) 由正态分布导出的几个重要分布

1. t 分布

t 分布也称为学生分布,是戈赛特(W. S. Gosset)于 1908 年在一篇以"student"(学生)为笔名的论文中首次提出来的。t 分布对于统计学中的小样本理论及其应用有重要的价值。

定义 6.1 设随机变量 $X \sim N(0,1)$,$Y \sim \chi^2(n)$,且 X 与 Y 相互独立,则

$$t = \frac{X}{\sqrt{Y/n}} \tag{6-30}$$

服从自由度为 n 的 t 分布。

t 分布的密度函数曲线与标准正态分布的密度函数非常相似,随着自由度 n 的增加,t 分布的密度函数越来越接近标准正态分布的密度函数。实际应用中,一般当 $n \geq 30$ 时,t 分布与标准正态分布就非常接近。t 分布密度函数曲线如图 6-2 所示。

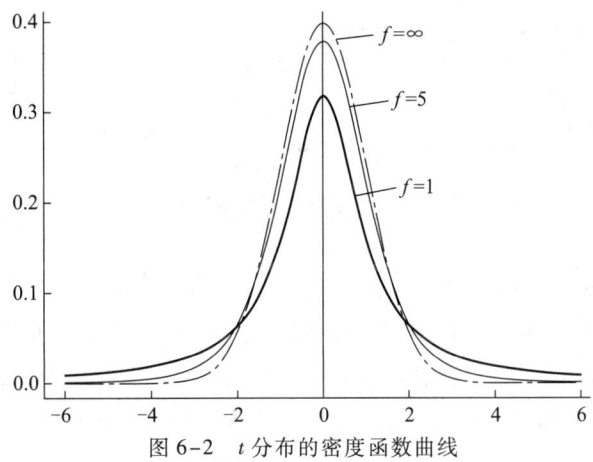

图 6-2 t 分布的密度函数曲线

推论 6.1 设 $x_1, x_2, \cdots, x_n$ 是来自正态分布 $N \sim (\mu, \sigma^2)$ 的一个样本,$\bar{x} = \dfrac{1}{n} \sum\limits_{i=1}^{n} x_i$,$s^2 = \dfrac{1}{n-1} \sum\limits_{i=1}^{n} (x_i - \bar{x})^2$,则统计量

$$\frac{\bar{x} - \mu}{s/\sqrt{n}} \sim t(n-1) \tag{6-31}$$

该统计量服从自由度为 $n-1$ 的 t 分布。

2. F 分布

F 分布是统计学家费歇尔首先提出来的。F 分布应用广泛,在方差分析、回归方程的显著性

检验中至关重要。

定义 6.2   设随机变量 Y 与 Z 分别服从自由度为 m 和 n 的 χ^2 分布,且相互独立,随机变量 X 有如下表达式:

$$X = \frac{Y/m}{Z/n} \sim F(m,n) \tag{6-32}$$

则称 X 服从第一自由度为 m,第二自由度为 n 的 F 分布。

如果随机变量 X 服从自由度为 n 的 t 分布,则 X^2 服从 $F(1,n)$。F 分布的密度函数曲线如图 6-3 所示。

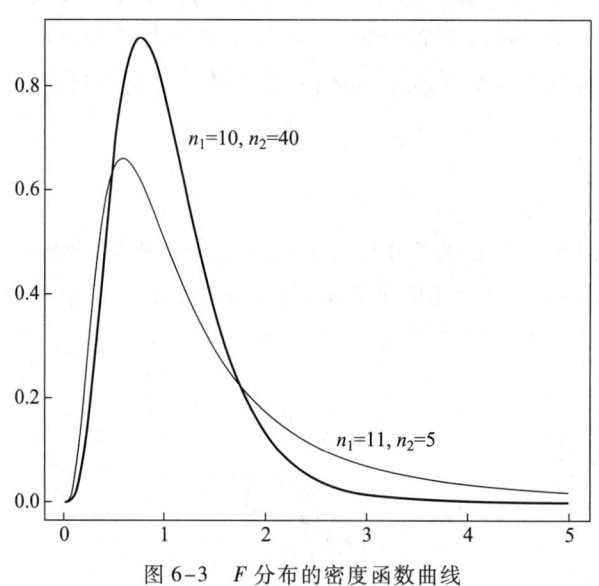

图 6-3 F 分布的密度函数曲线

（二）样本均值的抽样分布与中心极限定理

设 $x_1, x_2, \cdots, x_n$ 为从某总体中抽取出的随机样本,由上面的讨论可知,$x_1, x_2, \cdots, x_n$ 相互独立,而且与总体有着相同的分布。要知晓样本均值的抽样分布,必须假定总体的分布。

当总体服从正态分布即 $X \sim N(\mu, \sigma^2)$ 时,可以得到如下结论:

样本均值 $\bar{x}$ 的抽样分布依然是正态分布,数学期望为 μ,方差为 σ^2/n,即 $\bar{x} \sim N\left(\mu, \dfrac{\sigma^2}{n}\right)$。

当样本容量 n 越来越大时,样本均值的方差越来越小,用样本均值 $\bar{x}$ 估计总体均值 μ 越准确。

然而实际问题中,总体分布并不总是正态分布,但是当样本量 n 比较大时,样本均值近似服从正态分布,即如下的中心极限定理:

中心极限定理(正态分布定理):设从均值为 μ,方差为 σ^2 的总体中抽取样本量为 n 的样本,当 n 充分大时,样本均值 $\bar{x}$ 的抽样分布近似服从均值为 μ,方差为 σ^2/n 的正态分布。

【例 6-10】   某市居民家庭人均年收入是服从 $\mu = 4\,000$ 元,$\sigma = 1\,200$ 的正态分布,求该市居民家庭人均年收入:(1) 在 5 000 ~ 7 000 元之间的概率;(2) 超过 8 000 元的概率;(3) 低于

3 000 元的概率。

解: 由题意可知,$X \sim N(4\ 000, 1\ 200^2)$,

(1) $P(5\ 000 < X < 7\ 000) = P\left(\dfrac{5\ 000 - 4\ 000}{1\ 200} < \dfrac{X - 4\ 000}{1\ 200} < \dfrac{7\ 000 - 4\ 000}{1\ 200}\right)$

$\qquad = P\left(\dfrac{5}{6} < Z < \dfrac{15}{6}\right) = P(0.83 < Z < 2.5) = \dfrac{1}{2}P(|Z| < 2.5) - \dfrac{1}{2}P(|Z| < 0.83)$

$\qquad = \dfrac{1}{2} \times 0.993\ 79 - \dfrac{1}{2} \times 0.796\ 731 = 0.098\ 529\ 5 = 9.853\%$

(2) $P(X > 8\ 000) = P\left(\dfrac{X - 4\ 000}{1\ 200} > \dfrac{8\ 000 - 4\ 000}{1\ 200}\right) = P\left(Z > \dfrac{5}{3}\right)$

$\qquad = 1 - P\left(Z < \dfrac{5}{3}\right) = 1 - \left[P(Z \leqslant 0) + \dfrac{1}{2}P\left(|Z| < \dfrac{5}{3}\right)\right] = 1 - \dfrac{1}{2} \times 0.942 - 0.5$

$\qquad = 0.029 = 2.9\%$

(3) $P(X < 3\ 000) = P\left(\dfrac{X - 4\ 000}{1\ 200} < \dfrac{3\ 000 - 4\ 000}{1\ 200}\right) = P\left(Z < -\dfrac{5}{6}\right)$

$\qquad = P\left(Z > \dfrac{5}{6}\right) = 1 - P\left(Z < \dfrac{5}{6}\right) = 1 - \left[P(Z \leqslant 0) + P\left(0 < Z < \dfrac{5}{6}\right)\right]$

$\qquad = 0.5 - \dfrac{1}{2}P(|Z| < 0.833) = 0.5 - \dfrac{1}{2} \times 0.796\ 731 \approx 0.101\ 6 = 10.16\%$

(三) 样本方差的抽样分布

要用样本方差 s^2 去估计总体方差 σ^2,也必须知道样本方差的抽样分布。在重复选取样本容量为 n 的样本时,由样本方差的所有可能取值形成的相对频数分布称为样本方差的抽样分布。

那么作为估计量的方差是如何分布的呢? 统计证明,对于来自正态总体的简单随机样本,统计量 $\dfrac{(n-1)s^2}{\sigma^2}$ 的抽样分布服从自由度为 $(n-1)$ 的 χ^2 分布,即

$$\chi^2 = \frac{(n-1)s^2}{\sigma^2} \sim \chi^2(n-1) \tag{6-33}$$

χ^2 分布是由阿贝(Abbe)在 1863 年提出来的,后来由海尔莫特(Hermert)和卡皮尔逊(K. Pearson)分别于 1875 年和 1900 年推导出来的。

设 $X \sim N(\mu, \sigma^2)$,则 $Z = \dfrac{X - \mu}{\sigma} \sim N(0, 1)$。

令 $Y = Z^2$,则 Y 服从自由度为 1 的 χ^2 分布,即 $Y \sim \chi^2(1)$。卡方分布的密度函数曲线如图 6-4 所示。

定义 6.3 设随机变量 $X_1, X_2, \cdots, X_n$ 相互独立,且 $X_i(i = 1, 2, \cdots, n)$ 服从标准正态分布,则它们的平方和服从自由度为 n 的 χ^2 分布。

χ^2 分布的数学期望为:$E(\chi^2) = n$

χ^2 分布的方差为:$D(\chi^2) = 2n$

χ^2 分布的可加性:如果 $\chi_1^2 \sim \chi^2(n_1)$,$\chi_2^2 \sim \chi^2(n_2)$,且相互独立,则 $\chi_1^2 + \chi_2^2 \sim \chi^2(n_1 + n_2)$。

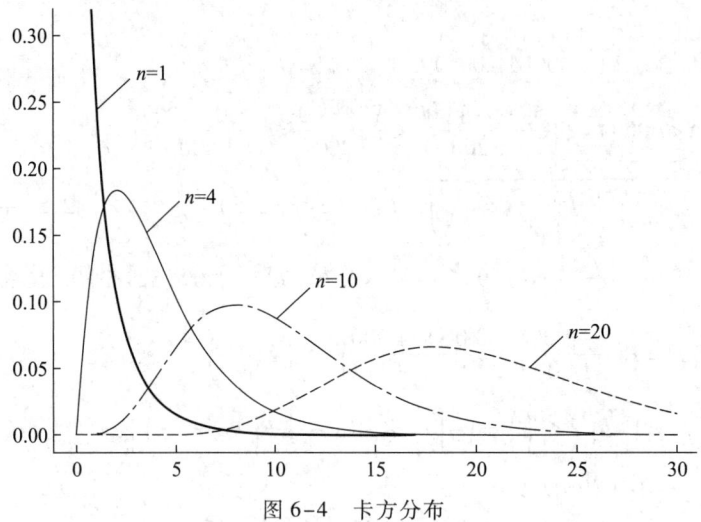

图 6-4　卡方分布

四、抽样误差

（一）抽样误差的概念

抽样误差是指抽样指标数值即样本统计量的值与被估计的总体参数之间的差别。例如样本平均数与总体平均数的差；样本成数与总体成数的差。

抽样误差究竟是什么性质的误差，必须从统计调查误差的种类谈起。统计调查的误差按产生的原因分为登记性误差和代表性误差。登记性误差是指统计调查时，由于主观原因在登记、汇总、计算、过录中所产生的误差。登记性误差不论全面调查或非全面调查都可能产生。代表性误差是抽样调查可能产生的误差。代表性误差又可分为两种：系统性误差和随机误差。系统性误差又称偏差，是由于违反抽样调查的随机原则，有意抽选较好单位或较坏单位进行调查，造成样本的代表性不足所引起的误差。随机误差又称偶然的代表性误差，它是指在没有登记性误差的前提下，又遵循了随机原则，所产生的样本指标与被它估计的总体相应指标的差数。随机误差是抽样调查固有的误差。抽样误差是指这种随机误差。

影响抽样误差大小的因素主要有：

（1）总体各单位标志值的差异程度。在其他条件不变的情况下，总体各单位标志值的变异程度越大，抽样误差也越大，反之则越小。

（2）样本单位数的多少。其他条件不变时，样本单位数越多，抽样误差就越小，反之则越大。

（3）抽样方法。抽样方法不同，抽样误差也不同。一般说来，重复抽样的误差比不重复抽样的误差要大。

（4）抽样的组织形式。选择不同的抽样组织形式，也会有不同的抽样误差。而且同一种组织形式不同的合理程度也会影响抽样误差。

（二）抽样平均误差

从一个总体中可能抽取到很多个样本，因此，样本指标就有不同的数值，它们与总体指标的离差（即抽样误差）也就不同，抽样平均误差就是反映抽样误差一般水平的指标。通常用样本平均数（或样本成数）的标准差来表示。

1. 样本平均数的抽样平均误差

以 μ_x 表示样本平均数的平均误差,σ 表示总体的标准差。根据定义:

$$
\begin{aligned}
\mu_x^2 &= E(\bar{x}-\bar{X})^2 \\
&= E\left(\frac{x_1+x_2+\cdots+x_n}{n}-\frac{\bar{X}+\bar{X}+\cdots+\bar{X}}{n}\right)^2 \\
&= \left(\frac{1}{n^2}\right)E[(x_1-\bar{X})+(x_2-\bar{X})+\cdots+(x_n-\bar{X})]^2
\end{aligned}
\tag{6-34}
$$

(1)当重复抽样时,样本标志值 $x_1,x_2,\cdots,x_n$ 是相互独立的,样本变量 x 与总体变量 X 同分布。所以得

$$
\begin{aligned}
\mu_x^2 &= \frac{1}{n^2}\left[E(x_1-\bar{X})^2+E(x_2-\bar{X})^2+\cdots+E(x_n-\bar{X})^2+\sum_{i\neq j}E(x_i-\bar{X})(x_j-\bar{X})\right] \\
&= \frac{1}{n^2}\left[E(x_1-\bar{X})^2+E(x_2-\bar{X})^2+\cdots+E(x_n-\bar{X})^2\right] \\
&= \frac{1}{n^2}\cdot n\sigma^2 = \frac{\sigma^2}{n}
\end{aligned}
\tag{6-35}
$$

所以

$$
\mu_x = \frac{\sigma}{\sqrt{n}}
\tag{6-36}
$$

这说明在重复抽样的条件下,抽样平均误差与总体标准差成正比,与样本容量的平方根成反比。

【例6-11】 有5个工人的日产量(单位:件)分别为6,8,10,12,14,用重复抽样的方法从中随机抽取2个工人的日产量,用以代表这5个工人的总体水平。试计算抽样平均误差?

解:据题:$\bar{X}=\dfrac{6+8+10+12+14}{5}=10$(件)

总体标准差 $\sigma=\sqrt{\dfrac{\sum(X_i-\bar{X})^2}{N}}=\sqrt{8}$(件)

所以抽样平均误差:$\mu_x=\sigma/\sqrt{n}=\sqrt{8}/\sqrt{2}=2$(件)

(2)当不重复抽样时,样本标志值 $x_1,x_2,\cdots,x_n$ 不是相互独立的,所以

$$
\mu_x^2 = \frac{1}{n^2}\left[E(x_1-\bar{X})^2+E(x_2-\bar{X})^2+\cdots+E(x_n-\bar{X})^2+\sum_{i\neq j}E(x_i-\bar{X})(x_j-\bar{X})\right]
$$

根据数理统计知识推得:

$$
\mu_x = \sqrt{\frac{\sigma^2}{n}\left(\frac{N-n}{N-1}\right)}
\tag{6-37}
$$

当总体单位数 N 很大时,这个公式可近似地表示为:

$$
\mu_x = \sqrt{\frac{\sigma^2}{n}\left(1-\frac{n}{N}\right)}
\tag{6-38}
$$

与重复抽样相比,不重复抽样平均误差是在重复抽样平均误差的基础上,再乘以 $\sqrt{\left(\dfrac{N-n}{N-1}\right)}$,

而 $\sqrt{\left(\dfrac{N-n}{N-1}\right)}$ 总是小于 1 的系数, 所以不重复抽样的平均误差也总是小于重复抽样的平均误差。

如前例题, 若采用不重复抽样的方法, 则抽样平均误差为:

$$\mu_x = \sqrt{\frac{\sigma^2}{n}\left(\frac{N-n}{N-1}\right)} = \sqrt{\frac{8}{2}\left(\frac{5-2}{5-1}\right)} = 1.732(件)$$

当计算抽样平均误差时, 通常是得不到总体标准差数值的, 一般可以用样本标准差来代替总体标准差。

2. 样本比例的抽样平均误差

总体比例 P 可表现为总体是非标志的平均数, 即 $E(X) = P$

它的标准差为: $\sigma = \sqrt{P(1-P)}$

根据样本平均误差和总体标准差的关系, 可以得到样本比例的抽样平均误差的计算公式。

（1）重复抽样

$$\mu_p = \frac{\sigma}{\sqrt{n}} = \frac{\sqrt{P(1-P)}}{\sqrt{n}} = \sqrt{\frac{P(1-P)}{n}} \tag{6-39}$$

（2）不重复抽样

$$\mu_p = \sqrt{\frac{\sigma^2}{n}\left(\frac{N-n}{N-1}\right)} = \sqrt{\frac{P(1-P)}{n}\left(\frac{N-n}{N-1}\right)} \tag{6-40}$$

当总体单位数 N 很大时, 可近似地写成:

$$\mu_p = \sqrt{\frac{P(1-P)}{n}\left(1-\frac{n}{N}\right)} \tag{6-41}$$

如果总体比例未知, 也可以用样本比例来代替。

【例 6-12】　某企业生产的产品按正常生产经验, 合格率为 90%, 现从 5 000 件产品中抽取 50 件进行检验, 求合格率的抽样平均误差。

解: 重复抽样条件下, 合格率的抽样平均误差:

$$\mu_p = \sqrt{\frac{P(1-P)}{n}} = \sqrt{\frac{0.9 \times 0.1}{50}} = 4.24\%$$

不重复抽样条件下, 则抽样平均误差为:

$$\mu_p = \sqrt{\frac{P(1-P)}{n}\left(1-\frac{n}{N}\right)} = \sqrt{\frac{0.9 \times 0.1}{50}\left(1-\frac{50}{5\,000}\right)} = 4.22\%$$

（三）抽样极限误差

用样本指标来估计总体指标, 总要存在一定的误差, 但这个误差究竟有多大, 它的数值是不能确定的。因为样本指标是一个随机变量, 总体指标又是一个未知的常数, 所以它们的离差（即抽样误差）也是一个随机变量, 随着样本的不同而变化, 我们只能把抽样误差控制在一定的范围内。

抽样极限误差是指样本和总体指标之间最大可能误差。由于总体指标是一个确定的数, 而样本指标则是围绕总体指标上下波动的, 它与总体指标之间既有正离差, 也有负离差, 样本指标变动的上限或下限与总体指标之差的绝对值就可以表示抽样误差的可能范围, 我们将这种以绝对值形式表示的抽样误差可能范围称为抽样极限误差。

设 Δ_x 与 Δ_p 分别表示样本平均数与样本成数的抽样极限误差,则有:

$$|\bar{x}-\bar{X}| \leqslant \Delta_x \qquad\qquad |p-P| \leqslant \Delta_p$$

上述不等式也可以表示成:

$$\bar{x}-\Delta_x \leqslant \bar{X} \leqslant \bar{x}+\Delta_x \qquad\qquad p-\Delta_p \leqslant P \leqslant p+\Delta_p$$

第三节　参数估计

参数估计(parameter estimation)是统计推断的重要内容之一。参数估计是在抽样以及抽样分布的基础上,根据所计算的样本指标来估计相应的总体指标。比如用样本均值去估计总体均值,用样本比例估计总体比例,用样本方差去估计总体方差等。

我们在对总体指标进行抽样估计时,一般要解决下面三个问题:

第一,针对待估计的总体参数,可根据样本构造一个合适的样本统计量,作为该总体参数的估计量;

第二,对所构造的估计量的优良性作出判断,并在必要时进行修正;

第三,在给定的可靠程度下,求出抽样估计的极限误差。

在参数估计中,用来估计总体参数的统计量称为估计量,例如样本均值、样本比例、样本方差都可以是一个估计量,根据某一个具体的样本计算出来的估计量的数值称为估计值。参数估计有点估计(point estimation)和区间估计(interval estimation)两种形式。

一、点估计与区间估计

(一) 点估计

对于总体的未知参数 θ,由样本构造统计量 $\hat{\theta}$ 对 θ 作出估计,则称 $\hat{\theta}$ 为 θ 的估计量。由于统计量是随机变量,所以估计量也是随机变量,但当样本确定之后,估计量的值也随之确定,估计量的值称为估计值。

点估计就是用样本统计量 $\hat{\theta}$ 的某个取值直接作为总体参数 θ 的估计值,这种估计方法也叫定值估计。例如:$\bar{x}=\hat{\bar{X}}$ 表示以样本均值作为总体均值的估计量,$p=\hat{P}$ 表示以样本比例作为总体比例的估计量。

(二) 估计量的优良标准

对于一个总体指标,往往可以构造许多个估计量,如对总体平均数 $\bar{X}$ 既可用样本算术平均数作出估计,也可以用样本众数、样本中位数等作为估计量。在多个估计量中,如何从中选择一个优良的估计量呢? 这就需要明确评选估计量的优良性标准。由于估计量是随机变量,所以必须从整体上去考虑估计量的优良性。通常评选估计量的优良有三个标准:

1. 无偏性

每一次的样本指标和总体指标都可能有误差,但在多次反复估计中,无偏性(unbiasedness)要求各个样本指标的平均数应等于总体指标,即样本指标的估计平均来看是没有偏误的。

设 $\hat{\theta}$ 为总体参数 θ 的估计量,如果 $E(\hat{\theta})=\theta$,则称 $\hat{\theta}$ 为 θ 的无偏估计量。

可以证明,样本平均数 $\bar{x}$ 作为总体平均数 $\bar{X}$ 的估计量,是符合无偏性要求的。

因为: $E(\bar{x}) = E\left(\dfrac{x_1 + x_2 + \cdots + x_n}{n}\right)$

$$= \frac{1}{n}\left[E(x_1) + E(x_2) + \cdots + E(x_n)\right]$$

由于 $x_1, x_2, \cdots, x_n$ 都是抽取于总体之中,它与总体是同分布的,所以有:

$$E(x_1) = E(x_2) = \cdots = E(x_n) = E(X) = \bar{X}$$

所以

$$E(\bar{x}) = \frac{1}{n}(\bar{X} + \bar{X} + \cdots + \bar{X}) = \bar{X} \qquad (6-42)$$

估计量 $\bar{x}$ 对于 $\bar{X}$ 是无偏的。

2. 有效性(efficiency)

在一般情况下,一个总体指标的无偏估计量也可以有许多个,这就需要由这些无偏估计量方差的大小来衡量估计量的优良性。

设 $\hat{\theta}_1$ 与 $\hat{\theta}_2$ 均为总体参数 θ 的无偏估计量,即: $E(\hat{\theta}_1) = E(\hat{\theta}_2) = \theta$,若 $\sigma^2(\hat{\theta}_1) < \sigma^2(\hat{\theta}_2)$,则称估计量 $\hat{\theta}_1$ 比 $\hat{\theta}_2$ 更有效。

3. 一致性(consistency)

无偏性与有效性都是当样本容量 n 为有限时,评选估计量优良性的标准。当样本容量无限增加时,一致性要求样本指标充分靠近总体指标。就是说,当样本容量充分大时,样本指标和总体指标之差的绝对值小于任意小的正数,它的可能性就趋近于必然性。

设 $\hat{\theta}$ 为 θ 的估计量,对于任意给定的 $\varepsilon > 0$,如果当 $n \to \infty$ 时,恒有:

$$\lim_{n \to \infty} P(|\hat{\theta} - \theta| < \varepsilon) = 1 \qquad (6-43)$$

则 $\hat{\theta}$ 称为 θ 的一致估计量。

(三)区间估计

我们知道,抽样平均误差只是在无偏估计情况下的抽样误差大小的平均值,这还不能说明在一次抽样估计中,实际误差的可能大小。由于抽样误差是个未知的随机变量,因此,在一次具体的抽样结果中,如何来测定实际抽样误差的大小和产生这样大小误差的可能性,便是区间估计必须说明的问题。与点估计不同,进行区间估计时,根据样本统计量的抽样分布能够对样本统计量与总体参数的接近程度给出一个概率度量。下面以总体均值的区间估计为例来说明区间估计的原理。

由样本均值的抽样分布可知,在重复抽样或者无限总体抽样的情况下,样本均值的期望值等于总体均值,即 $E(\bar{x}) = \mu$,样本均值的标准误差为总体方差的 $1/n$,即 $\sigma_{\bar{x}} = \sigma/\sqrt{n}$。由此可知,样本均值 $\bar{x}$ 落在总体均值 μ 两侧各为一个抽样标准差范围内的概率为 68.27%;落入 2 个标准差范围内的概率为 95.45%;落入三个标准差范围内的概率为 99.73%,等等。

实际上,可以求出样本均值 $\bar{x}$ 落在总体均值 μ 两侧任何倍数的标准误差范围内的概率。但实际情况正好相反, $\bar{x}$ 是已知的, μ 是未知的,也正是将要进行估计的参数。由于 $\bar{x}$ 与 μ

的距离是对称的,如果某个 $\bar{x}$ 落在 μ 的 1.96 个标准误差范围内,反过来,μ 也可以被包括在以 $\bar{x}$ 为中心、两侧 1.96 个标准误差的范围内。这意味着,约有 95% 的样本均值所构造的 1.96 个标准差的区间会包括 μ。举例来说,如果抽取 100 个样本来估计总体均值,由 100 个样本均值所构造的 100 个区间中,约有 95 个区间包含总体均值 μ。区间估计如图 6-5 所示。

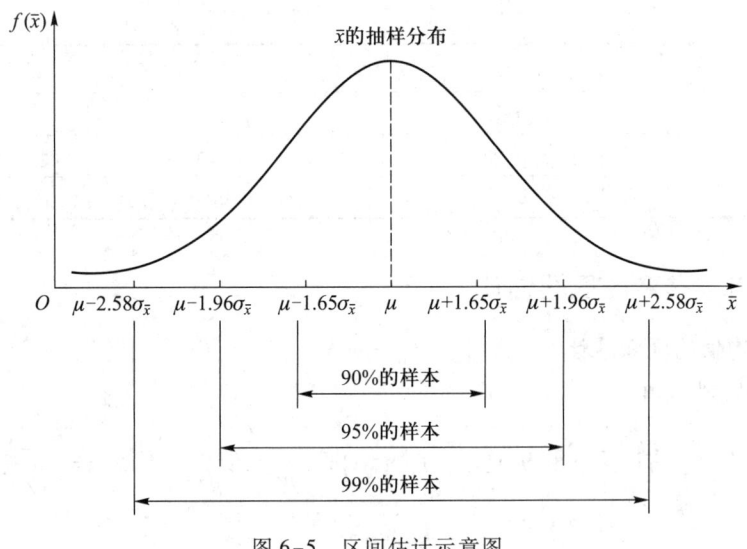

图 6-5　区间估计示意图

因此,对于总体参数 θ,根据样本构造的两个统计量 $\hat{\theta}_1$、$\hat{\theta}_2(\hat{\theta}_1<\hat{\theta}_2)$,使随机区间 $(\hat{\theta}_1,\hat{\theta}_2)$ 能包含 θ 的概率等于给定的值 $1-\alpha(0<\alpha<1)$,

即：
$$P(\hat{\theta}_1 \leqslant X \leqslant \hat{\theta}_2)=1-\alpha \tag{6-44}$$

这里称 $1-\alpha$ 为置信概率,也可用 $F(t)$ 表示,α 为显著性水平(significance level),$(\hat{\theta}_1,\hat{\theta}_2)$ 称为 θ 的 $1-\alpha$ 的置信区间(confidence interval),$\hat{\theta}_1$,$\hat{\theta}_2$ 分别称为置信下限和置信上限。

由于统计学家在某种程度上确信这个区间会包含真正的总体参数,所以给它取名为置信区间。如果将构造置信区间的步骤重复多次,置信区间中包含总体参数真值的次数所占的比率称为置信水平,或称为置信系数 $(1-\alpha)$。当做出估计时,我们把给出总体参数 θ 的置信区间和置信概率这一方式称为区间估计。可见,置信区间的大小,说明了估计的精确性,置信概率的大小说明了估计的可靠性。例如,我们估计某商场一年的零售额为 2 000 万元整,这种估计存在一定的误差。如果对误差大小的程度和产生这样大小误差的可能性大小均一无所知,那么,我们究竟在多大程度上相信这种估计是正确的呢? 又比,我们估计某人在×年×月×日时出生,误差为一小时。这种估计可算是精确,但估计正确的可能性极小。或者说,我们有百分之百的把握估计今年某人的年龄在 5~100 岁之间,这种估计正确的可能性极大,但误差范围太大,精确性太差。所以上述估计都是没有实际意义的。假如我们估计某商场一年的零售额在 1 995 万元~2 005 万元,并且有 99% 的把握说明这种估计是正确的,这样的估计才能使人信服。

　　在构造置信区间时,可以用所希望的值作为置信水平。比较常用的置信水平及正态分布曲线下右侧面积为 $\alpha/2$ 时的 z 值($z_{\alpha/2}$),如表 6-5 所示。当样本容量给定时,置信区间的宽度随着置信水平的增大而增大,包含真实参数的可能性就会更大。当置信水平固定,置信区间的宽度随样本容量的增大而减小,即较大的样本所提供的信息要比较小的样本提供的信息更多,区间的精确度更高。

表 6-5　常用置信水平的 $z_{\alpha/2}$ 值

置信水平	α	$\alpha/2$	$z_{\alpha/2}$
90%	0.1	0.05	1.645
95%	0.05	0.025	1.96
99%	0.01	0.005	2.58

二、一个总体参数的区间估计

(一) 总体均值的区间估计

1. 总体方差 σ^2 已知

重复抽样条件下,估计量 $\bar{x}$ 服从或近似服从 $N\left(\bar{X},\dfrac{\sigma^2}{n}\right)$,所以统计量 $z=\dfrac{\bar{x}-\bar{X}}{\sigma/\sqrt{n}}$ 服从或近似服从 $N(0,1)$。

　　根据正态概率分布表得:$P(\,|z|<t\,)=1-a$。

即
$$P\left(\left|\frac{\bar{x}-\bar{X}}{\sigma/\sqrt{n}}\right|<t\right)=1-\alpha$$

$$P\left(\,|\bar{x}-\bar{X}|<t\,\frac{\sigma}{\sqrt{n}}\right)=1-\alpha$$

$$P\left(\bar{x}-t\,\frac{\sigma}{\sqrt{n}}<\bar{X}<\bar{x}+t\,\frac{\sigma}{n}\right)=1-\alpha \tag{6-45}$$

所以估计量 $\bar{x}$ 的抽样极限误差为:

$$\Delta_x=t\,\frac{\sigma}{\sqrt{n}}=t\mu_x \tag{6-46}$$

式中,t 称为概率度,它与 $1-\alpha[\,F(t)\,]$ 有直接关系,可通过查表取得。

　　若按区间估计做出结论时,可得总体均值 $\bar{X}$ 可靠性为 $1-\alpha[\,F(t)\,]$ 时的置信区间为:
$$(\bar{x}-\Delta_x,\bar{x}+\Delta_x)$$

由极限误差的计算公式 $\Delta_x=t\,\dfrac{\sigma}{\sqrt{n}}$ 可见,当给定置信概率 $1-\alpha[\,F(t)\,]$ 或概率度 t 时,样本容量越大,则误差越小,估计的精确性越高。反之,则估计的精确性就越低。但当样本容量 n 一定时,所要求的可靠性越大,即 t 大时,则误差就越大,估计的精确性越低,反之,估计的精确性就越高。所以,在样本容量一定的条件下,估计的精确性与可靠性是相互矛盾的。实际中,一般在预先给定可靠性的条件下,去求尽可能精确的估计。

在不重复抽样条件下,当给定置信概率 $1-\alpha$ 时,估计的极限误差为:

$$\Delta_x = t\sqrt{\frac{\sigma^2}{n}\left(\frac{N-n}{N-1}\right)} = t\mu_x \tag{6-47}$$

当 N 很大时,

$$\Delta_x = t\sqrt{\frac{\sigma^2}{n}\left(1-\frac{n}{N}\right)} \tag{6-48}$$

总体平均数 $\overline{X}$ 在可靠性 $1-\alpha$ 的置信区间是:

$$(\overline{x}-t\mu_x, \overline{x}+t\mu_x)$$

2. 总体方差 σ^2 未知

当总体方差未知,总体方差 σ^2 用样本方差 s^2 替换。此时的估计量 $\overline{x}$ 服从 t 分布,构造的统计量称为 t 统计量:

$$t = \frac{\overline{x}-\overline{X}}{s/\sqrt{n}} \sim t(n-1) \tag{6-49}$$

其中,s 为样本标准差,$n-1$ 为 t 分布的自由度。

若按区间估计得出结论,总体均值 $\overline{X}$ 可靠性为 $1-\alpha$ 时的置信区间为:

$$(\overline{x}-\Delta_x, \overline{x}+\Delta_x)$$

【例6-13】 某进出口公司出口一种名茶,为检查其每包规格的重量,随机抽取样本 100 包,检查结果如表 6-6 所示。

表 6-6　每包茶叶重量的频数分布表

每包重量/克	频数 f/包	组中值 x
148~149	10	148.5
149~150	20	149.5
150~151	50	150.5
151~152	20	151.5
合计	100	—

按规定这种茶叶每包规格重量应不低于 150 克。试以 $0.9973(1-\alpha)$ 的概率($t=3$):

(1)确定每包平均重量的极限误差;

(2)估计这批茶叶每包平均重量的范围,确定是否达到规格要求。

解:① 茶叶抽样平均每包重量:

$$\overline{x} = \frac{\sum x_i f_i}{\sum f_i}$$

$$= \frac{148.5\times10+149.5\times20+150.5\times50+151.5\times20}{10+20+50+20}$$

$$= \frac{15\,030}{100}$$

$$= 150.3(克)$$

② 茶叶重量抽样方差：

$$s^2 = \frac{\sum (x_i - \bar{x}_i)^2 f_i}{\sum f_i}$$

$$= \frac{\begin{array}{c}(148.5-150.3)^2 \times 10 + (149.5-150.3)^2 \times 20 + \\ (150.5-150.3)^2 \times 50 + (151.5-150.3)^2 \times 20\end{array}}{10+20+50+20}$$

$$= \frac{76}{100}$$

$$= 0.76$$

③ 抽样平均误差：

$$\mu_x = \sqrt{\frac{s^2}{n}} = \sqrt{\frac{0.76}{100}} = 0.087(克)$$

④ 每包平均重量的极限误差：

$$\Delta_x = t \cdot \mu_x = 3 \times 0.087 = 0.261(克)$$

⑤ 这批茶叶平均每包重量的范围：$\bar{x} \pm \Delta_x = 150.3 \pm 0.261$，即在 150.039 克至 150.561 克范围内。

⑥ 从计算可知，这批茶叶达到了重量规格要求。

【例 6-14】（续例 6-13）　根据上例，假若 $\frac{n}{N} = 1\%$，则不重复抽样下的抽样极限误差：

$$\Delta_x = t \sqrt{\frac{s^2}{n}\left(1 - \frac{n}{N}\right)}$$

$$= 3 \cdot \sqrt{\frac{0.76}{100}(1-1\%)}$$

$$= 0.26(克)$$

这批茶叶平均每包重量的范围：

$$\bar{x} \pm \Delta_x = 150.3 \pm 0.26$$

即在 150.04 克至 150.56 克范围内。

（二）总体比例的区间估计

根据样本平均数的极限误差与抽样平均数误差的关系，可以得到样本比例的误差极限和置信区间。

总体比例未知时，总体方差 $\pi(1-\pi)$ 用样本方差 $p(1-p)$ 替换。

重复抽样条件下，估计量 P 的极限误差为：

$$\Delta_p = t\mu_p = t\sqrt{\frac{p(1-p)}{n}} \tag{6-50}$$

总体比例 P 的置信区间为：

$$\left(p - t\sqrt{\frac{p(1-p)}{n}}, p + t\sqrt{\frac{p(1-p)}{n}}\right)$$

不重复抽样条件下，估计量 P 的极限误差为：

$$\Delta_p = t\mu_p = t\sqrt{\frac{p(1-p)}{n}\left(\frac{N-n}{N-1}\right)} \qquad (6-51)$$

当 N 很大时，

$$\Delta_p = t\sqrt{\frac{p(1-p)}{n}\left(1-\frac{n}{N}\right)} \qquad (6-52)$$

总体比例 P 的置信区间为：

$$(p-t\mu_p,\ p+t\mu_p)$$

【例 6-15】　从某台机器生产的 5 000 件产品中，随机抽取 50 件进行检验，发现有 10 件一级品，试以 95% 的可靠性估计这台机器所生产产品的一级品率。

解：已知：$N = 5\,000$ 件，$n = 50$ 件，$n_1 = 10$ 件，$1-\alpha = 95\%$，得 $t = 1.96$，$p = \dfrac{n_1}{n} = 20\%$

所以，在重复抽样条件下

$$\Delta_p = t\sqrt{\frac{p(1-p)}{n}} = 1.96 \times \sqrt{\frac{0.2 \times 0.8}{50}} = 0.110\,9$$

这台机器所生产产品的一级率在 95% 可靠性保证下的置信区间为（8.91%，31.09%）。

在不重复抽样条件下：

$$\Delta_p = t\sqrt{\frac{p(1-p)}{n}\left(1-\frac{n}{N}\right)}$$

$$= 1.96 \times \sqrt{\frac{0.2 \times 0.8}{50}\left(1-\frac{50}{5\,000}\right)} = 0.110\,3$$

这台机器所生产产品的一级率在 95% 可靠性保证下的置信区间为（8.97%，31.03%）。

（三）总体方差的区间估计

这里只讨论正态总体方差的估计问题。由抽样分布的知识可知，样本方差 s^2 服从自由度为 $(n-1)$ 的 χ^2 分布。因此用 χ^2 分布构造总体方差 σ^2 的置信区间。

如何来构造总体方差的置信区间呢？我们给定一个显著性水平 α，用 χ^2 分布构造的总体方差 σ^2 的置信区间如图 6-6 所示。

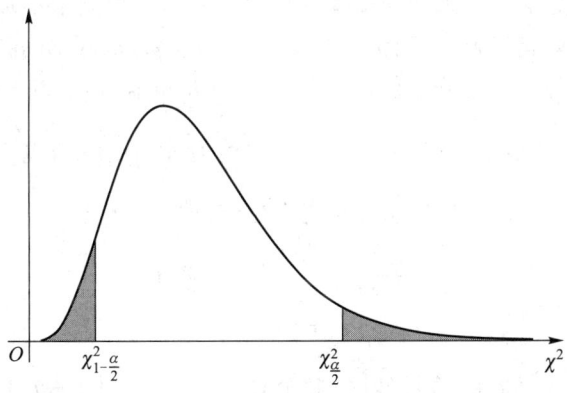

图 6-6　自由度为 $(n-1)$ 的 χ^2 分布

由图 6-6 可以看出,建立总体方差 σ^2 的置信区间,也就是要找到一个 χ^2 值,使其满足 $\chi^2_{1-\alpha/2} \leqslant \chi^2 \leqslant \chi^2_{\alpha/2}$,由于 $\frac{(n-1)s^2}{\sigma^2} \sim \chi^2(n-1)$,因此可用它来代替 χ^2,于是有

$$\chi^2_{1-\alpha/2} \leqslant \frac{(n-1)s^2}{\sigma^2} \leqslant \chi^2_{\alpha/2} \qquad (6-53)$$

根据公式可以推导出总体方差 σ^2 在 $(1-\alpha)$ 置信水平下的置信区间为

$$\frac{(n-1)s^2}{\chi^2_{\alpha/2}} \leqslant \sigma^2 \leqslant \frac{(n-1)s^2}{\chi^2_{1-\alpha/2}} \qquad (6-54)$$

【例 6-16】 仍利用 6-14 的数据,以 95% 的置信水平建立该种茶叶重量方差的置信区间。

解:根据样本数据计算的方差为:$s^2 = \frac{\sum(x_i - \bar{x})^2 f_i}{\sum f_i} = 0.76$

根据显著性水平 $\alpha = 0.05$,自由度 $n-1 = 99$,查 χ^2 分布表得,$\chi^2_{1-0.025}(99) = 74.222$,$\chi^2_{0.025}(99) = 129.561$。总体方差 σ^2 的置信区间为

$$\frac{(n-1)s^2}{\chi^2_{\alpha/2}} \leqslant \sigma^2 \leqslant \frac{(n-1)s^2}{\chi^2_{1-\alpha/2}},\ \text{即}\ \frac{99 \times 0.76}{129.561} \leqslant \sigma^2 \leqslant \frac{99 \times 0.76}{74.222}$$

因此得到总体方差 95% 的置信区间为:$0.581 \leqslant \sigma^2 \leqslant 1.014$。

该种茶叶重量标准差 95% 的置信区间为 0.762～1.007 克。

*三、两个总体参数的区间估计

对于两个总体,我们所关心的参数主要有两个总体的均值之差($\mu_1 - \mu_2$)、两个总体的比例之差($\pi_1 - \pi_2$),两个总体的方差之比(σ_1^2/σ_2^2)等。

(一) 两个总体的均值之差($\mu_1 - \mu_2$) 的区间估计

设两个总体均值分别为 μ_1 和 μ_2,从两个总体中分别抽取样本容量为 n_1 和 n_2 的两个随机样本,其样本均值分别为 $\bar{x}_1$ 和 $\bar{x}_2$。估计两个总体均值之差($\mu_1 - \mu_2$)的估计量很显然是两个样本的均值之差($\bar{x}_1 - \bar{x}_2$)。对于两个总体均值之差的估计,需考虑两个样本是独立样本还是匹配样本,以及样本量是大样本还是小样本等几种情况。

1. 两个总体均值之差的估计:独立样本

(1) 大样本的估计方法。如果两个样本是从两个总体中独立地抽取的,即一个样本中的元素与另一个样本中的元素相互独立,则称为独立样本(independent sample)。如果两个总体都为正态分布或两个总体不服从正态分布但两个样本都为大样本($n_1 \geqslant 30$,$n_2 \geqslant 30$)时,根据抽样分布的知识可知,两个样本均值之差($\bar{x}_1 - \bar{x}_2$)服从期望值为($\mu_1 - \mu_2$)、方差为 $\left(\frac{\sigma_1^2}{n_1} + \frac{\sigma_2^2}{n_2}\right)$ 的正态分布。而两个样本均值之差经过标准化后服从标准正态分布,即

$$z = \frac{(\bar{x}_1 - \bar{x}_2) - (\mu_1 - \mu_2)}{\sqrt{\frac{\sigma_1^2}{n_1} + \frac{\sigma_2^2}{n_2}}} \sim N(0,1) \qquad (6-55)$$

当两个总体的方差 σ_1^2 和 σ_2^2 都已知时,两个总体均值之差($\mu_1 - \mu_2$)在 $(1-\alpha)$ 置信水平下的置信区间为

$$(\overline{x}_1 - \overline{x}_2) \pm z_{\alpha/2} \sqrt{\frac{\sigma_1^2}{n_1} + \frac{\sigma_2^2}{n_2}} \tag{6-56}$$

当两个总体的方差 σ_1^2 和 σ_2^2 未知时,可用两个样本方差 s_1^2 和 s_2^2 来替代。此时两个总体均值之差 $(\mu_1 - \mu_2)$ 在 $(1-\alpha)$ 置信水平下的置信区间为

$$(\overline{x}_1 - \overline{x}_2) \pm z_{\alpha/2} \sqrt{\frac{s_1^2}{n_1} + \frac{s_2^2}{n_2}} \tag{6-57}$$

【例 6-17】 某地区教育委员会想估计两所中学的学生高考时的英语平均分数之差,为此在两所中学独立地抽取两个随机样本,有关数据如表 6-7 所示。

表 6-7 两个样本的有关数据

中学 1	中学 2
$n_1 = 46$	$n_2 = 33$
$\overline{x}_1 = 86$	$\overline{x}_2 = 78$
$s_1 = 5.8$	$s_2 = 7.2$

建立两所中学高考英语平均分数之差 95% 的置信区间。

解:根据公式 (6-57) 得

$$(\overline{x}_1 - \overline{x}_2) \pm z_{\alpha/2} \sqrt{\frac{s_1^2}{n_1} + \frac{s_2^2}{n_2}} = (86-78) \pm 1.96 \times \sqrt{\frac{5.8^2}{46} + \frac{7.2^2}{33}} = 8 \pm 2.97$$

即 $(5.03, 10.97)$。

两所中学高考英语平均分数之差 95% 的置信区间为 $5.03 \sim 10.97$ 分。

(2) 小样本的估计方法。当两个样本为小样本的情况下,为估计两个总体均值之差,需要假定两个总体服从正态分布,两个随机样本分别独立地抽自两个总体。在上述假定下,无论样本量的大小,两个样本均值之差都服从正态分布。当总体方差 σ_1^2 和 σ_2^2 已知时,可用公式 (6-56) 建立两个总体均值之差的置信区间。

① 两个总体的方差 σ_1^2 和 σ_2^2 未知但相等时,则需要用两个样本的方差 s_1^2 和 s_2^2 来估计。这时需要将两个样本的数据组合在一起,给出总体方差的合并估计量,用 s_p^2 来表示,计算公式为

$$s_p^2 = \frac{(n_1-1)s_1^2 + (n_2-1)s_2^2}{n_1+n_2-2} \tag{6-58}$$

这时两个样本均值之差经过标准化后服从自由度为 $(n_1 + n_2 - 2)$ 的 t 分布,即

$$t = \frac{(\overline{x}_1 - \overline{x}_2) - (\mu_1 - \mu_2)}{s_p \sqrt{\frac{1}{n_1} + \frac{1}{n_2}}} \sim t(n_1 + n_2 - 2) \tag{6-59}$$

因此两个总体均值之差 $(\mu_1 - \mu_2)$ 在 $(1-\alpha)$ 置信水平下的置信区间为

$$(\overline{x}_1 - \overline{x}_2) \pm t_{\alpha/2}(n_1 + n_2 - 2) s_p \sqrt{\frac{1}{n_1} + \frac{1}{n_2}} \tag{6-60}$$

【例 6-18】 为估计两种方法组装产品所需时间的差异,分别对两种不同的组装方法各随机安排 12 个工人,每个工人组装一件产品所需的时间(分钟)如表 6-8 所示。

表 6-8　　两种方法组装产品所需的时间　　　　　　　　　　单位:分钟

方法 1	方法 2
28.3	27.6
30.1	22.2
29.0	31.0
37.6	33.8
32.1	20.0
28.8	30.2
36.0	31.7
37.2	26.5
38.5	32.0
34.4	31.2
28.0	33.4
30.0	26.5

假定两种方法组装产品的时间服从正态分布,且方差相等。试以 95% 的置信水平建立两种方法组装产品所需平均时间差值的置信区间。

解:根据样本数据计算得

方法 1:$\bar{x}_1 = 32.5$,$s_1^2 = 15.996$

方法 2:$\bar{x}_2 = 28.8$,$s_2^2 = 19.358$

总体方差的合并估计量为:

$$s_p^2 = \frac{(n_1-1)s_1^2 + (n_2-1)s_2^2}{n_1+n_2-2} = \frac{(12-1)\times15.996+(12-1)\times19.358}{12+12-2} = 17.677$$

根据 $\alpha = 0.05$,自由度 $n = 22$,查 t 分布表得,$t_{0.025}(22) = 2.074$。

两个总体均值之差在 95% 置信水平下的置信区间为

$$(\bar{x}_1 - \bar{x}_2) \pm t_{\alpha/2}(n_1+n_2-2)\sqrt{s_p^2\left(\frac{1}{n_1} + \frac{1}{n_2}\right)}$$

$$= (32.5-28.8) \pm 2.074 \times \sqrt{17.677 \times \left(\frac{1}{12} + \frac{1}{12}\right)}$$

$$= 3.7 \pm 3.56$$

即(0.14,7.26),两种方法组装产品所需平均时间之差 95% 的置信区间为 0.14 ~ 7.26 分钟。

② 两个总体的方差 σ_1^2 和 σ_2^2 未知且不相等时,两个样本均值之差经标准化处理后近似服从自由度为 ν 的 t 分布。自由度 ν 的计算公式为

$$\nu = \frac{(s_1^2/n_1 + s_2^2/n_2)^2}{\dfrac{(s_1^2/n_1)^2}{n_1-1} + \dfrac{(s_2^2/n_2)^2}{n_2-1}} \tag{6-61}$$

两个总体均值之差在$(1-\alpha)$置信水平下的置信区间为

$$(\bar{x}_1-\bar{x}_2)\pm t_{\alpha/2}(\nu)\sqrt{\frac{s_1^2}{n_1}+\frac{s_2^2}{n_2}} \tag{6-62}$$

【例6-19】　根据例5-18的数据,假定两个总体方差不相等,假定第一种方法随机安排12个工人,第二种方法随机安排8个工人,所得数据如表6-9所示。

表6-9　两种方法组装产品所需的时间　　　　　　　　　　单位:分钟

方法1	方法2
28.3	27.6
30.1	22.2
29.0	31.0
37.6	33.8
32.1	20.0
28.8	30.2
36.0	31.7
37.2	26.5
38.5	
34.4	
28.0	
30.0	

试以95%的置信水平建立两种方法组装产品所需平均时间差值的置信区间。

解:根据表6-7的数据计算得

方法1:$\bar{x}_1=32.5$, $s_1^2=15.996$

方法2:$\bar{x}_2=27.875$, $s_2^2=23.014$

两个总体方差不相等,计算自由度得

$$\nu=\frac{(s_1^2/n_1+s_2^2/n_2)^2}{\dfrac{(s_1^2/n_1)^2}{n_1-1}+\dfrac{(s_2^2/n_2)^2}{n_2-1}}=\frac{(15.996/12+23.014/8)^2}{\dfrac{(15.996/12)^2}{12-1}+\dfrac{(23.014/8)^2}{7}}=13.188\approx13$$

查t分布表得,$t_{0.025}(13)=2.160$。

两个总体均值之差在95%置信水平下的置信区间为

$$(\bar{x}_1-\bar{x}_2)\pm t_{\alpha/2}(\nu)\sqrt{\frac{s_1^2}{n_1}+\frac{s_2^2}{n_2}}$$

$$=(32.5-27.875)\pm2.160\sqrt{\frac{15.996}{12}+\frac{23.014}{8}}$$

$$=4.625\pm4.433$$

即$(0.192,9.058)$。两种方法组装产品所需平均时间之差95%的置信区间为$0.192\sim9.058$分钟。

2. 两个总体均值之差的估计:匹配样本

在前面的例子中使用独立样本来估计总体均值之差时存在着不足。比如,在对每种方法随机指派工人时,偶尔可能会使技术比较差和技术比较好的分配不均匀,这种不公平的分配可能会掩盖两种方法组装产品所需时间的真正差异。

为解决这一问题,可以使用匹配样本(matched sample),即一个样本中的数据与另一个样本中的数据相对应。比如,先指定 12 个工人用第一种方法组装产品,然后再让这 12 个工人用第二种方法组装产品,这样得到的两组组装产品所需时间的数据就是匹配数据。匹配样本可以消除由于样本指派的不公平造成的差异。

使用匹配样本进行估计时,在大样本条件下,两个总体均值之差 $\mu_d = \mu_1 - \mu_2$ 在 $(1-\alpha)$ 置信水平下的置信区间为

$$\bar{d} \pm z_{\alpha/2} \frac{\sigma_d}{\sqrt{n}} \tag{6-63}$$

上式中,d 表示两个匹配样本对应数据的差值;$\bar{d}$ 表示各差值的均值;σ_d 表示各差值的标准差。当总体的 σ_d 未知时,可以用样本差值的标准差 s_d 来替代。

在小样本情况下,假定两个总体各观测值的配对样本服从正态分布。两个总体均值之差 μ_d 在 $(1-\alpha)$ 置信水平下的置信区间为

$$\bar{d} \pm t_{\alpha/2}(n-1) \frac{s_d}{\sqrt{n}} \tag{6-64}$$

【例 6-20】 由 10 名学生组成一个随机样本,让他们分别采用 A 和 B 两套试卷进行测试,结果如表 6-10 所示。假定两套试卷分数之差服从正态分布,试建立两套试卷平均分之差的 95% 的置信区间。

表 6-10　10 名学生两套试卷的得分

学生编号	试卷 A	试卷 B	差值 d
1	78	71	7
2	63	44	19
3	72	61	11
4	89	84	5
5	91	74	17
6	49	51	-2
7	68	55	13
8	76	60	16
9	85	77	8
10	55	39	16

解: 根据上表数据计算得

$$\bar{d} = \frac{\sum_{i=1}^{n} d_i}{n_d} = \frac{110}{10} = 11$$

$$s_d = \sqrt{\frac{\sum\limits_{i=1}^{n}(d_i - \bar{d})^2}{n_d - 1}} = 6.53$$

根据自由度 $(10-1)=9$ 查 t 分布表得，$t_{0.025}(9) = 2.2622$。

根据公式 (6-64) 得两套试卷平均分数之差 μ_d 的 95% 的置信区间为

$$\bar{d} \pm t_{\alpha/2}(n-1)\frac{s_d}{\sqrt{n}} = 11 \pm 2.2622 \times \frac{6.53}{\sqrt{10}} = 11 \pm 4.67$$

即 $(6.3, 15.7)$。两套试卷平均分数之差 μ_d 的 95% 的置信区间为 $6.3 \sim 15.7$ 分。

（二）两个总体的比例之差 $(\pi_1 - \pi_2)$ 的区间估计

由样本比例的抽样分布可知，从两个二项总体中抽取两个独立的样本，则两个样本比例之差的抽样分布服从正态分布。同样，两个样本的比例之差标准化后则服从标准正态分布，即

$$z = \frac{(p_1 - p_2) - (\pi_1 - \pi_2)}{\sqrt{\dfrac{\pi_1(1-\pi_1)}{n_1} + \dfrac{\pi_2(1-\pi_2)}{n_2}}} \sim N(0,1) \qquad (6\text{-}65)$$

当两个总体比例 π_1 和 π_2 未知时，可用样本比例 p_1 和 p_2 代替。因此根据正态分布建立的两个总体比例之差 $\pi_1 - \pi_2$ 在 $(1-\alpha)$ 置信水平下的置信区间为

$$(p_1 - p_2) \pm z_{\alpha/2} \sqrt{\frac{p_1(1-p_1)}{n_1} + \frac{p_2(1-p_2)}{n_2}} \qquad (6\text{-}66)$$

【例 6-21】　在某个电视节目的收视率调查中，从农村随机调查了 400 人，有 32% 的人收看了该节目；从城市随机抽查了 500 人，有 45% 的人收看了该节目。试以 95% 的置信水平估计城市和农村收视率之差的置信区间。

解：设城市收视率 $p_1 = 45\%$，农村收视率 $p_2 = 32\%$。

当 $\alpha = 0.05$ 时，查表得 $z_{0.025} = 1.96$。

因此，城市和农村收视率之差的 $(1-\alpha)$ 置信区间为：

$$(p_1 - p_2) \pm z_{\alpha/2} \sqrt{\frac{p_1(1-p_1)}{n_1} + \frac{p_2(1-p_2)}{n_2}}$$

$$= (45\% - 32\%) \pm 1.96 \sqrt{\frac{45\% \times (1-45\%)}{500} + \frac{32\% \times (1-32\%)}{400}}$$

$$= 13\% \pm 6.32\%$$

即 $(6.68\%, 19.32\%)$。城市和农村收视率之差的 95% 置信区间为 $6.68\% \sim 19.32\%$。

（三）两个总体方差比 $(\sigma_1^2 / \sigma_2^2)$ 的区间估计

在实际中经常会遇到比较两个总体方差的问题。比如，希望比较两种不同方法生产的产品性能的稳定性，比较不同测量工具的精确度等。由于两个样本方差之比的抽样分布服从 $F(n_1-1, n_2-1)$ 分布，因此可用 F 分布来构造两个总体方差之比 σ_1^2 / σ_2^2 的置信区间。用 F 分布构造的两个总体方差之比的置信区间可用图 6-7 来表示。

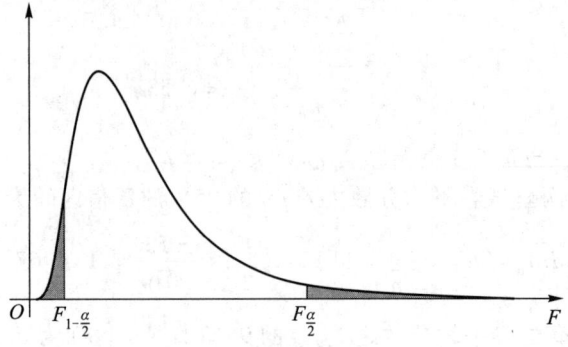

图 6-7 方差比的置信区间示意图

于是有

$$F_{1-a/2} \leqslant \frac{s_1^2/s_2^2}{\sigma_1^2/\sigma_2^2} \leqslant F_{a/2} \tag{6-67}$$

根据式(6-67),可以推导出两个总体方差之比 σ_1^2/σ_2^2 在 $(1-\alpha)$ 置信水平下的置信区间为:

$$\frac{s_1^2/s_2^2}{F_{a/2}} \leqslant \sigma_1^2/\sigma_2^2 \leqslant \frac{s_1^2/s_2^2}{F_{1-a/2}} \tag{6-68}$$

式中,$F_{a/2}$ 和 $F_{1-a/2}$ 是分子自由度为 (n_1-1) 和分母自由度为 (n_2-1) 的 F 分布的右侧面积为 $a/2$ 和 $1-a/2$ 的分位数。由于 F 分布表中只给出面积较小的右侧分位数,因此可以利用下面的关系求得 $F_{1-a/2}$ 的分位数值:

$$F_{1-a/2}(n_1-1,n_2-1) = \frac{1}{F_{a/2}(n_2-1,n_1-1)} \tag{6-69}$$

【例 6-22】 为研究男女大学生在生活费支出上的差异,在某大学各随机抽取 25 名男学生和 25 名女学生,得到下面的结果:

男学生:$\bar{x}_1 = 520, s_1^2 = 260$

女学生:$\bar{x}_2 = 480, s_1^2 = 280$

请估计男女学生生活费支出方差比的 90% 置信水平的置信区间。

解: 根据已知条件,第一自由度 $n_1 = 24$,第二自由度 $n_2 = 24$。查 F 分布表得,$F_{\alpha/2}(24,24) = F_{0.05}(24,24) = 1.98$。

根据式(6-69)得,$F_{1-\alpha/2}(24,24) = \dfrac{1}{F_{\alpha/2}(24,24)} = \dfrac{1}{1.98} = 0.505$

根据式(6-68)可得,

$\dfrac{260/280}{1.98} \leqslant \sigma_1^2/\sigma_2^2 \leqslant \dfrac{260/280}{0.505}$,即 $0.47 \leqslant \sigma_1^2/\sigma_2^2 \leqslant 1.84$。

男女学生生活费支出方差比的 90% 置信水平的置信区间 0.47 ~ 1.84。

第四节 抽样的形式和样本量的确定

抽样的组织形式,不仅关系到花费的人、财、物的多少而且直接影响到估计的准确性。所以,选择合适的抽样组织形式,对于提高抽样效果是很重要的。下面介绍几种常用的抽样组织形式及其样本量的确定。

一、简单随机抽样

简单随机抽样(simple sampling)又称纯随机抽样,它是按随机的原则直接从总体 N 个单位中抽取 n 个单位作为样本,保证总体中每个单位在抽选时都有相等的机会。简单随机抽样是抽样中最基本也是最简单的方式,它适用于总体单位标志值之间差异不大,而且总体单位分布比较均匀的总体。前面介绍的区间估计方法就是针对简单随机抽样来说的。

简单随机抽样抽取样本的具体方法主要有抽签法和随机数表法。

抽签法是将每一个被抽选的总体单位都编号做签,然后掺和均匀,从中随机抽取,抽中者即为样本单位,直到抽满所需样本容量 n 为止。抽签法一般只能适用于总体单位较少的总体,对于较大总体则不宜采用。

随机数表法就是根据《随机数字表》抽取样本单位的方法。《随机数字表》是根据摇码器或计算机模拟产生的。它虽有不同的形式,但其中组成的数字完全是随机的,即每个数字出现的机会相等,完全符合随机原则。利用这个表抽取样本可以大大简化抽样的烦琐手续。随机数字表最早出现在英国,后来在其他国家得到广泛应用。

随机数字表中的数字不受任何限制,可以任意指定一个数字,然后按一定的顺序(上下、左右均可)或间隔读起。这个表是两位一组的编码,按排列顺序也可以按三位、四位甚至五位号码读起。下面以假设的简单例子说明其使用方法。

假设从总体 50 个单位中随机抽取 5 个单位时,先将总体单位按 1 到 50 编号。由于编号最多是两位数,而附录中的随机数表是以两位数字为一组,所以在该表中可以任意取某一行或某一列的数字,凡是属于 1 到 50 以内的号码,就是代表可能抽中的单位。

在简单随机抽样条件下,应如何确定样本容量呢?在抽样实践中,样本容量的大小受抽样估计的准确性、可靠性、调查费用、不同抽样方法以及抽样组织形式的影响,在确定样本容量时,应综合以上因素加以确定。

在简单随机抽取条件下,考虑到准确性和可靠性的要求,根据 $\Delta_x = t \cdot \mu_x$ 和 $\Delta_p = t \cdot \mu_p$,经简单推导即可得到样本容量的计算公式。现列表综合示之(表 6-11)。

表 6-11 简单随机抽样样本容量计算表

	重复抽样	不重复抽样
估计总体平均数 $\bar{X}$ 时	$n = \dfrac{t^2 \sigma^2}{\Delta_x^2}$	$n = \dfrac{N t^2 \sigma^2}{N \Delta_x^2 + t^2 \sigma^2}$
估计总体比例 P 时	$n = \dfrac{t^2 P(1-P)}{\Delta_p^2}$	$n = \dfrac{N t^2 P(1-P)}{N \Delta_p^2 + t^2 P(1-P)}$

我们以测定总体平均数时为例说明上表样本容量计算公式的推导过程。

(1)在重复抽样条件下,根据公式

$$\Delta_x = t \cdot \mu_x$$

$$= t \cdot \sqrt{\frac{\sigma^2}{n}}$$

将等式两边平方,得

$$\Delta_{\bar{x}}^2 = t^2 \cdot \frac{\sigma^2}{n} = \frac{t^2 \sigma^2}{n}$$

$$n = \frac{t^2 \sigma^2}{\Delta_{\bar{x}}^2} \tag{6-70}$$

(2) 在不重复抽样条件下,根据公式

$$\Delta_{\bar{x}} = t \cdot \mu_{\bar{x}} = t \cdot \sqrt{\frac{\sigma^2}{n}\left(1 - \frac{n}{N}\right)}$$

将等式两边平方,得

$$\Delta_{\bar{x}}^2 = t^2 \cdot \frac{\sigma^2}{n}\left(1 - \frac{n}{N}\right)$$

$$= \frac{t^2 \sigma^2}{n} - \frac{t^2 \sigma^2}{N}$$

$$= \frac{N t^2 \sigma^2 - n t^2 \sigma^2}{nN}$$

移项:

$$\Delta_{\bar{x}}^2 Nn = N t^2 \sigma^2 - n t^2 \sigma^2$$

$$\Delta_{\bar{x}}^2 Nn + n t^2 \sigma^2 = N t^2 \sigma^2$$

$$n(\Delta_{\bar{x}}^2 N + t^2 \sigma^2) = N t^2 \sigma^2$$

$$n = \frac{N t^2 \sigma^2}{N \Delta_{\bar{x}}^2 + t^2 \sigma^2} \tag{6-71}$$

根据同样道理,可以推导出上表中估计总体成数 P 时,样本容量的计算公式。

根据样本容量的计算公式,可以看出影响必要抽样数目的因素主要有:

(1) 总体变异程度。当总体变异程度大时,需要从总体中多抽一些样本单位;反之,可以少抽一些。

(2) 允许误差范围的大小。误差范围要求越小则样本单位数 n 就需要越多。如以重复抽样来说,在其他条件不变的情况下,当误差范围缩小一半,则样本单位数必须增加到四倍,而误差范围扩大一倍,则样本单位数只需原来的四分之一。

(3) 可靠程度的高低。如果要求的可靠程度高,则需要多抽一些单位;反之,则可以少抽一些。

(4) 抽样方法。在相同条件下重复抽样应比不重复抽样多抽一些单位。

另外,在确定必要抽样数目时还应注意:

(1) 一个总体往往同时需要计算抽样平均数和抽样成数。由于它们的方差和允许误差范围不同,因此需要的抽样单位数也可能不同,在实际工作中往往根据单位数比较大的一个数目进行抽样,以满足共同需要。

(2) 计算式中的总体方差和总体比例一般是根据以往的经验取值,或在正式抽样前进行试验抽样,用试验抽样的样本方差 s^2 或样本比例 p 近似代替。

【例 6-23】 对某型号电池进行电流强度检验。根据以往正常生产的经验,电流强度的标准

差 $\sigma=0.4$ 安培,合格率为 90%,现在用重复抽样的方式,要求在 95.45% 的概率保证下,抽样平均电流强度的极限误差不超过 0.08 安培,抽样合格率的极限误差不超过 5%,问必要的抽样单位数应该为多少?

解:根据公式,在重复抽样条件下:

抽样平均数的单位数:

$$n = \frac{t^2 \sigma^2}{\Delta_x^2} = \frac{2^2 \times 0.4^2}{0.08^2} = 100$$

抽样成数的单位数:

$$n = \frac{t^2 P(1-P)}{\Delta_p^2} = \frac{2^2 \times 0.9 \times 0.1}{0.05} = 144$$

抽样单位应该确定其中比较多的单位数,即抽取 144 个单位加以检验,以满足共同的要求。

简单随机抽样的重要意义在于,这种抽样方式在理论上最符合随机原则。它的抽样误差容量得到理论上的论证,因此可以作为其他复杂抽样设计的基础。同时也是衡量其他抽样方式抽样效果的比较标准。

但是,简单随机抽样在实践上受到许多限制,例如当总体很大时,要首先对每个单位加以编号有很大困难。又如对于正在连续生产的产品,对它进行编号甚至是不可能的,在这种情况下,就无法形成明确的抽样框,不可能采用简单随机抽样方式。

*二、分层抽样

分层抽样(stratified sampling)又称类型抽样。设总体由 N 个单位组成,把总体划分为 L 组,使 $N = N_1 + N_2 + N_3 + \cdots + N_L$。然后分别从 N_1、N_2、$N_3 \cdots N_L$ 中抽取 n_1、n_2、n_3、$\cdots$、n_L 个单位构成样本容量为 n 的样本总体,使 $n = n_1 + n_2 + n_3 + \cdots + n_L$。这种抽样方法称为分层抽样。

通过分类,可以把总体中标志值比较接近的单位归为一组,使各组的分布比较均匀,而且保证各组都有中选的机会,这样计算的抽样平均指标变异程度也就比较小。所以在总体各单位标志值大小悬殊的情况下,应用分层抽样比简单随机抽样可以得到更准确的结果。分层随机抽样的特点是先对总体各单位按主要标志加以分组,然后再从各组中按随机的原则抽选一定单位构成样本。

在实际中分层抽样应用广泛。例如,农产量抽样按地区分组、家计调查按国民经济部门分组、产品质量抽查按各类型号的车床分组等等,都能够得到显著的效果。这种方法实质上是分层与简单随机抽样的结合。采用的具体方法有:分层比例抽样法、分层最佳抽样法、最低成本抽样法等。

(一) 分层比例抽样

分层比例抽样是指分层后,从各层中按单纯随机原则抽取样本的数量依各层占母体的比例而确定。

下面我们分别讨论分层抽样条件下,样本容量、样本指标和抽样平均误差的估算。

1. 各层样本单位数的估算

$$n_i = \frac{nN_i}{N} \tag{6-72}$$

式中:n_i 为第 i 层应抽取的样本数;

　　　　N_i 为第 i 层总体单位数;

　　　　N 为整个总体单位数;

　　　　n 为预定抽取样本数。

【例 6-24】 某地居民中成年人有 6 000 人,其中老年人有 800 人,中年人有 2 000 人,青年人有 3 200 人,现从中调查 300 人,问如何确定各层调查人数?

解:依公式得:

老年层抽取样本数为:$n_1 = \dfrac{nN_1}{N} = \dfrac{300 \times 800}{6\ 000} = 40(人)$

中年层抽取样本数为:$n_2 = \dfrac{nN_2}{N} = \dfrac{300 \times 2\ 000}{6\ 000} = 100(人)$

青年层抽取样本数为:$n_3 = \dfrac{nN_3}{N} = \dfrac{300 \times 3\ 200}{6\ 000} = 160(人)$

确定了各层样本数后,即可以按单纯随机原则从各层中抽取预定数目的样本,进行有关情况的调查。

2. 总体平均数或总体比例的估算

(1) 总体平均数的估计

根据对各类样本的调查资料,先计算各组抽样平均数。

设 x_{ij} 表示第 i 类型第 j 单位的标志值,$\overline{x_i}$ 为第 i 类型的样本平均数。则

$$\overline{x_i} = \frac{\sum\limits_{j=1}^{n_i} x_{ij}}{n_i} \qquad (i = 1, 2, 3, \cdots, L) \tag{6-73}$$

总体平均数:

$$\overline{X} \frac{\sum\limits_{i=1}^{L} \sum\limits_{j=1}^{N_i} X_{ij}}{N} = \frac{\sum\limits_{i=1}^{L} N_i \overline{X_i}}{N} = \sum\limits_{i=1}^{L} W_i \overline{X_i} \tag{6-74}$$

总体平均数的估计量样本平均数:

$$\hat{\overline{X}} = \overline{x} = \sum\limits_{i=1}^{L} W_i \overline{x_i} \tag{6-75}$$

根据对各类样本的调查资料,先计算各组抽样比例。

(2) 总体比例的估计

设总体中每一个总体单位 $X_{ij} = \begin{cases} 1, & X_{ij} 具有某种标志特征 \\ 0, & X_{ij} 不具有某种标志特征 \end{cases}$

p_i 为第 i 类型的样本成数(样本比例),m_i 表示第 i 个类型的样本单位数 n_i 中有 m_i 个具有指定标志。

各组的样本比例:

$$p_i = \frac{m_i}{n_i} \tag{6-76}$$

总体比例的估计:

$$\hat{P} = p = \sum_{i=1}^{L} W_i p_i \tag{6-77}$$

3. 抽样平均误差的计算

(1) 样本平均数的抽样平均误差

设 μ_{x_i} 表示第 i 组的抽样平均误差，σ_i 表示第 i 组的总体标准差，$W_i = \dfrac{N_i}{N}$ 为第 i 组的总体单位数比重，根据方差定理有:

抽样平均误差 $\quad \mu_x^2 = \sum\limits_{i=1}^{K} W_i^2 \mu_{x_i}^2$

又由于 $\qquad\qquad\qquad \mu_{x_i}^2 = \dfrac{\sigma_i^2}{n_i}$ （重复抽样条件下）

$$\mu_{x_i}^2 = \frac{\sigma_i^2}{n_i}\left(1 - \frac{n}{N}\right) \qquad \text{（不重复抽样条件）}$$

所以，在重复抽样条件下，抽样平均误差为:

$$\mu_x^2 = \sum_{i=1}^{K} W_i^2 \cdot \frac{\sigma_i^2}{n_i} \tag{6-78}$$

$$\mu_x = \sqrt{\sum_{i=1}^{K} W_i^2 \cdot \frac{\sigma_i^2}{n_i}} \tag{6-79}$$

在不重复抽样条件下，抽样平均误差为:

$$\mu_x^2 = \sum_{i=1}^{K} W_i^2 \cdot \frac{\sigma_i^2}{n_i}\left(1 - \frac{n}{N}\right) \tag{6-80}$$

$$\mu_x = \sqrt{\sum_{i=1}^{K} W_i^2 \cdot \frac{\sigma_i^2}{n_i}\left(1 - \frac{n}{N}\right)} \tag{6-81}$$

在按比例抽样的情况下，$W_i = \dfrac{N_i}{N} = \dfrac{n_i}{n}$，则有:

重复抽样的条件下:

$$\mu_x = \sqrt{\sum_{i=1}^{K} \frac{n_i^2}{n^2} \cdot \frac{\sigma_i^2}{n_i}} = \sqrt{\sum_{i=1}^{K} \frac{n_i \sigma_i^2}{n^2}} = \sqrt{\frac{1}{n} \sum_{i=1}^{K} \frac{n_i \sigma_i^2}{n}} = \sqrt{\frac{1}{n} \cdot \overline{\sigma^2}} \tag{6-82}$$

不重复抽样条件下:

$$\mu_x = \sqrt{\sum_{i=1}^{K} \frac{n_i^2}{n^2} \cdot \frac{\sigma_i^2}{n_i}\left(1 - \frac{n}{N}\right)} = \sqrt{\frac{\overline{\sigma^2}}{n}\left(1 - \frac{n}{N}\right)} \tag{6-83}$$

(2) 样本比例的抽样平均误差

重复抽样条件下:

$$\mu_p = \sqrt{\sum_{i=1}^{K} \frac{n_i^2}{n^2} \frac{P_i(1-P_i)}{n_i}} = \sqrt{\sum_{i=1}^{K} \frac{n_i P_i(1-P_i)}{n^2}} = \sqrt{\frac{1}{n} \sum_{i=1}^{K} \frac{n_i P_i(1-P_i)}{n}} \tag{6-84}$$

不重复抽样条件下:

$$\mu_p = \sqrt{\left(1 - \frac{n}{N}\right) \frac{1}{n} \sum_{i=1}^{K} \frac{n_i P_i (1 - P_i)}{n}} \tag{6-85}$$

【例 6-25】　某村全部耕地 5 000 亩,按平原和山区面积比例抽取样本容量 630 亩,计算各组平均亩产 $\bar{x}$ 和标准差 σ_i,数据资料如表 6-12 所示。

表 6-12　某村庄平原和山区的基本情况

	全部面部 N_i/亩	抽样面积 n_i/亩	抽样平均亩产 i/斤	亩产标准差 σ_i/千克
平原	4 000	504	960	200
山区	1 000	126	750	400
合计	5 000	630	918	253

求抽样平均亩产 $\bar{x}$,抽样平均误差 μ_x,并以 95% 的概率保证对全村平均亩产量作区间估计。

解:在重复抽样条件下:

$$\bar{x} = \frac{\sum n_i \bar{x}_i}{n} = \frac{960 \times 504 + 750 \times 126}{504 + 126} = 918(\text{千克})$$

$$\overline{\sigma^2} = \frac{\sum n_i \sigma_i^2}{n} = \frac{200^2 \times 504 + 400^2 \times 126}{504 + 126} = 64\,000(\text{千克})$$

$$\mu_x = \sqrt{\frac{\overline{\sigma^2}}{n}} = \sqrt{\frac{64\,000}{630}} = 10.08(\text{千克})$$

概率保证程度为 95%,其对应的 t 值为 1.96。所以

$$\Delta_x = t \cdot \mu_x = 1.96 \times 10.08 \text{ 斤} = 19.76(\text{千克})$$

$$\overline{X} = \bar{x} \pm \Delta_x = 918 \pm 19.76(\text{千克})$$

即全村平均亩产量在(898.24 千克 ~937.6 千克)之间。

（二）分层最佳抽样

分层最佳抽样是非比例抽样,它不仅是按各层占母体中的比例来分配样本数,而且还根据各层的样本标准差的大小,调整各层样本数目的抽样法。在各层之间差异过分悬殊,每层内部差异较大的情况下,对重要性大的层,抽样的样本比例就大,反之就小。采取同时兼顾层的大小和差异程度的大小来抽样,有利于调和和降低各层的差异,提高样本的可信度,且总体推算值较为准确,误差小。

采用分层最佳抽样法,各层样本数的计算公式如下:

$$n_i = n \cdot \frac{N_i S_i}{\sum N_i S_i} \quad (i = 1, 2, \cdots, L) \tag{6-86}$$

式中:n_i 为第 i 层抽取的样本单位数;

n 为需抽取的样本单位总数;

N_i 为第 i 层的调查单位总数;

S_i 为第 i 层单位平均数(比例)的样本标准差。

【例 6-26】　假定要估计某类产品的潜在用户每年平均支出。整个潜在用户的母体可分为"多用""中等使用"及"少用"三层,每层数目分配如表 6-13 所示:

表 6-13　某类产品的潜在用户每年平均支出

层(i)	每层中的潜在用户(N_i)	每层用户比重(W_i)	样本标准差(S_i)	样本中的平均支出($\bar{x}_i$)
1.（少用）	2 000	1/4	100	1 000
2.（中等）	4 000	1/2	150	1 500
3.（多用）	2 000	1/4	200	2 000
	$N = 8\ 000$		$n = 200$	

解：依最佳抽样法，各层的样本数目应为：

$$n_1 = n \cdot \frac{N_1 S_1}{\sum N_i S_i}$$

$$= 200 \times \frac{2\ 000 \times 100}{2\ 000 \times 100 + 4\ 000 \times 150 + 2\ 000 \times 200}$$

$$= \frac{40\ 000\ 000}{1\ 200\ 000}$$

$$= 33$$

$$n_2 = n \cdot \frac{N_2 S_2}{\sum N_i S_i}$$

$$= 200 \times \frac{4\ 000 \times 150}{2\ 000 \times 100 + 4\ 000 \times 150 + 2\ 000 \times 200}$$

$$= \frac{120\ 000\ 000}{1\ 200\ 000}$$

$$= 100$$

$$n_3 = n \cdot \frac{N_3 S_3}{\sum N_i S_i}$$

$$= 200 \times \frac{2\ 000 \times 200}{2\ 000 \times 100 + 4\ 000 \times 150 + 2\ 000 \times 200}$$

$$= \frac{80\ 000\ 000}{1\ 200\ 000} = 67$$

总潜在用户的平均支出估计值应为：

$$\bar{x} = \sum W_i \bar{x}_i$$

$$= \frac{1}{4} \times 1\ 000 + \frac{1}{2} \times 1\ 500 + \frac{1}{4} \times 2\ 000$$

$$= 1\ 500$$

各层的平均数抽样平均误差（μ_{x_i}）为：

$$\mu_{x_i} = \frac{S_i}{\sqrt{n_i}}$$

$$\mu_{x_1} = \frac{100}{\sqrt{33}} = 17.4$$

$$\mu_{x_2} = \frac{150}{\sqrt{100}} = 15$$

$$\mu_{x_3} = \frac{200}{\sqrt{67}} = 24.4$$

总潜在用户平均支出的抽样平均误差 μ_x 为：

$$\mu_x = \sqrt{\sum W_i^2 \cdot \mu_{x_i}^2}$$

$$= \sqrt{\left(\frac{1}{4}\right)^2 \cdot (17.4)^2 + \left(\frac{1}{2}\right)^2 \cdot (15)^2 + \left(\frac{1}{4}\right)^2 \cdot (24.4)^2}$$

$$= 10.6$$

若概率保证程度为 95.45%，则概率度 t 为 2。

总潜在用户的平均支出的置信区间为：

$$\bar{x} - 2\mu_x \leqslant \bar{X} \leqslant \bar{x} + 2\mu_x$$

$$1\,500 - 2 \times 10.6 \leqslant \bar{X} \leqslant 1\,500 + 2 \times 10.6$$

$$1\,478.8 \leqslant \bar{X} \leqslant 1\,521.6$$

（三）最低成本抽样

上述方法只着眼于统计效率而未涉及经济效益，即费用支出问题。而最低成本抽样则是在考虑统计效率的前提下，根据费用支出来确定各层应抽样本数。也就是说，抽样中既考虑统计结果的准确性，也考虑经济效益。

如果各层抽样的调查费用差异较大，需要在不影响代表性的前提下，调整各层样本数目，使调查费用降低。其抽取样本的计算公式为：

$$n_i = n \cdot \frac{\dfrac{N_i S_i}{\sqrt{C_i}}}{\sum \dfrac{N_i S_i}{\sqrt{C_i}}} \tag{6-87}$$

式中：C_i 为第 i 层的调查费用。

【例 6-27】（例 6-26 续）　现假定上例中各层的调查费用不同，如居住地方的集中和分散、交通状况等，都会影响到每单位的调查费用。假定各层每单位的调查费用分别为：7 元、10 元、12 元。

则代入上式可得：

$$n_1 = 200 \times \frac{\dfrac{2\,000 \times 100}{\sqrt{7}}}{\dfrac{2\,000 \times 100}{\sqrt{7}} + \dfrac{4\,000 \times 150}{\sqrt{10}} + \dfrac{2\,000 \times 200}{\sqrt{12}}}$$

$$= \frac{15\,094\,340}{380\,799.61}$$

$$= 40$$

$$n_2 = 200 \times \dfrac{\dfrac{4\,000 \times 150}{\sqrt{10}}}{380\,799.61} = \dfrac{37\,947\,063.8}{380\,799.61} = 100$$

$$n_3 = 200 \times \dfrac{\dfrac{2\,000 \times 200}{\sqrt{12}}}{380\,799.61} = \dfrac{23\,094\,241.5}{380\,799.61} = 60$$

*三、等距抽样

等距抽样(systematric sampling)又称为机械抽样或系统抽样,它是事先将全及总体各单位按某一标志排列,然后依固定顺序和间隔来抽选调查单位的一种组织形式。

设全及总体有 N 个单位。现在需要抽取一个容量为 n 的样本,可以将总体单位 N 按一定标志排队,然后将 N 划分为 n 个单位相等的部分,每部分都包含 K 个单位,即 $\dfrac{N}{n} = K$。并在第一部分顺序为 1、2、$\cdots$、K 个单位中随机抽取一个单位 i,而在第二部分中抽第 $i+K$ 单位,第三部分中抽取第 $i+2K$ 单位……在第 n 部分抽取第 $i+(n-1)K$ 单位,共 n 个单位组成一个样本,而且每个样本的间隔均为 K,这种方法称为等距抽样。等距抽样的随机性表现在抽取第一个样本单位上,第一个单位确定后,其余各单位的位置也就确定了。

由于排队时所根据的标志有无关标志和有关标志之分。所以,等距抽样有两种方法。二者计算抽样误差的方法有些不同。

1. 无关标志排队法

在将总体单位进行排队的时候,采用与调查项目没有关系的标志排队。如按姓氏笔划、按地名笔划、按人名册、户口册、按地图上的地理位置排队等等。

例如,一个学校有 3 000 名学生,抽出 120 人进行调查,我们可以利用学校现成的学生名册进行排队,从 1 号排到 3 000 号。抽取间隔是 $\dfrac{N}{n} = \dfrac{3\,000}{120} = 25$ 人。先从第一组 25 人中随机确定第 i 人,假定是第 10 号,然后每隔 25 人抽出一个即抽出第 $35,60,85,\cdots,2\,985$ 号。

这是实际工作中常用的一种方法,如产品产量、产品质量检验抽样调查中常常使用这种方法。

无关标志排队法等距抽样近似于简单随机抽样。因此,一般认为可以按照简单随机抽样的方法计算抽样误差。

平均数的抽样平均误差公式为

重复抽样: $$\mu_x = \sqrt{\dfrac{\sigma^2}{n}}$$

不重复抽样: $$\mu_x = \sqrt{\dfrac{\sigma^2}{n}\left(1 - \dfrac{n}{N}\right)}$$

成数的抽样平均误差公式为

重复抽样: $$\mu_p = \sqrt{\dfrac{P(1-P)}{n}}$$

不重复抽样：
$$\mu_p = \sqrt{\frac{P(1-P)}{n}\left(1-\frac{n}{N}\right)}$$

现按下列资料说明在按无关标志等距抽样下抽样误差的计算方法。

【例 6-28】 设有一块长方形宽垄麦地，宽 200 米，分为 300 条垄，每条垄长 250 米。

面积 = 200×250 = 50 000 平方米

又因：1 公顷 = 10 000 平方米

所以其面积为：50 000/10 000 = 5（公顷）

总垄长为：

$$300×250 = 75\,000（米）$$

现决定从总垄长中抽取 100 个样本组成抽样总体进行实割实测，每个样本为 2 米长垄段的产麦量。按等距抽样的要求，首先要确定抽样距离。

$$抽样距离 = \frac{总垄长}{样本单位数} = \frac{75\,000}{100} = 750\ 米$$

从地角一边样本距离之半处取第一个样本单位，即从 375 米点前后各 1 米为第一个样本单位，以后每隔 750 米抽取一个样本单位，一直抽到 100 个样本单位为止，并测得各样本的产量，这100 个样本的产量经过分组整理并计算如表 6-14 所示。

表 6-14　抽样方差计算表

产量 x/千克	段数 f/个	xf	$(x-\bar{x})$	$(x-\bar{x})^2$	$(x-\bar{x})^2 f$
1.0	12	12.0	-1.0	1.00	12.0
1.8	20	36.0	-0.2	0.04	0.8
2.0	38	76.0	0	0	0
2.1	16	33.6	0.1	0.01	0.16
2.9	8	23.2	0.9	0.81	6.48
3.2	6	19.2	1.2	1.44	8.64
合计	100	200.0	—	—	28.08

根据已知条件，这块麦地的总垄长是 75 000 米，每 2 米长的垄段为一个调查单位，总体单位数 $N = \frac{75\,000}{2} = 37\,500（个）$，样本单位为 $n = 100$ 个。

样本平均数　　　　　　$\bar{x} = \frac{\sum xf}{\sum f} = \frac{200}{100} = 2（千克）$

抽样方差　　　　　　　$S^2 = \frac{\sum(x-\bar{x})^2 f}{\sum f} = \frac{28.08}{100} = 0.280\,8（千克）$

抽样平均误差的计算：

重复抽样：　　　$\mu_x = \sqrt{\frac{S^2}{n}} = \sqrt{\frac{0.280\,8}{100}} = \sqrt{0.002\,808} = 0.052\,99（千克）$

不重复抽样：

$$\mu_x = \sqrt{\frac{S^2}{n}\left(1 - \frac{n}{N}\right)} = \sqrt{\frac{0.2808}{100}\left(1 - \frac{100}{37\,500}\right)}$$

$$= 0.0529\,(千克)$$

$$每公顷平均单产 = 样本平均产量 \times 每公顷样本个数$$

$$= 2 \times \frac{10\,000}{2 \times \frac{2}{3}} = 15\,000\,(千克)$$

$$\frac{每公顷地抽样}{平均误差} = \frac{样本抽样}{平均误差} \times \frac{每公顷地}{样本个数}$$

重复抽样：每公顷地抽样平均误差 = 0.052 99×7 500 = 397.425（千克）

不重复抽样：每公顷地抽样平均误差 = 0.052 9×7 500 = 397.42（千克）

2. 有关标志排队法

即排队时，采用与调查项目有关的标志作为排队依据。例如，职工家计调查时，按职工平均工资排队；农产量调查时，按平均亩产量排队等。排队之后也计算抽选间隔，按一定的间隔抽选样本单位。通常认为，第一个样本单位从第一组中间（即半距处）抽取为好。

有关标志排队法有一个前提条件，就是在调查之前要具有总体单位的全面资料。例如，农产量抽样调查前就有各地区或单位预计估产的全面资料，职工家庭生活调查前有平均工资或人均收入的全面材料等等。否则无法进行排队和抽选。我国通过统计报表可以取得全面的材料，从而为采用有关标志排队法提供了有利的条件。当然，用预计的材料或过去的材料进行排队和实际情况会有出入，计算的抽样误差和真正的抽样误差也会有出入，但总的分布状况是极相似的，因而会提高样本的代表性，减少抽样误差。

有关标志排队法等距抽样实质上可以看作是一种特殊的分类抽样，不同的是分类更细致，组数更多，而在每个组之内则只抽选一个样本单位。因此，一般认为可以用分类抽样的误差公式来计算抽样平均误差。

平均数的抽样平均误差公式

重复抽样：

$$\mu_x = \sqrt{\frac{\bar{\sigma}^2}{n}}$$

不重复抽样：

$$\mu_x = \sqrt{\frac{\bar{\sigma}^2}{n}\left(1 - \frac{n}{N}\right)}$$

成数的抽样平均误差公式为

重复抽样：

$$\mu_p = \sqrt{\frac{1}{n}\sum_{i=1}^{K}\frac{n_i P_i(1-P_i)}{n}}$$

不重复抽样：

$$\mu_p = \sqrt{\left(1 - \frac{n}{N}\right)\frac{1}{n}\sum_{i=1}^{K}\frac{n_i P_i(1-P_i)}{n}}$$

【例 6-29】　有 12 块小麦地，从中选出 4 块进行调查，抽样距离 $K = \frac{N}{n} = \frac{12}{4} = 3$，即每隔 3 块抽 1 块，或理解为 3 块地为一组，每组抽一块，各组抽中的地块距离相等。根据过去资料，12 块地分为 4 组,每组的组内方差为:$\sigma_1^2 = 100$ 千克,$\sigma_2^2 = 100$ 千克,$\sigma_3^2 = 100$ 千克,$\sigma_4^2 = 300$ 千克。

解:平均组内方差:

$$\overline{\sigma^2} = \frac{\sum \sigma_i^2 N_i}{N} = \frac{(100 + 100 + 100 + 300) \times 3}{12} = 150(\text{千克})$$

按重复抽样计算的抽样平均误差:

$$\mu_x = \sqrt{\frac{\overline{\sigma^2}}{n}} = \sqrt{\frac{150}{4}} = 6.12(\text{千克})$$

按不重复抽样计算的抽样平均误差:

$$\mu_p = \sqrt{\frac{\overline{\sigma^2}}{n}\left(1 - \frac{n}{N}\right)} = \sqrt{\frac{150}{4}\left(1 - \frac{4}{12}\right)} = 5(\text{千克})$$

*四、整群抽样

整群抽样(cluster sampling)是将调查母体先分为若干群,然后按随机原则,成群地抽取样本单位,对抽中的群内所有单位进行调查的一种抽样组织形式。

前面讲述的简单随机抽样、分层抽样和等距抽样,都是从全及总体中抽取样本单位,整群抽样则是抽取由若干个样本单位组成的群。在缺乏总体抽样框的情况下,适宜采用整群抽样方式。整群抽样的组织工作比较简单,节约费用,一般都采用不重复抽样,但抽样误差往往较大。

整群抽样的一般步骤是:首先采用分群法,将母体分成若干个群体;然后按随机原则选定群体作为样本;最后对选中的群体各子体进行普查。

整群抽样根据各群体包括的基本单位数是否相等,分为等规模整群抽样和不等规模整群抽样,现分别介绍如下:

(一) 等规模整群抽样

设总体 N 个单位划分为 R 个群,每群所包含的单位数目等于 M。现在从总体 R 个群中随机抽出 r 个群组成样本,并且对选中的 r 个群的所有 M 个单位进行调查,样本的第 i 个群第 j 单位的标志值为 x_{ij}。

总体群内平均数:

$$\overline{X}_i = \frac{1}{M}\sum_{j=1}^{M} X_{ij} \tag{6-88}$$

总体群均值是以各群平均数为标志值综合计算平均数:

$$\overline{X} = \frac{1}{R}\sum_{i=1}^{R} \overline{X}_i \tag{6-89}$$

则第 i 群的样本平均数 i 为:

$$\overline{x}_i = \frac{1}{M}\sum_{j=1}^{M} x_{ij} \tag{6-90}$$

因各群单位数相同,没有数量不同的影响,所以将各样本群的平均数 $\overline{x}_i$ 进行简单算术平均,即可得到整群抽样样本群平均数 $\overline{x}$:

$$\overline{x} = \frac{1}{r}\sum_{i=1}^{r} \overline{x}_i = \frac{1}{r}\sum_{i=1}^{r}\frac{1}{M}\sum_{j=1}^{M} x_{ij} = \frac{1}{rM}\sum_{i=1}^{r}\sum_{j=1}^{M} x_{ij} \tag{6-91}$$

从上式可以看出,整群抽样实质上是以群代替总体单位,以群平均数$\bar{x}_i$代替总体单位标志值的简单随机抽样。

设δ_X^2为群平均数的群间方差:

$$\delta_X^2 = \frac{\sum\limits_{i=1}^{R} (\bar{X}_i - \bar{X})^2}{R} \tag{6-92}$$

缺乏全及总体资料时,可用样本数据计算δ_x^2:

$$\delta_x^2 = \frac{\sum\limits_{i=1}^{r} (\bar{x}_i - \bar{x})^2}{r} \tag{6-93}$$

式中,$\bar{x} = \frac{1}{r}\sum\limits_{i=1}^{r} \bar{x}_i$为样本群均值。

整群抽样一般采用不重复抽样方法,所以抽样平均误差μ_x为:

$$\mu_x = \sqrt{\frac{\delta_X^2}{r}\left(\frac{R-r}{R-1}\right)} = \sqrt{\frac{\delta_x^2}{r}\left(\frac{R-r}{R-1}\right)} \tag{6-94}$$

同理,设第i群成数为P_i,则群总成数为:

$$P = \frac{\sum\limits_{i=1}^{R} P_i}{R} \tag{6-95}$$

成数总群间方差为:

$$\delta_P^2 = \frac{\sum\limits_{i=1}^{R} (P_i - P)^2}{R} \tag{6-96}$$

缺乏全及总体资料,可用样本数据计算δ_p^2:

$$\delta_p^2 = \frac{\sum\limits_{i=1}^{r} (p_i - p)^2}{r} \tag{6-97}$$

式中:$p = \dfrac{\sum\limits_{i=1}^{r} p_i}{r}$为样本群总成数

所以,整群抽样成数的抽样平均误差为:

$$\mu_p = \sqrt{\frac{\delta_P^2}{r}\left(\frac{R-r}{R-1}\right)} = \sqrt{\frac{\delta_p^2}{r}\left(\frac{R-r}{R-1}\right)} \tag{6-98}$$

【例6-30】　某工厂大量连续生产,为了掌握某月份某种产品的一级品率,确定抽出5%的产品,即在全月连续生产的720小时中,按每隔20小时抽取1小时的全部产品,进行检查。根据抽样资料计算结果,一级品率为85%,各群间的方差为6%。试以95.45%的概率保证程度估计全月一级品率的置信区间。

解:已知$R = 720$小时,$r = 720 \times 5\% = 36$小时,样本比率$p = 85\%$,样本群间方差$\delta_p = 6\%$。

则

$$\mu_p = \sqrt{\frac{\delta_p^2}{r}\left(\frac{R-r}{R-1}\right)} = \sqrt{\frac{6\%}{36}\left(\frac{720-36}{720-1}\right)} = 3.98\%$$

在 95.45% 的概率保证程度下 $t=2$,全月一级品比率范围为:

$$p - \Delta p \leqslant P \leqslant p + \Delta p$$
$$85\% - 2 \times 3.98\% \leqslant P \leqslant 85\% + 2 \times 3.98\%$$
$$77.04\% \leqslant P \leqslant 92.96\%$$

即一级品率在(77.04% ~ 92.96%)之间。

【例 6-31】 某地区有 300 个村,根据历史资料估算,各村平均亩产的方差为 12 千克,现抽 30 个村进行农产量调查,试根据整群抽样计算抽样平均误差。

解:已知:$R=300, r=30$,$\delta_X^2 = 12$。

$$\mu_x = \sqrt{\frac{\delta_X^2}{r}\left(\frac{R-r}{R-1}\right)} = \sqrt{\frac{12}{30}\left(\frac{300-30}{300-1}\right)} = 0.60(千克)$$

(二)不等规模整群抽样

整群抽样中,如果各群所包括的单位数 M_i 不等,这种群体称为不等规模群。如各县包括的乡数,各乡包括的村数,部门所属各企业包括的职工人数等,均属不等群体。

对于不等群体因涉及各个群体数量的不同,在抽样时,有等概率抽样和不等概率抽样的不同。所谓等概率抽样,就是不管各群包括的单位数多少,抽样时使每个群体有同等被抽中的机会。不等概率抽样,就是按各个群体的单位数在总单位数中所占规模比重作为各个群体被抽取的概率。这种抽样方法,使单位数多的群体,因其频率大,被抽取的机会也大;单位数少的群体被抽取的机会就少。

应该指出的是,由于整群抽样对中选各群进行全面调查,群内方差对总方差无影响,在设计和组织整群抽样时,应尽可能缩小群间差异,扩大群内差异。

*五、多阶段抽样

在总体很大时,可把抽样过程分成几个阶段,抽样时先抽总体中范围较大的单位,再从抽中的大单位中抽取范围较小的单位,逐次类推,最后抽到样本单位。例如农产量调查一般采用多阶段抽样,第一阶段从省抽县,第二阶段从中选县抽乡,第三阶段从中选乡抽村,最后再从中选村抽地块。多阶段抽样的组织工作比较复杂,但样本的代表性较高,可节省人力、物力和财力,在实践中应用十分广泛。

为论述方便,以两阶段抽样(two-stage sampling)为例。首先将总体划分为 R 组,每组包含 M_i 个单位。抽样第一阶段从 R 组中抽取 r 组,第二阶段再从每个中选的组 M_i 个单位中抽取 m_i 个单位,构成一个样本。总体单位数 $N = M_1 + M_2 + \cdots + M_R$,各组的 M_i 可以相等,也可不等。抽样单位数 $n = m_1 + m_2 + \cdots + m_r$,各组抽取的单位数可以相等,也可不等。为简化起见,假定总体 R 组的单位数都等于 M,则有 $N = RM$,而从各组抽取的单位数也都等于 m,则有 $n = rm$。

两阶段抽样在组织技术上可以看作是整群抽样和分层抽样的结合。第一阶段类似整群抽样,第二阶段类似分层抽样。每个阶段都会出现抽样误差。第一阶段的抽样误差是从总体全部组抽部分组所引起的组间误差,第二阶段的抽样误差是在中选的组中抽部分单位所引起的组内平均误差。由于两阶段是不重复抽样,平均数的抽样平均误差为:

$$\mu_x = \sqrt{\frac{\delta_{\overline{X}}^2}{r}\left(\frac{R-r}{R-1}\right) + \frac{\overline{\sigma^2}}{n}\left(\frac{M-m}{M-1}\right)} \qquad (6-99)$$

式中,$\delta_{\overline{X}}^2 = \dfrac{\sum(\overline{X}_i - \overline{X})^2}{R}$为组平均数的组间方差;$\overline{\sigma^2} = \dfrac{\sum \sigma_i^2}{R}$为各组内方差的平均数。

【例6-32】 某地区调查职工家庭生活费收入情况,采用两阶段抽样,将100个职工家庭分为10个群,每群包括10户,先从10个群中抽取5个群,再从抽中的5个群中每群抽3户,测得样本资料如表6-15所示。求两阶段抽样的抽样平均误差。

表6-15　某地区调查职工家庭生活费收入情况的样本资料

群别	职工家庭每月每人生活费收入 x_{ij}/元	样本平均数 $\overline{x}_i$/元	离差 $x_{ij} - \overline{x}_i$	离差平方 $(x_{ij} - \overline{x}_i)^2$
I	145		−5	25
	154	150	4	16
	151		1	1
II	155		−7	49
	161	162	−1	1
	170		8	64
III	165		−5	25
	172	170	2	4
	173		3	9
IV	178		−5	25
	185	183	2	4
	186		3	9
V	189		−6	36
	196	195	1	1
	200		5	25
合计	2 580	172	—	—

样本平均数:　　$\overline{x} = \dfrac{\sum\limits_{i=1}^{r} \sum\limits_{j=1}^{m} x_{ij}}{rm} = \dfrac{\sum\limits_{i=1}^{r} \overline{x}_i}{r} = \dfrac{2\,580}{15} = 172(元)$

各群内方差:　　$S_1^2 = \dfrac{25+16+1}{3} = 14$, 　　$S_2^2 = \dfrac{49+1+64}{3} = 38$

$S_3^2 = \dfrac{25+4+9}{3} = 12.67$, 　　$S_4^2 = \dfrac{25+4+9}{3} = 12.67$, 　　$S_5^2 = \dfrac{36+1+25}{3} = 20.67$

各群内方差的平均数:

$$\overline{S^2} = \frac{\sum\limits_{i=1}^{r} S_i^2}{r} = \frac{14+38+12.67+12.67+20.67}{5} = 19.602$$

各群间方差：

$$\delta_x^2 = \frac{\sum (\overline{x}_i - \overline{x})^2}{r}$$

$$= \frac{(150-172)^2 + (162-172)^2 + (170-172)^2 + (183-172)^2 + (195-172)^2}{5}$$

$$= 247.6$$

抽样平均误差：

$$\mu_x = \sqrt{\frac{\delta_x^2}{r}\left(\frac{R-r}{R-1}\right) + \frac{\overline{S^2}}{n}\left(\frac{M-m}{M-1}\right)} = \sqrt{\frac{247.6}{5}\left(\frac{10-5}{10-1}\right) + \frac{19.602}{15}\left(\frac{10-3}{10-1}\right)}$$

$$= 5.34(元)$$

三 本章小结

1. 在统计学中,称随机事件为随机变量。按照随机变量的特征,可以把随机变量分为两类,离散型随机变量和连续型随机变量。

2. 抽样推断是按随机原则从全部研究对象中抽取一部分单位进行观察,并依据获得的数据对全部研究对象的数量特征作出具有一定可靠性的估计和判断。

3. 从一个总体中可能抽取到很多个样本。抽样平均误差就是反映抽样误差一般水平的指标。通常用样本平均数(或样本成数)的标准差来表示。

4. 参数估计中,用来估计总体参数的统计量称为估计量。参数估计有点估计和区间估计两种形式。

5. 一个总体参数的区间估计,如表 6-16 所示：

表 6-16　一个总体参数的区间估计

参数	点估计量(值)	标准误差	$(1-\alpha)$ 的置信区间	假定条件
总体均值 μ	$\overline{x}$	$\dfrac{\sigma}{\sqrt{n}}$	$\overline{x} \pm t \dfrac{\sigma}{\sqrt{n}}$	σ 已知,大样本
			$\overline{x} \pm t \dfrac{s}{\sqrt{n}}$	σ 未知,大样本
			$\overline{x} \pm t \dfrac{s}{\sqrt{n}}$	正态总体,σ 未知,小样本
总体比例 π	p	$\sqrt{\dfrac{\pi(1-\pi)}{n}}$	$p \pm t \sqrt{\dfrac{p(1-p)}{n}}$	二项总体,大样本 $(np \geqslant 5, n(1-p) \geqslant 5)$
总体方差 σ^2	s^2		$\dfrac{(n-1)s^2}{\chi_{\alpha/2}^2} \leqslant \sigma^2 \leqslant \dfrac{(n-1)s^2}{\chi_{1-\alpha/2}^2}$	正态总体

6. 简单随机抽样下样本容量 n 的确定,如表 6-17 所示:

表 6-17 简单随机抽样样本容量计算表

	重复抽样	不重复抽样
估计总体平均数 μ 时	$n=\dfrac{t^2\sigma^2}{\Delta_x^2}$	$n=\dfrac{Nt^2\sigma^2}{N\Delta_x^2+t^2\sigma^2}$
估计总体比例 π 时	$n=\dfrac{t^2P(1-P)}{\Delta_p^2}$	$n=\dfrac{Nt^2P(1-P)}{N\Delta_p^2+t^2P(1-P)}$

思考与练习

思考题

1. 古典概率的基本特点是什么?

2. 抽样推断为什么要遵守随机原则?

3. 什么是抽样平均误差?其影响因素有哪些?

4. 样本容量 n 如何确定?其影响因素有哪些?

5. 区间估计的目的是什么?如何构造置信区间?

6. 某一研究者欲了解某所综合性大学的全体男生体重的情况。他对一个由 400 名男生组成的随机样本进行了测量,其中有 40 人的体重超标。请根据这些数据,选择一个较为合理的陈述(并给予简要的解释)。

(1) 该校全体男生中约 10% 的人体重超标;

(2) 该校全体男生中约 10% 的人体重超标,这个结果可能有 2~3 个百分点的误差;

(3) 该校全体男生中约 10% 的人体重超标,这个结果可能有 5~6 个百分点的误差。

练习题

1. 用古典概率方法计算抛 3 枚硬币时如下结果发生的概率。

(1) 3 枚中有 1 枚出现正面的概率;

(2) 3 枚中至少有 1 枚出现正面的概率;

(3) 3 枚都出现正面的概率;

(4) 3 枚都出现反面的概率。

2. 某农场的小麦播种面积为 2 000 亩,随机抽样调查其中的 100 亩,计算得平均亩产量为 455 斤,标准差为 50 斤,要求计算:

(1) 抽样平均误差;

(2) 在 95% 的概率保证下,总体平均亩产量的范围;

(3) 在 95% 的概率保证下,2 000 亩小麦总产量的可能范围。

3. 对某鞋厂的产品质量进行抽样调查,要求抽样误差不超过 2%,概率为 95.45%,已知过去进行的几次同样调查所得不合格产品的百分比为 1.5%,1.8% 及 2%,试根据这些资料确定必要的样本容量。

4. 从一批产品中抽取 500 件构成样本,其一级品率为 95%,试计算抽样平均误差,并以 95.45% 的概率保证估计全部产品的一级品率的范围。

5. 某厂从 1 450 名工人中抽取 50 人组成样本,调查得知这些工人的月工资收入如下表:

月工资水平/元	240	280	300	340	350	400	500	520	600
工人人数/人	4	6	6	8	10	7	4	3	2

根据样本资料,要求以 95% 的可靠程度估计该厂全体工人月平均工资收入的区间。

6. 某电视节目主持人想了解观众对该节目的喜爱程度,随机选取了 500 名观众作调查,结果发现确实喜欢该节目的观众有 175 名,试以 95% 的概率估计观众喜欢该节目的区间范围? 如果该主持人希望估计的极限差不超过 5%,则抽样估计的把握程度有多少?

7. 对某地区农业劳动力在某个季节的现金收入进行抽样调查,调查人数为 100 人,样本均值为 1 200 元,样本标准差为 200 元。若根据此样本信息构造总体平均收入的一个置信区间为 (1 160,1 240),另一个置信区间为 (1 190,1 210),试问这两个置信区间的置信度各有多大?

8. 对某地区农户收入增长情况进行不重复的等比例分层抽样,抽样比例为 3%,按影响收入增长的主要因素将全部农户划分为三类,各类的有关数据如下表:

类别	农户总数/户	样本均值/元	样本方差
甲	500	700	3 240
乙	1 000	900	3 800
丙	1 500	1 200	3 090

要求:(1) 对该地区农户收入增长的总体均值进行点估计;

(2) 求抽样平均误差;

(3) 如果对该总体采用的不是等比例分层抽样,而是简单随机抽样,抽取的样本量不变,则抽样平均误差又是多少?

▤ 即测即评

▤ 案例分析：2015 年全国 1% 人口抽样调查方案

我国在尾数逢"0"的年份会开展人口普查,在两次人口普查的中间年份进行全国 1% 人口抽样调查,距目前最近的一次全国 1% 人口抽样调查是在 2015 年展开的。

调查目的:为了了解 2010 年以来我国人口在数量、素质、结构、分布以及居住等方面的变化情况，为制定国民经济和社会发展规划提供科学准确的统计信息支持。

调查对象：抽中的调查小区的全部人口（不包括港澳台居民和外国人）。其中应包括：2015 年 10 月 31 日晚居住在本调查小区的人；户口在本调查小区，但 2015 年 10 月 31 日晚未居住在本调查小区的人。

抽样方法：全国调查的样本量约占全国总人口的 1% 左右。调查以全国为总体，各地级市为子总体，采取分层、二阶段、概率比例、整群抽样方法，其中群即最终样本单位为调查小区。二阶段抽样的方法为：第一阶段抽取村级单位，第二阶段抽取调查小区。在第一阶段抽样时，抽取方法为分层、概率比例抽样。

调查时间：调查的标准时点为 2015 年 11 月 1 日零时。

调查内容：主要包括姓名、性别、年龄、民族、受教育程度、行业、职业、迁移流动、社会保障、婚姻、生育、死亡、住房情况等。

调查方式：调查以户为单位进行登记，户分为家庭户和集体户。调查采用调查员手持电子终端设备（PDA）入户登记与互联网自主填报相结合的方式。住户可以选择由调查员手持电子终端设备（PDA）入户登记的方式，也可以选择在互联网上填写调查表直接上报的方式。

要求：

（1）了解我国 1% 人口抽样调查的具体调查内容和抽样方法。

（2）上网查询我国各年份的人口资料，谈一谈我国 1% 人口抽样调查的重要意义。

第七章 假设检验

……正如一个法庭宣告某一判决为"无罪(not guilty)"而不为"清白(innocent)",统计检验的结论也应为"不拒绝"而不为"接受"。

——Jan Kmenta

引例:每箱苹果的平均质量是否符合要求?

在对苹果进行包装时,某厂商要求每箱苹果的平均重量为 30 kg,然而,在实际装箱的过程中,由于某些因素的影响,每箱苹果的重量各不相同,如果超过规定重量,该厂商的利润就会减少;如果低于规定重量,又会引起消费者的不满,进而也会影响利润。如果想要对每箱苹果的质量进行检测与控制,逐箱过称的做法明显是不可取的,但如果随机抽取一定数量箱子的苹果,对其称重,测其平均重量和样本标准差,试问能否得出该厂商每箱苹果的期望值为 30 kg 的结论?要解决这一问题,就要用到本章所要介绍的内容。

参数估计(parameter estimation)和假设检验(hypothesis testing)是统计推断的重要组成部分,都是利用样本资料对总体进行某种推断,但推断的角度不同。参数估计的前提是总体参数未知,利用样本统计量估计总体参数。假设检验的前提是先对总体参数提出假设,然后利用样本信息去检验假设是否成立。因此,本章从假设检验的问题与原理出发,重点讲述总体参数的假设检验。

第一节 假设检验的基本原理

假设检验是指对总体参数或分布提出假设然后利用样本统计量去验证假设是否可信,进而为决策提供依据的一种统计分析方法。假设检验是推断统计学的重要内容,现实生活或学习工作中,有大量的事例可以归结为假设检验问题。例如,股票市场上价格指数的走势是否正常?随着学习方法的改变,学生的成绩是否有显著性提高?随着生活水平的提高,新生儿的体重是否与之前有显著性差异?面临这些问题,我们需要提出假设问题,进而利用样本数据构造检验统计量,去验证假设的正确性。

一、假设检验的意义和程序

根据一个随机样本的资料,不但可以对总体参数进行估计,还可以对总体某种数量特征的假设做出判断。像这样对总体的某些未知参数事先做出假设,并通过样本资料加以检验的统计分析方法称为假设检验。假设检验作为一种以概率论和数理统计为基础的技术性方法,在社会经济领域或自然科学领域都有广泛的应用,尤其是在经济管理学科的实证研究中,假设检验已经成为一种必不可少的研究手段。

【**例 7-1**】 洗衣粉包装机正常工作时,标准为每袋净重 500 克,$\sigma = 2$ 克,现随机抽取了 9 袋,称得平均重量为 $\bar{x} = 509$ 克,这时对包装机的工作是否正常这一假设进行检验,就属于假设检验的问题。

假设检验首先是对总体参数提出一个假设,这里的假设一般包括两个部分:原假设和备择假设。原假设又称为零假设,一般用 H_0 表示。它是根据已有的资料确定的。例如,我们要检验洗衣粉包装机的工作是否正常,可以事先提出原假设:洗衣粉包装机标准为每袋净重 500 克。用符号表示为:

$$H_0 : \bar{X} = 500 \text{ 克}$$

备择假设是原假设被否定之后采取的对立的假设,一般来说原假设是稳定的,不容易被否定,但这并不能保证原假设永远正确不会被否定。如果抽样结果表明有充分的理由否定原假设,我们只能选择或接受其逻辑对立面的备择假设。

$$H_1 : \bar{X} \neq 500 \text{ 克}$$

接下来要做的就是从实际抽选的样本资料计算样本统计量的值,进而做出判断。通常根据小概率事件原理,概率很小的事件在一次试验中几乎不可能发生。关键点是概率要小到何种程度才能够否定原假设呢? 因此在进行假设检验之前我们需要设定一个小概率的标准作为判断的界限,这个小概率标准称为显著性水平。

此时我们把样本统计量的概率分布分为两个区域:接受域和拒绝域。当统计量与参数的差异过大时,小于给定的显著性水平,小概率事件发生了,落入拒绝域,我们就拒绝原假设。反之,当统计量与参数的差异很小时,小于给定的显著性水平,落入接受域,我们就没有理由拒绝原假设,只能接受原假设。

那么,究竟怎样去检验,检验方法的依据又是什么呢? 我们根据上例来加以说明。

上例中,如果原假设"$\bar{X} = 500$ 克"正确,洗衣粉包装量 $X \sim N\left(500, \dfrac{2^2}{9}\right)$,所以,对于给定的显著性水平 α,应有

$$P\left(\frac{|\bar{x} - 500|}{2/3} > t_{1-\alpha/2} \right) = \alpha$$

即:

$$P\left(|\bar{x} - 500| > \frac{2}{3} t_{1-\alpha/2} \right) = \alpha$$

若 α 很小,则事件"$|\bar{x} - 500| > \dfrac{2}{3} t_{1-\alpha/2}$"发生的概率就小,如当 $\alpha = 0.05$ 时,$t = 1.96$,即事件"$|\bar{x} - 500| > \dfrac{2}{3} \times 1.96 = 1.3067$"发生的概率只有 0.05。一般说来,小概率事件在一次试验中不会发生。但由于 $\bar{x} = 509$ 克,得 $|\bar{x} - 500| = 9 > 1.3067$。这样,本来概率很小的事件在一次抽样试验中就发生了,这只能使我们对假设"$\bar{X} = 500$"产生怀疑,从而否定这一假设。反过来,要是根据样本观测值,算得 $|\bar{x} - 500| < 1.3067$,我们就没有理由拒绝原假设"$\bar{X} = 500$"这一假设。

从上例中可以看到拒绝或不拒绝原假设"$\bar{X} = 500$",是根据事件"$|\bar{x} - 500| > \dfrac{2}{3} t_{1-\alpha/2}$"是否发生而定的,因此,对取定的一个样本,是做出拒绝原假设,还是不拒绝原假设的结论,在一定程度

上要依赖显著性水平 α 的大小。

根据上述检验的原理,我们将假设检验归纳成以下几个步骤:

1. 建立关于总体的假设

根据实际问题,通常提出两个假设。一个称为原假设,也叫零假设(null hypothesis),一般用"H_0"表示。另一个是与原假设对立的假设,称为备择假设(alternative hypothesis),一般用"H_1"表示。如前例中,原假设和备择假设分别是:

$$H_0 : \overline{X} = 500 \ 克$$

$$H_1 : \overline{X} \neq 500 \ 克$$

如果原假设被拒绝了,就等于接受了备择假设。

2. 确定适当的检验统计量

假设检验过程中所用的统计量称检验统计量,通常和原假设内容及样本指标有关。在常用的检验统计量中,有许多可以表示成如下形式:

$$检验统计量 = \frac{样本统计量 - 参数的假定值}{样本统计量的标准差}$$

3. 确定显著水平 α

从检验原理可以看出,显著水平 α 越小,则拒绝原假设就越有说服力,故确定 α 值关系到检验结论说服力问题。通常 α 取 $0.01, 0.05, 0.1$ 等值。在原假设成立的条件下,由被检验统计量求出相应的临界值,该临界值即为原假设的接受域和拒绝域的分界线。

4. 作出决策

根据实际求得的检验统计量的值和临界值做比较,如果检验统计量的值大于临界值,则说明原假设落入拒绝域;如果检验统计量的值小于临界值,则说明不能拒绝原假设,而必须接受原假设或待进一步的检验。

二、假设检验的内容

假设检验可分为双侧检验和单侧检验。下面分别加以说明。

(一) 双侧检验

当我们所关心的问题是要检验样本平均数和总体平均数,或样本成数和总体成数有没有显著性的差异,而不问差异的方向是正差或负差时,则称这种假设检验为双侧检验。

以总体均值为例,$H_0 : \mu = \mu_0, H_1 : \mu \neq \mu_0$。

在双侧检验时,对于给定的显著性水平 α 按对称分布的原理平均分配到左右两方,每方均为 $\alpha/2$。如图 7-1 所示。

【例7-2】 某种零件其长度服从正态分布,$\sigma^2 = 1.21$ mm,额定标准长度为 32.50 mm。现从这一批零件中任意抽取了 9 个,测得平均长度 $\overline{x} = 31.34$ mm。问在显著性水平 $\alpha = 0.05$ 时,这批零件是否合格。

① 设立假设。$H_0 : \overline{X} = 32.50, H_1 : \overline{X} \neq 32.50$

② 检验统计量为:

$$Z = \frac{\overline{x} - \overline{X}}{\sigma / \sqrt{n}} = \frac{\overline{x} - 32.50}{\sqrt{1.21/9}}$$

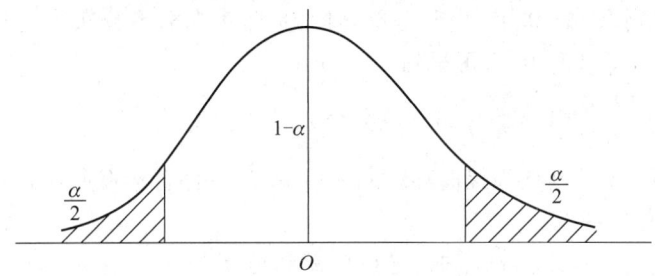

图 7-1 双侧检验图示

③ 给定的显著性水平 $a = 0.05$，由于是双侧检验，两边拒绝区间的概率各为 $a/2$，因此接受区间的概率 $1 - a = 0.95$，所以 $z = 1.96$

④ 作出决策：由于 $\dfrac{|\bar{x} - 32.5|}{\sqrt{1.21/9}} \approx 3.16 > 1.96$（临界值），落入拒绝域。

因此要拒绝原假设，这批零件是不合格的。

（二）单侧检验

当我们所关心的问题不仅仅要检验样本平均数和总体平均数，或者样本成数和总体成数有没有显著差异，而且要了解是否发生预先指定方向的差异。这样的假设检验称单侧检验。单侧检验可分为左侧检验和右侧检验。

仍以总体均值为例

左侧检验： $H_0 : \mu \geqslant \mu_0 , H_1 : \mu < \mu_0$

右侧检验： $H_0 : \mu \leqslant \mu_0 , H_1 : \mu > \mu_0$

对于给定的显著性水平 α，它分布在一方向，如图 7-2 所示。

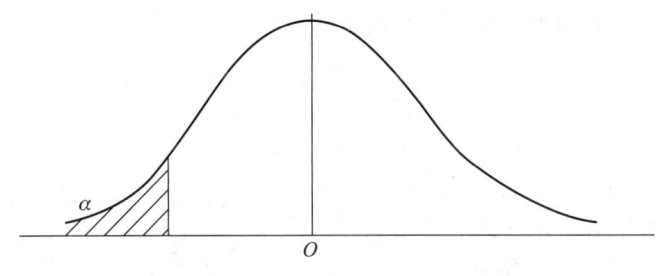

图 7-2 单侧检验图示

【例 7-3】 某银行的储户，月储蓄额服从正态分布，正常情况下，月平均储蓄额 $\bar{X} = 50$ 元，$\sigma = 25$ 元，现提高存款利率后，随机抽查了 16 户，发现月平均储蓄额 $\bar{x} = 62$ 元。问能否以 0.05 的显著性水平说明平均月储蓄额有所提高？

① 设立假设：

$$H_0 : \bar{X} \leqslant 50 , H_1 : \bar{X} > 50$$

② 检验统计量为：

$$\frac{\bar{x} - \bar{X}}{\sqrt{\sigma^2/n}} = \frac{\bar{x} - 50}{\sqrt{25^2/16}} = \frac{\bar{x} - 50}{25/4}$$

③ 给出的显著性水平 $\alpha = 0.05$,由于是单侧检验,而正态概率分布表是双侧的,所以把它换算成双侧的概率应为 $2 \times 0.05 = 0.1$,可得到 $z = 1.645$。

④ 由于 $\dfrac{|\bar{x} - 50|}{25/4} = \dfrac{12 \times 4}{25} = 1.92 > 1.645$(临界值),落入拒绝域。

因此应拒绝原假设 H_0,则认为提高存款利率后,平均月储蓄额有所提高。

(三)利用 P 值进行决策

显著性水平 α 是在检验之前确定的,这也就意味着事先确定了拒绝域。这样,不论检验统计量的值是大还是小,只要它的值落入拒绝域就拒绝原假设 H_0,否则就不拒绝原假设。这种固定的显著性水平 α 对检验结果的可靠性起一种度量作用。但对于一个特定的假设检验问题,却无法给出观测数据与原假设之间不一致程度的精确度量。也就是说,仅从显著性水平 α 来比较,如果选择的 α 值相同,所有检验结论的可靠性都一样。要测量出样本观测数据与原假设 μ_0 之间的偏离程度,则需要计算 P 值。

如果原假设为真,所得到的样本结果会像实际观测结果那么极端或更极端的概率,称为 P 值(P-value),也称为观察到的显著性水平。

P 值与原假设对或错无关,它是关于数据的概率,是一个随机变量。P 值表明在某个总体的许多样本中,某一类数据出现的经常程度。也就是说,P 值是当原假设正确时,得到所观测到的数据的概率。如果原假设是正确的,P 值告诉我们这样的观测数据会有多么的不可能得到。P 值也是用于确定是否拒绝原假设的另一个重要工具,它有效地补充了 α 提供的关于检验可靠性的有限信息。

利用 P 值进行决策的规则十分简单。在已知 P 值的条件下,将其与给定的显著性水平 α 值进行比较,就可以确定是否应该拒绝原假设。单侧检验中,P 值位于抽样分布的一侧,如图 7-4 所示;而双侧检验中,P 值则分布在两侧,每一侧的 P 值为 $1/2$,如图 7-3 所示。因此,不论是单侧检验还是双侧检验,用 P 值进行决策的规则就是:

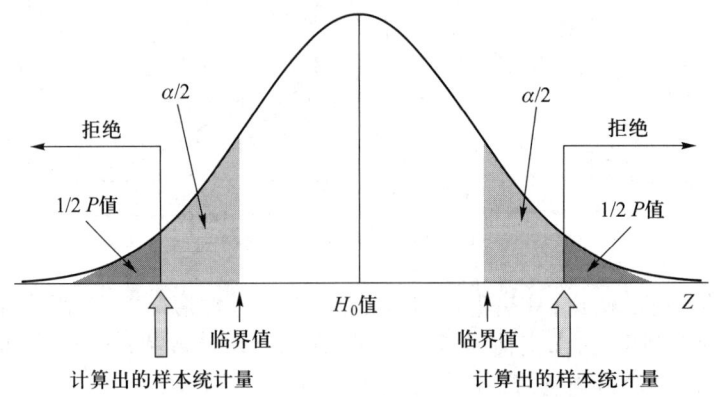

图 7-3 双侧检验的显著性水平和 P 值示意图

如果 P 值 $< \alpha$,拒绝 H_0;如果 P 值 $> \alpha$,不拒绝 H_0。

P 值的计算可以通过查表得到,但毕竟很麻烦。不过随着计算机的应用,很多统计软件都能够输出 P 值的计算结果。可以说,P 值的应用几乎取代了传统的统计量的检验方法,它不仅可以得到与统计量检验相同的结论,而且给出了统计量检验不能给出的信息。利用统计量根据显著性水平作出决策,如果拒绝原假设,也仅仅知道犯错误的可能性是 α,但究竟是多少却不可知。而 P 值则是犯错误的实际概率。

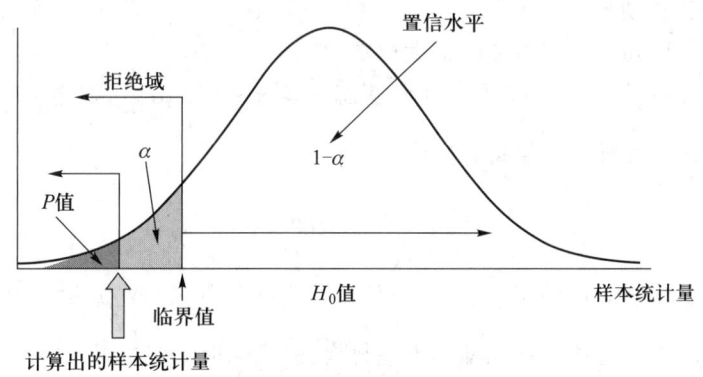

图 7-4　单侧检验的显著性水平和 P 值示意图

三、假设检验的两类错误

从以上的假设检验中可知,当所取的样本观察值落在拒绝域中时,我们都拒绝原假设。反之,则接受原假设。我们拒绝或接受原假设,并不是说原假设一定是错误或正确的。所以,这样做就会犯以下两类错误,见表 7-1。

表 7-1　假设检验的两类错误

	接受 H_0	拒绝 H_0
H_0 成立	决策正确(概率 $1-\alpha$)	第一类错误(概率为 α)
H_0 不成立	第二类错误(概率为 β)	决策正确(概率为 $1-\beta$)

第一类错误是:当原假设成立时,样本观测值落在拒绝域中,因而被拒绝了。犯这一类错误的概率等于 α。

第二类错误是:当原假设不成立时,样本观测值却不在拒绝域中,因而被接受了。犯这一类错误的概率一般用 β 表示。

我们知道,如 α 越小,则拒绝原假设的说服力越强。但当 α 过小时,本来应该拒绝的原假设,(实际上原假设不成立)也容易被接受下来,从而增大了犯第二类错误的可能性,这时,β 就要增大;同理,若要减小 β,则必然会使 α 增大。所以犯第一类错误的可能性和犯第二类错误的可能性是矛盾的。要想同时减少犯这两类错误的可能性,则必须增加样本容量。

第二节　总体参数的检验

一、一个总体参数的检验

(一)总体均值的检验

假设总体服从正态分布 $X \sim N(\mu, \sigma^2)$,在总体方差已知或未知的情形下,构造的统计量有所不同。在总体方差已知或总体方差未知,大样本的情形下,样本均值服从正态分布,构造的统计量为 z 统计量。在总体方差未知,小样本的情形下,样本均值服从 t 分布,构造的统计量为 t 统计量。接下来我们分三种情形来讨论。

1. 总体方差 σ^2 已知或总体方差未知大样本

在总体方差已知的情形下,如果总体服从正态分布 $X \sim N(\mu, \sigma^2)$,则样本均值也服从正态分布,$\bar{x} \sim N\left(\mu, \dfrac{\sigma^2}{n}\right)$。经过标准化变换得 z 统计量

$$z = \frac{\bar{x} - \mu}{\sigma / \sqrt{n}} \sim N(0, 1) \tag{7-1}$$

在总体方差未知大样本的情形下,如果总体服从正态分布 $X \sim N(\mu, \sigma^2)$,则样本均值也服从正态分布,$\bar{x} \sim N\left(\mu, \dfrac{\sigma^2}{n}\right)$。总体方差用样本方差替换,经过标准化变换得 z 统计量

$$z = \frac{\bar{x} - \mu}{s / \sqrt{n}} \sim N(0, 1) \tag{7-2}$$

【例 7-4】 某电子产品的平均寿命为 5 000 小时才达到合格标准,现从一大批该电子产品中抽出 12 件进行试验,结果如下:

5 059,3 897,3 631,5 050,7 474,5 077,4 545,6 279,3 532,2 773,7 419,5 116

假设该电子产品的寿命服从正态分布,方差为 1 400。试问此批产品是否合格?

解:① 根据题意可知,要检验的假设为单侧检验形式:

$$H_0 : \mu \geqslant 5\,000, H_1 : \mu < 5\,000$$

② 由已知条件可计算出样本均值 $\bar{x} = 4\,986$ 小时,总体方差已知,采用 z 检验。

$$z = \frac{\bar{x} - \mu_0}{\sigma / \sqrt{n}} = \frac{4\,986 - 5\,000}{1\,400 / \sqrt{12}} = -1.296$$

③ 给定显著性水平 $\alpha = 0.05$,查表得临界值,$z_\alpha = -1.645$

④ 作出决策:$z = -1.296 > z_\alpha = -1.645$,落入接受域,因此没有理由拒绝 H_0。

用 Excel 中的统计函数功能计算 P 值的操作步骤:

第 1 步:进入 Excel 表格界面,选择【插入】下拉菜单;

第 2 步:选择【函数】;

第 3 步:在函数分类中点击【统计】,在函数名的菜单下选择【NORM. S. DIST】,逻辑值 = 【Cumulative】= TRUE(累计分布函数)。

第 4 步:将 z 的绝对值 1.296 录入,得到的函数值为 0.902 512;

第 5 步:计算 P 值 = 1 - 0.902 512 = 0.097 5。

P 值大于 $\alpha = 0.05$,故没有理由拒绝 H_0,得到的结论和前面是相同的。

2. 总体方差 σ^2 未知,小样本

在总体方差未知小样本的情形下,样本均值则服从 t 分布,经过标准化变换得 t 统计量:

$$t = \frac{\bar{x} - \mu}{s / \sqrt{n}} \sim t(n-1) \tag{7-3}$$

【例 7-5】 某机器制造出的香皂厚度为 3 厘米,想要了解机器性能是否良好,随机抽取 10

块香皂作为样本,测得平均厚度为 3.2 厘米,标准差为 0.2 厘米,试检验机器性能是否良好。

解:(1)根据题意可知,这是一个双侧检验。

$$H_0:\mu=3,H_1:\mu\neq 3$$

(2)由已知条件可知,样本均值 $\bar{x}=3.2$ 厘米,总体方差未知,小样本,采用 t 检验。

$$t=\frac{\bar{x}-\mu_0}{s/\sqrt{n}}=\frac{3.2-3}{0.2/\sqrt{10}}\approx 3.16$$

(3)给定显著性水平 $\alpha=0.05$,查表得临界值,$t_{\alpha/2}(9)=2.2622$

(4)作出决策:$t=3.16>t_{\alpha/2}(9)=2.2622$,落入拒绝域,因此拒绝 H_0,接受 H_1。

说明此机器性能不好。

用 Excel 中的统计函数功能计算 P 值的操作步骤:

第 1 步:进入 Excel 表格界面,选择【插入】下拉菜单;

第 2 步:选择【函数】;

第 3 步:在函数分类中点击【统计】,在函数名的菜单下选择【T.DIST.2T】(返回双尾学生分布),点击【确定】;

第 4 步:在弹出的 X 栏中录入计算出的 t 值 3.16,在自由度【Deg_freedom】栏中录入 9。

第 5 步:Excel 计算的 P 值的结果为 $0.01155<\alpha=0.05$,拒绝 H_0,得出的结论和前面是一致的。

(二)总体比例的检验

总体比例总是介于 $0\sim 1$ 之间,在实际问题中常常需要检验总体比例是否为某个假定值。例如,产品的合格率,民意调查中的支持率,升学率,考研率等。如果一个事件只有两种可能结果,我们称其为二项分布,在样本量较大的情况下,二项分布近似服从正态分布。所以总体比例的检验中通常采用 z 统计量,公式如下:

$$z=\frac{p-\pi_0}{\sqrt{\pi_0(1-\pi_0)/n}} \tag{7-4}$$

式中,p 为样本比例,π_0 为总体比例的假设检验值。

【例 7-6】　一位医学专家认为,某地区儿童乱用抗生素的情况比较严重,治疗儿童感冒的过程中,乱用抗生素的病例占五分之一以上。为了检验这种说法,某医疗机构从该地区患感冒的儿童中随机调查了 100 个病例,发现其中有 26 例乱用抗生素。试问调查结果是否支持专家的看法。

解:(1)这是对总体比例的检验,而且是右侧检验。

$$H_0:p\leqslant\frac{1}{5},\quad H_1:p>\frac{1}{5}$$

(2)由已知条件可知,样本比例 $p=0.26$,而且 $np=26>5$,$n(1-p)=74>5$,因此采用 z 统计量。

$$z=\frac{p-\pi_0}{\sqrt{\pi_0(1-\pi_0)/n}}=\frac{0.26-0.2}{\sqrt{0.2\times0.8/100}}=1.5$$

(3)给定显著性水平 $\alpha=0.05$,查表得临界值 $z_\alpha=1.645$;$\alpha=0.1$,查表得临界值 $z_\alpha=1.282$。

(4)作出决策:

如果显著性水平 $\alpha=0.05$,$z=1.5<z_\alpha=1.645$,落入接受域,因此没有理由拒绝 H_0,即样本信

息还不能说明乱用抗生素的病例高达五分之一以上。

如果显著性水平 $\alpha = 0.1$，$z = 1.5 > z_\alpha = 1.282$，落入拒绝域，因此有理由拒绝 H_0，即支持那位专家的看法。

（三）总体方差的检验

对总体方差的检验主要是检验总体方差是否显著等于某一个给定的值或者在某个给定的范围内。由数理统计知识可知，样本方差 $s^2 = \dfrac{\sum (x-\bar{x})^2}{n-1}$ 是总体方差 σ^2 的无偏估计量。而且，统计量 $\dfrac{(n-1)s^2}{\sigma^2}$ 称为卡方（χ^2）统计量，服从自由度为 $(n-1)$ 的卡方分布。即

$$\chi^2 = \frac{(n-1)s^2}{\sigma^2} \sim \chi^2(n-1) \tag{7-5}$$

【例 7-7】 某茶叶进出口公司规定，每包茶叶的重量服从标准差 $\sigma = 10$ 克的正态分布，现在从一批待出口茶叶中随机抽取 16 包，实测样本标准差 $s = 12$ 克。请检验该批茶叶的每包重量是否有显著性差异。

解： 由题意可知，这是一个双侧检验。

（1）$H_0 : \sigma^2 = 100$，$H_1 : \sigma^2 \neq 100$

（2）由已知条件可知，样本方差 $S^2 = 144$，计算卡方统计量。

$$\chi^2 = \frac{(n-1)S^2}{\sigma^2} = \frac{15 \times 12^2}{10^2} = 21.6$$

（3）给定显著性水平 $\alpha = 0.1$，查表得 χ^2 临界值，$\chi^2_{0.05}(15) = 24.996$，

$$\chi^2_{0.95}(15) = 7.261。$$

（4）作出决策。由于 $\chi^2_{0.95}(15) = 7.261 < \chi^2 = 21.6 < \chi^2_{0.05}(15) = 24.996$，落入接受域，认为总体方差没有显著性差异，说明该批茶叶就重量来说是合格的。

*二、两个总体参数的检验

有时人们需要对两个总体的参数进行比较，看它们是否存在显著性差异。例如，某种农作物的产量在不同地区是否相等，两个不同企业生产的同类产品的使用寿命或合格率是否有显著性差异等。这时就需要进行两个总体参数的假设检验。这里分两种情况讨论：一种是对两个总体均值之差的检验，另一种是对两个总体比例之差的检验。

（一）两个总体均值之差的检验

假定两总体服从正态分布，两总体均值之差进行假设检验，分为单侧和双侧检验。

双侧检验：$H_0 : \mu_1 - \mu_2 = 0$，$H_1 : \mu_1 - \mu_2 \neq 0$

左侧检验：$H_0 : \mu_1 - \mu_2 \geq 0$，$H_1 : \mu_1 - \mu_2 < 0$

右侧检验：$H_0 : \mu_1 - \mu_2 \leq 0$，$H_1 : \mu_1 - \mu_2 > 0$

1. 两个样本相互独立

（1）如果两个正态总体的方差 σ_1^2, σ_2^2 已知，$\bar{x}_1$ 和 $\bar{x}_2$ 分别代表来自两个总体的样本均值。

根据抽样分布定理可知，样本统计量 $\bar{x}_1 - \bar{x}_2$ 服从正态分布，即 $\bar{x}_1 - \bar{x}_2 \sim N\left(\mu_1 - \mu_2, \dfrac{\sigma_1^2}{n_1} + \dfrac{\sigma_2^2}{n_2}\right)$，对两

个样本均值之差 $\bar{x}_1-\bar{x}_2$ 进行标准化处理：

$$z=\frac{(\bar{x}_1-\bar{x}_2)-(\mu_1-\mu_2)}{\sqrt{\frac{\sigma_1^2}{n_1}+\frac{\sigma_2^2}{n_2}}}\sim N(0,1) \qquad (7-6)$$

【例7-8】　已知甲乙两厂生产的手机电池的使用寿命都服从正态分布,甲厂手机电池使用寿命的标准差为100小时,乙厂手机电池使用寿命的标准差为90小时。现在分别从甲乙两厂分别随机抽取20台和15台手机进行电池检测,测得手机电池平均寿命分别为2 268小时和2 210小时。试问在显著性水平 $\alpha=0.05$ 下,两厂生产的手机的平均使用寿命有无显著性差异？

解：设 μ_1,μ_2 代表甲乙两厂手机电池的平均使用寿命,这是一个双侧检验问题。

第一步, $H_0:\mu_1-\mu_2=0,H_1:\mu_1-\mu_2\neq 0$

第二步,根据题意可知, $\sigma_1=100,\sigma_2=90,n_1=20,n_2=15,\bar{x}_1=2\ 268,\bar{x}_2=2\ 210$。

由于两总体方差已知,因此采用 z 统计量,可得：

$$z=\frac{(\bar{x}_1-\bar{x}_2)-(\mu_1-\mu_2)}{\sqrt{\frac{\sigma_1^2}{n_1}+\frac{\sigma_2^2}{n_2}}}=\frac{2\ 268-2\ 210}{\sqrt{\frac{100^2}{20}+\frac{90^2}{15}}}=1.799$$

第三步,给定显著性水平 $\alpha=0.05$,查表的临界值 $z_{\alpha/2}=1.96$；

第四步,作出决策: $z=1.799<z_{\alpha/2}=1.96$,落入接受域,没有理由拒绝原假设。

因此不能断定两厂生产的手机电池的平均使用寿命存在显著性差异。

（2）如果两个正态总体的方差未知,但样本为大样本的情形下,两个正态总体的方差 σ_1^2,σ_2^2 用样本方差 s_1^2,s_2^2 代替,样本均值之差依然服从正态分布,进行标准化处理得：

$$z=\frac{(\bar{x}_1-\bar{x}_2)-(\mu_1-\mu_2)}{\sqrt{\frac{s_1^2}{n_1}+\frac{s_2^2}{n_2}}}\sim N(0,1) \qquad (7-7)$$

（3）如果两个正态总体的方差未知但相等,样本为小样本的情形下,两个样本均值之差服从自由度为 n_1+n_2-2 的 t 分布：

$$t=\frac{(\bar{x}_1-\bar{x}_2)-(\mu_1-\mu_2)}{\sqrt{s_w^2\left(\frac{1}{n_1}+\frac{1}{n_2}\right)}}\sim t(n_1+n_2-2) \qquad (7-8)$$

其中, $s_w^2=\dfrac{(n_1-1)s_1^2+(n_2-1)s_2^2}{n_1+n_2-2}$

【例7-9】　某农场为了试验某种农作物新品种是否比老品种的产量更高,分别在若干块面积相等的试验地进行试验,其他条件相同,每块试验地上所收获的产量如表7-2所示：

表7-2　两个品种的产量　　　　　　　　　　　单位:千克

地块	1	2	3	4	5	6	7	8	9	10	11
新品种	118	107	92	116	110	105	106	112	124		
老品种	110	89	97	107	112	120	98	103	101	92	95

假定两个品种的产量都服从正态分布且方差相等,试问在显著性水平 $\alpha = 0.05$ 下,可否认为新品种比老品种的产量有显著提高?

解: 这是关于两个正态总体均值相等的假设检验。如果用 μ_1,μ_2 代表新品种和老品种农作物产量的总体均值,这是一个单侧检验问题。

① 需要检验的假设是:

$$H_0:\mu_1-\mu_2 \leqslant 0, \quad H_1:\mu_1-\mu_2 > 0$$

② 由题意可知,需要采用 t 统计量进行检验。根据已知数据可计算出样本均值和样本方差,$\bar{x}_1 = 110,\bar{x}_2 = 102.18,s_1^2 = 84.25,s_2^2 = 87.36$。

$$s_w^2 = \frac{(n_1-1)s_1^2+(n_2-1)s_2^2}{n_1+n_2-2} = \frac{8\times84.25+10\times87.36}{9+11-2} = 85.98$$

检验统计量:

$$t = \frac{(\bar{x}_1-\bar{x}_2)-(\mu_1-\mu_2)}{\sqrt{s_w^2\left(\dfrac{1}{n_1}+\dfrac{1}{n_2}\right)}} = \frac{110-102.18}{\sqrt{85.98\left(\dfrac{1}{9}+\dfrac{1}{11}\right)}} = 1.88$$

③ 给定显著性水平 $\alpha = 0.05$,查表得临界值 $t_{0.05}(18) = 1.734$。

④ $t = 1.88 > t_{0.05}(18) = 1.734$,拒绝原假设,认为农作物新品种产量比老品种有显著提高。

用 Excel 提供的检验程序进行检验,操作步骤如下:

第 1 步:将原始数据输入到 Excel 工作表中;

第 2 步:选择【数据分析】选项;

第 3 步:在【数据分析】对话框中选择【t-检验:双样本等方差假设】;

第 4 步:当对话框出现后,在【变量 1 的区域】方框中输入第一个样本的数据区域;在【变量 2 的区域】方框中输入第二个样本的数据区域;在【假设平均差】方框中输入两个总体均值之差的假定值(本例为"0");在【α】方框中输入给定的显著性水平(本例为"0.05");在【输出选项】中选择计算结果的输出位置;单击【确定】即可得到结果。

由于例题中提出的是单侧检验,所以只需要将检验统计量的值 1.876 与输出结果中的"t 双尾临界"值 1.734 进行比较,或者将"P(T<=t)单尾"值 0.038 5 与 $\alpha = 0.05$ 作比较,拒绝原假设,结论和上述一致。

2. 两配对样本的检验

检验两个总体均值之差时,有时两个样本并不是相互独立的,而是配对样本。例如,为研究某种减肥茶是否有显著的减肥效果,需要对喝茶前和喝茶后的体重进行分析。再比如,比较同一样本的在校大学生一年级和四年级的体重有无显著性变化等等。

实质上,这类假设检验问题可以转化为一个样本的均值检验问题。其方法是:

首先,计算出每一对样本数据的差值,$d_i = x_i^{(1)}-x_i^{(2)},i = 1,2,\cdots,n$;

然后,将这 n 个差值看作一个样本,把 $\mu_1-\mu_2$ 看作待检验的一个总体参数。

假定成对差值构成的总体服从正态分布,且成对样本差值是随机抽取的,则检验统计量服从 t 分布,统计量如下:

$$t = \frac{\bar{d}-(\mu_1-\mu_2)}{\sqrt{s_d^2/n}} \sim t(n-1) \tag{7-9}$$

其中，$\bar{d} = \dfrac{\sum d_i}{n}$，$s_d^2 = \dfrac{\sum (d_i - \bar{d})^2}{n-1}$。

【例 7-10】　某地区随机抽取 12 名贫血儿童的家庭，实行健康教育干预三个月，干预前后儿童的血红蛋白(％)测量结果如表 7-3 所示，试问干预前后该地区贫血儿童血红蛋白(％)平均水平有无变化？

表 7-3　干预前和干预后 12 名贫血儿童的血红蛋白　　　　　　　　　　单位:％

序号	1	2	3	4	5	6	7	8	9	10	11	12
干预前	36	46	53	57	65	60	42	45	25	55	51	59
干预后	45	64	66	57	70	55	70	45	50	80	60	60
差值 d_i	9	18	13	0	5	−5	28	0	25	25	9	1

解: 令干预前和干预后的总体均值分别为 μ_1、μ_2，这是一个双侧检验问题。

(1) $H_0: \mu_1 - \mu_2 = 0$，$H_1: \mu_1 - \mu_2 \neq 0$

(2) 由题意可计算出: $\bar{d} = 10.67$，$S_d^2 = 11.18$，检验统计量为:

$$t = \frac{\bar{d} - (\mu_1 - \mu_2)}{\sqrt{s_d^2/n}} = \frac{10.67}{\sqrt{11.18/12}} \approx 11.057$$

(3) 给定显著性水平 $\alpha = 0.05$，查 t 分布表可得临界值，$t_{0.025}(11) = 2.201$

(4) 作出决策: $t = 11.057 > t_{0.025}(11) = 2.201$，落入拒绝域，拒绝原假设。

因此，干预前后该地区贫血儿童血红蛋白(％)平均水平有显著变化。

(二) 两个总体比例之差的检验

和两个总体均值之差相似，假定 π_1 和 π_2 代表两个总体的比例，样本比例 p_1 和 p_2 分别是这两个未知参数的估计量，n_1 和 n_2 分别代表两个样本容量。

这里只介绍大样本下的检验。对这两个总体比例之差进行假设检验，有如下三种假设:

双侧检验: $H_0: \pi_1 - \pi_2 = 0$，$H_1: \pi_1 - \pi_2 \neq 0$

左侧检验: $H_0: \pi_1 - \pi_2 \geq 0$，$H_1: \pi_1 - \pi_2 < 0$

右侧检验: $H_0: \pi_1 - \pi_2 \leq 0$，$H_1: \pi_1 - \pi_2 > 0$

当样本量充分大时，在原假设成立的条件下，对两个总体比例之差进行假设检验可近似采用 z 检验，检验统计量为:

$$z = \frac{(p_1 - p_2) - (\pi_1 - \pi_2)}{\sqrt{\dfrac{p_1(1-p_1)}{n_1} + \dfrac{p_2(1-p_2)}{n_2}}} \tag{7-10}$$

【例 7-11】　一项报告说青少年经常上网聊天，男生的比例要高于女生。现对 150 个男生和 150 个女生进行上网聊天的频率调查，其中经常聊天的男生有 68 人，经常聊天的女生有 54 人。调查结果是否支持研究报告的结论？

解: 这是一个单侧检验问题。设男生和女生经常上网聊天的比例为 P_1 和 P_2。

第一步，$H_0: \pi_1 - \pi_2 \leq 0$，$H_1: \pi_1 - \pi_2 > 0$

第二步,由题意可知,$n_1 = n_2 = 150$,$p_1 = \dfrac{68}{150} = 0.45$,$p_2 = \dfrac{54}{150} = 0.36$,

检验统计量为:

$$z = \frac{(p_1 - p_2) - (\pi_1 - \pi_2)}{\sqrt{\dfrac{p_1(1-p_1)}{n_1} + \dfrac{p_2(1-p_2)}{n_2}}} = \frac{0.45 - 0.36}{\sqrt{\dfrac{0.45 \times 0.55}{150} + \dfrac{0.36 \times 0.64}{150}}} \approx 1.58$$

第三步,这是一个右侧检验,$\alpha = 0.05$,$z_\alpha = 1.645$。

第四步,作出决策:$z = 1.58 < z_\alpha = 1.645$,落入接受域,接受原假设。因此,调查结果不支持研究报告的结论。

三、检验问题的进一步说明

(一)关于"接受原假设"的说法不妥

在各种类型的检验中,我们采用是否拒绝原假设的方式达到检验的目的。事实上,原假设是关于总体参数的一种猜测,我们并不知道这个猜测是否正确。但是在选择显著性水平 α 时,却是在原假设为真的前提下进行的,意味着正常情况下事件结果应该与原假设相差不远,如果发生了与 H_0 不一致的、P 值小于 α 的事件,则拒绝 H_0。这种依据"小概率事件"原理的反证法特点,保证了犯第一类弃真错误的概率不超过 α,即错误地拒绝 H_0 的概率 α,但无法提供犯第二类错误即取伪错误的信息,即不知道错误地接受 H_0 的概率。因此,对于显著性水平 α 的检验准则来说,如果出现拒绝 H_0 的结果,我们可以说"结论 H_1 为真犯错的概率不超过 α"。

因此,从假设检验的原理看,不拒绝原假设意味着我们所构造的与原假设相矛盾的小概率事件没有发生,但我们没有也无法证实所有的这些小概率事件都不会发生。因此,我们把假设检验中出现接受 H_0 的结果解释为"没有发现充足的证据反对 H_0",或者更严格地解释为"在显著性水平 α 下没有发现充足的证据反对 H_0",而不用"接受原假设 H_0",因为我们无法证明原假设是真的。

(二)单侧检验中假设的建立

在单侧检验中,如何建立原假设和备择假设是一个需要考虑的问题,采用左侧检验还是右侧检验是一个值得思考的问题。

下面用一个例子进行说明。

【例 7-12】　某种灯泡的质量标准是平均燃烧寿命不得低于 1 000 小时。已知灯泡批量产品的燃烧寿命服从正态分布,且标准差为 100 小时。商店欲从工厂进货,随机抽取 81 个灯泡检查,测得样本均值为 990 小时,问商店是否决定购进这批灯泡($\alpha = 0.05$)?

解:这里可以有两种假设。

第一种,认为该厂生产的灯泡不会低于规定的质量标准,故检验 $\mu \geqslant 1\,000$ 小时是否成立。

提出假设:$H_0: \mu \geqslant 1\,000$,$H_1: \mu < 1\,000$

这是左侧检验,根据已知条件总体方差已知,选择 z 统计量。

$$z = \frac{990 - 1\,000}{100 \big/ \sqrt{81}} = -0.9$$

$\alpha = 0.05$ 时,z 临界值为 $z_{0.05} = 1.645$,z 统计量的值大于临界值 -1.645,所以不拒绝原假设,

即可以认为该厂生产的灯泡达到了规定的质量标准。

第二种,认为该厂生产的灯泡很可能低于规定的质量标准,故检验 $\mu \leqslant 1\,000$ 小时是否成立。

提出假设: $H_0: \mu \leqslant 1\,000, H_1: \mu > 1\,000$

这是右侧检验,根据已知条件总体方差已知,选择 z 统计量。

$$z = \frac{990 - 1\,000}{100 \big/ \sqrt{81}} = -0.9$$

$\alpha = 0.05$ 时, z 临界值为 $z_{0.05} = 1.645$, z 统计量的值小于临界值,所以不拒绝原假设,即可以认为该厂灯泡质量没有达到规定标准。

于是出现了一个两种情况下的推断似乎矛盾的现象。其实,这也反映了统计推断的一个特点,它不是简单地采用"非此即彼"的逻辑。为了便于说明,可以认为检验是在两种不同的背景下进行的。第一种假设的背景是,从过去的历史记录看,该灯泡厂有良好的信誉,商店相信该厂的质量一直是很好的,于是选择 $\mu \geqslant \mu_0$ 作为原假设。这样做对灯泡厂是有利的,因为这使得达到质量标准的产品只是以很低的概率 α 被拒收。虽然这会使得商店面临接受不合格产品的风险,但厂家良好的历史记录显示这种情况的可能性很小。商店也由于增大货源而获利。

第二种假设的背景是,以往的记录表明,厂家的产品质量并不是很好,这时商店就可以坚持以 $\mu \leqslant \mu_0$ 作为原假设。这样做表明商店要求有较强的证据才能相信这批产品质量达到了标准。这样做就达到了至少把 $100(1-\alpha)\%$ 的不合格产品拒之门外的目的。

从上述例子的分析可以看出,同一个问题,由于假设的背景不同而采取了截然不同的态度,具体就是通过选择单侧检验的方向来体现的。这样也就不难理解前面所出现的表现上的矛盾。当产品质量一直很好时,我们认为稍差的样本并不成为整批产品非优的有力证据;当产品质量不好时,我们认为测试合格的样本也不成为整批产品为优的有力证据。出发点不同,结论也不同,并无矛盾。

在实际问题的检验中,我们不可能对问题的背景都有所了解,那么如何提出单侧检验呢? 遗憾的是,目前并没有统一的标准确定假设。在假设检验中一般把原有的、传统的观点或结论放在原假设上,在没有充分的证据证明之前总是假定原假设是正确的。而把希望证明的命题,即那些新的、可能的、猜测的观点或结论放在备择假设上,这样就可以体现假设检验的价值。正是由于我们对原有的东西产生怀疑,才去进行调查,希望能够用事实去推翻原有的结论。由于推翻原假设需要检验统计量落入拒绝域,所以在一次试验中原假设是具有优势的,小概率原理告诉备择假设在一次试验中不容易发生,但是一旦发生就说明我们有充足的理由推翻原假设,意味着新结论的诞生。但是没有拒绝原假设,并不意味着备择假设就是错的,只是说暂时还没有充足的证据表明原假设不成立。因而在假设检验中对统计结论的正确理解是很重要的。接受备择假设一定意味着原假设是错误的;没有拒绝原假设并不能表明备择假设一定是错的。

从前面分析的例子可以看出,单侧检验中假设的建立,本质上取决于检验人员对检验问题的价值判断,因此对同一个问题提出不同方向的假设这种情况也是常有的。

第三节　方　差　分　析

多种不同包装的同类产品的平均销售量是否有显著性差异? 多个品牌同类产品(手机、电脑等)的平均使用寿命是否相同?多种不同的促销方式对平均销售量是否有不同?不同的化肥对农产品产量是否有显著影响等。要解决这类问题就需要运用方差分析法。方差分析(analysis of variance,简称 ANOVA)是 20 世纪 20 年代发展起来的一种统计分析方法,它是由英国统计学家费歇尔在进行试验设计时为解释试验数据而首先引入的。从形式上看,方差分析是比较多个总体的均值是否相等,即多个总体参数的假设检验。目前,方差分析方法广泛应用于农业、商业、医学、经济学、社会学、管理学等诸多领域。与前面的假设检验相比,方差分析不仅可以提高检验的效率,同时将所有的样本信息结合在一起,增加了分析的可靠性。例如,要检验 4 个总体的均值是否相等,一次只能检验一个,需要通过 6 次假设检验,犯错误的概率也会增加。由于篇幅所限,本节只介绍单因素方差分析。

一、相关概念的界定

方差分析方法是检验多个总体均值是否相等的统计方法,实质上是检验分类型自变量对数值型因变量的影响。方差分析就是通过检验各总体的均值是否相等来判断分类型自变量对数值型因变量是否有显著的影响。上面提到的问题中,农作物的产量、广告促销效果、使用寿命等称为观测因素,或称为观测变量。不同的化肥品种、不同的促销方式、不同的品牌等影响因素称为控制因素,或称为控制变量。控制变量的不同类别称为控制变量的不同水平。

【例 7-13】 为了对几个行业的服务质量进行评价,消费者协会在零售业、旅游业、航空公司、家电制造业分别抽取了不同的企业作为样本,零售业抽中 7 家,旅游业抽中 6 家,航空公司抽中 5 家,家电制药业抽中 5 家。每个行业中所抽选的这些企业假定在服务对象、企业规模等方面基本上是相同的。表 7-4 统计了最近一年中消费者对 23 家企业投诉的次数。

表 7-4 四个行业被投诉的次数

行业(x_{ij})			
零售业(x_1)	家电制造业(x_2)	旅游业(x_3)	航空公司(x_4)
57(x_{11})	44(x_{21})	68(x_{31})	31(x_{41})
66(x_{12})	51(x_{22})	39(x_{32})	49(x_{42})
49(x_{13})	65(x_{23})	29(x_{33})	21(x_{43})
40(x_{14})	77(x_{24})	45(x_{34})	34(x_{44})
34(x_{15})	58(x_{25})	56(x_{35})	40(x_{45})
53(x_{16})		51(x_{36})	
44(x_{17})			

方差分析正是从观测变量的方差入手,研究控制变量对观测变量的影响。方差分析认为,观测变量取值的变化受两类因素的影响:第一类是控制因素(控制变量)不同水平所产生的影响,第二类是随机因素(变量)带来的影响。这里的随机因素是指人为很难控制的因素,主要指试验过程中的抽样误差。如果控制变量的不同水平对观测变量产生了显著影响,那么它和随机变量共同作用必然对观测变量值有显著影响,反之,如果控制变量的不同水平没有对观测变量产生影响,那么观测值的变动就归结为随机变量。

二、方差分析的基本假定

方差分析中有三个基本假定：① 每个总体都应服从正态分布。对于控制变量的每个水平，观测值来自正态分布总体的简单随机样本。例 7-11 中，每个行业被投诉的次数必须服从正态分布。② 各个总体的方差必须相同。也就是说，要求每个行业被投诉的次数的方差都相同。③ 观测值之间相互独立。即要求每个被抽中的企业被投诉的次数与其他企业相互独立。

根据所分析的分类型自变量（控制变量）的多少，方差分析分为单因素方差分析和多因素方差分析。当方差分析中只涉及一个分类型变量时称为单因素方差分析。即单因素方差分析研究的是一个控制变量对一个数值型因变量（观测变量）的影响。上例中，要检验多个行业被投诉的次数的均值是否相同，这里只涉及行业一个因素，属于单因素方差分析。

三、单因素方差分析的基本步骤

如果要检验控制变量的不同水平对观测变量是否有显著影响，首先需要提出原假设和备择假设，然后构造适当的检验统计量，根据显著性水平和检验统计量的值作出决策。

1. 提出假设

假设控制因素有 k 个水平，每个水平的均值分别用 $\mu_1, \mu_2 \cdots, \mu_k$ 表示，要检验 k 个水平下不同总体的均值是否相等，需要提出如下假设：

$H_0 : \mu_1 = \mu_2 = \cdots = \mu_k$（控制变量对观测变量没有显著影响）

$H_1 : \mu_1, \mu_2 \cdots, \mu_k$ 不全相等（控制变量对观测变量有显著影响）

2. 构造检验统计量

这里以例 7-11 的数据结构来说明检验统计量的计算过程。

（1）计算各样本的均值

假定控制变量有 k 个水平，每个总体的样本容量为 n_i，令 x_i 为第 i 个总体的样本均值，则有：

$$\bar{x}_i = \frac{\sum_{j=1}^{n_i} x_{ij}}{n_i}, i = 1, 2, \cdots, k \tag{7-11}$$

表 7-3 的数据中，一共有 4 个总体，每个总体中随机抽取样本容量为 $n_i (i = 1, 2, 3, 4)$ 的样本。以旅游业为例计算其样本均值：

$$\bar{x}_3 = \frac{x_{31} + x_{32} + x_{33} + x_{34} + x_{35} + x_{36}}{6} = \frac{68 + 39 + 29 + 45 + 56 + 51}{6} = 48$$

同理可得，$\bar{x}_1 = 49, \bar{x}_2 = 59, \bar{x}_4 = 35$。

（2）计算全部观测值的总均值

将全部观测值的总和除以观测值的总个数就是总均值，用 $\bar{x}$ 表示，则有：

$$\bar{\bar{x}} = \frac{\sum_{i=1}^{k} \sum_{j=1}^{n_i} x_{ij}}{n} = \frac{\sum_{i=1}^{k} n_i \bar{x}_i}{n} = \frac{57 + 66 + \cdots + 34 + 40}{23} = 47.87$$

（3）计算各误差的平方和

总离差平方和（sum of squares for total, SST）是全部观测值与总均值的误差平方和，其计算公式为：$SST = \sum\limits_{i=1}^{k} \sum\limits_{j=1}^{n_i} (x_{ij} - \overline{\overline{x}})^2$。

总离差平方和可以分解为组间离差平方和和组内离差平方和两部分：

$$SST = \sum_{i=1}^{k} \sum_{j=1}^{n_i} (x_{ij} - \overline{\overline{x}})^2 = \sum_{i=1}^{k} \sum_{j=1}^{n_i} [(x_{ij} - \overline{x}_i) + (\overline{x}_i - \overline{\overline{x}})]^2$$

$$= \sum_{i=1}^{k} \sum_{j=1}^{n_i} (x_{ij} - \overline{x}_i)^2 + \sum_{i=1}^{k} \sum_{j=1}^{n_i} (\overline{x}_i - \overline{\overline{x}})^2 \tag{7-12}$$

组间离差平方和（sum of squares for factor A，SSA）是各组均值与总均值的误差平方和，反映各样本均值之间的差异程度，又称为因素平方和。其计算公式为：

$$SSA = \sum_{i=1}^{k} \sum_{j=1}^{n_i} (\overline{x}_i - \overline{\overline{x}})^2 = \sum_{i=1}^{k} n_i (\overline{x}_i - \overline{\overline{x}})^2 \tag{7-13}$$

组内平方和（sum of squares for error，SSE）是每个水平或组的各样本数据与其组均值的误差平方和，反映了每个样本各观测值的离散状况，即随机误差的大小。计算公式为：

$$SSE = \sum_{i=1}^{k} \sum_{j=1}^{n_i} (x_{ij} - \overline{x}_i)^2 \tag{7-14}$$

在本例中

$$SST = (57 - 47.87)^2 + (66 - 47.87)^2 + \cdots + (40 - 47.87)^2 = 4\ 164.6$$

$$SSA = \sum_{i=1}^{4} n_i (\overline{x}_i - \overline{\overline{x}})^2 = 7 \times (49 - 47.87)^2 + 5 \times (59 - 47.87)^2 +$$
$$6 \times (48 - 47.87)^2 + 5 \times (35 - 47.87)^2 = 1\ 456.6$$

$$SSE = \sum_{i=1}^{4} \sum_{j=1}^{n_i} (x_{ij} - \overline{x}_i)^2 = \sum_{j=1}^{7} (x_{1j} - \overline{x}_1)^2 + \sum_{j=1}^{5} (x_{2j} - \overline{x}_2)^2 +$$
$$\sum_{j=1}^{6} (x_{3j} - \overline{x}_3)^2 + \sum_{j=1}^{5} (x_{4j} - \overline{x}_4)^2 = 700 + 924 + 434 + 650 = 2\ 708$$

上述三个平方和的关系为：$SST = SSA + SSE$

其中，SSA 反映了自变量（行业）对因变量（被投诉次数）的影响，称为自变量效应或因子效应；SSE 反映了除自变量对因变量的影响之外，其他随机因素对观测变量的总影响，被称为残差效应；SST 是对全部数据总误差平方和的度量，反映了自变量和随机变量的共同影响。

（4）计算统计量

由于各误差平方和的大小和观测值多少有关，为了消除观测值多少对误差平方和的影响，需要将其平均化，也就是用各平方和除以各自的自由度，结果称为均方（mean square）。其中，总离差平方和的自由度为 $n-1$，SSA 的自由为 $k-1$，SSE 自由度为 $n-k$，其中 n 为全部观测值的个数，k 为因素水平的个数。

$$MSA = \frac{组间离差平方和}{自由度} = \frac{SSA}{k-1} = \frac{1\ 456.6}{4-1} = 485.5$$

$$MSE = \frac{组内离差平方和}{自由度} = \frac{SSE}{n-k} = \frac{2\,708}{23-4} = 142.5$$

接下来比较的是 MSA 和 MSE 的大小,二者作比得到需要的检验统计量 F。

当原假设为真时,二者的比值服从第一自由度为 $k-1$,第二自由度为 $n-k$ 的 F 分布,即:

$$F = \frac{SSA/k-1}{SSE/n-k} = \frac{MSA}{MSE} \sim F(k-1, n-k) \tag{7-15}$$

计算 F 统计量的值,得 $F = \frac{MSA}{MSE} = \frac{485.5}{142.5} \approx 3.4$

3. 统计决策

给定显著性水平 $\alpha = 0.05$,查 F 分布表得临界值 $F_{\alpha}(k-1, n-k) = F_{0.05}(3, 19) = 3.13$

由于 $F = 3.4 > F_{0.05}(3, 19) = 3.13$,落入拒绝域,拒绝原假设。

这说明不同行业对投诉次数有显著影响。

4. 制作方差分析表(表 7-5)

表 7-5 方差分析表的一般形式

误差来源	平方和	自由度	均方	F 值	P 值	F 临界值
组间(因素)	SSA	$k-1$	MSA	MSA/MSE		
组内(误差)	SSE	$n-k$	MSE			
总和	SST	$n-1$				

为了使得计算过程更加清晰,通常将上述过程的内容列在一张表内,这就是方差分析表。

Excel 中可以直接进行方差分析,通过【工具】→【数据分析】→【单因素方差分析】即可得到方差分析结果。

方差分析:单因素方差分析						
SUMMARY						
组	观测数	求和	平均	方差		
列 1	7	343	49	116.6667		
列 2	5	295	59	162.5		
列 3	6	288	48	184.8		
列 4	5	175	35	108.5		
方差分析						
差异源	SS	df	MS	F	P-value	F crit
组间	1456.609	3	485.5362	3.406643	0.038765	3.12735
组内	2708	19	142.5263			
总计	4164.609	22				

图 7-5 单因素方差分析结果

通过方差分析结果(图 7-5)可以看出,由于 F 统计量的值对应的概率 P 值为 $0.038\,765 < \alpha = 0.05$,落入拒绝域,因此认为行业对投诉次数有显著影响。

本章小结

1. 假设检验是推断统计学的一个重要组成部分,是基于小概率事件原理,根据参数的多少分为单参数、两个总体参数的假设检验,以及基于多个总体参数的假设检验即方差分析。假设检验可分为双侧检验和单侧检验。

2. 假设检验的内容如下:① 建立关于总体的原假设和备择假设;② 确定适当的检验统计量;③ 确定显著水平 α,确定检验统计量的临界值与拒绝域和接受域;④ 利用样本数据,计算检验统计量的值并作出决策。

3. 假设检验的两类错误:当原假设为真时,拒绝原假设,产生决策错误,这是第一类错误,"弃真错误";当原假设为假时,接受原假设,产生决策错误,这是第二类错误,"取伪错误"。两类错误是此消彼长的关系。

4. 方差分析(ANOVA)就是通过检验各总体的均值是否相等来判断分类型自变量对数值型因变量是否有显著的影响。基本步骤:如果要检验控制变量的不同水平对观测变量是否有显著影响,首先需要提出原假设和备择假设,然后构造适当的检验统计量,根据显著性水平和检验统计量的值作出决策。

5. 方差分析表的基本形式:

误差来源	平方和	自由度	均方	F 值	P 值
组间(因素影响)	SSA	$k-1$	MSA	MSA/MSE	
组内(误差)	SSE	$n-k$	MSE		

思考与练习

思考题

1. 假设检验和区间估计有何区别和联系?

2. 解释原假设与备择假设的含义,并归纳常见的几种建立原假设与备择假设的原则。

3. 假设检验一般有哪几个步骤?

4. 方差分析有哪些基本假定? 其基本思想是什么?

5. 什么是 P 值? P 值检验和统计量的显著性检验有什么不同?

6. 某大学的教师根据统计学测试成绩的抽样调查数据写出了一份分析报告。报告是这样描述的:"样本中男生和女生的平均成绩分别为 81 分和 78 分,但男、女学生的总体平均成绩没有显著差异(检验的 P 值为 0.456)。但测试成绩在 A、B 两个专业之间却存在显著差异,平均说来 B 专业的测试成绩较高(检验的 P 值为 0.043)。"试用通俗易懂的语言解释这两个结论。

练习题

1. 从正态分布 $(\mu, 1)$ 中抽取 100 个样本,计算得 $\bar{X} = 5.32$,试检验:$H_0: \mu = 5$ 是否成立。

（$\alpha = 0.05$）

2. 设某种产品的指标服从正态分布，它的标准差为 150，现抽取一个容量为 26 的样本，计算得平均值为 1 637，问在 5% 的显著性水平下，能否认为这批产品的指标的期望值 $\mu = 1 600$。

3. 根据资料显示，在使用某种旧安眠药的时候，平均睡眠时间为 20.8 h，标准差为 1.6 h，有一种新安眠药，据说在一定剂量下，能比旧安眠药平均增加睡眠时间 3 h，为了检验这个说法的正确性，收集了一组使用新安眠药的睡眠时间（单位：h）为 26.7，22.0，24.1，21.0，27.2，25.0，23.4。假设睡眠时间服从正态分布，则在 0.05 的显著性水平下，能否说明新安眠药已经达到了新的疗效？

4. 某工厂生产一种产品，原月产量服从 $N(75, 14)$。设备更新后，为了考察产量是否提高，抽查了 6 个月的产量，其平均产量为 78，问在 0.05 的显著性水平下，设备是否值得更新？

5. 近几年某地区大学学生英语 4 级考试成绩的均值为 73 分，方差为 220.5。今年随机抽取了由 200 名学生组成的一个样本，样本均值为 71.15 分，试问当显著性水平为 5% 时：

（1）今年学生考试成绩与往年是否处于同一个水平上？

（2）今年学生考试成绩是否比往年有显著下降？并注意所得结论与上面的结论有无不同？由此说明了什么问题？

（3）利用置信区间对（1）进行检验。

6. 一项调查显示，每天每个家庭看电视的平均时间为 7.25 个小时，假定该调查中包括了 300 个家庭，且样本标准差为平均每天 2.5 小时。据报道，10 年前每天每个家庭看电视的平均时间为 6.7 个小时，取显著性水平 $\alpha = 0.01$，这个调查是否提供了证据支持你认为"如今每个家庭每天收看电视的平均时间增加了"？

7. 下面数据是学生使用 A、B、C 三种不同资料后考试取得的成绩，用这些数据验证三种资料对学生的帮助有无显著差异。

A	B	C
78	80	71
69	88	66
82	85	68
76	82	76

8. 一家大型超市连锁店上个月接到许多消费者投诉某种品牌炸土豆片中 60 g 一袋的那种土豆片的重量不符。店家猜想引起这些投诉的原因是运输过程中沉积在食品袋底部的土豆片碎屑，但为了使顾客们对花钱买到的土豆片感到物有所值，店方仍然决定对来自一家最大的供应商的下一批炸土豆片的平均重量（克）μ 进行检验，假设陈述如下：

$$H_0: \mu \geq 60; H_1: \mu < 60。$$

如果有证据可以拒绝原假设，店方就拒收这批炸土豆片并向供应商提出投诉。

（1）与这一假设检验问题相关联的第一类错误是什么？

（2）与这一假设检验问题相关联的第二类错误是什么？

（3）你认为连锁店的顾客们会将哪类错误看的较为严重？而供应商会将哪类错误看的比较严重？

☰ 即测即评

☰ 案例分析

1. 在旅游业中,特定目的地的旅游文化由旅游手册提供,这种小册子由旅游管理当局向有需要的旅游者免费提供。有人曾进行过一项研究,内容是调查信息的追求者(即需要旅游手册者)与非追求者之间在种种旅游消费方面的差别。两个独立随机样本分别由 288 名信息追求者和 367 名非信息追求者组成。对样本成员就他们最近一次离家两天或两天以上的愉快旅行或度假提出若干问题。问题之一是:"你这次度假是积极的(即主要包括一些富有挑战性的事件或教育活动),还是消极的(即主要是休息和放松)?"每个样本中消极度假的人数列表如下:

	信息追求者	非信息追求者
被调查人数	288	367
消极度假人数	197	301

试问:这些数据是否提供了充分的证据,说明信息追求者消极度假的可能性比非信息追求者小?($\alpha = 0.05$)

2. 为了发现传说中的陆地,哥伦布率领船员们在一望无际的大海中航行了很长时间,虽然这趟冒险最终还是随着美洲大陆的发现而宣告成功了,但是长时间的海上航行,使得好多的水手都生了病,牙齿的血流个不停。人们把这种病称为坏血病,但是要怎么治疗却是束手无策。

继哥伦布之后,另一位伟大的航海家麦哲伦也开始了他的航行,他率领船队环绕了地球一周。但是他们的遭遇比哥伦布的船队更为悲惨——三分之二的船员因为坏血病而死亡。一直到了十八世纪,事情才有了转机。这时,英国人已经横渡重洋,在世界各地经商与殖民。但是船员还是有患坏血病死亡的危险。有一个名叫林特的年轻船医,他发现坏血病都是发生在一般船员身上,而包含他自己在内的船上干部,却没有人得到坏血病。

后来偶然间发现一般船员的伙食只有面包与腌肉,而他们干部却有马铃薯与高丽菜芽可以吃。鉴于此,林特试图发现坏血症的起因,他认为新鲜蔬果或许可以治疗坏血病。后来,他们遇上了满载柳橙与柠檬的荷兰货船,林特船医就买了柳橙与柠檬来治疗坏血病人,效果非常好。他又找了些患有坏血病的船员,把他们分成两组,吃一样的食物,但有一组病人另外补充了柑橘类水果,结果补充水果的这组,坏血病有明显的改善。

要求:为上述案例设计一个实验方案,用本章所学的知识证明新鲜蔬果能否治疗坏血症。

第八章　回归分析

> "前人栽树,后人乘凉"。
>
> ——中国古谚语

引例:父代与子代

英国科学家弗朗西斯·高尔顿(Francis Galton)爵士被誉为现代回归和相关技术的创始人,他也是指纹现象的"发现者"。1875 年,高尔顿利用豌豆实验来确定尺寸的遗传规律,通过实验对比原始的豌豆种子(父代)与新长出的豌豆种子(子代)的尺寸,结果发现尺寸小的豌豆种子会得到更大的子代,尺寸大的豌豆种子会得到较小的子代,这种现象被称为返祖现象,后来称之为"向平均回归"。后来高尔顿在伦敦成立了生物统计实验室,邀请不同的家庭来做测量,收集身高、体重数据,结果发现:非常高的父亲,其儿子往往要比父亲矮一些,非常矮的父亲,其儿子往往要比父亲高一些。不只是人类身高存在着向平均数回归的现象,几乎所有的科学观察都着了魔似的向平均值回归。向平均值回归是一种保持稳定性的现象,它使得某给定物种代际之间大致相同。高尔顿发现了这种关系的一种数学测度,他称之为"相关系数"。

第一节　相关分析

一、相关关系的概念和作用

(一)相关关系的概念和特点

一切客观事物都是互相联系的。而且每一事物的运动都和它周围的其他事物互相联系、互相影响。客观现象间的这种互相联系,可以通过一定的数量关系来测定并把它反映出来。如年龄与人的生命力之间,消费支出与居民收入水平之间,劳动生产率与产品成本之间,投入与产出之间等,都存在着一定的依存关系。客观现象之间存在的互相依存关系叫相关关系。对现象之间相关关系密切程度的研究,叫相关分析。

相关关系具有如下两个特点:

1. 现象之间确实存在着数量上的依存关系

如果一个现象发生数量上的变化,则另一个现象也会相应地发生数量上的变化。例如商品流通费用增加,一般来讲,商品销售额也会随之而增加;反过来,如果商品销售额增加,一般情况下商品流通费用也会相应地增加。另外,身高与体重、播种面积与粮食产量等都存在着数量上的依存关系。

在互相依存的两个变量中,可以根据研究的目的,把其中一个变量确定为自变量(原因变量),把另一个对应变化的变量确定为因变量(结果变量)。例如可以把身高作为自变量,则体重就是因变量,也可以把体重作为自变量,此时身高就是因变量。

2. 现象之间数量上的关系是不确定、不严格的依存关系

相关关系的全称为统计相关关系,它属于变量之间的一种不完全确定的关系。这意味着一个变量虽然受另外一个(或一组)变量的影响,却并不由这一个(或一组)变量完全确定。

例如,身高为1.7米的人其体重有许多个值;体重为60公斤的人,其身高也有许多个值;再如,产品单位成本和劳动生产率的水平变动之间存在着一定的依存关系,但是除了劳动生产率的水平变动以外,产品单位成本还会受到原材料消耗、固定资产折旧、能源耗用以及管理费用等诸因素变动的影响,等等。故身高与体重之间、产品单位成本和劳动生产率的水平变动之间,均没有完全严格确定的数量关系存在。

由此可见,相关关系是现象间客观存在的,但其数值是不严格、不完全确定的相互依存关系。

(二)相关关系与函数关系的区别

函数关系是变量之间的一种严格、完全确定性的关系,即一个变量的数值完全由另一个(或一组)变量的数值所确定和控制。函数关系通常可以用数学公式确切地表示出来。例如圆周长度 L 与圆半径 r 之间存在函数关系。但相关关系一般不是完全确定的,对自变量的一个值,与之对应因变量的值不是唯一的。相关关系一般不能用数学公式准确地表示出来。它们既存在着密切的关系,但又不能由一个或几个变量的数值精确地求出另一个变量的值(这个变量实际上就是随机变量)。

造成这种情况的原因是:影响一个变量的因素是很多的,其中有些因素是属于人们一时还没有认识和掌握的,也有一些因素是已经认识但是暂时还无法控制和测量。另外,有些因素虽然可以控制和测量,但在测定这些变量的数值时,或多或少地都会有误差,所有这些偶然因素的综合作用造成了变量之间关系的不确定性。所以相关关系与函数关系是有区别的。

函数关系与相关关系虽然是两种不同类型的变量关系,但是它们之间并无严格的界限,由于有测量误差等原因,确定性关系在实际应用中往往通过相关关系表现出来;反之,当人们对事物的内部规律了解得更深刻的时候,相关关系又可能转化为确定性关系,即函数关系。

必须注意到,作为研究对象的现象或事物之间的关系,在任何情况下,都应该是客观真实,具有内在联系的关系,决不能是臆造,或只不过是形式上偶然的巧合。统计在研究相关关系时,应根据有关科学理论,通过大量的观察和试验,在对现象进行深入分析的基础上,建立这种联系,并且还要经过理论和实践的进一步检验。只有这样,才会得到科学的结论。

(三)相关分析的作用

在社会经济统计中相关分析方法的作用大致可以归纳为以下几点:

1. 确定现象之间有无关系

判断现象间是否存在着依存关系是相关分析的起始点。只有存在互相依存关系时,才有必要采用相关分析去研究。如果没有这种关系,就没有必要用相关分析去研究。

2. 确定相关关系的表现形式

只有判明了现象间相互关系的具体表现形式,才能运用相应的相关分析方法去解决。如果把曲线相关误认为是直线相关,按直线相关来进行分析,则无疑会产生错误的结论。

3. 判定相关关系的密切程度和方向

现象之间的相关关系是一种不严格、不确定的数量关系,相关分析就是从这种松散的数量关系中,判定其相关关系的密切程度和方向。

二、相关关系的种类

(一)根据依存关系的情况划分

1. 因果关系

因果关系又具体分为两类:① 单向依存关系。自变量、因变量区分明确,不能互相转化。例如合理的施肥量影响粮食产量,不是粮食产量影响施肥量,即施肥量是原因变量(自变量),粮食产量是结果变量(因变量)。② 互为因果关系。自变量、因变量区分不明确,可以互相转化。例如纤维的拉伸倍数与强度就是互为因果关系,在研究分析时,若以强度为目标,则强度就是因变量;若以拉伸倍数为目标,则强度就成为自变量了。

2. 分不清因果的依存关系

有些现象之间难以区分原因变量和结果变量。如工业增加值与耗电量之间是有依存关系的,但是谁是因谁是果却不能明显分清。这种情况下,根据研究的需要,可以把某一个定为因变量,也可以把另一个定为因变量。

(二)根据变量的多少划分

1. 单相关

单相关是指两个变量之间的相关关系。例如大学生消费支出与大学生可支配收入之间的关系。

2. 复相关

复相关是指三个或三个以上的变量之间的相关关系。例如,国内生产总值与外汇储备额以及进出口总额之间的相关关系。

(三)根据相关的形式不同划分

1. 线性相关

当相关关系的一个变量变动时,另一个变量也相应地发生一致的基本均等的变动,这种相关关系称为线性相关。

2. 非线性相关

当相关关系的一个变量变动时,另一个变量也相应地发生变动,但这种变动是不均等的,这种相关关系就称为非线性相关。非线性相关又称为曲线相关。

(四)根据相关关系的程度划分

1. 不相关

如果变量间彼此的数量变化互相独立,则其关系为不相关。

2. 完全相关

如果一个变量的数量变化由其他变量的数量变化所唯一确定,此时变量间的关系称为完全相关。这种情况下,相关关系实际上是函数关系。所以,函数关系是相关关系的一种特殊情况。

3. 不完全相关

如果变量间的关系介于不相关和完全相关之间,则称为不完全相关。大多数相关关系属于不完全相关。

（五）根据相关关系的方向划分

1. 正相关

正相关是指变量之间的变化方向一致，即都是呈增长或下降的趋势，如图 8-1（左）。

2. 负相关

负相关是变量之间变化趋势相反，即一个下降而另一个上升，或一个上升而另一个下降，如图 8-1（右）。

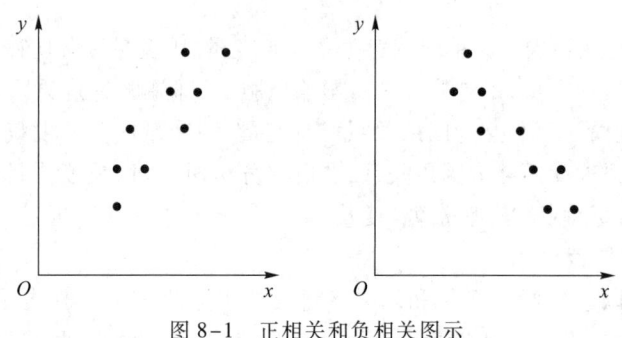

图 8-1　正相关和负相关图示

三、相关关系的判断

相关分析的主要目的就是对现象间相互关系的密切程度和变化规律有一个具体的数量观念，为进一步找出相互关系的模式，以便进行统计预测和推算及制定计划、决策等提供统计资料。

（一）一般判断法

要分析说明现象之间相关关系的具体数量表现，首先要根据对客观事物的定性认识来判断。任何事物都有质的规定性，它表明了事物自身和其他事物的联系。对事物的这种质的规定性的认识和分析，就是定性分析。按照人们认识的一般顺序，先有对事物和现象的定性判断，才能据此进行量的分析和判断。

若通过对客观现象和事物的定性分析，判明了它们之间没有什么关系，就用不着进行相关分析了。然而，定性分析往往不准确，如果现象之间确实存在着依存关系时，必然会贻误对现象的认识和研究。因此，除搞好定性分析外，对现象之间有无相关关系作出定量判断，是相关分析十分重要的一项工作。

（二）相关表

将现象之间的相关关系，用表格形式来反映，这种表称为相关表。相关表的编制，一般以 x 为自变量，y 为因变量，把每个自变量与其相应的因变量在表格中一一对应地排列。通过相关表可以初步看出相关关系的形式、密切程度和相关方向。

相关表主要有以下几种：

1. 简单相关表

按两列成对的变量数值编制的统计表，称为简单相关表。

【例 8-1】　某地工业局所属 10 个同类型企业，某年生产性固定资产价值量与工业增加值具有相关关系，编制相关表如表 8-1 所示。

表8-1 某年生产性固定资产价值量与工业增加值 单位：百万元

企业编号	生产性固定资产价值 x	工业增加值 y
1	30	150
2	40	200
3	60	250
4	80	250
5	80	300
6	90	300
7	90	290
8	90	340
9	100	370
10	110	410

从表8-1可以粗略看出，随着生产性固定资产价值的增长，则其工业增加值呈增长的趋势。

2. 分组相关表

如果原始资料很多，就很难使用简单相关表来表示。这时就要将原始资料进行分组整理，然后再编制相关表，这种相关表称为分组相关表。分组相关表包括单变量分组表和双变量分组表两种。

（1）单变量分组表。单变量分组表在原始资料比较多时，对自变量数值进行分组，计算出各组的次数和因变量组平均数，这种统计表称为单变量分组表。

【例8-2】 根据某纺织厂某年每个工人看管织机台数和布匹的时劳动生产率资料，编制单变量分组相关表如表8-2所示。

表8-2 某年每个工人看管织机台数和布匹的时劳动生产率

工人看管织机台数 x/台	工人数 f/人	时劳动生产率 y/米
5～6	11	15
7～8	13	18
9～10	18	23
11～12	28	26
13～14	31	33
15～16	29	38
17～18	17	43

表8-2是只将工人按看管织机台数分组，而未按时劳动生产率分组的单变量分组表。从表中可以粗略地看出，随着各组工人看管织机台数的增加，时劳动生产率有提高的趋势。

（2）双变量分组表。双变量分组表对两种有关变量都进行分组，交叉排列，并列出两种变量各组间的共同次数，这种统计表称为双变量分组表。

【例8-3】 根据某省建材局的运材队某年汽车运材成本和运量的资料，编制双变量分组表如表 8-3。

表 8-3　某省建材局的运材队某年汽车运材成本和运量

运材成本 $y/(元/m^3)$	木材运量 $x/$ 万立方米					
	1~11	11~21	21~31	31~41	41~51	合计
16~21	2	1				3
11~16	5	3	4	1		13
6~11		3	3	1	1	8
合计	7	7	7	2	1	24

编制双变量分组相关表须注意,将自变量放在横栏,按变量值升序自左至右排列,将因变量放在纵栏,按变量值降序排列。这样做的目的是将相关表与相关图对应起来,以便于判断相关关系的性质。

通过双变量相关表中各组次数的分布情况,可初步判断两种变量之间相关的形态、方向和程度。例如,衬衫的生产必须考虑各种体型的消费者所需要的规格型号。厂家为了做到产品适销对路,就需要进行抽样调查,将领口、袖长按不同规格进行交叉分组,编制相关表,并计算它们在各组的共同次数占总次数的比例,以决定生产各种不同规格衬衫的数量。有关类似问题,都可以使用相关表。

（三）相关图

将现象之间的关系,通过图像来表示,这种图像称为相关图。在坐标图上,以横轴表示自变量,纵轴表示因变量,标出每对变量值的坐标点(散布点),表示其分布状况的图形即为相关图。相关图又称为散点图、散布图(scatter plot)。通过相关图,可以大致看出两个变量之间有无相关关系及相关的形态、方向和密切程度。其判断方法如下:

1. 强正相关

若变量 x 的数值增大时,变量 y 的数值也明显地增大,相关点的分布集中呈直线形状,则说明这两个变量间是强正相关,如图 8-2(左)。

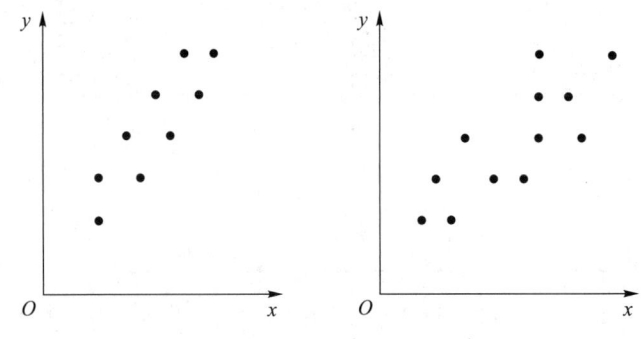

图 8-2　强正相关和弱正相关

2. 弱正相关

若变量 x 的数值增大时,变量 y 的数值也增大,但其相关点的分布比较分散,则表明这两个变量间是弱正相关,如图 8-2(右)。

3. 强负相关

若变量 x 的数值增大时,变量 y 的数值显著地减小,相关点的分布集中呈直线状,则反映了这两个变量间强负相关,如图8-3(左)。

4. 弱负相关

若变量 x 的数值增大时,变量 y 的数值趋于下降,但相关点的分布较松散,则说明这两个变量间弱负相关,如图8-3(右)。

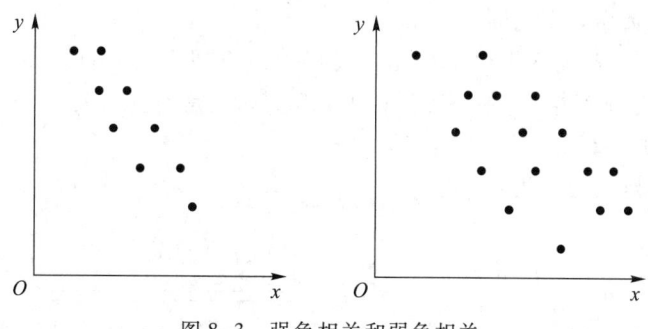

图8-3 强负相关和弱负相关

5. 非线性相关(曲线相关)

若变量 x 的数值增大时,各相关点的分布呈曲线状,则表明这是非线性相关,如图8-4(左)。

6. 不相关

若图像上各相关点很分散,则说明变量 x 和变量 y 之间没有相关关系,如图8-4(右)。

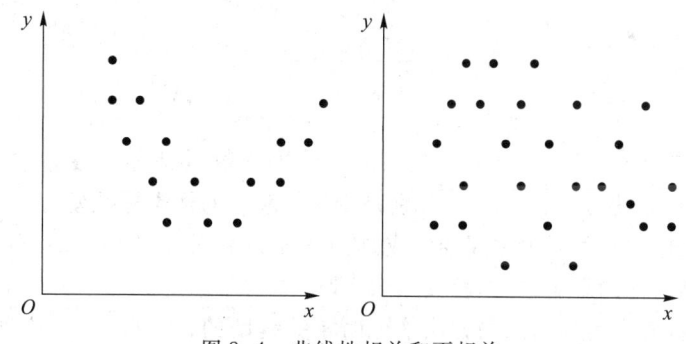

图8-4 非线性相关和不相关

四、相关系数和显著性检验

(一)相关系数的意义

相关系数(correlation coefficient)是在线性相关条件下,说明两个现象之间相关关系的方向和密切程度的统计分析指标。通常用 r 来表示。

相关系数比相关图更能概括表现相关的形式和程度。根据相关系数的大小,或把若干相关系数加以对比,可以发现现象发展中具有决定意义的因素,因而相关系数对于判断变量之间相关关系的密切程度,有其重要作用。

(二)相关系数的取值范围及其意义

相关系数的数值范围,是在-1 和+1 之间,即 $-1 \leqslant r \leqslant +1$。

相关系数 r 的绝对值越接近于 1,则表示相关关系越强;越接近于 0,则表示相关关系越弱。计算结果 $r>0$ 为正相关,$r<0$ 为负相关。

如果 $r=1$ 或 $r=-1$,则表示两个现象完全直线相关。

如果 $r=0$,则表示两个现象完全不相关(不是直线相关)。但需要注意的是,r 只表示 x 与 y 的直线相关密切程度。当 $|r|$ 很小甚至等于 0 时,并不一定表示 x 与 y 之间就不存在其他非直线类型的关系。

一般可对相关系数做如下判断:

相关系数的绝对值 $|r|$ 在 0.3 以下是无直线相关,0.3 以上是有直线相关,0.3 ~ 0.5 是低度直线相关,0.5 ~ 0.8 是显著相关(中等程度相关),0.8 以上是高度相关。

(三) 相关系数的计算公式

总体相关系数的定义公式为:

$$\rho = \frac{Cov(X,Y)}{\sqrt{Var(X)Var(Y)}} = \frac{\sum_{i=1}^{N}(X_i-\overline{X})(Y_i-\overline{Y})}{\sqrt{\sum_{i=1}^{N}(X_i-\overline{X})^2 \sum_{i=1}^{N}(Y_i-\overline{Y})^2}} \tag{8-1}$$

其中,$Cov(X,Y)$ 是变量 X 和 Y 的协方差,$Var(X)$ 和 $Var(Y)$ 分别是变量 X 和 Y 的方差。总体相关系数是反映两变量之间线性关系程度的一种特征值,表现为一个常数。

样本相关系数的定义公式:

$$r = \frac{S_{xy}^2}{S_x S_y} = \frac{\sum_{i=1}^{n}(x_i-\overline{x})(y_i-\overline{y})}{\sqrt{\sum_{i=1}^{n}(x_i-\overline{x})^2 \sum_{i=1}^{n}(y_i-\overline{y})^2}} \tag{8-2}$$

式中,n 表示资料项数;$\overline{x}$ 表示 x 变量数列的算术平均数;$\overline{y}$ 表示 y 变量数列的算术平均数;S_{xy}^2 是变量 x 和 y 的样本协方差,S_x 和 S_y 分别是变量 x 和 y 的样本标准差。

样本相关系数,也称为线性相关系数,或称为皮尔逊相关系数(pearson's correlation coefficient)。受到抽样随机性的影响,样本相关系数不唯一。

由于它是通过将各个离差相乘的方法来说明相关程度的,所以通常把这种相关系数的公式叫作"积差法"相关系数公式。

上式数值计算时使用了 $\overline{x}$ 和 $\overline{y}$,计算既麻烦又影响准确性。在实际应用中,可根据原始变量的数值计算,运用相关系数简捷法。即:

$$r = \frac{n\sum xy - \sum x \sum y}{\sqrt{n\sum x^2-(\sum x)^2} \cdot \sqrt{n\sum y^2-(\sum y)^2}} \tag{8-3}$$

此式可以不用计算两个变量数列的平均值与标准差,不仅节约了工作量,而且可以减少计算平均值除不尽时所带来的误差。此公式可由"积差法"相关系数计算公式推导得出。事实上

$$\sum(x-\overline{x})^2 = \sum(x^2-2x\cdot\overline{x}+\overline{x}^2)$$
$$= \sum x^2 - \sum(2x\cdot\overline{x}) + \sum\overline{x}^2$$
$$= \sum x^2 - 2\overline{x}\frac{\sum x}{n}n + n\overline{x}^2$$

$$= \sum x^2 - n\bar{x}^2$$

$$= \sum x^2 - n\left(\frac{\sum x}{n}\right)^2$$

$$= \sum x^2 - \frac{(\sum x)^2}{n}$$

用同样方法可得

$$\sum(y-\bar{y})^2 = \sum y^2 - \frac{(\sum y)^2}{n}$$

$$\sum(x-\bar{x})(y-\bar{y}) = \sum xy - \frac{(\sum x)(\sum y)}{n}$$

把以上结果代入积差法相关系数计算公式化简后,即可得出相关系数简捷法的公式。如果令

$$L_{xx} = \sum(x-\bar{x})^2$$

$$L_{yy} = \sum(y-\bar{y})^2$$

$$L_{xy} = \sum(x-\bar{x})(y-\bar{y})$$

则相关系数公式可写成:

$$r = \frac{L_{xy}}{\sqrt{L_{xx}L_{yy}}} \tag{8-4}$$

从此式中可以看出:r 取正值或负值决定于分子 L_{xy},当 L_{xy} 为正时,得出 r 为正相关,当 L_{xy} 为负值,得出 r 为负相关。

要理解相关系数 r 中协方差的作用和变量标准差的作用。

(1) 协方差(S_{xy}^2)的作用

① 显示 x 与 y 是正相关还是负相关。相关系数的正负号完全决定协方差的正负号,因此当协方差为正数时为正相关,当协方差为负数时为负相关。

② 显示 x 与 y 相关程度的大小。协方差的绝对值小,表示相关程度低,协方差的绝对值大,表示 x 与 y 的相关程度高。

(2) 标准差 S_x 和 S_y 的作用

在相关系数定义公式中将协方差除以变量 x 和 y 各自的样本标准差,它的实际作用在于对 x、y 与各自平均数的离差,分别用各自的标准差为尺度加以标准化,然后再求标准差的协方差。即

$$r = \frac{\sum(x-\bar{x})(y-\bar{y})}{nS_xS_y} = \frac{\sum\left(\frac{x-\bar{x}}{S_x}\right)\left(\frac{y-\bar{y}}{S_y}\right)}{n}$$

经过离差标准化后再求其相关系数,有两个优点:

第一,x,y 协方差是有名数,不同现象的变异情况不同,相关程度不能直接以协方差大小加以比较。标准化结果使协方差化为无名数,相关系数可以比较不同现象相关程度的高低。

第二,x,y 协方差和数值可以无限增多或减少,不便于说明问题。将变量离差标准化,使相关系数的绝对值不超过 1,即 $|r| \leq 1$。

(四)相关系数的显著性检验

一般来说,总体相关系数是未知的,通常是将样本相关系数作为总体相关系数的估计值。但

由于抽样的随机性,样本相关系数 r 是一个随机变量。能否用样本相关系数去推断总体相关系数,这就需要考察样本相关系数的可靠性,即对样本相关系数进行显著性检验。

1. 相关系数 r 的抽样分布

样本相关系数 r 的抽样分布随着总体相关系数 ρ 和样本量 n 的大小而变化。当样本数据来自正态总体时,随着样本容量 n 的增加,r 的抽样分布趋于正态分布,尤其是当总体相关系数很小或趋于 0 时,r 趋于正态分布的趋势越明显。而当 ρ 离 0 越远,除非样本容量 n 很大,否则 r 的抽样分布呈现偏态分布。当 ρ 为较大的正值时,r 呈现左偏分布;当 ρ 为较大的负值时,r 呈现右偏分布;当 ρ 接近 0,样本量 n 很大时,才能认为 r 是接近正态分布的随机变量。

2. 相关系数 r 的显著性检验

如果 r 服从正态分布,则可以用正态分布来检验。但从上面的分析可知,很多时候 r 呈现一定的偏态分布。因此,通常情况下不采用正态检验,而是采用费歇尔提出的 t 检验,该检验可以用于大样本,亦可以用于小样本。检验的具体步骤如下:

(1) 提出假设

$$H_0 : \rho = 0, \quad H_1 : \rho \neq 0$$

(2) 计算检验统计量

$$t = \frac{|r|\sqrt{n-2}}{\sqrt{1-r^2}} \sim t(n-2) \tag{8-5}$$

(3) 给定显著性水平 α,查表的临界值 $t_{\alpha/2}(n-2)$;

(4) 进行决策。如果检验统计量 t 值大于临界值 $t_{\alpha/2}(n-2)$,落入拒绝域,拒绝原假设,说明两变量存在显著的相关关系;反之,检验统计量 t 值小于临界值 $t_{\alpha/2}(n-2)$,落入接受域,没有理由拒绝原假设,说明两变量之间没有线性关系。

下面举例说明相关系数的计算和显著性检验。

【例 8-4】 设某市十家主要商场的人均销售额和利润率资料如表 8-4 所示,试用简捷法公式计算相关系数,并进行显著性检验。

表 8-4　相关系数计算表

商场编号	人均销售额 x/千元	利润率 y/%	x^2	y^2	xy
1	6	12.6	36	158.76	75.0
2	5	10.4	25	108.16	52.0
3	8	18.5	64	342.25	148.0
4	1	3.0	1	9.00	3.0
5	4	8.1	16	65.61	32.4
6	7	16.3	49	265.69	114.1
7	6	12.3	36	151.29	73.8
8	3	6.2	9	38.44	18.6
9	3	6.6	9	43.56	19.8
10	7	16.8	49	282.24	117.6
合计	50	110.8	294	1 465.00	654.9

解：根据已知条件可得

（1）根据表中所列示的资料，代入样本相关系数计算公式

$$r = \frac{n \sum xy - \sum x \sum y}{\sqrt{n \sum x^2 - (\sum x)^2} \cdot \sqrt{n \sum y^2 - (\sum y)^2}}$$

$$= \frac{10 \times 654.9 - 50 \times 110.8}{\sqrt{10 \times 294 - (50)^2} \sqrt{10 \times 1\,465 - (110.8)^2}} = 0.987$$

计算结果表明商场的利润率和人均销售额之间呈高度的正相关。

（2）相关系数 r 的显著性检验

第1步，提出假设。$H_0 : \rho = 0, H_1 : \rho \neq 0$

第2步，计算检验统计量的值

$$t = \frac{|r| \sqrt{n-2}}{\sqrt{1 - r^2}} = \frac{0.987 \times \sqrt{10-2}}{\sqrt{1 - 0.987^2}} = 17.37$$

第3步，给定显著性水平 $\alpha = 0.05$，查表的临界值 $t_{0.025}(8) = 2.306$

第4步，进行决策。t 值 $= 17.37$ 大于临界值 $t_{0.025}(8) = 2.306$，落入拒绝域，拒绝原假设，说明两变量存在显著的相关关系。

第二节　一元线性回归分析

一、回归分析与相关分析的关系

（一）回归分析的概念

相关关系说明现象间有无关系，但它不能说明一个现象发生一定量的变化时，另一个变量将会发生多大量的变化。也就是说，它不能说明两个变量之间的一般数量关系值。

回归分析是对具有相关关系的现象，根据其关系形态，选择一个合适的数学模型（称为回归方程式），用来近似地表示变量间的平均变化关系的一种统计分析方法。它实际上是相关现象间不确定、不规则的数量关系一般化、规则化。采用的方法是配合直线或曲线方程来代表现象之间的一般数量关系。这条直线或曲线叫回归直线或回归曲线，它们的方程式叫直线回归方程或曲线回归方程，或统称为线性回归方程。

（二）回归分析与相关分析的区别与联系

1. 回归分析与相关分析的区别

（1）相关分析所研究的两个变量是对等关系，回归分析所研究的两个变量不是对等关系，必须根据研究目的，先确定其中一个是自变量，另一个是因变量。

（2）对两个变量 x 和 y 来说，相关分析只能计算出一个反映两个变量间相关密切程度的相关系数，计算中改变 x 和 y 的地位不影响相关关系的数值；回归分析有时可以根据研究目的不同分别建立两个不同的回归方程。以 x 为自变量，y 为因变量，可以得出 y 倚 x 的回归方程。以 y 为自变量，x 为因变量，可得出 x 倚 y 的回归方程。

（3）相关分析对资料的要求是，两个变量都必须是随机变量，而回归分析对资料的要求是，自变量是可以控制的变量（给定的变量），因变量是随机变量。

2. 回归分析与相关分析的联系

（1）相关分析是回归分析的基础和前提。如果缺少相关关系，没有从定性上说明现象间是否具有相关关系，没有对相关关系的密切程度作出判断，就不能进行回归分析，即便勉强进行了回归分析，也是没有实际意义的。

（2）回归分析是相关分析的深入和继续。仅仅说明现象间具有密切的相关关系是不够的，只有进行了回归分析，拟合了回归方程，才可能进行有关分析的回归预测，相关分析才有实际的意义。因此，如果仅有回归分析而缺少相关分析，将会因为缺乏必要的基础和前提而影响回归分析的可靠性；如果仅有相关分析而缺少回归分析，就会降低相关分析的意义。只有把两者结合起来，才能达到统计分析的目的。

二、一元线性回归模型

通过相关系数，只能了解因变量和自变量相关关系的密切程度和方向，但是不能根据自变量的变动估计因变量的变动。为了根据某一因素的数值来估计另一因素的数值，根据已知推求未知，就需要进行回归分析。回归分析首先要确定哪个变量是自变量（independent variable），哪个变量是因变量（dependent variable）。被解释或被预测的变量称为因变量，用 y 表示。用来解释或预测因变量的一个或多个变量称为自变量，用 x 表示。回归分析的主要任务是对变量进行相关分析的基础上，通过一定的数学表达式（回归方程）将这种数量依存关系描述出来，进而确定一个或多个自变量对另一个特定变量（因变量）的影响程度。

（一）一元线性回归模型和基本假定

当回归中只涉及一个自变量时，称为一元回归，如果因变量 y 和自变量 x 之间为线性关系时，称为一元线性回归，也称为简单直线回归。它是根据成对的两个变量的数据，配合直线方程式，根据自变量的变动，来推算因变量发展趋势和水平的方法。它是研究相互关联的两种经济现象数量变动依存关系的一种经典方法。

描述因变量 y 对自变量 x 的回归模型（regression model）有如下形式：

$$y = \alpha + \beta x + \varepsilon \tag{8-6}$$

回归模型中，y 有两个部分构成，一部分是自变量 x 的线性函数，一部分是随机误差 ε。随机误差 ε 反映了除自变量 x 的线性关系之外的随机因素对 y 的影响。α 和 β 表示确定回归直线模型的两个待估计的参数。

模型的随机扰动项 ε 是无法直接观测的。为了进行回归分析，通常需要对其概率分布提出一些假定。主要有四个假定条件：

① 误差项 ε 的期望值为 0，$E(\varepsilon) = 0$；

② 对于所有的 x 值，误差项 ε 的方差为常数 σ^2；

③ 自变量 x 是给定的非随机变量，与误差项 ε 不相关；

④ 误差项 ε 是一个服从正态分布且相互独立的随机变量，即 $\varepsilon \sim N(0, \sigma^2)$。

满足以上四个标准假定的一元线性回归模型称为标准的一元线性回归模型。

（二）一元线性回归方程

根据回归模型的基本假定，误差项 ε 的期望值为 0，对回归模型两端求期望，可得因变量 y 的期望值是自变量 x 的线性函数，总体回归方程：

$$E(y) = \alpha + \beta x \qquad (8-7)$$

一元线性回归方程是一条直线,也称为直线回归方程。方程式中,α 表示回归直线在 y 轴上的截距,β 表示直线的斜率。

总体参数 α 和 β 是未知的,必须利用样本数据去估计总体未知参数。根据样本数据可以求出样本回归方程:

$$\hat{y} = a + bx \qquad (8-8)$$
$$y = a + bx + e \qquad (8-9)$$

式中,a 是样本回归线在 y 轴上的截距,b 称为 y 对 x 的回归系数,表明 x 每变动一个单位时,影响 y 平均变动的数量。e 是残差,是 y 与拟合值 $\hat{y}$ 之间的差值,可以看成是对误差项 ε 的估计。

总体回归方程与样本回归方程的联系和区别:

(1)总体回归线是未知的,只有一条;样本回归线是根据样本数据拟合出来的,可以有很多条;

(2)总体回归方程中的 α 和 β 是未知参数,表现为常数;样本回归方程中的 a 和 b 是随机变量,随着抽取的样本观测值不同而不同;

(3)总体回归模型中的误差项 ε 是总体中 y 与 y 的期望值之间的差值,是不可知的;样本回归模型中的残差 e 是可以计算出来的。

综上所述,样本回归函数是对总体回归函数的近似估计。回归分析的主要任务就是充分利用样本信息,采用适当的参数估计方法,使得样本回归方程尽可能接近总体回归方程。

三、最小平方法

德国科学家卡尔·高斯(Karl Gauss,1777 – 1855)提出应用最小平方法(method of least squares)原理确定两个待估参数 α 和 β 的数值,配合直线模型可以使离差的平方和达到最小,即 $\sum(y-\hat{y})^2 = \min$。因而,最小平方法估计出来的样本回归方程最有代表性,是最佳的回归直线模型。估计原理如下:

令
$$Q = \sum e^2 = \sum (y-\hat{y})^2 = \sum (y-a-bx)^2 \qquad (8-10)$$

要使得残差平方和达到最小,需要对变量 a 和 b 求导令其等于 0,即

$$\begin{cases} \dfrac{\partial Q}{\partial a} = -2 \sum (y-a-bx) = 0 \\ \dfrac{\partial Q}{\partial b} = -2 \sum x(y-a-bx) = 0 \end{cases} \qquad (8-11)$$

整理得正规方程组

$$\begin{cases} \sum y = na + b \sum x \\ \sum xy = a \sum x + b \sum x^2 \end{cases} \qquad (8-12)$$

求解上述方程组可得

$$\begin{cases} b = \dfrac{n \sum xy - \sum x \sum y}{n \sum x^2 - (\sum x)^2} \\ a = \bar{y} - b\bar{x} \end{cases} \qquad (8-13)$$

当 $x = \bar{x}$ 时,$\hat{y} = \bar{y}$,即样本回归线通过 $(\bar{x}, \bar{y})$ 这一点。

四、一元线性回归模型的拟合效果

样本回归线 $\hat{y} = a + bx$ 描述了变量 x 与 y 之间的线性关系,可以根据自变量 x 的取值拟合或者预测因变量 y 的取值。如果各样本观测值数据都落在这条直线上,说明这条直线对数据是完全拟合的。各观测点越是紧密围绕这条直线,说明直线对观测数据的拟合程度越好,反之拟合得越差。回归直线与各观测点的接近程度称为回归直线对数据的拟合优度(goodness of fit)。

1. 判定系数

判定系数(coefficient of determination)是对估计的回归方程拟合优度的度量。首先需要对因变量 y 的变差进行研究。因变量 y 是随机变量,y 取值的波动称为变差。变差的大小可以用观测值 y 与均值 $\bar{y}$ 之差来表示。变差的产生来源于两个部分:一部分是由自变量 x 的取值不同造成的,一部分是由于 x 以外的其他因素的影响。变差就被分解成两个部分:

$$y - \bar{y} = (y - \hat{y}) + (\hat{y} - \bar{y}) \tag{8-14}$$

将上式两边平方,并对 n 个观测值数据求和,有

$$\sum (y - \bar{y})^2 = \sum (y - \hat{y})^2 + \sum (\hat{y} - \bar{y})^2 \tag{8-15}$$

其中,$\sum (y - \bar{y})^2$ 称为总离差平方和,用 SST 来表示,$SST = \sum (y - \bar{y})^2$。$\sum (\hat{y} - \bar{y})^2$ 称为回归平方和,是回归拟合值与均值的离差平方和,可以看作是由于自变量 x 的变化对 y 带来的影响,记为 SSR。$\sum (y - \hat{y})^2$ 称为残差平方和,是观测值 y 与拟合值的残差平方和,可以看作是自变量 x 之外的其他因素对因变量 y 的影响,记为 SSE。三个平方和之间的关系是:

总平方和(SST)= 回归平方和(SSR)+残差平方和(SSE)

各观测值越是靠近直线,回归平方和占总离差平方和的比重越大,或者说残差平方和占总离差平方和的比重越小,直线方程拟合得越好。所以回归平方和占总离差平方和的比重称为判定系数或可决系数,记为 R^2。计算公式如下:

$$R^2 = \frac{SSR}{SST} = \frac{\sum (\hat{y} - \bar{y})^2}{\sum (y - \bar{y})^2} = 1 - \frac{\sum (y - \hat{y})^2}{\sum (y - \bar{y})^2} \tag{8-16}$$

判定系数 R^2 衡量了回归方程对观测数据的拟合程度。如果所有观测点都落在回归直线上,残差平方和为 0,则 $R^2 = 1$,完全拟合;如果 y 的变化与 x 无关,此时 $\hat{y} = \bar{y}$,回归平方和为 0,$R^2 = 0$。由此可知,R^2 的取值范围是 $[0, 1]$。R^2 越接近于 1,说明回归平方和占总离差平方和的比重越大,拟合优度越好;反之 R^2 越接近于 0,说明回归平方和占总离差平方和的比重越小,拟合优度越差。另外,在一元线性回归方程中,可决系数实际上是相关系数 r 的平方。

2. 估计标准误差

由上面分析可知,残差平方和是观测值 y 与回归拟合值 $\hat{y}$ 之间的差异程度,残差平方和越小,方程拟合优度越好。估计标准误差(standard error of estimate,简称 Se)衡量的是各观测值在回归直线周围的平均离散程度。

$$Se = \sqrt{\frac{\sum (y - \hat{y})^2}{n - 2}} = \sqrt{\frac{e^2}{n - 2}} \tag{8-17}$$

若估计标准误差小,表明回归方程准确性高,代表性大;反之,估计不够准确,代表性小。通过回归模型的基本假定可知,误差项 ε 的方差为 σ^2。但由于随机误差项不可观测,所以需要用残差平方和来估计总体方差 σ^2。数学上可以证明,σ^2 的无偏估计量是残差平方和除以自由度 $n-2$。

五、一元线性回归模型的检验

回归方程拟合的好坏只是回归分析的第一步,接下来还要进行回归方程的显著性检验:一是回归直线方程整体的显著性检验;二是回归系数的显著性检验,t 检验。

(一)回归方程的显著性检验

要检验两个变量 x 和 y 之间的线性关系是否显著,需要构造检验统计量。该统计量的构造需要借助于前面的离差平方和的分解,以回归平方和和残差平方和为基础,通过方差分析构造 F 统计量。其中,回归平方和除以自由度 k(自变量的个数)称为均方回归,记为 MSR;残差平方和除以自由度 $n-k$ 称为均方残差,记为 MSE。

$$F = \frac{SSR/1}{SSE/n-2} = \frac{MSR}{MSE} \sim F(1, n-2) \tag{8-18}$$

回归方程的显著性检验步骤如下:

第一步,提出假设

$$H_0: \beta = 0; \quad H_1: \beta \neq 0$$

第二步,计算检验统计量 F

$$F = \frac{SSR/1}{SSE/n-2} = \frac{MSR}{MSE} \sim F(1, n-2)$$

第三步,作出决策。给定显著性水平 α,查表得临界值 $F_\alpha(1, n-2)$。如果 $F > F_\alpha(1, n-2)$,落入拒绝域,拒绝原假设,说明两个变量之间的线性关系是显著的;如果 $F < F_\alpha(1, n-2)$,落入接受域,没有理由拒绝原假设,说明两个变量之间的线性关系不显著。

(二)回归系数的显著性检验

回归系数的显著性检验是要检验自变量 x 对因变量 y 的影响是否显著。如果回归系数 $\beta = 0$,则说明自变量 x 和 y 之间没有线性关系,回归线是一条水平线。接下来需要构造检验统计量对回归系数 $\beta = 0$ 进行假设检验。为此需要研究随机变量 b 的分布。

由前面的分析可知,回归方程 $\hat{y} = a + bx$ 是根据样本数据计算的,当抽取样本不同时,估计的回归方程也会不同。所以 a 和 b 是根据最小二乘法得到的参数 α 和 β 的估计值,都是随机变量,有自己的分布。统计证明,b 服从正态分布,期望值为 β,方差为:

$$s_b = \frac{\sigma}{\sqrt{\sum x^2 - \frac{1}{n}(\sum x)^2}} \tag{8-19}$$

总体标准差 σ 未知,用回归估计标准差代替,得到:

$$s_b = \frac{s_e}{\sqrt{\sum x^2 - \frac{1}{n}(\sum x)^2}} \tag{8-20}$$

因此可以构造出回归系数 b 的统计量:

$$t = \frac{b - \beta}{s_b} = \frac{b}{s_b} \sim t(n-2) \tag{8-21}$$

回归系数的显著性检验步骤如下:

第一步,提出检验。$H_0: \beta = 0; H_1: \beta \neq 0$

第二步,计算检验统计量

$$t = \frac{b}{s_b} \sim t(n-2)$$

第三步,作出决策。给定显著性水平 α,并根据自由度 $n-2$,查 t 分布表得临界值 $t_{\alpha/2}(n-2)$。如果 $t > t_{\alpha/2}(n-2)$,拒绝原假设,回归系数显著不等于 0,说明自变量 x 对 y 的影响是显著的;反之,如果 $t < t_{\alpha/2}(n-2)$,不能拒绝原假设,没有理由说明自变量 x 对 y 的影响是显著的,x 和 y 二者之间不存在显著的线性关系。

(三) 残差的检验

残差(residual)是因变量的观测值 y_i 与根据估计的回归方程求出的预测值 $\hat{y}_i$ 之差,用 e 表示。它反映了用估计的回归方程去预测 y_i 而引起的误差。第 i 个观测值的残差可以写为:

$$e_i = y_i - \hat{y}_i$$

对误差项进行正态性假定的检验可以通过残差图分析来判断。常用的残差图有关于 x 的残差图,关于 $\hat{y}$ 的残差图,标准化残差图等。关于 x 的残差图是用横轴表示自变量 x 的值,用纵轴表示对应的残差,$e = y - \hat{y}$,每个 x 的值与对应的残差用图上的一个点来表示。如果对所有的 x 值,误差项 ε 的方差都相同,而且假定描述变量 x 和 y 之间关系的回归模型是合理的,那么残差图中的所有点随机排列,落在一条水平带中间。如果随着 x 的增加呈现变大或变小的趋势,则说明违背了 ε 方差相等的假设。

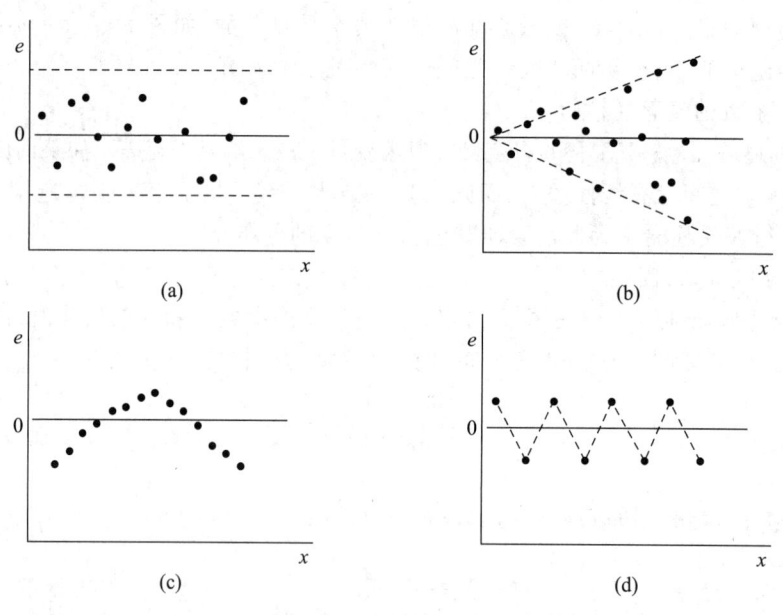

图 8-5　不同形态的残差图

图 8-5 是不同形态的残差图。图(a)表示残差随着 x 的变化随机排列,说明回归模型是满意的模型;图(b)表示残差随着 x 的变化呈现扩大的态势,图(c)表示残差随着 x 的变化呈现先增后减的态势,图(d)表示残差随着 x 的变化呈现锯齿状变化,正负交替,后面三种都说明残差序列没有通过检验,回归模型是不满意的模型。

标准化残差(standardized residual)是残差除以它的标准差后得到的数值,也称为 Pearson 残差或半学生化残差,用 z_e 表示。第 i 个观察值的标准化残差可以表示为:

$$z_{e_i} = \frac{e_i}{s_e} = \frac{y_i - \hat{y}_i}{s_e}$$

式中,s_e 是残差的标准差的估计。

如果误差项服从正态分布,那么标准化残差的分布也应服从正态分布。因此,在标准化残差图中,大约有 95% 的标准化残差在 $-2 \sim +2$ 之间。

六、一元线性回归模型的预测

如果所拟合的回归方程经过拟合优度检验和显著性检验,就可以利用方程进行预测。预测是指根据自变量 x 的取值估计或预测因变量 y 的取值。对于自变量 x 来说,给定一个值 x_f,代入回归方程即可得到因变量 y 的平均可能取值 $\hat{y}_f$。预测公式如下:

$$\hat{y}_f = a + bx_f \tag{8-22}$$

由样本回归函数的意义可知,预测公式计算出来的 $\hat{y}_f$ 只是对 y_f 的平均值做的点估计,由于 a 和 b 是随样本变化而变化的随机变量,$\hat{y}_f$ 也是一个随机变量。对平均值的点预测值 $\hat{y}_f$ 不一定等于因变量预测值的真实个别值 y_f,还需要对其可能的置信区间作出预测,也就是说要对真实值 y_f 进行区间预测。

在标准正态分布假定条件下,残差 $e_f = y_f - \hat{y}_f$ 依然服从正态分布,而且容易导出其分布:

$$e_f \sim N\left(0, \sigma^2 \sqrt{1 + \frac{1}{n} + \frac{(x_f - \bar{x})^2}{\sum (x_i - \bar{x})^2}}\right)$$

当 σ^2 未知时,可以考虑用 $\hat{\sigma}^2 = \dfrac{\sum e_i^2}{n-2}$ 来代替,可以证明

$$t = \frac{e_f}{Se(e_f)} = \frac{y_f - \hat{y}_f}{Se(e_f)} \sim t(n-2) \tag{8-23}$$

给定显著性水平 α,查表得临界值 $t_{\alpha/2}(n-2)$,进而构造置信度为 $1-\alpha$ 的 y_f 的预测区间:

$$\hat{y}_f \pm t_{\alpha/2}(n-2)\hat{\sigma}^2 \sqrt{1 + \frac{1}{n} + \frac{(x_f - \bar{x})^2}{\sum (x_i - \bar{x})^2}} \tag{8-24}$$

【例 8-5】 一元线性回归的应用举例

随着人们生活水平的提高,居民消费在社会经济的持续发展中有着重要的作用。从理论角度讲,居民收入水平提高,居民消费水平也会逐步增加。为了研究各地区居民消费的差异,这里选取 2017 年全国各地区的居民可支配收入和居民消费支出数据进行一元线性回归分析。影响各地区居民消费支出的因素有很多,最主要的影响因素是居民收入,其他因素如居民财产、物价指数、利率等。我们暂时将其归入随机扰动项当中。

问:(1)建立居民人均消费支出 y 对居民人均可支配收入 x 的一元线性回归模型;

(2)进行回归方程的拟合优度检验;

(3)对拟合的回归方程的显著性检验;

（4）已知 2018 年的居民人均可支配收入是 28 228 元,预测 2018 年的居民人均消费支出。

解:借助于 Excel 软件,首先作出散点图(图 8-6)查看二者的相关关系,结果发现二者有非常强的线性相关关系。

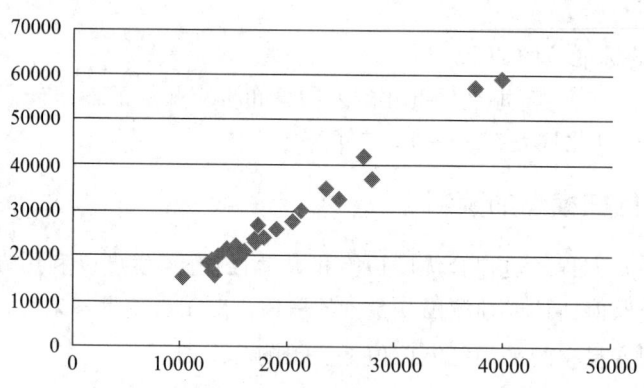

图 8-6 人均可支配收入和消费支出二者的相关关系图示

接下来,点击【数据】→【数据分析】→【回归】,将数据输入,即可得到回归分析的结果,如图 8-7 所示。

回归统计	
Multiple R	0.9881424
R Square	0.9764255
Adjusted R Square	0.9756125
标准误差	1064.9705
观测值	31

方差分析					
	df	SS	MS	F统计量	显著性检验
回归分析	1	1.36E+09	1.36E+09	1201.141	3.735E-25
残差	29	32890702	1134162		
总计	30	1.4E+09			

	Coefficients	标准误差	t Stat	P-value	Lower 95%	Upper 95%
Intercept	1843.1751	513.8418	3.587048	0.001212	792.25073	2894.1
X Variable 1	0.6375958	0.018397	34.65748	3.73E-25	0.5999696	0.675222

图 8-7 居民人均消费支出和居民人均可支配收入的回归方程结果

第一部分:回归统计结果。相关系数,判定系数 R^2,调整判定系数,标准误差和观测值个数。可以看出,居民人均消费支出和居民人均可支配收入高度相关,回归方程的拟合优度为 97.64%,方程拟合优度很高。

第二部分:方差分析结果。回归平方和、残差平方和、均方、F 统计量和概率 P 值。从分析结果可以看出,回归方程整体上是显著的。

第三部分:回归参数估计结果。截距项、回归系数、标准差、t 统计量和概率 P 值等。回归系数为 0.638,居民人均可支配收入每变动一元,居民人均消费支出将平均变动约 0.638 元。

第四部分:预测。回归方程:$\hat{y}=1\,843.18+0.638x$

已知 2018 年河南省的居民人均可支配收入是 21 984 元,则 2018 年河南省居民人均消费支出的预测值为:

$$\hat{y}_{2018}=1\,843.18+0.638\times21\,984=15\,868.97(元)$$

给定显著性水平 $\alpha=0.05$,查表得临界值 $t_{0.025}(29)=2.045\,2$,进而构造置信度为 95% 的 y_f 的预测区间:

$$\hat{y}_f\pm t_{\alpha/2}(n-2)\hat{\sigma}^2\sqrt{1+\frac{1}{n}+\frac{(x_f-\bar{x})^2}{\sum(x_i-\bar{x})^2}}$$

$$=15\,868.97\pm2.045\,2\times1\,064.970\,5\times\sqrt{1+\frac{1}{31}+\frac{(x_f-\bar{x})^2}{\sum(x_i-\bar{x})^2}}$$

$$=15\,868.97\pm2\,217.888$$

$$即\,(13\,651.084\,4,18\,086.86)$$

因此,当 2018 年河南省的居民人均可支配收入是 21 984 元时,2018 年河南省居民人均消费支出的 95% 置信度下的区间预测值为:

$(13\,651.084\,4\,元,18\,086.86\,元)$。

第五部分:残差的检验。

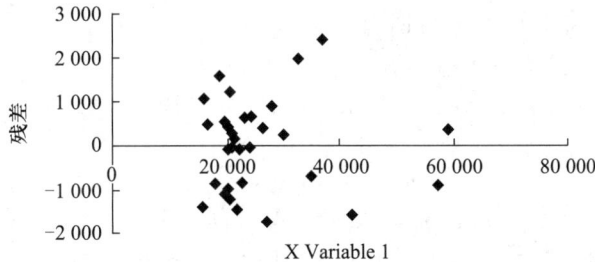

图 8-8　居民消费支出与可支配收入回归的残差图

图 8-8 就是根据居民消费支出与可支配收入回归的残差图。可以看出,残差基本分布在两条水平线之间,这表明居民消费支出与可支配收入回归的模型是合理的。

* 第三节　多元线性回归分析

一、多元回归分析的意义

上面介绍的一元回归,是就一个因变量 y 只由一个自变量 x 来推算的。在实际复杂的经济现象中,影响因变量的自变量不仅是一个,而是多个。在多个自变量中,有的起主导作用,有的起非主导作用,仅仅考虑单个变量是不全面的,因此需要就一个因变量与多个自变量的联系来进行推算,才能获得比较满意的回归模型。例如,居民消费水平,一般理论认为,居民的消费水平受居民的收入,国内生产总值,储蓄余额等多种因素影响。其中最主要的影响因素是收入因素。居民的收入越高,则居民的消费水平也越高。当一国的经济水平越高,其国内生产总值

（GDP）也越高，GDP 的增长也会相应地提升该国的居民消费水平。这就产生了测定多因素的回归和相关问题。

　　研究在线性相关条件下，两个和两个以上自变量对一个因变量的数量变化关系，称为多元线性回归，表现这个数量关系的数学公式，称为多元线性回归方程，或多元线性回归模型。多元线性回归模型是一元线性回归模型的扩展，在计算上比较复杂，但其基本原理与一元线性回归模型类似。

二、多元线性回归模型的建立和求解

　　多元线性回归模型的一般表达式为：

$$y = \beta_0 + \beta_1 x_1 + \beta_2 x_2 + \cdots + \beta_k x_k + \varepsilon \tag{8-25}$$

式中，$\beta_0, \beta_1, \beta_2, \cdots, \beta_k$ 是模型的参数，ε 为随机误差项。

　　与一元线性回归模型类似，对误差项通常有几个基本假定：

① 误差项 ε 的期望值为 0，$E(\varepsilon) = 0$；

② 对于自变量 $x_1, x_2, \cdots, x_k$ 的所有值，误差项 ε 的方差为常数 σ^2；

③ 自变量 $x_1, x_2, \cdots, x_k$ 是给定的非随机变量，与误差项 ε 不相关；

④ 误差项 ε 是一个服从正态分布且相互独立的随机变量，即 $\varepsilon \sim N(0, \sigma^2)$。

　　根据回归模型的基本假定，误差项 ε 的期望值为 0，对回归模型两端求期望，可得因变量 y 的期望值是自变量 x 的线性函数，总体回归方程：

$$E(y) = \beta_0 + \beta_1 x_1 + \beta_2 x_2 + \cdots + \beta_k x_k \tag{8-26}$$

　　回归方程中的参数 $\beta_0, \beta_1, \beta_2, \cdots, \beta_k$ 是未知的，需要借助样本数据去估计，就得到样本多元线性回归方程：

$$\hat{y} = b_0 + b_1 x_1 + b_2 x_2 + \cdots + b_k x_k \tag{8-27}$$

$$y = b_0 + b_1 x_1 + b_2 x_2 + \cdots + b_k x_k + e \tag{8-28}$$

　　为方便起见，在两个以上自变量的多变量中，我们确定两个影响较大的自变量 x_1 与 x_2，则二元线性回归模型的方程为：

$$\hat{y} = b_0 + b_1 x_1 + b_2 x_2 \tag{8-29}$$

　　式中，y 为二元回归的因变量，b_0 为常数项，b_1 和 b_2 分别为 y 对 x_1 与 x_2 的回归系数，b_1 表示在自变量 x_2 为一定值时，由于自变量 x_1 变化一个单位，而使 y 改变的平均值；b_2 则表示在自变量 x_1 为一定值时，由于自变量 x_2 变化一个单位，而使 y 改变的平均值。因此，b_1 和 b_2 一般称为偏回归系数。

　　根据最小平方法原理，如果有 n 组 y、x_1、x_2 的数字资料，其主要问题是求参数 b_0、b_1 和 b_2 的估计值，并能使 $\sum (\hat{y} - y)^2 =$ 最小值。那么，求解方法仍用最小平方法，即分别对 b_0、b_1 和 b_2 求偏导数，并令函数的一阶偏导数等于零，即可以得到如下三个标准方程式：

$$\begin{cases} n b_0 + b_1 \sum x_1 + b_2 \sum x_2 = \sum y \\ b_0 \sum x_1 + b_1 \sum x_1^2 + b_2 \sum x_1 x_2 = \sum x_1 y \\ b_0 \sum x_2 + b_1 \sum x_1 x_2 + b_2 \sum x_2^2 = \sum x_2 y \end{cases} \tag{8-30}$$

　　求解上面的三个方程，即可得到 b_0、b_1 和 b_2，计算过程省略。可通过 Excel 或 SPSS 软件进行求解。

三、多元线性回归方程的检验

（一）拟合优度检验

1. 判定系数 R^2

与一元回归模型相似，这里通过回归平方和占总离差平方和的比重构造判定系数 R^2，称为多重判定系数（multiple coefficient of determination）。反映了在因变量的变差中被估计的回归平方和所解释的比例。

$$R^2 = \frac{SSR}{SST} = \frac{\sum (\hat{y}-\bar{y})^2}{\sum (y-\bar{y})^2} = 1 - \frac{\sum (y-\hat{y})^2}{\sum (y-\bar{y})^2} \tag{8-31}$$

需要注意的是，随着自变量 x 的增加，残差平方和越来越小，回归平方和越来越大，判定系数也越来越大。这也就意味着多重判定系数是自变量个数的不减函数。为了避免增加自变量而高估判定系数 R^2，统计学家提出用自由度去调整可决系数，得到调整的多重判定系数，计算公式为：

$$R_a^2 = 1 - \frac{\sum (y-\hat{y})^2/n-k}{\sum (y-\bar{y})^2/n-1} \tag{8-32}$$

$$R_a^2 = 1 - (1-R^2)\frac{n-1}{n-k-1} \tag{8-33}$$

调整可决系数同时考虑了样本量 n 和模型中自变量个数 k 的影响。可决系数的平方根称为多重相关系数，也称为复相关系数，度量因变量 y 与 k 个自变量的相关程度。

2. 估计标准误差

前面介绍了一元回归的估计标准误差，多元回归估计标准误差的含义和性质与其完全相同。

$$S_e = \sqrt{\frac{\sum (y-\hat{y})^2}{n-(k+1)}} = \sqrt{\frac{e^2}{n-(k+1)}} = \sqrt{\frac{SSE}{n-(k+1)}} = \sqrt{MSE} \tag{8-34}$$

其中，k 为自变量的个数，$k+1$ 为待估参数的个数。

（二）多元回归方程的显著性检验

在一元线性回归中，线性关系的检验（F 检验）与回归系数的显著性检验（t 检验）是等价的。但在多元线性回归模型中，F 检验和 t 检验不再等价。线性关系检验的是因变量 y 对多个自变量的线性关系是否显著，只要有一个自变量与因变量的关系显著，F 检验就可以通过。但这并不意味着每一个自变量 x 对因变量 y 都有影响，还需要对每个回归系数进行显著性 t 检验。

1. 方程的显著性检验——F 检验

线性关系检验又称为方程的显著性检验，检验步骤如下：

第一步，提出假设

$$H_0：\beta_1 = \beta_2 = \cdots = \beta_k = 0$$
$$H_1：\beta_1,\beta_2\cdots,\beta_k \text{ 至少有一个不等于 } 0$$

第二步，计算检验统计量 F

$$F = \frac{SSR/k}{SSE/n-k-1} = \frac{MSR}{MSE} \sim F(k,n-k-1) \tag{8-35}$$

第三步，作出决策。给定显著性水平 α，查表得临界值 $F_\alpha(1,n-2)$。如果 $F > F_\alpha(1,n-2)$，落

入拒域，拒绝原假设，说明两个变量之间的线性关系是显著的；如果 $F<F_\alpha(1,n-2)$，落入接受域，没有理由拒绝原假设，说明两个变量之间的线性关系不显著。

2. 回归系数的显著性检验

回归系数的显著性检验步骤如下：

第一步，提出检验

$$H_0 : \beta_j = 0 (j=1,2,\cdots,k)$$
$$H_1 : \beta_j \neq 0$$

第二步，计算检验统计量

$$t = \frac{b_j}{s_{b_j}} \sim t(n-k-1) \tag{8-36}$$

其中，$s_{b_j} = \dfrac{s_e}{\sqrt{\sum x^2 - \dfrac{1}{n}(\sum x)^2}}$。

第三步，作出决策。给定显著性水平 α，并根据自由度 $n-k-1$，查 t 分布表得临界值 $t_{\alpha/2}(n-k-1)$。如果 $t>t_{\alpha/2}(n-k-1)$，拒绝原假设，回归系数 β_j 显著不等于 0，说明自变量 x_j 对 y 的影响是显著的；反之，如果 $t<t_{\alpha/2}(n-k-1)$，不能拒绝原假设，没有理由说明自变量 x_j 对 y 的影响是显著的，x_j 和 y 二者之间不存在显著的线性关系。

四、多元线性回归方程的预测

如果所拟合的回归方程经过拟合优度检验和显著性检验，就可以利用方程进行预测。预测是指根据多个自变量 x 的取值估计或预测因变量 y 的取值。对于多个自变量 x 来说，给定预测值 $x_{f1},x_{f2},\cdots,x_{fk}$，代入回归方程即可得到因变量 y 的平均可能取值 $\hat{y}_f$。

预测公式如下：

$$\hat{y}_f = b_0 + b_1 x_{f1} + b_2 x_{f2} + \cdots + b_k x_{fk} \tag{8-37}$$

当多个自变量 x 取样本内的观测值时，$\hat{y}_f$ 称为内插检验或事后预测。当多个自变量 x 取样本外的观测值时，$\hat{y}_f$ 称为外推检验或事前预测。

【例 8-6】 多元线性回归的应用举例

为了研究全国各地区地方财政税收收入的差异及其原因，经分析认为地方财政税收收入与经济发展水平（用地区生产总值表示）、产业结构（用第三产业比重表示）有关系，下面选取 2017 年各地区地方财政税收收入（y）、地区生产总值（x_1）、第三产业比重（x_2）作为样本数据进行回归分析。

1. 相关分析

首先进行相关分析，可以求相关系数或绘制散点图。

从散点图图 8-9、图 8-10 可以看出，变量之间存在较强的线性相关关系。同时点击【数据】→【数据分析】→【相关系数】，得到地方财政收入和地区生产总值、第三产业比重的相关系数。第一个相关系数为 0.883，第二个相关系数为 0.394，说明变量之间有一定的相关关系。

2. 回归分析

利用 Excel 软件进行多元回归分析的估计和检验，点击【数据】→【数据分析】→【回归分

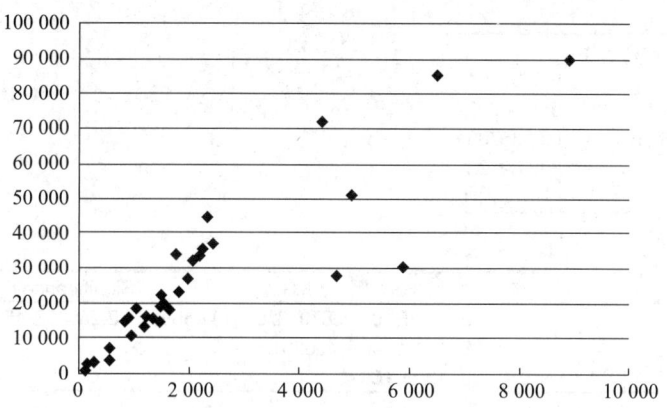

图 8-9　地方财政税收收入(x轴)和地区生产总值(y轴)散点图

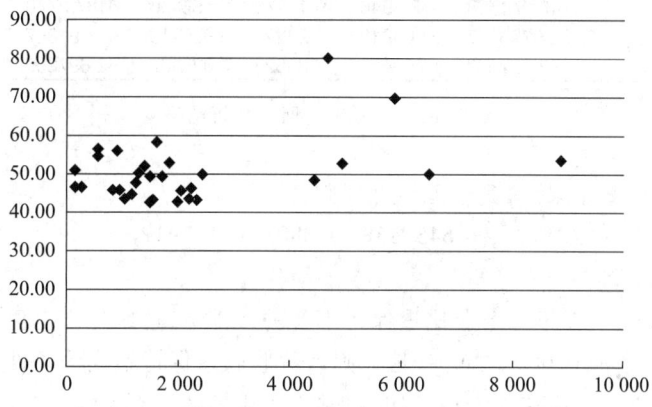

图 8-10　地方财政税收收入(x轴)和第三产业比重(y轴)散点图

析】,为了进行对比,这里首先进行地方财政税收收入和地区生产总值的一元线性回归,然后加入第二个变量第三产业比重进行二元线性回归,结果如图 8-11 和图 8-12 所示。

回归统计	
Multiple R	0.8832111
R Square	0.7800618
Adjusted R Square	0.7724777
标准误差	972.17349
观测值	31

方差分析					
	df	SS	MS	F	Significance F
回归分析	1	97210663	97210663	102.8552	4.79097E-11
残差	29	27408517	945121.3		
总计	30	1.25E+08			

	Coefficients	标准误差	t Stat	P-value	Lower 95%	Upper 95%
Intercept	-1.891965	279.7862	-0.00676	0.994651	-574.118924	570.335
X Variable 1	0.0811334	0.008	10.14176	4.79E-11	0.06477168	0.097495

图 8-11　地方财政税收收入和地区生产总值的一元线性回归

回归统计	
Multiple R	0.9539404
R Square	0.9100023
Adjusted R Square	0.9035739
标准误差	632.89133
观测值	31

方差分析

	df	SS	MS	F	Significance F
回归分析	2	1.13E+08	56701870	141.5595	2.28686E-15
残差	28	11215440	400551.4		
总计	30	1.25E+08			

	Coefficients	标准误差	t Stat	P-value	Lower 95%	Upper 95%
Intercept	-4645.4528	752.6946	-6.17176	1.15E-06	-6187.277829	-3103.63
X Variable 1	0.0798607	0.005212	15.3229	3.83E-15	0.069184713	0.090537
X Variable 2	92.792582	14.59411	6.35822	7.02E-07	62.89789581	122.6873

图 8-12   二元线性回归分析结果

根据图 8-12 的回归结果,得到二元线性回归方程如下:

$$\hat{y} = -4\,645.453 + 0.080x_1 + 92.793x_2$$

3. 回归结果的检验

(1) 经济意义检验。在第三产业比重保持不变的条件下,地区生产总值每增加一亿元,地方财政税收收入将平均增加 0.080 亿元;在地方财政税收收入保持不变的条件下,第三产业比重每增加一个百分点,地方财政税收收入将平均增加 92.793 亿元。

(2) 拟合优度检验。如图 8-11 所示,一元回归拟合优度 $R^2 = 0.78$;如图 8-12 所示,二元回归拟合优度 $R^2 = 0.91$,两个变量可以解释地方财政税收收入 91% 的变异,这说明加入变量第三产业比重 (x_2) 后,模型的拟合优度有较大提高,模型对样本拟合得很好。

(3) 方程的显著性检验:F 检验。针对 $H_0 : \beta_1 = \beta_2 = 0$,有方差分析表可知,F 统计量的值为 141.56,显著性检验的概率 P 值为 0,应拒绝原假设 $\beta_1 = \beta_2 = 0$,说明回归方程整体是显著,即地区生产总值 (x_1) 和第三产业比重 (x_2) 对地方财政税收收入具有显著影响。

(4) 回归系数的显著性检验:t 检验。分别针对 $H_0 : \beta_j = 0 (j = 1, 2)$,给定显著性水平 $\alpha = 0.05$,查 t 分布表得自由度为 $n - k = 28$ 临界值 $t_{0.05}(28) = 1.313$。由于 $t_1 = 15.323, t_2 = 6.358$,有 t_1, t_2 的绝对值大于 $t_{0.05}(28) = 1.313$。从 P 值检验法也可以看出,各个解释变量的 P 值远远小于 $\alpha = 0.05$。表明在 $\alpha = 0.05$ 的显著性水平下,解释变量地区生产总值 (x_1) 和第三产业比重 (x_2) 分别对被解释变量地方财政税收收入有显著的影响。

(5) 残差的检验。

图 8-13 和图 8-14 就是根据地方财政税收收入分别与地区生产总值 (x_1) 和第三产业比重 (x_2) 回归后的残差图。可以看出,残差基本分布在两条水平线之间,这表明构建的二元回归模型是合理的。

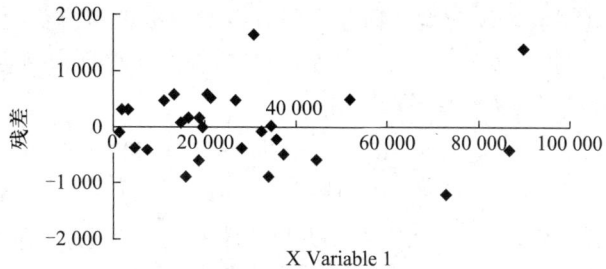

图 8-13　地区生产总值(x_1)与地方财政税收收入(y)二元回归的残差图

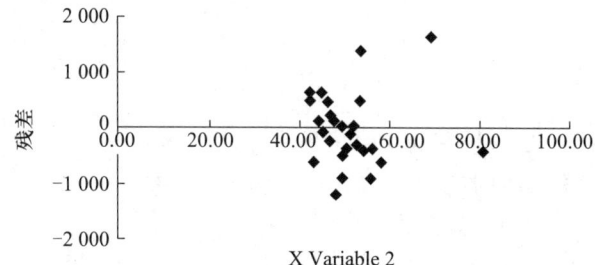

图 8-14　第三产业比重(x_2)与地方财政税收收入(y)二元回归的残差图

▤ 本章小结

本章主要介绍了相关和回归分析的概念和应用。

1. 相关关系是指变量间不严格确定的数量依存关系,与变量间完全确定的函数关系不同。

2. 相关分析和回归分析有着密切的联系,相关分析是回归分析的前提和基础,回归分析是相关分析的深入和继续。二者的区别:相关分析不必确定自变量和因变量,不能给出变量间相互关系的具体形式,涉及的变量一般都是随机变量;回归分析必须事先确定因变量和自变量,能够确切地指出变量之间关系的具体形式,因变量是随机的,自变量是非随机的。

3. 一元线性回归模型:$y=\alpha+\beta x+\varepsilon$。回归模型中,$y$ 由两部分构成,一部分是自变量 x 的线性函数,一部分是随机误差 ε。随机误差 ε 反映了除自变量 x 的线性关系之外的随机因素对 y 的影响。α 和 β 表示确定回归直线模型的两个待估计的参数。模型的随机扰动项 ε 是无法直接观测的。为了进行回归分析,通常需要对其概率分布提出一些假定。主要有四个假定条件:① 误差项 ε 的期望值为 0,$E(\varepsilon)=0$;② 对于所有的 x 值,误差项 ε 的方差为常数 σ^2;③ 自变量 x 是给定的非随机变量,与误差项 ε 不相关;④ 误差项 ε 是一个服从正态分布且相互独立的随机变量,即 $\varepsilon \sim N(0,\sigma^2)$。

4. 最小平方法(最小二乘法)原理确定两个待定参数 α 和 β 的数值,配合直线模型,可以使离差的平方和达到最小,即 $\sum(y-\hat{y})^2=\min$。

$$\begin{cases} b=\dfrac{n\sum xy-\sum x\sum y}{n\sum x^2-(\sum x)^2} \\ a=\bar{y}-b\bar{x} \end{cases}$$

5. 回归直线与各观测点的接近程度称为回归直线对数据的拟合优度。判定系数是对估计的回归方程拟合优度的度量。回归平方和占总离差平方和的比重称为判定系数或可决系数(coefficient of determination),记为 R^2。计算公式如下:

$$R^2 = \frac{SSR}{SST} = \frac{\sum(\hat{y}-\bar{y})^2}{\sum(y-\bar{y})^2} = 1 - \frac{\sum(y-\hat{y})^2}{\sum(y-\bar{y})^2}$$

6. 回归方程的显著性检验:一是回归直线方程整体的显著性检验,即 F 检验;二是回归系数的显著性检验,即 t 检验。

▤ 思考与练习

思考题

1. 解释相关关系的含义,说明相关关系的特点。

2. 相关分析主要解决哪些问题?

3. 什么是相关系数? 试列举其公式。

4. 简述相关分析与回归分析的区别与联系。

5. 根据世界卫生组织统计,全世界肥胖症和体重超常已遍及五大洲,因"吃"致病乃至死亡的人数已高于因饥饿死亡的人数,即"全球吃死的人比饿死的人多"。你认为相关与回归分析方法能在这个问题的研究上发挥作用吗?

6. 如果要分析"中国妇女生育意愿的决定因素是什么?"的问题,你认为对此问题可以建立什么样的回归方程去研究?

练习题

1. 某市有 12 所大专院校,现组织一个评审委员会对各校校园及学生体质进行评价,结果如下,试求环境名次与学生体质名次的关系的相关系数。

环境名次	3	9	7	5	12	8	10	2	11	4	1	6
体质名次	5	9	6	7	12	8	11	1	10	3	2	4

2. 某原始资料为:

x	65	73	91	88	76	53	96	67	82	85
y	5	7	13	13.5	7	4.5	15	6.7	10	11

要求:(1) 求回归方程;(2) 这是正相关还是负相关;(3) 求估计标准误差。

3. 已知回归方程 $y = 10 + 0.5x$,且 $n = 40$,$\sum y = 460$,$\sum xy = 7\,800$,$\sum y^2 = 8\,652$,试计算估计标准误。

4. 某企业某种产品产量与单位成本资料如下:

月份	1	2	3	4	5	6
产量/千件	2	3	4	3	4	5
单位成本/(元/件)	73	72	71	73	69	68

要求:(1) 试确定回归方程;(2) 指出产量每增加 1 件时,单位成本下降多少? (3) 假定产

量为 6 件时,单位成本是多少? 单位成本为 70 元/件时,产量应为多少件?

5. 已知十名学生身高和体重的资料如下表:

身高/cm	171	167	177	154	169
体重/kg	53	56	64	49	55
身高/cm	175	163	152	172	162
体重/kg	66	52	47	58	50

(1)根据上述资料算出身高和体重的相关系数;

(2)根据上述资料求出两变量之间的回归方程(设身高为自变量,体重为因变量)。

≡ 即测即评

≡ 案例分析:人民币国际化影响因素分析

一、问题的提出

20 世纪末以来金融危机不断爆发,因为经济的不稳定,2002 年美元开始贬值,从而引发了美元、日元、欧元这三种主要国际货币之间汇率的频繁波动。这让我们认识到现在的国际货币体系——美元作为主要国际货币储备的问题。

近几年来,人民币国际化问题引起了人们的普遍关注。北京时间 2015 年 12 月 1 日凌晨 1 点,IMF(国际货币基金组织)正式宣布,人民币 2016 年 10 月 1 日加入 SDR(特别提款权)。加入 SDR 一篮子货币对我国人民币国际化具有重大战略意义。首先,加入 SDR 意味着人民币成为真正意义上的世界货币和 IMF 成员国的官方使用货币,可大大提升人民币在国际货币舞台的地位。其次,加入 SDR 可增加人民币在国际上的需求,助力人民币完善和提高国际支付结算、金融交易、官方储备等国际货币职能。最后,考虑到我国目前持有 3 万多亿美元外汇储备,人民币成为储备货币有利于减少我国所需的储备,可节省资金用于发展和增长。

从历史的经验来看,当一国经济在世界的范围内发挥举足轻重的作用时,该国的货币将会自然发展为国际货币。19 世纪的英镑、20 世纪的美元、20 世纪后的日元和马克、21 世纪的欧元都反映了经济实力与本币国际化的联系。改革开放以前,我国实行高度集中的外汇管理体制,原则上不允许人民币携带出境,也不允许将人民币用于对外贸易和投融资活动的计价结算,人民币是完全意义上的国内货币。改革开放以后,对人民币跨境流通使用的限制逐步放松。当前人民币的国际地位正在不断地上升:许多亚洲国家和地区在其贸易中使用人民币结算;在我国边境贸易中,人民币已成为相当有影响力的货币;边贸活动的活跃无疑会累积相当比率的人民币。这为人民币首先成为区域性货币,进一步扩大使用范围奠定了基础。种种迹象表明,对于当前的中国,若要实现真正的崛起,人民币国际化将是最好的途径。

二、人民币国际化影响因素分析

研究人民币国际化的影响因素离不开一些基本的经济变量。对所收集的相关文献进行分析发现,大多数相关的研究文献中都把经济实力、币值稳定性、贸易平衡状况这三个指标作为影响人民币国际化的基本因素。多数研究者认为,一国的经济实力越强、币值稳定性越好、金融市场发展得越成熟、与其他国家贸易往来越密切、贸易规模越大、贸易平衡状况越好,其货币在国际上的影响力就越强,地位就越强,也越能被广泛接受,其国际化水平也就越高。影响人民币国际化的因素众多,我们进行综合归纳,选择从经济实力、金融市场发展程度、网络外部性、贸易规模和贸易平衡状况这五方面进行分析。

为全面分析影响人民币国际化的因素,选择"境外人民币存量规模"这一指标来衡量人民币国际化程度,即作为被解释变量;并根据查阅的大量文献资料及所掌握的实际情况选择经济实力,金融市场发展程度,网络外部性,贸易规模及贸易平衡状况五个因素作为影响人民币国际化的主要因素进行分析。

(1) 经济实力可通过中国 GDP 占世界 GDP 的比重来衡量,此指标对人民币国际化起到正向影响作用,即其数值越大,越有利于人民币国际化。

(2) 金融市场的发展程度包括金融市场规模和金融市场的规模与经济的匹配程度,分别可以通过股票流通市值和股票交易总额占国内生产总值比重来衡量,这两个指标对人民币国际化起到正向影响作用,即二者的数值越大,越有利于人民币国际化。

(3) 网络外部性可通过人民币在国际外汇储备中的占比来衡量,此指标对人民币国际化起到正向影响作用,即其数值越大,越有利于人民币国际化。

(4) 贸易规模可通过出口贸易占世界贸易的比重来衡量,此指标对人民币国际化起到正向影响作用,即其数值越大,越有利于人民币国际化。

(5) 贸易平衡状况可通过中国贸易差额(出口总值与进口总值之间的差额)来衡量,此指标对人民币国际化起到正向影响作用,即其数值越大,越有利于人民币国际化。

三、多元线性回归模型的设定和估计

为了增加数据的普遍性,本研究收集了近 20 年的相关数据(1995—2014 年),并设定境外人民币存量规模(亿元)为 Y,建立多元线性回归模型来进行研究分析。设定模型如下:

$$Y = \beta_1 + \beta_2 X_2 + \beta_3 X_3 + \beta_4 X_4 + \beta_5 X_5 + \beta_6 X_6 + \beta_7 X_7 + \mu$$

进行回归分析,得到如表 8-5 的回归结果:

表 8-5 回归分析结果

变量	回归系数	t 统计量	p 值
截距项	−2 091.470 0	−4.530 1	0.000 6
中国 GDP 占世界 GDP 的比重(X_2)	365.589 6	2.624 6	0.021 0
人民币在国际外汇储备中的占比(X_3)	1 092.326	3.570 8	0.003 4
出口贸易占世界贸易的比重(X_4)	32.351 3	0.293	0.774 2
中国贸易差额(X_5)	0.058 6	2.197 7	0.046 7
股票交易总额占 GDP 的比重(X_6)	9.540 9	3.267 8	0.006 1
股票流通市值(X_7)	−0.016 6	−5.047	0.000 2

$R^2 = 0.920\ 996$，　$\overline{R}^2 = 0.884\ 532$，　$F = 25.258\ 01$，　$n = 20$。

由表 8-5 可知,可决系数为 0.920 996,说明所建模型整体上对样本数据拟合度较好。在给定显著水平 $\alpha = 0.05$ 的情况下 $F_{0.025}(6,13) = 2.90$, $F = 25.258\ 01 > F_{0.025}(6,13) = 2.90$,通过 F 检验,说明回归方程显著。回归系数的 t 检验,其中 X_2, X_3, X_5, X_6, $X_7 > t_{0.025}(18) = 1.734$,对斜率系数的显著性检验表明,中国 GDP 占世界 GDP 的比重,人民币在国际外汇储备中的占比,中国贸易差额,股票交易总额占 GDP 的比重,股票流通市值对境外人民币存量规模有显著的影响, $X_4 < t_{0.025}(18) = 1.734$,出口贸易占世界贸易的比重对境外人民币存量规模无显著影响。

根据上面的分析回答下列问题:

(1) 人民币国际化的影响因素中,哪个影响因素对它的影响最大?

(2) 本研究采用多元回归分析,你认为还可以采用怎样的方法进行分析?

(3) 你认为该研究的缺陷是什么?

"绿水青山就是金山银山。"

——习近平

引例:2018 年 GDP 增长 6.6%

初步核算,2018 年全年国内生产总值 900 309 亿元,比上年增长 6.6%。其中,第一产业增加值 64 734 亿元,增长 3.5%;第二产业增加值 366 001 亿元,增长 5.8%;第三产业增加值 469 575 亿元,增长 7.6%。第一产业增加值占国内生产总值的比重为 7.2%,第二产业增加值比重为 40.7%,第三产业增加值比重为 52.2%。全年最终消费支出对国内生产总值增长的贡献率为 76.2%,资本形成总额的贡献率为 32.4%,货物和服务净出口的贡献率为 −8.6%。

——摘录自《2018 年国民经济和社会发展统计公报》

国民经济核算体系(the system of national accounts,SNA)是对整个国民经济运行或社会再生产过程进行计算、测定和描述的宏观经济信息系统。社会生产是国民经济最基本的活动,其目的是向社会提供尽可能多的最终使用的社会产品。供社会最终使用的社会产品的价值就是国内生产总值。从生产到使用有一个价值分配过程,国民经济生产、分配和使用就是围绕国内生产总值进行的。因此,国内生产总值(gross domestic product,GDP)是反映国民经济生产、分配和使用总量、进行经济分析、制定经济发展战略的中心指标。

第一节　国民经济核算的基本问题

一、国民经济核算

(一)国民经济核算

国民经济核算是以整个国民经济或社会再生产为对象的宏观核算。它以一定的经济理论为指导,综合应用统计、会计和数学等方法,对一国(或一地区)在一定时期内的经济活动及其结果所进行的全面、系统的计算和测定,系统描述社会再生产全过程,以及国民经济各部门在国民经济运行中的地位、作用和相互联系。

(二)国民经济核算体系

国民经济核算体系有两种含义。一种含义是指为进行国民经济核算而制定的标准和规范。它以一定的经济理论为基础,明确规定一系列核算概念和核算原则、制定一套反映国民经济循环的核算指标和科学的核算方法以及相应的表现形式,为国民经济核算提供标准和规范。国民经济核算的这些标准和规范不仅是保证国民经济核算的客观性和完整性所不可缺少的,而且是正确地理解和使用国民经济核算资料进行国际比较所必须的。另一种含义是指国民经济核算资料。它是遵循一定的国民经济核算体系的标准和规范而对国民经济进行全面核算的结果。它通过具有内在联系的总量数据和分部门数据,系统地反映从生产、分配和交换、使用这一经济循环全貌,为国家宏观管理提供科学依据。它是整个经济信息系统的核心,是国家科学决策系统的基础。

通常所说,国民经济核算体系是对整个国民经济运行或社会再生产过程进行计算、测定和描述的宏观经济信息系统,就是对上述两种含义的概括表述。国民经济核算是高层次的宏观经济核算。它既源于统计、会计、业务三大核算,又高于三大核算。说它源于三大核算,是因为国民经济核算必须建立在三大核算的基础上,广泛利用各种核算资料,否则国民经济核算就成为无源之水、无本之木;说它高于三大核算,是因为它是三大核算的综合和升华,它把来自各方面的核算资料纳入统一的国民经济核算体系,经过多方面的、反复的加工和调整,使之形成一个完整、统一的综合体系,同时,在国民经济核算体系的统率下,按照标准化、通用化、系列化的要求来协调三大核算,使之互相衔接,逐步趋于统一。

二、国民经济核算的基本概念

我国国民经济核算涉及一系列基本概念,下面对一些重要概念做简单介绍。

(一) 常住单位

我国的常住单位是指在我国经济领土范围内具有经济利益中心的经济单位。

我国经济领土指我国政府控制的地理领土和管辖区,包括:我国领陆(含海岛)及其底土、领水及其底土、领空;我国行使主权权利和管辖权的领海毗连区、专属经济区和大陆架;我国在国外的"飞地",即位于其他国家,通过正式协议为我国政府所拥有或租借、用于外交等目的、具有明确边界的地域,如我国驻外使领馆用地,但不包括我国地理边界内的外国和国际组织的"飞地"。

如果经济单位在我国的经济领土范围内具有一定的场所,如住房、厂房或其他建筑物,从事一定规模的经济活动并超过一定时期(一般以一年为操作准则),则视该经济单位在我国具有经济利益中心。

(二) 生产

生产是在机构单位负责、控制和管理下,利用劳动和资本等要素,将某些货物和服务投入转化为另一些货物和服务产出的过程。我国国民经济核算的生产范围包括以下部分:第一,生产者提供或准备提供给其他单位的货物或服务的生产;第二,生产者用于自身最终消费或固定资本形成的所有货物的自给性生产;第三,生产者为了自身最终消费或固定资本形成而进行的知识载体产品的自给性生产,但不包括住户部门所从事的类似的活动;第四,自有住房提供的住房服务,以及雇佣有酬家庭服务人员提供的家庭和个人服务。知识载体产品指为使消费单位能够重复获取知识而提供、存储、交流和发布的各种信息、咨询和娱乐产品,包括一般或专业信息、新闻、咨询报告、电脑程序、电影、音乐等产品。这些服务活动生产的产品可能具有货物的许多特征。

(三) 消费

消费即最终消费,是为了满足个人和公共需要而使用货物和服务的行为。生产范围决定消费范围,用于最终消费的货物和服务只能是生产范围内所包括的货物或服务。

（四）资产

资产是根据所有权原则界定的经济资产,即资产必须为某个或某些经济单位所拥有,其所有者因持有或使用它们而获得经济利益。资产包括金融资产和非金融资产。金融资产包括通货、存款、贷款、股权和投资基金份额、债务性证券、保险准备金和社会保险基金权益、金融衍生品和雇员股票期权、国际储备、直接投资等。非金融资产包括由生产过程创造出来的固定资产（包括知识产权产品）、存货、贵重物品等生产资产和某些不是生产过程创造的、但符合经济资产条件的自然资源资产、商誉等非生产资产。其中,知识产权产品是研究、开发、调查或者创新等活动的成果,开发者通过销售或者在生产中使用这些成果而获得经济利益。知识产权产品主要包括研究与开发、矿藏勘探与评估、计算机软件与数据库、娱乐及文学和艺术品原件等。

资产范围中不包括无法有效确认所有权的大气等自然资源与环境,以及尚未发现或在现有条件下难以开发利用、短期内不能为其所有者带来任何经济利益的矿藏。

三、国民经济核算的基本分类

（一）机构单位和机构部门分类

经济总体由全部常住机构单位构成;机构部门分类是把全部常住机构单位归并在彼此不重叠的集合中。

1. 机构单位分类

机构单位是国民经济核算的基本经济单位,它是指能够以自己的名义拥有资产和承担负债,能够独立地从事经济活动并与其他实体进行交易的经济实体。机构单位具有以下特点:一是独立拥有资产,能够与其他机构单位交换资产的所有权;二是能够直接做出经济决定,从事经济活动,并能以自己的名义承担法律责任;三是能够以自己的名义签订合同,承担负债以及其他义务或未来的承诺;四是能够编制包括资产负债表在内的在经济和法律上有意义的完整的会计报表。

在现实经济生活中,具备机构单位条件的单位主要有两类,一类是住户,一类是得到法律或社会承认的法律实体或社会实体。

2. 机构部门分类

把经济目的、功能和行为相似的机构单位归并在彼此不重叠的集合中,就形成了机构部门。我国国民经济核算中把所有常住机构单位划分为五个机构部门,即非金融企业部门、金融机构部门、广义政府部门、为住户服务的非营利机构部门和住户部门。

（1）非金融企业与非金融企业部门。非金融企业指主要从事市场性货物生产、提供非金融市场服务的常住企业,主要包括农业企业、工业企业、建筑业企业、批发零售企业、交通运输业企业等各类非金融法人企业。所有非金融企业组成非金融企业部门。

（2）金融机构与金融机构部门。金融机构指主要从事金融媒介以及与金融媒介密切相关的辅助金融活动的常住机构单位,包括从事货币金融服务、资本市场服务、保险服务、其他金融服务等活动的法人单位。所有金融机构组成金融机构部门。

（3）广义政府机构与广义政府部门。广义政府机构指在设定区域内对其他机构单位拥有立法、司法或行政权的法律实体及其附属单位,主要包括各级党政机关、群众团体、事业单位、基层群众自治组织等。广义政府机构的主要职能是利用征税和其他方式获得的资金向社会和公众提供货物和服务;通过转移支付,对社会收入和财产进行再分配;从事非市场性生产。所有广义政府机构组成广义政府部门。

（4）为住户服务的非营利机构和为住户服务的非营利机构部门。为住户服务的非营利机构指从事非市场性生产、为住户提供服务、其资金主要来源于会员会费和社会捐赠且不受政府控制的非营利机构，例如宗教组织，各种社交、文化、娱乐和体育俱乐部，以及公众、企业、政府机构、非常住单位等以现金或实物提供资助的慈善、救济和援助组织等。所有为住户服务的非营利机构组成为住户服务的非营利机构部门。

（5）住户与住户部门。住户指共享同一生活设施，共同使用部分或全部收入和财产，共同消费住房、食品和其他消费品与服务的常住个人或个人群体。住户部门既是生产者，也是消费者和投资者。作为生产者，住户部门包括所有农户和个体经营户，以及住户自给性服务的提供者。所有住户组成住户部门。

上述五个机构部门构成我国的经济总体。与我国常住单位发生交易的所有非常住单位称为国外。对于国外来说，并不需要也不可能核算其发生的所有经济活动，只需核算它与我国常住单位间发生的交易活动以及累计形成的资产负债关系。国外不是一个机构部门，但为表述方便，本体系将其视同为机构部门处理。

（二）产业活动单位和产业部门分类

1. 产业活动单位

产业活动单位是指在一个地点从事一种或主要从事一种类型的生产活动，并具有收入和支出会计核算资料的生产单位。产业活动单位是为生产核算设立的，其目的在于比较准确地反映各种类型产业活动的生产规模、结构等。

产业活动单位应同时具备以下三个条件：一是从事相对独立的生产活动。一个产业活动单位或者只从事一种生产活动，或者虽然从事两种及两种以上的生产活动，但主要活动在单位的增加值中占有相当大的比重。二是有相对固定的生产场所。如果一个单位在不同的地点从事生产活动，即使是同一种类型生产活动，也要划分为不同的产业活动单位。三是能够独立提供收入和支出会计核算资料。

2. 产业部门分类

产业部门分类是按照主产品同质性原则对产业活动单位进行的部门分类。中国国民经济核算体系根据国民经济行业分类标准和统计基础情况确定具体的产业部门分类。

第二节　我国国民经济核算的发展历程

国民经济核算体系是 20 世纪以来经济学领域最伟大的成就之一。它通过国民经济统计指标体系数据，系统地反映从生产、分配到交换、使用的经济循环全过程，以及各部门在社会再生产中的地位、作用和相互联系。它是国家治理体系和治理能力现代化的重要依据与工具。国际上曾经同时存在过两大国民经济核算体系，一个是产生于苏联、东欧高度集中的计划经济国家的物质产品平衡表体系，简称 MPS（system of material product balance）；一个是产生于西方发达市场经济的国民经济核算体系，简称 SNA（the system of national accounts）。中国国民经济核算的历史实际上是从前者向后者过渡的历史。40 年来，随着改革开放的不断推进和国民经济核算体系国际标准的持续变化，我国国民经济核算体系不断升级。具体说来，中国国民经济核算经历了四个阶段:MPS 体系的建立和发展阶段,MPS 体系与 SNA 体系并存阶段,SNA 体系下的发展阶段,SNA 体系下的成熟阶段。

一、MPS 体系的建立和发展阶段

1952 年,刚刚成立的国家统计局在全国范围开展了工农业总产值调查,从此开始了我国工农业总产值核算。后来,又从工农业总产值核算扩大到农业、工业、建筑业、交通运输业和商业饮食业五大物质生产部门总产值,即社会总产值核算。从 1954 年开始,国家统计局在学习苏联国民收入统计理论和方法的基础上,开展了我国国民收入的生产、分配、消费和积累的核算。1956 年,国民统计局派团对苏联国民经济核算工作进行了全面考察,随后在我国全面推行 MPS 体系。先后编制了社会产品生产、积累和消费平衡表,社会产品和国民收入生产、分配、再分配平衡表,劳动力资源和分配平衡表等 MPS 体系中的一系列重要表式。但由于"大跃进"和"文化大革命"使国民经济核算遭受了两次大的挫折,国民核算陷入停顿状态。"文化大革命"之后,中国的国民经济核算工作陆续恢复和发展。首先恢复了 MPS 体系的国民收入核算,随后又编制出两张 MPS 体系的全国投入产出表,即 1981 年投入产出表和 1983 年投入产出表。这些核算在改革开放初期的国民经济计划和管理工作中发挥了重要作用。1980 年代后期,随着计划经济国家纷纷转向市场经济和改革开放,尤其是苏联解体和经互会(CMEA)解散,MPS 失去了生存的土壤和发展的空间,逐步消亡。

随着经济体制改革的推进,MPS 的缺陷显现出来:一是侧重于反映物质生产状况,难以反映非物质生产发展的情况,与国家大力发展第三产业的要求不相适应,既不利于反映综合国力,也不利于全面掌握产业结构。二是侧重于反映实物流量,难以系统反映社会资金运动情况,与国家转变经济管理的职能不相适应,不利于国家运用财政和金融政策调控宏观经济。三是侧重于生产核算,分配、消费、积累等方面的核算比较薄弱,难以反映国民经济循环全貌及各环节之间的衔接情况,与国家掌握国民经济运行和进行总体平衡的要求不相适应。四是核算方法单一,缺乏联系性和严密性。

二、MPS 体系与 SNA 体系并存阶段

随着改革开放的深入和国民经济的发展,继续沿着 MPS 的方向恢复和发展中国的国民经济核算,已经不能满足国家宏观经济管理工作的需要。在这种情况下,中国在继续开展 MPS 核算的同时,逐步研究和开展 SNA 核算。1985 年,中国开始 SNA 体系的国内生产总值核算;1987 年,开始编制 SNA 体系的投入产出表;1992 年,开始编制 SNA 体系的资金流量表。

与此同时,从 1984 年起,国务院成立了专门机构,组织领导新国民经济核算体系的研究设计工作。在这一机构的领导下,国家统计局会同有关部门在总结我国当时的国民经济核算实践经验和理论研究成果的基础上,制定了《中国国民经济核算体系(试行方案)》。该方案采纳了 SNA 的基本核算原则、内容和方法,保留了 MPS 体系的部分内容,是一个 MPS 与 SNA 的混合型体系。主要进行了四方面的改革:一是扩大了核算的范围。从原来单纯的物质产品核算扩大为包括服务在内的全面核算;从原来财政、信贷资金运动扩大到全社会资金运动的核算。二是充实了核算内容。在总量核算的基础上,充实了反映部门间经济技术联系的投入产出表;从部分价格指数的计算扩大到国民经济综合价格指数统计;从流量核算扩大到对实物资产和金融资产的存量核算。

三是改进了核算方法。根据我国国民经济核算的需要,借鉴国外经验,采取了账户、矩阵和平衡表相结合的核算方法,为进行国民经济的总量核算、结构核算和各种数量分析提供了条件。四是提高了国际比较能力。吸收了国际上不同核算方法的长处,并采用了板块的转换结构,可进行MPS 和 SNA 两种核算体系的相互转换,既方便与外国比较,又适应当时国民经济管理和决策的需要。

1992 年 1 月,国务院组织有关方面专家进行论证,通过了这一方案。同年 8 月,国务院办公厅发出《关于实施新国民经济核算体系方案的通知》,要求在全国范围内分步实施这一体系。

三、SNA 体系下的发展阶段

随着改革开放的深化和国际形势的变化,国民经济核算体系的 MPS 内容失去了存在的价值。一是 MPS 失去了理论支撑。党的十四大确立了建立社会主义市场经济体制的改革目标,实现了社会主义经济理论的重大突破,使 MPS 失去了生存的条件与发展的空间,为国民经济核算改革与发展清除了理论上的障碍。二是 MPS 不能满足宏观管理的需要。国民经济核算工作实践表明,MPS 在反映国民经济发展变化方面的缺陷和不足越来越明显。它的生产范围的狭窄性、反映不同类型市场主体的经济地位及其相互联系和相互作用的无力性、核算原则的非市场性、反映开放经济的不合理性、核算方法的单一性等,已难以满足社会主义市场经济下宏观管理的需要。三是 MPS 的国际比较性与通用性消失。作为 MPS 的发源地,苏联和东欧国家于 1990年代初纷纷废除 MPS、转向实行 SNA。1993 年联合国统计委员会第 27 届会议通过决议,取消MPS,在全球范围内通用 SNA。

从 1993 年起,以取消 MPS 的国民收入核算为标志,中国国民经济核算实际上已经从 MPS 体系和 SNA 体系并存阶段,进入了 SNA 体系的发展阶段。在这一阶段,我国开始编制 SNA 体系的资产负债表和国民经济账户,并且对整个国民经济核算制度方法进行了不断的改革。从 1999 年开始,在总结 1992 年以来国民经济核算制度方法改革成果和实践经验,深入研究最新国际标准——1993 年 SNA 的基础上,国家统计局对《中国国民经济核算体系(试行方案)》进行了系统的修订,取消了 MPS 的核算内容,清理了基本概念,修订了基本框架,充实了核算内容,调整了有关表式的指标设置,形成了《中国国民经济核算体系(2002)》。新方案广泛地征求了各方面的意见和建议,于 2003 年 3 月正式出版,用于规范和指导今后一定时期内我国的国民经济核算工作。

《中国国民经济核算体系(2002)》主要作了四方面的改进:一是取消了物质生产部门和非物质生产部门的划分、国民收入统计、主要商品资源与使用平衡表、财政信贷资金平衡表等适应计划经济管理需要的内容,以便适应我国市场经济条件下经济管理的需要。二是删除了操作性不强的内容。经济循环矩阵是把国民经济核算体系的所有核算内容有机地联系在一起的一张矩阵表式,调整账户是用来反映由于非交易因素引起的资产和负债的变动。这两部分内容尽管都是国民经济核算国际标准的组成部分,但由于在我国的操作性不强,因此,新的国民经济核算体系取消了相应的内容。三是增加和完善了反映我国市场经济和可持续发展方面的内容。增加了国际投资头寸表,用来反映对外经济交往中产生的资产和承担的负债情况;完善了自然资源实物量核算表、人口资源与人力资本实物量核算表,用来反映主要自然资源、人口资源及人力资本的拥有量及其变动情况。这些核算表为分析对外经济活动和可持续发展提供了依据。四是规范了有关交易分类,提高了国际可比性。

四、SNA 体系下的成熟阶段

随着社会主义市场经济的发展,我国经济生活中出现了许多新情况和新变化,宏观经济管理和社会公众对我国国民经济核算产生了许多新需求。国民经济核算国际标准也发生了变化。2009 年,联合国等五大国际组织联合颁布了新的国民经济核算国际标准——《国民账户体系2008》(2008 年 SNA)。为更加准确地反映我国国民经济运行情况,更好地体现我国经济发展的新特点,满足经济新常态下宏观经济管理和社会公众的新需求,实现与国民经济核算新的国际标准相衔接,提高我国国民经济核算方法和核算数据的国际可比性,国家统计局会同国务院有关部门及高等院校和科研机构,对 2008 年 SNA 和我国经济社会发展变化情况进行了深入研究,根据我国实际情况,借鉴其他国家的有益经验和做法,对《中国国民经济核算体系(2002)》进行了全面系统的修订。国家统计局以习近平新时代中国特色社会主义思想为指导,按照党的十八届三中全会关于加快建立国家统一的经济核算制度的要求,遵循新发展理念,对基本框架、基本概念和核算范围、基本分类、基本核算指标以及基本核算方法等方面进行了系统修订,形成了《中国国民经济核算体系(2016)》。2017 年,国务院批复国家统计局组织实施。

《中国国民经济核算体系(2016)》主要有以下几个方面的变化:

第一,完善了 GDP 的核算方法,推进创新发展。随着创新发展的不断推进,研发(R&D)活动在国民经济和社会发展中的作用越来越大,其资本属性十分明显。我国参照国际标准,将R&D 支出由原来作为中间消耗不计入 GDP 修改为作为固定资本形成计入 GDP,从而鼓励全社会加大 R&D 投入,推进科技创新,引导发展从要素驱动、投资驱动转向创新驱动。

第二,建立了地区生产总值统一核算制度,增强协调发展。长期以来,我国 GDP 核算采取的是分级核算,即国家统计局统一核算国家 GDP,地方统计局核算地方生产总值,经国家统计局审核后发布。这种核算制度在一定程度上助推了地方发展中的“唯 GDP 论”,不仅会引导粗放式增长,加剧发展不平衡不充分的问题,而且会诱发“数据出官,官出数据”的腐败现象。党的十八届三中全会提出要加快建立国家统一的经济核算制度,中央深改组第三十六次会议审议通过了《地区生产总值统一核算改革方案》,2019 年在全国实施。

第三,健全了资源环境核算,支撑绿色发展。绿色发展是生态文明建设和美丽中国建设的基本途径。为了践行新发展理念,支撑绿色发展,我国借鉴了联合国《环境经济核算体系》(SEEA)的框架与方法,将资源环境纳入国民经济核算体系,建立了资源环境核算,核算了自然资源资产负债,梳理了资源、环境和生态的状况,揭示了资源—环境—经济社会之间的相互影响关系。核算的内容主要包括三点:一是核算环境成本、环境质量退化成本与环境改善效益,反映经济社会发展的环境代价;二是核算环境容量,揭示基于环境容量的环境承载能力;三是核算生态系统生产总值,评估生态绩效。

第四,完善了国际收支核算,服务开放发展。国际收支核算考虑了全球化带来的经济形势的变化和金融及技术创新,进一步强调国际投资头寸和资产负债表方法的有关变化,加强了国际收支账户和其他宏观经济账户之间的内在联系,调整了国际收支平衡表和国际投资头寸表的内容,与《国际收支和国际投资头寸手册(第六版)》进行了衔接,从而全面服务开放发展。

第五,完善了收入与消费核算,助推共享发展。一是确立了经济所有权核算原则。通常,经济所有权和法定所有权同属一个所有者。当两者分离时,按照法定所有权核算有关交易,可能使相关交易核算结果脱离客观实际。二是完善了收入分配核算。随着全面深化改革的不断推进，会有越来越多的企业把雇员股票期权作为激励制度。因此，将雇员股票期权计入劳动者报酬，既能理顺收入分配关系，共享发展成果，又能提高员工的积极性，增强企业的竞争力。三是建立实际最终消费核算。例如，政府以实物转移形式对住户提供教育和医疗卫生服务，这些服务的真正受益者是居民，属于居民实际最终消费。因此，实际最终消费指标，既能反映居民的真实消费水平，又能反映共享发展的成效。

第六，建立了新经济核算，支撑新动能发展。新经济主要包括数字经济、共享经济、信息经济、生物经济、绿色经济、创意经济、智能制造经济等，它们能够极大地推动高质量发展，建设现代化经济体系，解决新时代社会的主要矛盾。我国正在积极建立新经济的基本概念、新经济统计分类标准、新经济专项统计制度、新经济核算的基本方法、新经济统计指标体系，改进经济发展新动能指数的核算方法，探索新经济核算的资料来源。

第七，改革了居民自有住房服务的核算方法，促进结构性改革。近年来，我国房地产市场日新月异，市场房价和房租上涨迅猛，但房屋建造成本并没有同步上涨，导致按照成本法计算的城镇居民自有住房服务价值存在低估现象。因此，采用国际通行的市场租金法核算城镇居民自有住房服务价值，可以准确反映居民消费支出和房地产业增加值，进而科学核算居民消费率和第三产业增加值比重，促进结构性改革与发展。

第八，编制了国家资产负债表，防范经济金融风险。防范经济金融风险，保障国民经济安全，需要全面掌握国家财富和负债状况，弄清国家"家底"。国家资产负债表综合反映了国家资产总量、资产结构、负债总量、负债结构以及资产与负债的关系，同时分别反映了国内主要经济主体的资产与负债状况。通过资产负债表中的负债项目，可以分析和判断国家经济总体和不同经济主体的债务风险情况，对防范债务风险具有极其重要的参考价值。

综上所述，国民经济核算体系之所以要不断修订、持续升级，是因为作为其核算对象的现实经济社会情况随着改革开放在不断变化，作为其理论基础的经济学及相关学科的理论与方法在不断发展，作为其方法基础的数据收集方法以及相关的统计估算技术在不断更新，如近年来大数据方法的发展。随着人类社会的不断进步与发展，国民经济核算体系将会继续走内涵深化和外延扩展之路，逐步迈向更高层次——国民大核算体系。

第三节　国民经济核算体系的基本框架

一、中国国民经济核算体系的基本框架

《中国国民经济核算体系（2016）》主要由基本核算和扩展核算组成。基本核算是本体系的核心内容，旨在对国民经济运行过程进行系统描述；扩展核算是对核心内容的补充与扩展，重点对国民经济中的某些特殊领域的活动进行描述。基本核算包括国内生产总值核算、投入产出核算、资金流量核算、资产负债核算、国际收支核算；扩展核算包括资源环境核算、人口和劳动力核算、卫生核算、旅游核算、新兴经济核算。中国国民经济核算体系的基本框架如图 9-1 所示，基本核算之间及与扩展核算之间的关系如图 9-2 所示。

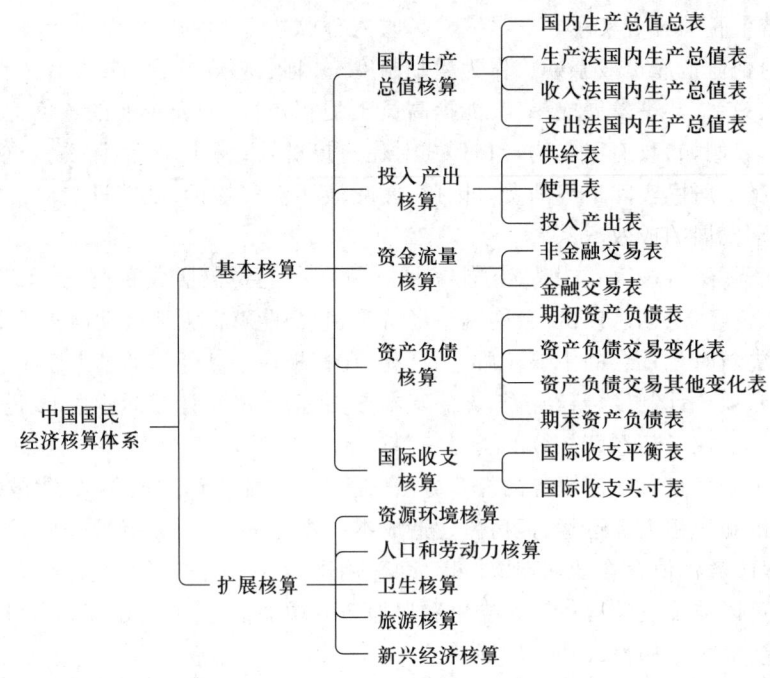

图 9-1   中国国民经济核算体系基本框架

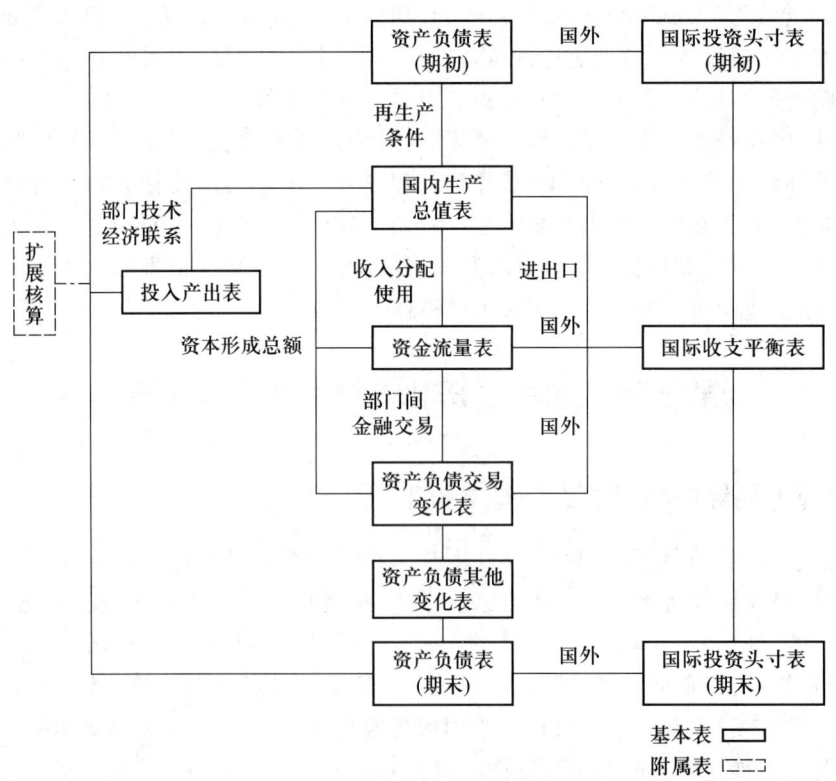

图 9-2   基本核算之间及与扩展核算之间的关系

（一）基本核算

基本核算系统地描述了我国国民经济运行的全过程。其中的每一部分从某些环节或某些侧面描述了经济运行过程。

国内生产总值核算描述了生产活动最终成果的形成和使用过程，是国民经济核算体系的核心内容。

投入产出核算是国内生产总值核算的整合和扩展，描述了国民经济各部门在一定时期内生产活动的投入来源和产出使用去向，揭示了国民经济各部门间相互联系、相互依存的数量关系。

资金流量核算是国内生产总值核算的延伸，以收入分配和资金运动为核算对象，描述一定时期各机构部门收入的分配和使用，资金的筹集和运用情况。

资产负债核算描述特定时点的资产负债存量和结构情况，以及资产负债从期初到期末之间发生的变化。

国际收支核算全面描述了我国常住单位与非常住单位之间的经济往来关系，一方面反映一定时期内发生的对外经济收支往来，另一方面反映对外资产负债存量及其变动状况。

（二）扩展核算

扩展核算是在国民经济核算基本概念和基本分类的基础上，通过对某些基本概念的扩展和某些基本分类的重新组合，以及改变处理方法等，对国民经济中某些领域的活动或与国民经济有密切关系的领域进行详细的描述，以满足特定类型分析和专门领域管理的需要。扩展核算体现了国民经济体系的开放性和灵活性。

二、中国国民经济核算体系的主要内容

（一）国内生产总值核算

国内生产总值是我国所有常住单位在一定时期内生产活动的最终成果。它一方面体现为所有常住单位在生产过程中创造的增加值的总和，另一方面体现为所有常住单位所使用的最终产品价值和净出口的总和。通过国内生产总值核算，可以综合描述经济活动从产品生产到收入形成、最终使用的整个过程。国内生产总值核算包括国内生产总值总表、生产法国内生产总值表、收入法国内生产总值表和支出法国内生产总值表。

1. 国内生产总值总表

国内生产总值总表（见表9-1）按照总供给等于总需求的原理，把国内生产总值的生产法、收入法和支出法三种核算方法有机地连接在一起。通过这张表，可以从不同的角度反映国内生产总值及其构成，并可在实际核算过程中对三种方法的计算结果进行比较验证。

表的左端是生产方，反映生产活动的成果，即总供给，右端是使用方，反映生产成果的最终使用，即总需求。生产方是从价值创造和收入形成角度反映生产活动的最终成果。生产法国内生产总值构成项目为总产出和中间投入。收入法国内生产总值构成项目为劳动者报酬、生产税净额、固定资产折旧和营业盈余。使用方是从使用去向角度反映生产活动的最终成果，包括最终消费支出、资本形成总额、货物和服务净出口。另外，考虑到实际核算中基础资料不充分等因素，在使用方设置了统计误差，作为生产方和使用方的平衡项。

表 9-1　国内生产总值总表　　　　　　　　单位:亿元

生产	金额	使用	金额
1. 生产法国内生产总值		1. 支出法国内生产总值	
总产出		最终消费支出	
中间投入(−)		居民消费支出	
2. 收入法国内生产总值		为住户服务的非营利机构消费支出	
劳动者报酬		政府消费支出	
生产税净额		资本形成总额	
生产税		固定资本形成总额	
生产补贴(−)		存货变动	
固定资产折旧		贵重物品获得减处置	
营业盈余		货物和服务净出口	
		货物和服务出口	
		货物和服务进口(−)	
		2. 统计误差	

2. 生产法国内生产总值表

本表(见表 9-2)主栏为产业部门分类。目前采用两种分类方式:一是三次产业分类,二是国民经济行业分类。宾栏为增加值核算的各项指标。本表反映了国民经济各产业部门的生产成果及由此形成的产业结构状况。

表 9-2　生产法国内生产总值表　　　　　　　　单位:亿元

	增加值	总产出	中间投入
合计			
1. 第一产业			
2. 第二产业			
3. 第三产业			
1. 农林牧渔业			
2. 采矿业			
3. 制造业			
4. 电力、热力、燃气及水的生产和供应业			
5. 建筑业			
6. 批发和零售业			
7. 交通运输、仓储和邮政业			
8. 住宿和餐饮业			
9. 信息传输、软件和信息技术服务业			

续表

	增加值	总产出	中间投入
10. 金融业			
11. 房地产业			
12. 租赁和商务服务业			
13. 科学研究和技术服务			
14. 水利、环境和公共设施管理业			
15. 居民服务、修理和其他服务业			
16. 教育			
17. 卫生和社会工作			
18. 文化、体育和娱乐业			
19. 公共管理、社会保障和社会组织			

注:采矿业,制造业,电力、热力、燃气及水的生产和供应业合称为工业。

计算公式为:

$$产业部门生产法增加值=总产出-中间投入$$
$$国内生产总值=\sum 各产业部门生产法增加值$$

3. 收入法国内生产总值表

本表(见表9-3)主栏与生产法国内生产总值完全一致,宾栏按照增加值及其收入构成项目分列。

表9-3　收入法国内生产总值表　　　　　　　　单位:亿元

	增加值	劳动者报酬	生产税净额	固定资产折旧	营业盈余
合计					
1. 第一产业					
2. 第二产业					
3. 第三产业					
1. 农林牧渔业					
2. 采矿业					
3. 制造业					
4. 电力、热力、燃气及水的生产和供应业					
5. 建筑业					
6. 批发和零售业					
7. 交通运输、仓储和邮政业					
8. 住宿和餐饮业					
9. 信息传输、软件和信息技术服务业					
10. 金融业					

续表

	增加值	劳动者报酬	生产税净额	固定资产折旧	营业盈余
11. 房地产业					
12. 租赁和商务服务业					
13. 科学研究和技术服务					
14. 水利、环境和公共设施管理业					
15. 居民服务、修理和其他服务业					
16. 教育					
17. 卫生和社会工作					
18. 文化、体育和娱乐业					
19. 公共管理、社会保障和社会组织					

注:采矿业,制造业,电力、热力、燃气及水的生产和供应业合称为工业。

计算公式为:

产业部门收入法增加值=劳动者报酬+生产税净额+固定资产折旧+营业盈余

国内生产总值=∑各产业部门收入法增加值

4. 支出法国内生产总值表

本表(见9-4)主栏是支出项目分类,包括最终消费支出(实际最终消费)、资本形成总额、货物和服务净出口三项支出。宾栏为支出金额。

表9-4 支出法国内生产总值表   单位:亿元

	金额
国内生产总值	
1. 最终消费支出	
居民消费支出	
食品烟酒	
衣着	
居住	
生活用品及服务	
交通和通信	
教育、文化和娱乐	
医疗保健	
金融中介服务	
保险服务	
其他商品和服务	
为住户服务的非营利机构消费支出	
政府消费支出	
(实际最终消费)	

续表

	金额
（居民实际最终消费）	
（为住户服务的非营利机构实际消费）	
（政府实际最终消费）	
2．资本形成总额	
固定资本形成总额	
住宅	
其他建筑和构筑物	
机器和设备	
培育性生物资源	
知识产权产品	
非生产资产所有权转移费用	
其他	
存货变动	
贵重物品获得减处置	
3．货物和服务净出口	
货物和服务出口	
货物出口	
服务出口	
货物和服务进口	
货物进口	
服务进口	

计算公式为：

$$支出法国内生产总值＝最终消费支出＋资本形成总额＋货物和服务净出口$$
$$＝实际最终消费＋资本形成总额＋货物和服务净出口$$

（二）投入产出核算

投入产出核算把生产法、收入法、支出法国内生产总值整合在一起，细化和扩展了国内生产总值核算的内容，用于描述国民经济各部门在一定时期内生产活动的投入来源和产出使用去向，解释了国民经济各部门之间相互依存、相互制约的数量关系。投入产出核算即编制供给表、使用表和投入产出表。

1．供给表

供给表的表式如表9–5所示。供给表又称产出表，是 n 个产品部门×m 个产业部门表。行向看，反映某一产品部门货物和服务是由哪些产业部门生产的，合计为该产品部门的货物和服务的总产出；加上进口和进口税（不包括增值税），即得到按生产者价格计算的总供给；再加上各类产品中不可抵扣的增值税和商业运输费用，就是按购买者价格计算的总供给。列向看，反映某一产业部门生产的各产品部门货物和服务的价值量,合计为该产业部门总产出。在供给表中,全部产业部门总产出等于全部产品部门总产出。

表 9-5　供给表（V 表）

产品部门	产业部门									
	产业部门 1	…	产业部门 j	…	产业部门 m	产品部门总产出	进口（到岸价）	按生产者价格计算的总供给	不可抵扣的增值税	商业毛利和运输费用	按购买者价格计算的总供给
产品部门 1 ⋮ 产品部门 i ⋮ 产品部门 n										
产出合计										

2. 使用表

使用表的表式如表 9-6 所示。使用表包括三个象限。第一象限的主栏包括 n 个产品部门,宾栏包括 m 个产业部门。行向看,表明各产品部门生产并提供给各产业部门使用的货物和服务价值量;列向看,表明各产业部门从事生产活动所消耗各产品部门的货物和服务的价值量。第二象限是第一象限在水平方向上的延伸,其主栏与第一象限的主栏相同,也是 n 个产品部门,其宾栏由最终消费支出、资本形成总额、出口等最终使用项目组成,反映各产品部门生产并用于各种最终使用的货物和服务价值量。第三象限是第一象限在垂直方向上的延伸,其主栏由劳动者报酬、生产税净额、固定资产折旧、营业盈余等增加值项目组成,宾栏与第一象限的宾栏一致,也是 m 个产业部门,它反映各产业部门按生产者价格计算的增加值的构成情况。

表 9-6　使用表（U 表）

产品部门	产业部门													
	中间使用			最终使用										总使用（购买者价格）
	产业部门 1	⋮	产业部门 m	中间使用合计	最终消费				资本形成总额				出口	最终使用合计
					居民消费支出	为住户服务的非营利机构消费支出	政府消费支出	合计	固定资本形成总额	存货变动	贵重物品获得减处置	合计		
中间投入　产品部门 1 ⋮ 产品部门 n	第 Ⅰ 象限				第 Ⅱ 象限									
合计														

续表

产品部门	产业部门														
	中间使用				最终使用										总使用（购买者价格）
	产业部门1	：	产业部门m	中间使用合计	最终消费				资本形成总额				出口	最终使用合计	
					居民消费支出	为住户服务的非营利机构消费支出	政府消费支出	合计	固定资本形成总额	存货变动	贵重物品获得减处置	合计			
增加值　劳动者报酬　生产税净额　固定资产折旧　营业盈余	第Ⅲ象限														
增加值　合计															
总投入（生产者价格）															

3. 投入产出表

投入产出表，即产品部门×产品部门表，如表9-7所示。产品部门×产品部门表表现的是各产品部门生产活动的投入构成，包括货物和服务的投入构成及增加值构成。其生产活动按照产品部门分类，投入的货物和服务流量也是按照产品部门分类。产品部门×产品部门表，形式上与使用表相似，也是由三个象限组成。第一象限是由行列名称相同、次序相同的 $n \times n$ 个产品部门的方阵，主栏为中间投入，宾栏为中间使用，反映国民经济各产品部门之间的技术经济联系。

表 9-7　产品部门×产品部门表

投入	产出														
	中间使用				最终使用										总使用（购买者价格）
	产业部门1	…	产业部门m	中间使用合计	最终消费				资本形成总额				出口	最终使用合计	
					居民消费支出	为住户服务的非营利机构消费支出	政府消费支出	合计	固定资本形成总额	存货变动	贵重物品获得减处置	合计			
中间投入　产品部门1　：　产品部门n	第Ⅰ象限				第Ⅱ象限										
中间投入　合计															

投入		产出													总使用（购买者价格）
		中间使用			最终使用										
		产业部门1	…	产业部门 *m*	中间使用合计	最终消费				资本形成总额				出口	最终使用合计	
						居民消费支出	为住户服务的非营利机构消费支出	政府消费支出	合计	固定资本形成总额	存货变动	贵重物品获得减处置	合计			
增加值	劳动者报酬 生产税净额 固定资产折旧 营业盈余	第Ⅲ象限														
	合计															
总投入（生产者价格）																

行向看,反映第 *i* 产品部门生产并提供给第 *j* 产品部门使用的货物和服务价值量,被称为中间使用;列向看,反映第 *j* 产品部门在生产过程中消耗第 *i* 产品部门生产的货物和服务的价值量,被称为中间投入。

第二象限是第一象限在水平方向上的延伸,其主栏与第一象限的主栏相同,也是 *n* 个产品部门;其宾栏主要由最终消费支出、资本形成总额、出口等最终使用项组成,主要反映各产品部门生产并用于各种最终使用的货物和服务价值量及其构成。第三象限是第一象限在垂直方向上的延伸,其主栏由劳动者报酬、生产税净额、固定资产折旧和营业盈余等各种增加值项目组成;宾栏与第一象限的宾栏相同,也是 *n* 个产品部门,反映各产品部门增加值的构成情况。

供给表、使用表、投入产出表之间存在着密切的联系。在一定的假设下,可以通过供给表和使用表推导出投入产出表,也可以通过供给表和投入产出表推导出使用表。另外,供给表和使用表还存在如下平衡关系:

供给表中按购买者价格计算的各产品部门总供给

=使用表中按购买者价格计算的各产品部门总使用

供给表中各产业部门总产出＝使用表中各产业部门总投入

（三）资金流量核算

资金流量核算主要以收入分配和资金运动为核算对象。它反映一定时期各机构部门收入分配和使用、资金的筹集和运用等情况,其核算内容覆盖了整个国民经济运行过程以及相伴随的金融活动。

资金流量核算即编制资金流量表,包括非金融交易表和金融交易表。非金融交易表以增加值和净出口为起点,全面记录机构部门之间的收入分配、收入使用以及非金融投资过程。金融交易表全面记录各部门通过金融交易提供、获得的资金,显示资金在部门之间的流动状况。非金融交易表和金融交易表通过"净金融投资"相连接。

资金流量表在形式上采用交易项目×机构部门的矩阵结构。主栏按交易项目及平衡项目分列,宾栏按机构部门分列。每个机构部门分列两栏,"运用"栏记录各部门应付的资金(流出),即非金融交易下的支出、金融交易下的金融资产净获得;"来源"栏记录各部门应收的资金(流入),即非金融交易下的收入、金融交易下的负债净增加。

表9-8和表9-9是我国资金流量表实物交易和金融交易的基本表式。资金流量表按非金融交易表和金融交易表分别编制。基本编表方法:一是按照交易的项目和机构部门的类别,逐项、逐部门收集基础资料;二是按照国民经济核算的概念和原则对基础资料进行加工整理和评估,对遗漏或有缺口的数据进行必要的补充调查或参考有关指标推算,核算各交易项目指标;三是对初步编制的资金流量表按照非金融交易表和金融交易表之间的对应关系进行反复平衡衔接,得到非金融交易与金融交易平衡后的资金流量表。

表9-8 资金流量表(非金融交易)

交易项目	机构部门															
	非金融企业部门		金融机构部门		广义政府部门		NPISH部门		住户部门		经济总体		国外		合计	
	运用	来源	运用	来源	运用	来源	运用	来源	运用	来源	运用	来源	运用	来源	运用	来源
1. 净出口																
2. 增加值																
3. 劳动者报酬																
工资及工资性收入																
单位社会保险付款																
4. 生产税净额																
生产税																
生产补贴(—)																
5. 财产收入																
利息																
红利																
地租																
其他																
6. 初次分配总收入																
7. 经常转移																
所得税、财产税等经常税																
社会保险缴费																
社会保险支出																
社会保障补助																
其他经常转移																

续表

交易项目	机构部门															
	非金融企业部门		金融机构部门		广义政府部门		NPISH部门		住户部门		经济总体		国外		合计	
	运用	来源	运用	来源	运用	来源	运用	来源	运用	来源	运用	来源	运用	来源	运用	来源
8. 可支配总收入																
9. 实物社会转移																
10. 调整后可支配总收入																
11. 实际最终消费																
12. 总储蓄/对外经常差额																
13. 资本转移																
资本税																
投资性补助																
其他																
14. 资本形成总额																
固定资本形成总额																
存货变动																
贵重物品获得减处置																
15. 非生产非金融资产获得减处置																
16. 净金融投资																

表 9-9　资金流量表（金融交易）

交易项目	机构部门															
	非金融企业部门		金融机构部门		广义政府部门		NPISH部门		住户部门		经济总体		国外部门		合计	
	运用	来源	运用	来源	运用	来源	运用	来源	运用	来源	运用	来源	运用	来源	运用	来源
1. 净金融投资																
2. 通货																
3. 存款																
4. 贷款																

交易项目	机构部门														
	非金融企业部门		金融机构部门		广义政府部门		NPISH部门		住户部门		经济总体		国外部门		合计	
	运用	来源	运用	来源	运用	来源	运用	来源	运用	来源	运用	来源	运用	来源	运用	来源
5. 股权和投资基金份额																
股权																
投资基金份额																
其他																
6. 债务性证券																
债券																
未贴现银行承兑汇票																
其他债务性证券																
7. 保险准备金和社会保险基金权益																
保险准备金																
社会保险基金权益																
8. 金融衍生品和雇员股票期权																
期权																
其他金融衍生品																
雇员股票期权																
9. 国际储备																
货币黄金、特别提款权																
在国际货币基金组织储备头寸																
外汇																
其他																
10. 其他																
11. 资金运用合计																
12. 资金来源合计																

　　在编制非金融交易表时,对于增加值、劳动者报酬、生产税净额、最终消费支出、资本形成总额等交易项目,根据国内生产总值核算资料、财政决算资料等,结合各机构部门特点,将经济总体数据分摊到各机构部门;对于财产收入、经常转移等交易项目,根据分机构部门较为详尽的资料,按不同的机构部门分别计算,并加总为经济总体数据。

编制金融交易表所使用的基础资料,既有流量数据,又有存量数据。对于存量数据,采用轧差法转化为流量数据,即期末存量数据减去期初存量数据求得金融资产与负债的流量数据。

(四) 资产负债核算

资产负债核算是对我国常住单位经济资产和负债存量及其变化的核算,反映某一时点各机构部门和经济总体所拥有的资产和负债的总量和结构,以及从期初到期末的变化情况。反映一个国家、一个地区在一定时点上的资产与负债的规模和结构,为研究国民财产状况和经济实力,调整产业结构,制定投资政策等提供基础数据。

经济存量是社会再生产的基本条件,又是社会再生产的结果。所以资产负债核算同以上各种经济流量的核算是紧密联系的,是整个核算体系中的重要组成部分。

我国资产负债表的基本表式如表 9-10 所示。资产负债核算即编制资产负债表。资产负债表包括期初资产负债表、资产负债交易变化表、资产负债其他变化表和期末资产负债表。其中,期初资产负债表与期末资产负债表有同样的结构和内容,只是记录时点不同;资产负债交易变化表与资产负债其他变化表有相同的结构,区别在于前者反映与当期经济交易有关的资产负债变化,后者反映由其他原因引起的资产负债变化。

表 9-10　资产负债表

交易项目	机构部门														
	非金融企业部门		金融机构部门		广义政府部门		NPISH部门		住户部门		经济总体		国外部门		合计	
	运用	来源	运用	来源	运用	来源	运用	来源	运用	来源	运用	来源	运用	来源	运用	来源
1. 资产																
非金融资产																
生产资产																
固定资产																
住宅																
其他建筑和建筑物																
机器和设备																
培育性生物资源																
知识产权产品																
存货																
贵重物品																
非生产资产																
金融资产																
通货																
存款																
贷款																

续表

交易项目	机构部门														
	非金融企业部门		金融机构部门		广义政府部门		NPISH部门		住户部门		经济总体		国外部门		合计	
	运用	来源	运用	来源	运用	来源	运用	来源	运用	来源	运用	来源	运用	来源	运用	来源
股权和投资基金份额																
债务性证券																
保险准备金和社会保险基金权益																
金融衍生品和雇员股票期权																
国际储备																
其他																
2. 负债																
通货																
存款																
贷款																
股权和投资基金份额																
债务性证券																
保险准备金和社会保险基金权益																
金融衍生品和雇员股票期权																
国际储备																
其他																
3. 资产净值																

与前面各部分核算直接相关联的是资产负债交易变化表。

资产负债表采用国际上通用的表式，即采用交易项目×部门的矩阵结构。主栏为资产和负债项目分列，主要包括三个部分：一是资产，包括非金融资产与金融资产；二是负债，即金融负债；三是资产净值，为资产总额与负债总额相抵后的余额。宾栏按机构部门分列，在每一机构部门下设运用方和来源方，资产方列在运用方下，负债方及资产负债差额列在来源方下。资产负债表的宾栏分为六个机构部门，即非金融企业部门、金融机构部门、广义政府部门、NPISH部门、住户部门和国外部门。

期初和期末资产负债表，记录机构部门及经济总体的资产负债存量；资产负债交易变化表和其他变化表，记录各机构部门及经济总体的资产负债变化量。四张表之间的关系是：

期末资产(负债)存量=期初资产(负债)存量+资产(负债)交易变化+资产(负债)其他变化

（五）国际收支核算

国际收支核算系统记录一定时期内常住单位和非常住单位之间发生的所有经济收支往来，以及核算期末累积的对外资产负债存量状况，全面反映我国对外经济联系。

国际收支核算即编制国际收支平衡表和国际投资头寸表。国际收支平衡表是关于对外经济流量的核算表，通过经常账户、资本和金融账户系统记录一段时期内我国与国外之间发生的各种交易。

国际收支平衡表如表 9-11 所示。

表 9-11　国际收支平衡表（概览表）

项目	行次	交易金额
1. 经常账户		
贷方		
借方		
货物和服务		
贷方		
借方		
货物		
贷方		
借方		
服务		
贷方		
借方		
初次收入		
贷方		
借方		
二次收入		
贷方		
借方		
2. 资本和金融账户		
资本账户		
贷方		
借方		
金融账户		
贷方		
借方		
非储备性质的金融账户		
直接投资		
资产		

项目	行次	交易金额
负债		
证券投资		
资产		
负债		
金融衍生品和雇员股票期权		
资产		
负债		
其他投资		
资产		
负债		
国际储备		
3. 净误差与遗漏		

注:对于金融账户,正数值表示对外资产减少,负债增加,负数值表示对外资产增加,负债减少。

　　国际投资头寸表是关于对外经济存量及其变化的核算表,分别在期初、期末两个时点记录我国对外金融资产和负债存量状况,以及在一定期间内由交易、价格变化、汇率变化和其他调整引起的存量变化。国际收支平衡表主栏设有三个项目:经常账户、资本和金融账户、净误差与遗漏;宾栏有两栏:行次和交易金额。

　　国际收支平衡表的基本编表方法主要包括以下步骤:一是通过国际收支统计申报制度以及相关政府部门行政记录收集原始资料;二是按照国际收支统计的概念和原则对原始资料进行加工整理,如将海关统计的货物进口价格由到岸价调整为离岸价,补充货物所有权已经转移但未发生货物跨境移动的货物贸易;三是按照交易项目分别编制经常账户、资本和金融账户,并对其进行平衡,得到国际收支平衡表。

三、国民经济核算体系的扩展核算

　　国民经济扩展核算包括五个方面的内容:

　　1. 资源环境核算

　　包括自然资源和环境核算两部分,是将资源环境等因素纳入国民经济核算中,通过描述资源环境状况及其随着时间推移而发生的变化,经济系统与资源环境系统之间的相互作用,为全面认识资源环境与经济之间的关系、制定可持续发展政策提供重要的基础信息。

　　2. 人口和劳动力核算

　　反映核算期内我国人口和劳动力资源状况以及生产中劳动投入情况。通过对劳动投入的标准化测度,为计算劳动生产率和全要素生产率提供基础信息。

　　3. 卫生核算

　　是以卫生保健活动为核心的扩展核算,其目标是借助于国民经济核算原理对全社会的卫生保健活动进行宏观核算,一方面显示与卫生保健有关的支出及其资金来源情况,另一方面显示卫生保健产业活动及产品供求情况。通过卫生核算,可以描述卫生保健自身的生产、分配、消费、投资过程,分析其对国民经济各个方面的贡献和影响。

4. 旅游核算

是以旅游经济活动为核心的扩展核算,国际上通常称为旅游卫星账户。联合国世界旅游组织制定的《2008 年旅游附属账户:建议的方法框架》(TSA),是推荐各国使用的旅游核算的标准文本。TSA 对旅游的消费和供给、相关产业的生产和资本形成,以及与旅游有关的各种非货币信息,实行综合测量,反映旅游活动的供求关系及与其他部门的联系。我国旅游核算遵循 TSA 的基本原则和编制方法,结合我国的具体情况,精简了账户内容和指标设置。

5. 新兴经济核算

是以新兴经济活动为对象的核算。到目前为止,国际上尚未形成一个普遍认可的、具有严格意义的"新兴经济"概念,更没有形成一个国际通行的新兴经济核算的范围、分类和方法。为及时准确反映我国新兴经济发展情况,国家统计局在深入调查研究和充分借鉴国际上已有研究成果的基础上,初步提出我国新兴经济核算的基本概念、原则和方法。

本章小结

本章主要介绍了国民经济核算的基本问题、发展历程、国民经济核算的基本框架。国民经济核算的基本问题主要介绍了国民经济核算的发展历程、国民经济核算的基本概念和国民经济核算的基本分类。国民经济核算体系有两种含义,一种含义是指为进行国民经济核算而制定的标准和规范;另一种含义是指国民经济核算资料。国民经济核算的基本概念主要介绍了常住单位、生产范围、消费范围、资产范围等概念。国民经济核算的基本分类,一种是按照机构单位和机构部门分类;另一种是按产业活动单位和产业部门分类。新中国成立以来的中国国民经济核算经历了四个阶段:MPS 体系的建立和发展阶段,MPS 体系与 SNA 体系并存阶段,在 SNA 体系下的发展阶段,SNA 体系下的成熟阶段。

《中国国民经济核算体系(2016)》主要由基本核算和扩展核算组成。基本核算是本体系的核心内容,旨在对国民经济运行过程进行系统描述;扩展核算是对核心内容的补充与扩展,重点对国民经济中的某些特殊领域的活动进行描述。基本核算包括国内生产总值核算、投入产出核算、资金流量核算、资产负债核算、国际收支核算;扩展核算包括资源环境核算、人口和劳动力核算、卫生核算、旅游核算、新兴经济核算。

思考与练习

思考题

1. 简述中国国民经济核算体系(2016)的框架。
2. 简述国民经济账户与基本核算表之间的关系。
3. MPS 与 SNA 两大核算体系有何区别?

练习题

某地区相关的数据如下(亿元):

（1）社会总消费　　　　　　　　7 080
（2）总投资　　　　　　　　　　2 345
（3）出口　　　　　　　　　　　2 000
（4）进口　　　　　　　　　　　3 442
（5）固定资产折旧　　　　　　　1 324
（6）劳动者报酬　　　　　　　　6 754
（7）生产税净额　　　　　　　　867
（8）营业盈余　　　　　　　　　2 333

根据以上数据可用什么方法计算国内生产总值? 按照不同的方法分别计算?

即测即评

案例分析：新兴经济核算

一、基本概念和主要特征

新兴经济核算是以新兴经济活动为对象的核算。这里的"新兴经济"指以新产业、新业态、新商业模式为主体,由互联网和新技术革命推动的,以信息化和产业化深入融合、商业模式和体制机制创新、人力资本的高效投入和减少对物质要素的依赖为标志的一种经济形态。当代新兴经济主要包括分享经济、信息经济、生物经济、绿色经济、创意经济、智能制造经济等内容,并呈现以下四个主要特征:

（1）以信息技术突破应用为主导的高新技术作为技术基础。以计算机、互联网、移动通信和大数据等为代表的信息技术在经济社会中广泛应用,由此催生电子商务、智能制造、工业互联网等生产生活方式的革命性变革,并与能源、材料和生物工程创新共同构成新一代高新技术簇,为新一轮社会生产力革命性发展奠定技术基础。

（2）以信息（数据）为核心的经济要素提高社会生产效率。随着"云网端"等信息基础设施不断完善,信息（数据）逐步成为社会生产活动的投入产出要素,大幅提升经济社会运行效率,促使经济实现持续快速发展。

（3）以智能制造为先导融合构造现代产业体系。智能制造带动农业生产、城市管理、运输物流和家居服务等领域的智能化,加快改造传统产业,推动制造业与服务业融合,三次产业在融合发展中逐步实现转型升级,形成具有更高生产率的现代产业体系。

（4）以货物和服务多样化为导向创新社会分工形态。新一轮科技革命和产业变革促使生产组织和社会分工方式更趋社会化、网络化、平台化、扁平化、小微化,个性化定制生产成为重要制造方式,以消费者为中心的商业模式层出不穷,分享经济和个体创新创业获得巨大的发展空间。

二、分类标准

为了及时反映新兴经济发展动态,准确把握新兴经济活动类型及特征,科学界定新兴经济统计范围,国家统计局正在修订《国民经济行业分类》和《战略性新兴产业分类》,研究制定新产业、新业态、新商业模式统计分类,是新兴经济核算的基本依据。

三、核算内容

从核算内容上看,新兴经济核算主要包括以增加值为核心的生产核算和收入核算。

1. 核算范围

新兴经济增加值核算范围包括新产业新业态新商业模式统计分类中所有具有新兴经济特征的货物和服务生产活动。由于新兴经济活动变动快,其核算范围具有动态性。随着新兴经济的发展以及人们对新兴经济认识的加深,新兴经济概念会不断延伸,新兴经济活动的范围会逐步扩展,核算范围也会随之调整。

2. 核算方法

根据新兴经济特点和基础资料状况,新兴经济增加值核算采用生产法和收入法进行核算。

生产法是从生产过程新增价值的角度,衡量新兴经济活动最终成果的方法。新兴经济生产法增加值等于新兴经济总产出扣除相应的中间投入。总产出指生产单位在一定时期内从事新兴经济活动生产的所有货物和服务的价值;中间投入指生产单位在新兴经济生产过程中消耗和使用的固定资产以外的货物和服务的价值。

收入法是从生产过程形成收入的角度,反映新兴经济活动最终成果的方法。新兴经济收入法增加值由劳动者报酬、生产税净额、固定资产折旧和营业盈余四个部分构成。

新兴经济增加值核算的基础资料主要来自新兴经济活动单位的统计资料、财务资料,有关部门的行政记录资料,以及互联网平台的相关资料等。由于新兴经济活动具有跨界、融合的特点,因此为了准确反映新兴经济活动成果,统计单位应采用产业活动单位。

需要注意的是,新兴经济活动在初始发展阶段一般不以盈利为目的,会有大量的投入,特别是研发投入很大,而账面收益几乎为零,甚至亏损。在这种情况下,采用何种方法核算总产出、增加值以及收入法四项构成,如何将研发活动资本化,需要深入研究。

请根据新兴经济核算资料,回答下列问题:

(1) 新兴经济核算为何没有形成一个国际通行的新兴经济核算的范围?

(2) 请以分享经济为例谈谈你对新兴经济的看法。

附表 1 标准正态分布表

$$\Phi(z) = \int_{-\infty}^{z} \frac{1}{\sqrt{2\pi}} e^{-\frac{u^2}{2}} \mathrm{d}u = P\{Z \leqslant z\}$$

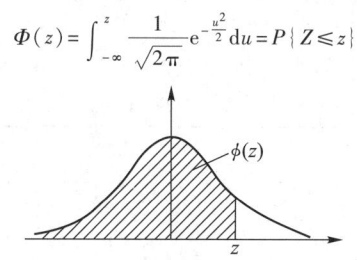

z	0	1	2	3	4	5	6	7	8	9
0.0	0.500 0	0.504 0	0.508 0	0.512 0	0.516 0	0.519 9	0.523 9	0.527 9	0.531 9	0.535 9
0.1	0.539 8	0.543 8	0.547 8	0.551 7	0.555 7	0.559 6	0.563 6	0.567 5	0.571 4	0.575 3
0.2	0.579 3	0.583 2	0.587 1	0.591 0	0.594 8	0.598 7	0.606 6	0.606 4	0.610 3	0.614 1
0.3	0.617 9	0.621 7	0.625 5	0.629 3	0.633 1	0.636 8	0.640 6	0.644 3	0.648 0	0.651 7
0.4	0.655 4	0.659 1	0.662 8	0.666 4	0.670 0	0.673 6	0.677 2	0.680 8	0.684 4	0.687 9
0.5	0.691 5	0.695 0	0.698 5	0.701 9	0.705 4	0.708 8	0.712 3	0.715 7	0.719 0	0.722 4
0.6	0.725 7	0.729 1	0.732 4	0.735 7	0.738 9	0.742 2	0.745 4	0.748 6	0.751 7	0.754 9
0.7	0.758 0	0.761 1	0.764 2	0.767 3	0.770 3	0.773 4	0.776 4	0.779 4	0.782 3	0.785 2
0.8	0.788 1	0.791 0	0.793 0	0.796 7	0.799 5	0.802 3	0.805 1	0.807 8	0.810 6	0.813 3
0.9	0.815 9	0.818 6	0.821 2	0.823 8	0.826 4	0.828 9	0.831 5	0.834 0	0.836 5	0.838 9
1.0	0.841 3	0.843 8	0.846 1	0.848 5	0.850 8	0.853 1	0.855 4	0.857 7	0.859 9	0.862 1
1.1	0.864 3	0.866 5	0.868 6	0.868 6	0.872 9	0.874 9	0.877 0	0.879 0	0.881 0	0.883 0
1.2	0.884 9	0.886 9	0.888 8	0.888 8	0.892 5	0.894 4	0.896 2	0.898 0	0.899 7	0.901 5
1.3	0.903 2	0.904 9	0.906 6	0.906 6	0.909 9	0.911 5	0.913 1	0.914 7	0.916 2	0.917 7
1.4	0.919 2	0.920 7	0.922 2	0.922 2	0.925 1	0.926 5	0.927 8	0.929 2	0.930 6	0.931 9
1.5	0.933 2	0.934 5	0.935 7	0.937 0	0.938 2	0.939 4	0.940 6	0.941 8	0.943 0	0.944 1
1.6	0.945 2	0.946 3	0.947 4	0.948 4	0.949 5	0.950 5	0.951 5	0.952 5	0.953 5	0.954 5
1.7	0.955 4	0.956 4	0.957 3	0.958 2	0.959 1	0.959 9	0.960 8	0.961 6	0.962 5	0.963 3
1.8	0.964 1	0.964 8	0.965 6	0.966 4	0.967 1	0.967 8	0.968 6	0.969 3	0.970 0	0.970 6
1.9	0.971 3	0.971 9	0.972 6	0.973 2	0.973 8	0.974 4	0.975 0	0.975 6	0.976 2	0.976 7
2.0	0.977 2	0.977 8	0.978 3	0.978 8	0.979 3	0.979 8	0.980 3	0.980 8	0.981 2	0.981 7
2.1	0.982 1	0.982 6	0.983 0	0.983 4	0.983 8	0.984 2	0.984 6	0.985 0	0.985 4	0.985 7

z	0	1	2	3	4	5	6	7	8	9
2.2	0.986 1	0.986 4	0.986 8	0.987 1	0.987 4	0.987 8	0.988 1	0.998 84	0.988 7	0.989 0
2.3	0.989 3	0.989 6	0.989 8	0.990 1	0.990 4	0.990 6	0.990 9	0.991 1	0.991 3	0.991 6
2.4	0.991 8	0.992 0	0.992 2	0.992 5	0.992 7	0.992 9	0.993 1	0.993 2	0.993 4	0.993 6
2.5	0.993 8	0.994 0	0.994 1	0.994 3	0.994 5	0.994 6	0.994 8	0.994 9	0.995 1	0.995 2
2.6	0.995 3	0.955 5	0.995 6	0.995 7	0.995 9	0.996 0	0.996 2	0.996 2	0.996 3	0.996 4
2.7	0.996 5	0.996 6	0.996 7	0.996 8	0.996 8	0.997 0	0.997 2	0.997 2	0.997 3	0.997 4
2.8	0.997 4	0.997 5	0.997 6	0.997 7	0.997 7	0.997 8	0.997 9	0.997 9	0.998 0	0.997 1
2.9	0.998 1	0.988 2	0.998 2	0.998 3	0.998 3	0.998 4	0.998 5	0.998 5	0.998 6	0.998 6
3.0	0.998 7	0.999 0	0.999 3	0.999 5	0.999 5	0.999 8	0.999 8	0.999 9	0.999 9	1.000 0

附表 2　t 分布表(单侧)

df	0.1	0.05	0.025	0.01	0.005	0.001	0.000 5
1	3.078	6.314	12.706	31.821	63.657	318.309	636.619
2	1.886	2.920	4.303	6.965	9.925	22.327	31.599
3	1.638	2.353	3.182	4.541	5.841	10.215	12.924
4	1.533	2.132	2.776	3.747	4.604	7.173	8.610
5	1.476	2.015	2.571	3.365	4.032	5.893	6.869
6	1.440	1.943	2.447	3.143	3.707	5.208	5.959
7	1.415	1.895	2.365	2.998	3.499	4.785	5.408
8	1.397	1.860	2.306	2.896	3.355	4.501	5.041
9	1.383	1.833	2.262	2.821	3.250	4.297	4.781
10	1.372	1.812	2.228	2.764	3.169	4.144	4.587
11	1.363	1.796	2.201	2.718	3.106	4.025	4.437
12	1.356	1.782	2.179	2.681	3.055	3.930	4.318
13	1.350	1.771	2.160	2.650	3.012	3.852	4.221
14	1.345	1.761	2.145	2.624	2.977	3.787	4.140
15	1.341	1.753	2.131	2.602	2.947	3.733	4.073
16	1.337	1.746	2.120	2.583	2.921	3.686	4.015
17	1.333	1.740	2.110	2.567	2.898	3.646	3.965
18	1.330	1.734	2.101	2.552	2.878	3.610	3.922
19	1.328	1.729	2.093	2.539	2.861	3.579	3.883
20	1.325	1.725	2.086	2.528	2.845	3.552	3.850
21	1.323	1.721	2.080	2.518	2.831	3.527	3.819
22	1.321	1.717	2.074	2.508	2.819	3.505	3.792
23	1.319	1.714	2.069	2.500	2.807	3.485	3.768
24	1.318	1.711	2.064	2.492	2.797	3.467	3.745
25	1.316	1.708	2.060	2.485	2.787	3.450	3.725
26	1.315	1.706	2.056	2.479	2.779	3.435	3.707
27	1.314	1.703	2.052	2.473	2.771	3.421	3.690
28	1.313	1.701	2.048	2.467	2.763	3.408	3.674
29	1.311	1.699	2.045	2.462	2.756	3.396	3.659
30	1.310	1.697	2.042	2.457	2.750	3.385	3.646
31	1.309	1.696	2.040	2.453	2.744	3.375	3.633
32	1.309	1.694	2.037	2.449	2.738	3.365	3.622
33	1.308	1.692	2.035	2.445	2.733	3.356	3.611
34	1.307	1.691	2.032	2.441	2.728	3.348	3.601

df	0.1	0.05	0.025	0.01	0.005	0.001	0.000 5
35	1.306	1.690	2.030	2.438	2.724	3.340	3.591
36	1.306	1.688	2.028	2.434	2.719	3.333	3.582
37	1.305	1.687	2.026	2.431	2.715	3.326	3.574
38	1.304	1.686	2.024	2.429	2.712	3.319	3.566
39	1.304	1.685	2.023	2.426	2.708	3.313	3.558
40	1.303	1.684	2.021	2.423	2.704	3.307	3.551
41	1.303	1.683	2.020	2.421	2.701	3.301	3.544
42	1.302	1.682	2.018	2.418	2.698	3.296	3.538
43	1.302	1.681	2.017	2.416	2.695	3.291	3.532
44	1.301	1.680	2.015	2.414	2.692	3.286	3.526
45	1.301	1.679	2.014	2.412	2.690	3.281	3.520
46	1.300	1.679	2.013	2.410	2.687	3.277	3.515
47	1.300	1.678	2.012	2.408	2.685	3.273	3.510
48	1.299	1.677	2.011	2.407	2.682	3.269	3.505
49	1.299	1.677	2.010	2.405	2.680	3.265	3.500
50	1.299	1.676	2.009	2.403	2.678	3.261	3.496
51	1.298	1.675	2.008	2.402	2.676	3.258	3.492
52	1.298	1.675	2.007	2.400	2.674	3.255	3.488
53	1.298	1.674	2.006	2.399	2.672	3.251	3.484
54	1.297	1.674	2.005	2.397	2.670	3.248	3.480
55	1.297	1.673	2.004	2.396	2.668	3.245	3.476
56	1.297	1.673	2.003	2.395	2.667	3.242	3.473
57	1.297	1.672	2.002	2.394	2.665	3.239	3.470
58	1.296	1.672	2.002	2.392	2.663	3.237	3.466
59	1.296	1.671	2.001	2.391	2.662	3.234	3.463
60	1.296	1.671	2.000	2.390	2.660	3.232	3.460
61	1.296	1.670	2.000	2.389	2.659	3.229	3.457
62	1.295	1.670	1.999	2.388	2.657	3.227	3.454
63	1.295	1.669	1.998	2.387	2.656	3.225	3.452
64	1.295	1.669	1.998	2.386	2.655	3.223	3.449
65	1.295	1.669	1.997	2.385	2.654	3.220	3.447
66	1.295	1.668	1.997	2.384	2.652	3.218	3.444
67	1.294	1.668	1.996	2.383	2.651	3.216	3.442
68	1.294	1.668	1.995	2.382	2.650	3.214	3.439

df	0.1	0.05	0.025	0.01	0.005	0.001	0.000 5
69	1.294	1.667	1.995	2.382	2.649	3.213	3.437
70	1.294	1.667	1.994	2.381	2.648	3.211	3.435
71	1.294	1.667	1.994	2.380	2.647	3.209	3.433
72	1.293	1.666	1.993	2.379	2.646	3.207	3.431
73	1.293	1.666	1.993	2.379	2.645	3.206	3.429
74	1.293	1.666	1.993	2.378	2.644	3.204	3.427
75	1.293	1.665	1.992	2.377	2.643	3.202	3.425
76	1.293	1.665	1.992	2.376	2.642	3.201	3.423
77	1.293	1.665	1.991	2.376	2.641	3.199	3.421
78	1.292	1.665	1.991	2.375	2.640	3.198	3.420
79	1.292	1.664	1.990	2.374	2.640	3.197	3.418
80	1.292	1.664	1.990	2.374	2.639	3.195	3.416
81	1.292	1.664	1.990	2.373	2.638	3.194	3.415
82	1.292	1.664	1.989	2.373	2.637	3.193	3.413
83	1.292	1.663	1.989	2.372	2.636	3.191	3.412
84	1.292	1.663	1.989	2.372	2.636	3.190	3.410
85	1.292	1.663	1.988	2.371	2.635	3.189	3.409
86	1.291	1.663	1.988	2.370	2.634	3.188	3.407
87	1.291	1.663	1.988	2.370	2.634	3.187	3.406
88	1.291	1.662	1.987	2.369	2.633	3.185	3.405
89	1.291	1.662	1.987	2.369	2.632	3.184	3.403
90	1.291	1.662	1.987	2.368	2.632	3.183	3.402
91	1.291	1.662	1.986	2.368	2.631	3.182	3.401
92	1.291	1.662	1.986	2.368	2.630	3.181	3.399
93	1.291	1.661	1.986	2.367	2.630	3.180	3.398
94	1.291	1.661	1.986	2.367	2.629	3.179	3.397
95	1.291	1.661	1.985	2.366	2.629	3.178	3.396
96	1.290	1.661	1.985	2.366	2.628	3.177	3.395
97	1.290	1.661	1.985	2.365	2.627	3.176	3.394
98	1.290	1.661	1.984	2.365	2.627	3.175	3.393
99	1.290	1.660	1.984	2.365	2.626	3.175	3.392
100	1.290	1.660	1.984	2.364	2.626	3.174	3.390
120	1.289	1.658	1.980	2.358	2.617	3.160	3.373
∞	1.282	1.645	1.960	2.326	2.576	3.090	3.291

附表3 卡方分布表

n	α 的值											
	0.995	0.990	0.975	0.950	0.900	0.750	0.250	0.100	0.050	0.025	0.010	0.005
1	0.000	0.000	0.001	0.004	0.016	0.102	1.323	2.706	3.841	5.024	6.635	7.879
2	0.010	0.020	0.051	0.103	0.211	0.575	2.773	4.605	5.991	7.378	9.210	10.597
3	0.072	0.115	0.216	0.352	0.584	1.213	4.108	6.251	7.815	9.348	11.345	12.838
4	0.207	0.297	0.484	0.711	1.064	1.923	5.385	7.779	9.488	11.143	13.277	14.860
5	0.412	0.554	0.831	1.145	1.610	2.675	6.626	9.236	11.070	12.833	15.086	16.750
6	0.676	0.872	1.237	1.635	2.204	3.455	7.841	10.645	12.592	14.449	16.812	18.548
7	0.989	1.239	1.690	2.167	2.833	4.255	9.037	12.017	14.067	16.013	18.475	20.278
8	1.344	1.646	2.180	2.733	3.490	5.071	10.219	13.362	15.507	17.535	20.090	21.955
9	1.735	2.088	2.700	3.325	4.168	5.899	11.389	14.684	16.919	19.023	21.666	23.589
10	2.156	2.558	3.247	3.940	4.865	6.737	12.549	15.987	18.307	20.483	23.209	25.188
11	2.603	3.053	3.816	4.575	5.578	7.584	13.701	17.275	19.675	21.920	24.725	26.757
12	3.074	3.571	4.404	5.226	6.304	8.438	14.845	18.549	21.026	23.337	26.217	28.300
13	3.565	4.107	5.009	5.892	7.042	9.299	15.984	19.812	22.362	24.736	27.688	29.819
14	4.075	4.660	5.629	6.571	7.790	10.165	17.117	21.064	23.685	26.119	29.141	31.319
15	4.601	5.229	6.262	7.261	8.547	11.037	18.245	22.307	24.996	27.488	30.578	32.801
16	5.142	5.812	6.908	7.962	9.312	11.912	19.369	23.542	26.296	28.845	32.000	34.267
17	5.697	6.408	7.564	8.672	10.085	12.792	20.489	24.769	27.587	30.191	33.409	35.718
18	6.265	7.015	8.231	9.390	10.865	13.675	21.605	25.989	28.869	31.526	34.805	37.156
19	6.844	7.633	8.907	10.117	11.651	14.562	22.718	27.204	30.144	32.852	36.191	38.582
20	7.434	8.260	9.591	10.851	12.443	15.452	23.828	28.412	31.410	34.170	37.566	39.997
21	8.034	8.897	10.283	11.591	13.240	16.344	24.935	29.615	32.671	35.479	38.932	41.401
22	8.643	9.542	10.982	12.338	14.041	17.240	26.039	30.813	33.924	36.781	40.289	42.796
23	9.260	10.196	11.689	13.091	14.848	18.137	27.141	32.007	35.172	38.076	41.638	44.181
24	9.886	10.856	12.401	13.848	15.659	19.037	28.241	33.196	36.415	39.364	42.980	45.559
25	10.520	11.524	13.120	14.611	16.473	19.939	29.339	34.382	37.652	40.646	44.314	46.928
26	11.160	12.198	13.844	15.379	17.292	20.843	30.435	35.563	38.885	41.923	45.642	48.290
27	11.808	12.879	14.573	16.151	18.114	21.749	31.528	36.741	40.113	43.195	46.963	49.645
28	12.461	13.565	15.308	16.928	18.939	22.657	32.620	37.916	41.337	44.461	48.278	50.993
29	13.121	14.256	16.047	17.708	19.768	23.567	33.711	39.087	42.557	45.722	49.588	52.336
30	13.787	14.953	16.791	18.493	20.599	24.478	34.800	40.256	43.773	46.979	50.892	53.672
31	14.458	15.655	17.539	19.281	21.434	25.390	35.887	41.422	44.985	48.232	52.191	55.003
32	15.134	16.362	18.291	20.072	22.271	26.304	36.973	42.585	46.194	49.480	53.486	56.328
33	15.815	17.074	19.047	20.867	23.110	27.219	38.058	43.745	47.400	50.725	54.776	57.648
34	16.501	17.789	19.806	21.664	23.952	28.136	39.141	44.903	48.602	51.966	56.061	58.964

n	α 的值											
	0.995	0.990	0.975	0.950	0.900	0.750	0.250	0.100	0.050	0.025	0.010	0.005
35	17.192	18.509	20.569	22.465	24.797	29.054	40.223	46.059	49.802	53.203	57.342	60.275
36	17.887	19.233	21.336	23.269	25.643	29.973	41.304	47.212	50.998	54.437	58.619	61.581
37	18.586	19.960	22.106	24.075	26.492	30.893	42.383	48.363	52.192	55.668	59.893	62.883
38	19.289	20.691	22.878	24.884	27.343	31.815	43.462	49.513	53.384	56.896	61.162	64.181
39	19.996	21.426	23.654	25.695	28.196	32.737	44.539	50.660	54.572	58.120	62.428	65.476
40	20.707	22.164	24.433	26.509	29.051	33.660	45.616	51.805	55.758	59.342	63.691	66.766
41	21.421	22.906	25.215	27.326	29.907	34.585	46.692	52.949	56.942	60.561	64.950	68.053
42	22.138	23.650	25.999	28.144	30.765	35.510	47.766	54.090	58.124	61.777	66.206	69.336
43	22.859	24.398	26.785	28.965	31.625	36.436	48.840	55.230	59.304	62.990	67.459	70.616
44	23.584	25.148	27.575	29.787	32.487	37.363	49.913	56.369	60.481	64.201	68.710	71.893
45	24.311	25.901	28.366	30.612	33.350	38.291	50.985	57.505	61.656	65.410	69.957	73.166
46	25.041	26.657	29.160	31.439	34.215	39.220	52.056	58.641	62.830	66.617	71.201	74.437
47	25.775	27.416	29.956	32.268	35.081	40.149	53.127	59.774	64.001	67.821	72.443	75.704
48	26.511	28.177	30.755	33.098	35.949	41.079	54.196	60.907	65.171	69.023	73.683	76.969
49	27.249	28.941	31.555	33.930	36.818	42.010	55.265	62.038	66.339	70.222	74.919	78.231
50	27.991	29.707	32.357	34.764	37.689	42.942	56.334	63.167	67.505	71.420	76.154	79.490
51	28.735	30.475	33.162	35.600	38.560	43.874	57.401	64.295	68.669	72.616	77.386	80.747
52	29.481	31.246	33.968	36.437	39.433	44.808	58.468	65.422	69.832	73.810	78.616	82.001
53	30.230	32.018	34.776	37.276	40.308	45.741	59.534	66.548	70.993	75.002	79.843	83.253
54	30.981	32.793	35.586	38.116	41.183	46.676	60.600	67.673	72.153	76.192	81.069	84.502
55	31.735	33.570	36.398	38.958	42.060	47.610	61.665	68.796	73.311	77.380	82.292	85.749
56	32.490	34.350	37.212	39.801	42.937	48.546	62.729	69.919	74.468	78.567	83.513	86.994
57	33.248	35.131	38.027	40.646	43.816	49.482	63.793	71.040	75.624	79.752	84.733	88.236
58	34.008	35.913	38.844	41.492	44.696	50.419	64.857	72.160	76.778	80.936	85.950	89.477
59	34.770	36.698	39.662	42.339	45.577	51.356	65.919	73.279	77.931	82.117	87.166	90.715
60	35.534	37.485	40.482	43.188	46.459	52.294	66.981	74.397	79.082	83.298	88.379	91.952
61	36.301	38.273	41.303	44.038	47.342	53.232	68.043	75.514	80.232	84.476	89.591	93.186
62	37.068	39.063	42.126	44.889	48.226	54.171	69.104	76.630	81.381	85.654	90.802	94.419
63	37.838	39.855	42.950	45.741	49.111	55.110	70.165	77.745	82.529	86.830	92.010	95.649
64	38.610	40.649	43.776	46.595	49.996	56.050	71.225	78.860	83.675	88.004	93.217	96.878
65	39.383	41.444	44.603	47.450	50.883	56.990	72.285	79.973	84.821	89.177	94.422	98.105
66	40.158	42.240	45.431	48.305	51.770	57.931	73.344	81.085	85.965	90.349	95.626	99.330
67	40.935	43.038	46.261	49.162	52.659	58.872	74.403	82.197	87.108	91.519	96.828	100.554
68	41.713	43.838	47.092	50.020	53.548	59.814	75.461	83.308	88.250	92.689	98.028	101.776

n	α 的值											
	0.995	0.990	0.975	0.950	0.900	0.750	0.250	0.100	0.050	0.025	0.010	0.005
69	42.494	44.639	47.924	50.879	54.438	60.756	76.519	84.418	89.391	93.856	99.228	102.996
70	43.275	45.442	48.758	51.739	55.329	61.698	77.577	85.527	90.531	95.023	100.425	104.215
71	44.058	46.246	49.592	52.600	56.221	62.641	78.634	86.635	91.670	96.189	101.621	105.432
72	44.843	47.051	50.428	53.462	57.113	63.585	79.690	87.743	92.808	97.353	102.816	106.648
73	45.629	47.858	51.265	54.325	58.006	64.528	80.747	88.850	93.945	98.516	104.010	107.862
74	46.417	48.666	52.103	55.189	58.900	65.472	81.803	89.956	95.081	99.678	105.202	109.074
75	47.206	49.475	52.942	56.054	59.795	66.417	82.858	91.061	96.217	100.839	106.393	110.286
76	47.997	50.286	53.782	56.920	60.690	67.362	83.913	92.166	97.351	101.999	107.583	111.495
77	48.788	51.097	54.623	57.786	61.586	68.307	84.968	93.270	98.484	103.158	108.771	112.704
78	49.582	51.910	55.466	58.654	62.483	69.252	86.022	94.374	99.617	104.316	109.958	113.911
79	50.376	52.725	56.309	59.522	63.380	70.198	87.077	95.476	100.749	105.473	111.144	115.117
80	51.172	53.540	57.153	60.391	64.278	71.145	88.130	96.578	101.879	106.629	112.329	116.321
81	51.969	54.357	57.998	61.261	65.176	72.091	89.184	97.680	103.010	107.783	113.512	117.524
82	52.767	55.174	58.845	62.132	66.076	73.038	90.237	98.780	104.139	108.937	114.695	118.726
83	53.567	55.993	59.692	63.004	66.976	73.985	91.289	99.880	105.267	110.090	115.876	119.927
84	54.368	56.813	60.540	63.876	67.876	74.933	92.342	100.980	106.395	111.242	117.057	121.126
85	55.170	57.634	61.389	64.749	68.777	75.881	93.394	102.079	107.522	112.393	118.236	122.325
86	55.973	58.456	62.239	65.623	69.679	76.829	94.446	103.177	108.648	113.544	119.414	123.522
87	56.777	59.279	63.089	66.498	70.581	77.777	95.497	104.275	109.773	114.693	120.591	124.718
88	57.582	60.103	63.941	67.373	71.484	78.726	96.548	105.372	110.898	115.841	121.767	125.913
89	58.389	60.928	64.793	68.249	72.387	79.675	97.599	106.469	112.022	116.989	122.942	127.106
90	59.196	61.754	65.647	69.126	73.291	80.625	98.650	107.565	113.145	118.136	124.116	128.299
91	60.005	62.581	66.501	70.003	74.196	81.574	99.700	108.661	114.268	119.282	125.289	129.491
92	60.815	63.409	67.356	70.882	75.100	82.524	100.750	109.756	115.390	120.427	126.462	130.681
93	61.625	64.238	68.211	71.760	76.006	83.474	101.800	110.850	116.511	121.571	127.633	131.871
94	62.437	65.068	69.068	72.640	76.912	84.425	102.850	111.944	117.632	122.715	128.803	133.059
95	63.250	65.898	69.925	73.520	77.818	85.376	103.899	113.038	118.752	123.858	129.973	134.247
96	64.063	66.730	70.783	74.401	78.725	86.327	104.948	114.131	119.871	125.000	131.141	135.433
97	64.878	67.562	71.642	75.282	79.633	87.278	105.997	115.223	120.990	126.141	132.309	136.619
98	65.694	68.396	72.501	76.164	80.541	88.229	107.045	116.315	122.108	127.282	133.476	137.803
99	66.510	69.230	73.361	77.046	81.449	89.181	108.093	117.407	123.225	128.422	134.642	138.987
100	67.328	70.065	74.222	77.929	82.358	90.133	109.141	118.498	124.342	129.561	135.807	140.169

附表 4　F 分布表（α=0.10）

$df2$ \ $df1$	1	2	3	4	5	6	7	8	9	10	12	15	20	24	30	40	60	120	∞
1	39.86	49.50	53.59	55.83	57.24	58.20	58.91	59.44	59.86	60.19	60.71	61.22	61.74	62.00	62.26	62.53	62.79	63.06	63.33
2	8.53	9.00	9.16	9.24	9.29	9.33	9.35	9.37	9.38	9.39	9.41	9.42	9.44	9.45	9.46	9.47	9.47	9.48	9.49
3	5.54	5.46	5.39	5.34	5.31	5.28	5.27	5.25	5.24	5.23	5.22	5.20	5.18	5.18	5.17	5.16	5.15	5.14	5.13
4	4.54	4.32	4.19	4.11	4.05	4.01	3.98	3.95	3.94	3.92	3.90	3.87	3.84	3.83	3.82	3.80	3.79	3.78	3.76
5	4.06	3.78	3.62	3.52	3.45	3.40	3.37	3.34	3.32	3.30	3.27	3.24	3.21	3.19	3.17	3.16	3.14	3.12	3.1
6	3.78	3.46	3.29	3.18	3.11	3.05	3.01	2.98	2.96	2.94	2.90	2.87	2.84	2.82	2.80	2.78	2.76	2.74	2.72
7	3.59	3.26	3.07	2.96	2.88	2.83	2.78	2.75	2.72	2.70	2.67	2.63	2.59	2.58	2.56	2.54	2.51	2.49	
8	3.46	3.11	2.92	2.81	2.73	2.67	2.62	2.59	2.56	2.54	2.50	2.46	2.42	2.40	2.38	2.36	2.34	2.32	
9	3.36	3.01	2.81	2.69	2.61	2.55	2.51	2.47	2.44	2.42	2.38	2.34	2.30	2.28	2.25	2.23	2.21	2.18	
10	3.29	2.92	2.73	2.61	2.52	2.46	2.41	2.38	2.35	2.32	2.28	2.24	2.20	2.18	2.16	2.13	2.11	2.08	
11	3.23	2.86	2.66	2.54	2.45	2.39	2.34	2.30	2.27	2.25	2.21	2.17	2.12	2.10	2.08	2.05	2.03	2.00	
12	3.18	2.81	2.61	2.48	2.39	2.33	2.28	2.24	2.21	2.19	2.15	2.10	2.06	2.04	2.01	1.99	1.96	1.93	
13	3.14	2.76	2.56	2.43	2.35	2.28	2.23	2.20	2.16	2.14	2.10	2.05	2.01	1.98	1.96	1.93	1.90	1.88	
14	3.10	2.73	2.52	2.39	2.31	2.24	2.19	2.15	2.12	2.10	2.05	2.01	1.96	1.94	1.91	1.89	1.86	1.83	
15	3.07	2.70	2.49	2.36	2.27	2.21	2.16	2.12	2.09	2.06	2.02	1.97	1.92	1.90	1.87	1.85	1.82	1.79	
16	3.05	2.67	2.46	2.33	2.24	2.18	2.13	2.09	2.06	2.03	1.99	1.94	1.89	1.87	1.84	1.81	1.78	1.75	
17	3.03	2.64	2.44	2.31	2.22	2.15	2.10	2.06	2.03	2.00	1.96	1.91	1.86	1.84	1.81	1.78	1.75	1.72	
18	3.01	2.62	2.42	2.29	2.20	2.13	2.08	2.04	2.00	1.98	1.93	1.89	1.84	1.81	1.78	1.75	1.72	1.69	
19	2.99	2.61	2.40	2.27	2.18	2.11	2.06	2.02	1.98	1.96	1.91	1.86	1.81	1.79	1.76	1.73	1.70	1.67	
20	2.97	2.59	2.38	2.25	2.16	2.09	2.04	2.00	1.96	1.94	1.89	1.84	1.79	1.77	1.74	1.71	1.68	1.64	
21	2.96	2.57	2.36	2.23	2.14	2.08	2.02	1.98	1.95	1.92	1.87	1.83	1.78	1.75	1.72	1.69	1.66	1.62	
22	2.95	2.56	2.35	2.22	2.13	2.06	2.01	1.97	1.93	1.90	1.86	1.81	1.76	1.73	1.70	1.67	1.64	1.60	

续表

df_2	1	2	3	4	5	6	7	8	9	10	12	15	20	24	30	40	60	120	∞
23	2.94	2.55	2.34	2.21	2.11	2.05	1.99	1.95	1.92	1.89	1.84	1.80	1.74	1.72	1.69	1.66	1.62	1.59	
24	2.93	2.54	2.33	2.19	2.10	2.04	1.98	1.94	1.91	1.88	1.83	1.78	1.73	1.70	1.67	1.64	1.61	1.57	
25	2.92	2.53	2.32	2.18	2.09	2.02	1.97	1.93	1.89	1.87	1.82	1.77	1.72	1.69	1.66	1.63	1.59	1.56	
26	2.91	2.52	2.31	2.17	2.08	2.01	1.96	1.92	1.88	1.86	1.81	1.76	1.71	1.68	1.65	1.61	1.58	1.54	
27	2.90	2.51	2.30	2.17	2.07	2.00	1.95	1.91	1.87	1.85	1.80	1.75	1.70	1.67	1.64	1.60	1.57	1.53	
28	2.89	2.50	2.29	2.16	2.06	2.00	1.94	1.90	1.87	1.84	1.79	1.74	1.69	1.66	1.63	1.59	1.56	1.52	
29	2.89	2.50	2.28	2.15	2.06	1.99	1.93	1.89	1.86	1.83	1.78	1.73	1.68	1.65	1.62	1.58	1.55	1.51	
30	2.88	2.49	2.28	2.14	2.05	1.98	1.93	1.88	1.85	1.82	1.77	1.72	1.67	1.64	1.61	1.57	1.54	1.50	
40	2.84	2.44	2.23	2.09	2.00	1.93	1.87	1.83	1.79	1.76	1.71	1.66	1.61	1.57	1.54	1.51	1.47	1.42	
60	2.79	2.39	2.18	2.04	1.95	1.87	1.82	1.77	1.74	1.71	1.66	1.60	1.54	1.51	1.48	1.44	1.40	1.35	
120	2.75	2.35	2.13	1.99	1.90	1.82	1.77	1.72	1.68	1.65	1.60	1.55	1.48	1.45	1.41	1.37	1.32	1.26	
∞	2.71	2.3	2.08																

附表 5　**F 分布表（α=0.05）**

df1

df2	1	2	3	4	5	6	7	8	9	10	12	15	20	24	30	40	60	120	8
1	161.45	199.50	215.71	224.58	230.16	233.99	236.77	238.88	240.54	241.88	243.91	245.95	248.01	249.05	250.10	251.14	252.20	253.25	63.33
2	18.51	19.00	19.16	19.25	19.30	19.33	19.35	19.37	19.38	19.40	19.41	19.43	19.45	19.45	19.46	19.47	19.48	19.49	9.49
3	10.13	9.55	9.28	9.12	9.01	8.94	8.89	8.85	8.81	8.79	8.74	8.70	8.66	8.64	8.62	8.59	8.57	8.55	5.13
4	7.71	6.94	6.59	6.39	6.26	6.16	6.09	6.04	6.00	5.96	5.91	5.86	5.80	5.77	5.75	5.72	5.69	5.66	3.76
5	6.61	5.79	5.41	5.19	5.05	4.95	4.88	4.82	4.77	4.74	4.68	4.62	4.56	4.53	4.50	4.46	4.43	4.40	3.1
6	5.99	5.14	4.76	4.53	4.39	4.28	4.21	4.15	4.10	4.06	4.00	3.94	3.87	3.84	3.81	3.77	3.74	3.70	2.72
7	5.59	4.74	4.35	4.12	3.97	3.87	3.79	3.73	3.68	3.64	3.57	3.51	3.44	3.41	3.38	3.34	3.30	3.27	
8	5.32	4.46	4.07	3.84	3.69	3.58	3.50	3.44	3.39	3.35	3.28	3.22	3.15	3.12	3.08	3.04	3.01	2.97	
9	5.12	4.26	3.86	3.63	3.48	3.37	3.29	3.23	3.18	3.14	3.07	3.01	2.94	2.90	2.86	2.83	2.79	2.75	
10	4.96	4.10	3.71	3.48	3.33	3.22	3.14	3.07	3.02	2.98	2.91	2.85	2.77	2.74	2.70	2.66	2.62	2.58	
11	4.84	3.98	3.59	3.36	3.20	3.09	3.01	2.95	2.90	2.85	2.79	2.72	2.65	2.61	2.57	2.53	2.49	2.45	
12	4.75	3.89	3.49	3.26	3.11	3.00	2.91	2.85	2.80	2.75	2.69	2.62	2.54	2.51	2.47	2.43	2.38	2.34	
13	4.67	3.81	3.41	3.18	3.03	2.92	2.83	2.77	2.71	2.67	2.60	2.53	2.46	2.42	2.38	2.34	2.30	2.25	
14	4.60	3.74	3.34	3.11	2.96	2.85	2.76	2.70	2.65	2.60	2.53	2.46	2.39	2.35	2.31	2.27	2.22	2.18	
15	4.54	3.68	3.29	3.06	2.90	2.79	2.71	2.64	2.59	2.54	2.48	2.40	2.33	2.29	2.25	2.20	2.16	2.11	
16	4.49	3.63	3.24	3.01	2.85	2.74	2.66	2.59	2.54	2.49	2.42	2.35	2.28	2.24	2.19	2.15	2.11	2.06	
17	4.45	3.59	3.20	2.96	2.81	2.70	2.61	2.55	2.49	2.45	2.38	2.31	2.23	2.19	2.15	2.10	2.06	2.01	
18	4.41	3.55	3.16	2.93	2.77	2.66	2.58	2.51	2.46	2.41	2.34	2.27	2.19	2.15	2.11	2.06	2.02	1.97	
19	4.38	3.52	3.13	2.90	2.74	2.63	2.54	2.48	2.42	2.38	2.31	2.23	2.16	2.11	2.07	2.03	1.98	1.93	
20	4.35	3.49	3.10	2.87	2.71	2.60	2.51	2.45	2.39	2.35	2.28	2.20	2.12	2.08	2.04	1.99	1.95	1.90	
21	4.32	3.47	3.07	2.84	2.68	2.57	2.49	2.42	2.37	2.32	2.25	2.18	2.10	2.05	2.01	1.96	1.92	1.87	
22	4.30	3.44	3.05	2.82	2.66	2.55	2.46	2.40	2.34	2.30	2.23	2.15	2.07	2.03	1.98	1.94	1.89	1.84	

续表

df2	1	2	3	4	5	6	7	8	9	10	12	15	20	24	30	40	60	120	∞
23	4.28	3.42	3.03	2.80	2.64	2.53	2.44	2.37	2.32	2.27	2.20	2.13	2.05	2.01	1.96	1.91	1.86	1.81	
24	4.26	3.40	3.01	2.78	2.62	2.51	2.42	2.36	2.30	2.25	2.18	2.11	2.03	1.98	1.94	1.89	1.84	1.79	
25	4.24	3.39	2.99	2.76	2.60	2.49	2.40	2.34	2.28	2.24	2.16	2.09	2.01	1.96	1.92	1.87	1.82	1.77	
26	4.23	3.37	2.98	2.74	2.59	2.47	2.39	2.32	2.27	2.22	2.15	2.07	1.99	1.95	1.90	1.85	1.80	1.75	
27	4.21	3.35	2.96	2.73	2.57	2.46	2.37	2.31	2.25	2.20	2.13	2.06	1.97	1.93	1.88	1.84	1.79	1.73	
28	4.20	3.34	2.95	2.71	2.56	2.45	2.36	2.29	2.24	2.19	2.12	2.04	1.96	1.91	1.87	1.82	1.77	1.71	
29	4.18	3.33	2.93	2.70	2.55	2.43	2.35	2.28	2.22	2.18	2.10	2.03	1.94	1.90	1.85	1.81	1.75	1.70	
30	4.17	3.32	2.92	2.69	2.53	2.42	2.33	2.27	2.21	2.16	2.09	2.01	1.93	1.89	1.84	1.79	1.74	1.68	
40	4.08	3.23	2.84	2.61	2.45	2.34	2.25	2.18	2.12	2.08	2.00	1.92	1.84	1.79	1.74	1.69	1.64	1.58	
60	4.00	3.15	2.76	2.53	2.37	2.25	2.17	2.10	2.04	1.99	1.92	1.84	1.75	1.70	1.65	1.59	1.53	1.47	
120	3.92	3.07	2.68	2.45	2.29	2.18	2.09	2.02	1.96	1.91	1.83	1.75	1.66	1.61	1.55	1.50	1.43	1.35	
∞	2.71	2.3	2.08																

附表 6 随机数表

03 47 43 73 86	36 96 47 36 61	46 98 63 71 62	33 26 16 80 45	60 11 14 10 95
97 74 24 67 62	42 81 14 57 20	42 53 32 37 32	27 07 36 07 51	24 51 79 89 73
16 76 62 27 66	56 50 26 71 07	32 90 79 78 53	13 55 38 58 59	88 97 54 14 10
12 56 85 99 26	96 96 68 27 31	05 03 72 93 15	57 12 10 14 21	88 26 49 81 76
55 59 56 35 64	38 54 82 46 22	31 62 43 09 90	06 18 44 32 53	23 83 01 30 30
16 22 77 94 39	49 54 43 54 82	17 37 93 23 78	87 35 20 96 43	84 26 34 91 64
84 42 17 53 31	57 24 55 06 88	77 04 74 47 67	21 76 33 50 25	83 92 12 06 76
63 01 63 78 59	16 95 55 67 19	98 10 50 71 75	12 86 73 58 07	44 39 52 38 79
33 21 12 34 29	78 64 56 07 82	52 42 07 44 38	15 51 00 13 42	99 66 02 79 54
57 60 86 32 44	09 47 27 96 54	49 17 46 09 62	90 52 84 77 27	08 02 73 43 28
18 18 07 92 45	44 17 16 58 09	79 83 86 19 62	06 76 50 03 10	55 23 64 05 05
26 62 38 97 75	84 16 07 44 99	83 11 46 32 24	20 14 85 88 45	10 93 72 88 71
23 42 40 64 74	82 97 77 77 81	07 45 32 14 08	32 98 94 07 72	93 85 79 10 75
52 36 28 19 95	50 92 26 11 97	00 56 76 31 38	80 22 02 53 53	86 60 42 04 53
37 85 94 35 12	83 39 50 08 30	42 34 07 96 88	54 42 06 87 98	35 85 29 48 39
70 29 17 12 13	40 33 20 38 26	13 89 51 03 74	17 76 37 13 04	07 74 21 19 30
56 62 18 37 35	96 83 50 87 75	97 12 55 93 47	70 33 24 03 54	97 77 46 44 80
99 49 57 22 77	88 42 95 45 72	16 64 36 16 00	04 43 18 66 79	94 77 24 21 90
16 08 15 04 72	33 27 14 34 09	45 59 34 68 49	12 72 07 34 45	99 27 72 95 14
31 16 93 32 43	50 27 89 87 19	20 15 37 00 49	52 85 66 60 44	38 68 88 11 80
68 34 30 13 70	55 74 30 77 40	44 22 78 84 26	04 33 46 09 52	68 07 97 06 57
74 57 25 65 76	59 29 97 68 60	71 91 38 67 54	13 58 18 24 76	15 54 55 95 52
27 42 37 86 53	48 55 90 65 72	96 57 69 36 10	96 46 92 42 45	97 60 49 04 91
00 39 68 29 61	66 37 32 20 30	77 84 57 03 29	10 45 65 04 26	11 04 96 67 24
29 94 98 94 24	68 49 69 10 82	53 75 91 93 30	34 25 20 57 27	40 48 73 51 92
16 90 82 66 59	83 62 64 11 12	67 19 00 71 74	60 47 21 29 68	02 02 37 03 31
11 27 94 75 06	06 09 19 74 66	02 94 37 34 02	76 70 90 30 86	38 45 94 30 38
35 24 10 16 20	33 32 51 26 38	79 78 45 04 91	16 92 53 56 16	02 75 50 95 98
38 23 16 86 38	42 38 97 01 50	87 75 66 81 41	40 01 74 91 62	48 51 84 08 32
31 96 25 91 47	96 44 33 49 13	34 86 82 53 91	00 52 43 48 85	27 55 26 89 62
66 67 40 67 14	64 05 71 95 86	11 05 65 09 68	76 83 20 37 90	57 16 00 11 66
14 90 84 45 11	75 73 88 05 90	52 27 41 14 86	22 98 12 22 08	07 52 74 95 80
68 05 51 18 00	33 96 02 75 19	07 60 62 93 55	59 33 82 43 90	49 37 38 44 59

1. 贾俊平.统计学.7 版[M].北京:中国人民大学出版社,2018.

2. 陈珍珍.统计学.6 版[M].厦门:厦门大学出版社,2018.

3. 袁卫等.统计学.4 版[M].北京:高等教育出版社,2014.

4. 吴喜之.统计学:从数据到结论.4 版[M].北京:中国统计出版社,2013.

5. 向蓉美等,统计学.2 版[M].北京:机械工业出版社,2017.

6. 韩兆洲.统计学原理.8 版[M].广州:暨南大学出版社,2018.

7. 戴维·萨尔斯伯格(著).女士品茶:统计学如何变革了科学和生活[M].刘青山(译).江西:江西人民出版社,2016.

8. 戴维·穆尔,威廉·诺茨.统计学的世界.8 版[M].郑惟厚,译.北京:中信出版社,2017.

9. 萨尔金德(著),爱上统计学.2 版[M].史玲玲,译.重庆:重庆大学出版社,2011.

10. (美)C.R.劳著.统计与真理:怎样运用偶然性[M].李竹渝,译.北京:科学出版社,2019.

11. 冯士雍,倪加勋,邹国华.抽样调查理论与方法.2 版[M].北京:中国统计出版社,2012.

12. 高敏雪,李静萍,许健.国民经济核算原理与中国实践.4 版[M].北京:中国人民大学出版社,2018.

13. 国家统计局.2016 中国国民经济核算体系[M].北京:中国统计出版社,2017.

14. "SNA 的修订与中国国民经济核算体系改革"课题组,许宪春,彭志龙,吕峰.SNA 的修订及对中国国民经济核算体系改革的启示[J].统计研究,2012,29(06):3-9.

15. 赵学刚,王学斌,刘康兵.中国政府统计数据质量研究:一个文献综述[J].经济评论,2011(01):145-154.

16. 许宪春.准确理解中国经济统计[J].经济研究,2010,45(05):21-31.

17. 金勇进,陶然.中国统计数据质量理论研究与实践历程[J].统计研究,2010,27(01):62-67.

18. 肖红叶.中国经济统计学科建设 30 年回顾与评论:基于三大事件框架的研究[J].统计研究,2010,27(01):15-25.

19. 李金昌,徐璐.改革开放 30 年中国统计学发展的回顾与展望[J].统计研究,2010,27(01):42-49.